Collection « RECHERCHES »

Les enfants qui se souviennent de leurs vies antérieures

De la réincarnation

Ian Stevenson

Les enfants qui se souviennent de leurs vies antérieures

De la réincarnation

Traduit de l'américain
par Francine Valensi

Sand

Cet ouvrage a été publié aux États-Unis sous le titre
Children Who Remember Previous Lives
par The University Press of Virginia, Charlottesville

6, rue du Mail
75002 Paris

ISBN 2-7107-0537-0

Pour Margaret

Remerciements

Dans de précédents ouvrages, j'ai déjà remercié les nombreuses personnes qui, avec dévouement et probité, ont aidé nos recherches. Je ne les citerai donc pas ici.

Voici les noms d'autres personnes dont l'assistance a permis l'élaboration du présent ouvrage :

Rita Castrén (Finlande), Daw Hnin Aye (Birmanie), Nicholas Ibekwe (Nigeria), Tissa Jayawardene (Sri Lanka), Madj Mu'akkasah (Liban), Satwant Paricha (Inde), Godwin Samararatne (Sri Lanka), Nasib Sirorasa (Thaïlande), et U Win Maung (Birmanie). Can Polat (Turquie) m'a envoyé des informations sur des cas provenant de son pays.

Plusieurs collègues et amis ont généreusement ajouté des éléments utiles à certains chapitres. Pour leur précieuse collaboration, je remercie en particulier : Carlos Alvarado, John Beloff, Stuart Edelstein, Brian Goodwin, Nicholas Mc Lean-Rice, George Owen et James Wheatley. Grâce à eux, de nombreuses erreurs ont pu être évitées. Celles qui auraient pu demeurer sont peut-être dues au fait que je n'ai pas toujours suivi à la lettre leurs conseils.

Mes collaborateurs, anciens ou présents, ont également apporté des perfectionnements à cet ouvrage par leurs précieuses suggestions. Je remercie Carolee Werner, Susan Adams et Emily Williams Cook, cette dernière avec une gratitude spéciale, car elle a lu la présente étude par deux fois, dans sa totalité.

Remerciements mérités et généreusement exprimés à Elizabeth Byrd et Patricia Estes qui ont dactylographié, souvent à plusieurs reprises, les textes du présent ouvrage. Les publications scientifiques Elsevier (division biomédicale) m'ont autorisé à citer l'une de leurs revues. Le Service national d'information technique du département du Commerce des États-Unis a permis la publication d'un passage d'une monographie signée L.L.Vassiliev.

J'ai écrit à peu près tout le premier jet de mon livre pendant un congé sabbatique au collège Darwin, à l'université de Cambridge, et je remercie cordialement le directeur principal de l'établissement et ses étudiants de m'avoir offert cette opportunité.

Ma femme Margaret a généreusement renoncé aux loisirs que nous aurions pu partager, pour me permettre d'achever cet ouvrage, et je l'en remercie du fond du cœur.

Pour finir, je tiens à exprimer ma reconnaissance à la fondation des frères Bernstein, consacrée à la santé et à la parapsychologie, qui a financièrement soutenu ma recherche.

Préface

Cet ouvrage est consacré à quelques-uns des cas rencontrés au cours de mes recherches et qui évoquent la réincarnation. On n'y trouvera pas de preuve formelle de la réincarnation. C'est un résumé de la façon dont je mène mes enquêtes, des résultats obtenus et de mes conclusions.

Le lecteur se familiarisera ainsi avec ce genre de travaux. Il y trouvera douze cas choisis parmi les plus convaincants et résumés. Les soixante-cinq autres cas déjà publiés sont en revanche très détaillés. Une centaine de nouveaux cas seront publiés ultérieurement. Je ne m'attends pas à ce que l'on passe du scepticisme – ou de l'ignorance – à une conviction absolue, à la seule lecture de ce livre, mais je serais satisfait si les réfractaires pouvaient considérer l'hypothèse de la réincarnation comme plausible et s'y intéresser suffisamment pour consulter mes autres écrits.

Certaines idées devraient disparaître. Par exemple, pour beaucoup d'Occidentaux, la notion de réincarnation semble lointaine et bizarre ; elle est exclusivement liée, dans l'esprit de certaines personnes, au bouddhisme ou à l'hindouisme, au concept du karma[1] punitif ou au transfert de l'âme dans un corps animal. Or, je n'ai trouvé que rarement les preuves de cette théorie. D'ailleurs, beaucoup de peuples qui croient à la réincarnation ne l'associent pas à l'idée de récompense, de punition ou de transfert dans un corps animal. Tout enseignement selon lequel la réincarnation s'accomplit selon tel ou tel processus peut faire obstacle à une conception rationnelle de cette croyance, et conduire à son rejet total. Les correspondants qui m'écrivent pour m'en expliquer le mécanisme ont à peu près autant à désapprendre que ceux qui la croient impossible.

Une autre motivation m'incite à publier mes travaux : l'espoir qu'ils m'apporteront d'autres cas à étudier. Car je suis sûr qu'il y en a beaucoup, et qu'ils restent ignorés, surtout en Occident. Parfois, des correspondants m'informent par exemple que l'un de leurs enfants racontait, à l'âge de trois ans, des histoires qui semblaient se référer à une vie antérieure[2]. Mais l'enfant a déjà dix ou quinze ans, à ce moment-là. Certains parents reconnaissent n'avoir prêté aucune attention aux propos de leur enfant, et même, s'en être moqués. Plus tard, lorsque l'enfant a tout oublié, il est vain de l'interroger. Si nous avions l'occasion d'examiner les cas d'enfants occidentaux à l'âge où leurs souvenirs antérieurs sont encore présents à leur mémoire, nos recherches – et celles de nos successeurs – progresseraient beaucoup plus rapidement. Nos travaux en Asie et en d'autres pays le démontrent depuis des années.

Les lecteurs que j'ai incités à nous signaler les nouveaux cas dont ils auraient eu connaissance trouveront peut-être contradictoire que je les décourage de chercher des souvenirs antérieurs à l'aide de drogues, ou par l'hypnose, ou encore par la méditation.

En effet, certains hypnotiseurs ont déclaré, bien à tort, que les souvenirs d'une vie antérieure pouvaient être éveillés en état d'hypnose. Ils conseillent cette méthode comme thérapeutique. Je vais essayer de tempérer l'enthousiasme suscité – et parfois honteusement exploité – par cette idée utopique. En particulier lorsque cette méthode est proposée comme un moyen sûr de provoquer des souvenirs de vies antérieures.

Les cas qui me semblent mériter le plus d'attention sont presque tous apparus hors les limites de la culture occidentale ; autrement dit, parmi les peuples d'Asie, d'Afrique de l'Ouest, et les groupes tribaux du Nord-Ouest américain. Il doit y avoir des raisons à cette disproportion géographique. Et, bien que je la comprenne mal, je suggère quelques hypothèses pour l'élucider. En voici deux : premièrement, ce ne sont pas tous les cas qui proviennent des contrées où la plupart se produisent : certains, remarquables, sont apparus en Europe et en Amérique du Nord (parmi des populations non tribales). Deuxièmement, les cas suggérant le phénomène de réincarnation ont d'étonnants points communs avec des phénomènes qui ont été soigneusement étudiés en Occident depuis plus d'un siècle, savoir : les apparitions, la télépathie, les rêves télépathiques et les rêves lucides. J'ai signalé ces similitudes, ici et là, à plusieurs reprises au cours de cet ouvrage. J'espère avoir de la sorte rendu plus accessibles, donc plus crédibles, les cas dont je traite en priorité.

Notes et bibliographie

Ce livre s'adresse à l'homme de la rue. Mais lequel ? Celui qui en fait une lecture rapide peut omettre de consulter la moindre note et la bibliographie qui s'y trouvent. Un tel lecteur trouvera sans doute onéreux de dépenser un sixième du prix du livre pour des notes qui ne l'intéressent pas. J'aimerais cependant attirer des lecteurs dont la soif de connaissance sera stimulée – plutôt qu'étanchée – par ce livre. Ceux-là trouveront utile, je l'espère, d'examiner les notes et la bibliographie en fin d'ouvrage.

Comment trouver l'origine d'une référence ?

Si je n'ai pas fait de note sur un auteur dont le nom est mentionné dans le texte, le lecteur peut se reporter à la bibliographie, où j'ai rassemblé, par ordre alphabétique, les noms d'auteurs dont les textes sont cités.

CHAPITRE PREMIER

Introduction

Certains lecteurs seront peut-être déçus que ce livre ne traite pas directement de réincarnation, mais plutôt d'enfants qui disent se rappeler une vie antérieure. L'examen de ces cas conduira peut-être à mieux comprendre le concept de réincarnation. Mais avant d'en arriver là, nous devons être sûrs que c'est la meilleure explication possible de ce genre de souvenirs.

Si j'omets parfois les adjectifs restrictifs comme « apparents » ou « prétendus » en en parlant, c'est pour faciliter la lecture et non dans l'intention d'imposer un principe encore hypothétique. Pourtant, ces réminiscences d'une vie antérieure semblent à l'enfant tout aussi réelles que celles qu'il peut avoir d'événements vécus depuis sa naissance, comme de vrais souvenirs. Ses affirmations (que nous contrôlons) proviennent bien de souvenirs : il appartient à ceux qui observent de décider s'ils ont été acquis dans une existence précédente ou d'une autre manière[1]. Ainsi le lecteur ne sera pas dérouté par le titre de cet ouvrage.

J'ai une autre raison pour ne pas insister sur la réincarnation : bien que je me serve d'informations tirées de l'étude de plus de deux mille cas[2], ce chiffre est dérisoire comparé aux milliards d'individus qui ont vécu. Il serait inconsidéré de généraliser d'après un si faible pourcentage, même si nous étions certains que la meilleure façon d'interpréter ces phénomènes est bien la réincarnation, et nous n'avons pas cette certitude. En outre, malgré les étonnantes analogies qu'ils comportent entre eux, nous ne pouvons dire que ces cas soient représentatifs de la vie du commun des mortels. En fait, le lecteur se rendra vite compte que les existences évoquées par ces enfants *ne sont pas* courantes. Cela n'est dû qu'en partie aux méthodes que j'ai bien été obligé de suivre, un peu à l'aveuglette faute de mieux, en recherchant les cas. Et aussi, se rappeler une vie antérieure est un phénomène très rare, et ce pour des raisons que nous commençons à peine à comprendre.

Au demeurant, le but de mes recherches et de cet ouvrage est d'arriver à savoir si la réincarnation existe, ne serait-ce que quelquefois. Est-ce qu'une personnalité humaine ou une partie de celle-ci peut survivre à la mort et ensuite (peut-être après un intervalle dans un état intermédiaire) revenir dans un autre corps physique ? La réincarnation n'est pas la seule façon de concevoir la survivance de l'âme. La plupart des chrétiens et des musulmans ne la voient pas ainsi, les chercheurs scientifiques non plus[3].

D'ailleurs, les hommes de science sont presque unanimes à rejeter l'idée de toute forme d'existence après la mort[4], sauf ceux qui ont une foi religieuse, et à peu près tous nieraient qu'il soit possible d'en faire une étude scientifique. Néanmoins, il y a environ cent ans en Angleterre, un groupe de savants commencèrent à en discuter la possibilité et y travaillèrent avec des méthodes analytiques utilisées dans d'autres branches de la science. Ils obtinrent (ainsi que leurs successeurs) un certain nombre de renseignements sous forme de données.

Les cas dont je discuterai ici ne représentent qu'une section de l'information dont toute personne s'intéressant à la survivance de la personnalité devrait entreprendre l'analyse[5].

Le *Dictionnaire anglais d'Oxford* définit ainsi le mot « personnalité » : « la qualité, le caractère ou le fait d'être une personne à distinguer d'une chose... ; existence personnelle, existence réelle en tant que personne ; le fait d'être ou d'avoir été cette personne ; identité personnelle ; la qualité ou l'ensemble de qualités qui font que telle personne est ce qu'elle est, et qui la distinguent des autres personnes. » La première partie de la définition constitue le point crucial de la question : les êtres humains sont-ils des choses ou bien sont-ils plus que cela ? S'ils ont « quelque chose de plus », ce quelque chose peut-il survivre à la mort ? La survie de la conscience après la mort ne peut être perçue que par celui qui est mort. Ceux qui lui survivent ne peuvent avoir que des preuves indirectes de son existence immatérielle. Quels critères a-t-on pour décider si une personne a survécu à la mort ? Que signifie le terme « identité personnelle » ? Les philosophes ont beaucoup discuté sur ce qui constitue l'identité d'une personne[6]. Ils sont à peu près tous d'accord sur le fait que, chaque vie étant unique, les souvenirs de chacun doivent être uniques. Par conséquent, les souvenirs et la persistance de ces derniers nous donnent le meilleur sinon le seul indice qui nous permette de penser qu'une personne bien déterminée a survécu à la mort de son corps physique.

Ainsi, la recherche des preuves de la survivance de quelqu'un après sa mort conduit généralement à étudier les indices de continuité dans ses souvenirs. Il ne s'agit pas de simples souvenirs imagés d'événements passés : une bande vidéo et sa cassette électronique nous en donnent, sans pour autant être des personnalités. Le concept de personnalité doit comporter des sensations, des motivations et un minimum de conscience en éveil. En admettant qu'il y ait une période de néant après la mort (comme le sommeil, suivi du réveil), nous ne pouvons dire que quiconque a survécu à la mort s'il ne reprend pas ce que nous appelons « conscience », même si c'est un genre de conscience très différent de celle qui nous anime pendant la vie.

La survivance de la personnalité telle qu'elle se manifeste chez les enfants « qui se rappellent » ne ressemble en rien aux autres phénomènes paranormaux, comme par exemple l'apparition de défunts. Une apparition permet de supposer qu'un être, physiquement mort, a survécu d'une certaine façon et a eu la possibilité de communiquer des preuves de son identité à des vivants. En revanche, l'enfant « qui se rappelle » affirme avoir déjà vécu une autre vie, suivie de mort. À certains égards, il est plus facile de travailler dans le sens normal, si l'on peut dire, depuis la mort de quelqu'un jusqu'à un être (vivant) que d'aller à rebours depuis un être vivant jusqu'à un défunt dont un enfant-sujet prétend se rappeler la vie. Voici pourquoi.

D'après ce que nous pouvons retenir sur l'existence désincarnée des morts, du moins dans la mesure où elle peut être perçue[7], il semble que l'on ne subisse que peu de changements de personnalité par le seul fait du décès. En revanche, l'association d'une personnalité désincarnée (ou âme) avec un nouveau corps physique doit entraîner une adaptation plus laborieuse, à l'intérieur d'une enveloppe charnelle réduite, avec des organes sensoriels encore rudimentaires. Si la naissance a lieu dans une famille différente de l'« ancienne », cela implique inévitablement d'autres accommodations. À l'époque où l'enfant est enfin en mesure de communiquer ses souvenirs antérieurs, les divers aspects et caractéristiques de sa personnalité ont probablement fusionné avec les anciens et il devient très difficile à l'enquêteur de les distinguer les uns des autres. Établir l'identité d'une personne décédée d'après des récits d'enfants est autrement délicat que reconnaître dans une apparition un certain individu tel qu'il était avant sa mort, ou au moment de sa mort. Il y a plusieurs façons d'interpréter les apparitions, mais il s'agit en général de quelqu'un de complet et de facilement reconnaissable[8]. Tandis que les souvenirs des enfants sont souvent fragmentaires, et c'est à l'enquêteur de décider si les différents éléments peuvent être coordonnés de façon assez vraisemblable pour évoquer tel individu et non un autre. Je reviendrai sur ce point.

D'après ce que nous avons pu recueillir comme information à ce jour, tout se passe comme si les êtres humains (et peut-être les animaux) avaient un esprit ou, si l'on préfère, une âme, qui les anime pendant leur vie et qui survit après la mort. Presque tous les biologistes appellent cette idée « vitalisme[9] » et affirment qu'elle est discréditée depuis des lustres. Cependant, certaines manifestations récentes et même l'examen des anciennes – trop et trop longtemps négligées – pourraient restaurer le crédit du vitalisme. Les hommes de science engagés dans d'autres voies ne perdraient rien, à mon avis (à part certains de leurs concepts, par exemple : « l'être humain n'est autre qu'un corps physique »), s'ils consentaient à ouvrir leur esprit et à examiner ce que nous avons comme indices sur la vie après la mort. La réincarnation, du moins telle que je la conçois, n'abolit en rien nos connaissances sur l'évolution et la génétique. Elle suggère toutefois la possibilité de deux courants : l'évolution biologique et l'évolution personnelle. Ces courants, pendant la vie terrestre, pourraient bien s'entrecroiser. Comment ? Pour le moment, nous pouvons à peine l'envisager, mais j'essaierai plus loin d'avancer quelques suppositions sur ce processus.

L'idée de réincarnation tend à faire de la personne individuelle un être unique. Les généticiens emploient le mot « phénotype » pour définir l'être vivant produit par l'interaction de ses gènes et de son environnement (les seuls éléments reconnus par les généticiens à l'heure actuelle en ce domaine). Les biologistes reconnaissent en général à chaque phénotype la qualité d'être unique, même dans le cas de vrais jumeaux (nés d'un seul œuf, donc identiques). Ils croient que la génétique et l'influence de l'environnement en sont la cause fondamentale. Des possibilités presque illimitées peuvent faire varier la composition génétique. Par exemple, la distribution (à l'aveuglette) des chromosomes aboutissant aux gamètes (cellules mâles et femelles qui s'unissent au moment de la conception), la recombinaison de gènes parmi les chromosomes et, à l'occasion, les mutations de gènes. L'environnement crée aussi ses variations ; même les vrais jumeaux subissent des différences d'ambiance et jusqu'aux frères siamois, comme l'a fait remarquer quelqu'un, qui ne peuvent avoir constamment et exactement le même environnement puisque l'un d'eux doit, devant une porte à franchir, s'effacer devant l'autre[10].

Cependant, les idées généralement admises peuvent se révéler insuffisantes, face à toutes les objections possibles et pertinentes. Certaines personnes ont des caractéristiques uniques qui ne peuvent être expliquées par les seules combinaisons de variations génétiques et par l'influence de l'environnement. L'hypothèse de la réincarnation mérite d'être considérée comme le troisième facteur en jeu. Si nous sommes, par le mélange des gènes, un produit « du hasard et de la nécessité », pour citer Jacques Monod, nous ne pouvons attendre aucune solution au problème des inégalités qui différencient les êtres dès leur naissance. Il est peu de réconfort dans la notion de « destin » comparable à un jeu de cartes dont nous pouvons utiliser bien ou mal celles qu'on nous a servies. Pourquoi un individu naît-il aveugle ? Un aveugle de naissance ne peut même pas voir les cartes qu'il a en main. Croire à la réincarnation n'apporte évidemment pas de compensation immédiate à la cécité congénitale. Nous posons la question autrement : pourquoi *telle* personne et non une autre est-elle née aveugle ? De cette manière, il est sous-entendu, ou présumé, qu'il existe une association entre une personnalité et un corps pour la durée d'une vie, et qu'il existe une distinction entre cette personnalité et son enveloppe corporelle. Il est évident que si la réincarnation existe, l'individu né aveugle peut raisonnablement espérer avoir une vision normale dans une autre vie. Les esprits critiques réfutent cette hypothèse en disant que nos arguments sont le reflet de nos désirs. Cette objection implique l'idée – fausse – que ce que nous désirons ne peut être vrai. Il est certain que nous sommes plus aptes à croire ce qui nous plaît que ce qui nous rebute. Mais nos aspirations pourraient fort bien se révéler justes. De toute façon, utopie ou vérité, nos recherches doivent continuer, que le résultat nous plaise ou non.

À ce propos, je voudrais souligner que dans plusieurs de nos « cas », nos informations ont apporté un témoignage positif *en dépit* de leurs propres croyances, et contre leur gré. Les gens dont la religion s'oppose à l'idée de réincarnation préféreraient ignorer les histoires racontées par leurs enfants. Je reviendrai également sur ce point.

Termes utilisés dans la recherche psychique

Nos recherches sont effectuées dans le cadre de la branche scientifique appelée « recherche psychique » ou parfois « parapsychologie ». Ces termes sont impropres pour désigner l'étude de phénomènes inexplicables, si l'on ne tient compte que de nos connaissances actuelles sur les pouvoirs sensoriels et les activités musculaires des humains – et peut-être des animaux. En particulier, le mot « parapsychologie », initialement employé en Allemagne vers la fin du XIXe siècle, n'évoque rien de plus que la relation entre les phénomènes paranormaux et la psychologie, alors que, selon les chercheurs modernes, la physique et la biologie en font également partie. De plus, ces phénomènes paranormaux ne sont soumis ni aux lois spécifiques établies par les psychologues ni à des lois de physique ou de physiologie modernes. Nous puisons nos convictions dans la répétition de certains aspects des cas qui nous sont présentés.

Le mot « parapsychologie » a un autre désavantage : il tend à isoler ceux qui en étudient les manifestations. Il n'en a pas toujours été ainsi. La science est une activité récente et dominée par l'« esprit de clocher ». Elle est née en Occident, au début du XVIIe siècle. Jusqu'alors, en Europe, et encore aujourd'hui dans les pays dits non occidentaux, les phénomènes paranormaux étaient acceptés sans contestation. Non pas qu'ils fussent considérés comme courants, ou que les récits individuels les concernant ne fussent jamais mis en doute. Simplement, on ne traitait pas ces questions avec le scepticisme généralisé qui se développa plus tard chez les scientifiques occidentaux et, sur leurs traces, chez les Occidentaux cultivés en général. Par exemple, Descartes mentionna (en passant) la communication de pensée entre deux personnes à grande distance l'une de l'autre. Bacon, autre fondateur de la science moderne, proposa des expériences qu'il appelait « associations d'idées », et d'autres qui consistaient à jeter des dés pour étudier l'influence de l'« imagination » sur les résultats obtenus[11]. Jusqu'à la fin du XIXe siècle, les scientifiques se sont intéressés à ce que nous appelons aujourd'hui la recherche psychique, en association avec les psychologues. Ils assistaient aux mêmes réunions que les psychologues (appelées en général « congrès »). La façon dont ces chercheurs et leurs disciples furent décrétés indésirables et envoyés en exil représente un chapitre de l'histoire de la science qui sera écrit au siècle prochain. J'ajouterai que la plupart de ceux qui travaillent à la recherche psychique espèrent et attendent leur insertion définitive dans la science officielle. Lorsque cela arrivera, les mots couramment employés aujourd'hui seront périmés.

En attendant, il nous faut faire le meilleur usage possible des mots que nos prédécesseurs nous ont légués pour désigner des phénomènes encore mal compris, mais qui existent incontestablement. Voici quelques définitions de termes employés dans cet ouvrage[12]. Nous disons d'une expérience ou d'un événement qu'il est *paranormal* lorsqu'on ne peut l'expliquer par aucun processus musculaire ou sensoriel connu. La perception *extrasensorielle* est une réaction involontaire et paranormale permettant au sujet de voir et de sentir au-delà de la perception normale habituelle. Synonyme : *cognition paranormale*, ou mieux : *prise de conscience paranormale*. Opposé aux termes « moyen normal de communication » ou « communication par voie normale » qui désignent tout moyen par lequel l'information parvient jusqu'à notre esprit par voie sensorielle habituelle, comme par exemple la lecture, ou autres perceptions visuelles, et l'audition.

La perception extrasensorielle peut se manifester par *télépathie* ou *clairvoyance*. La télépathie est une communication entre deux esprits (« transmission de pensée » ou « lecture des pensées » dans l'ancien vocabulaire). La « clairvoyance » est la perception extrasensorielle sans médiation spirituelle d'une autre personne[13]. Par la clairvoyance et la télépathie, on peut avoir connaissance d'événements contemporains (le plus souvent de façon involontaire). La « précognition » ou prescience désigne la connaissance non raisonnée de l'avenir. La « rétroscience » ou « rétrocognition » est la connaissance paranormale du passé.

Un *sujet* est une personne qui « perçoit » de façon extrasensorielle involontaire et spontanée – ou au cours de séances expérimentales. L'« agent » ou « cible » est la personne par la médiation de laquelle le sujet reçoit son information. Le mot « agent » est d'ailleurs inadéquat : employé ainsi, il suggère l'idée de participation active alors qu'il est le plus souvent passif et inconscient de l'action qu'il suscite.

Les médiums sont les personnes servant d'intermédiaire entre l'esprit des défunts et les sujets – synonyme : « sensitif ». L'esprit désincarné censé leur transmettre l'information est un « esprit communicateur ». Nous reviendrons sur ces « communications médiumniques ».

Parfois j'utilise le terme « psychique » comme synonyme approximatif de « paranormal » ou « parapsychologique », surtout lorsqu'il existe une possibilité pour qu'un esprit désincarné (ou présumé tel) exerce une influence sur des personnes ou embryons vivants.

Les chercheurs ont étudié les phénomènes paranormaux de deux façons. Ils ont essayé d'en observer les manifestations spontanées au moment où elles se produisent –, ou d'obtenir leur description par les témoins, et ils ont essayé de les provoquer au moyen de tests expérimentaux. Ces derniers permettent d'en contrôler les circonstances et de les varier, ainsi que d'exclure toute explication « non paranormale » sur les résultats obtenus. Ces circonstances sont presque toujours absentes lorsqu'on étudie les phénomènes spontanés. À l'occasion, les chercheurs peuvent eux-mêmes les observer – au moment où ils se produisent, mais la plupart du temps, ils doivent reconstituer un tableau aussi précis que possible des événements précédant leur entrée en scène. Cette situation est loin d'être satisfaisante, mais les chercheurs ne pourraient que rétrécir leur champ d'action s'ils cessaient d'en étudier les phénomènes les plus importants. La plupart des manifestations paranormales spontanées arrivent dans des circonstances dramatiques de la vie des gens, par exemple autour d'une mort, fait assez rare dans un laboratoire de recherches. Il faudrait pouvoir étudier la réincarnation avec la même rigueur que dans le domaine expérimental. Nous ne le pouvons pas, mais nous aurions tort d'abandonner nos recherches pour autant : je crois qu'il est préférable de découvrir ce qui est probable dans d'importants domaines que ce qui est certain dans des domaines insignifiants.

La télépathie est (parfois associée à la clairvoyance) une interprétation possible, entre autres, des cas rapportés dans cet ouvrage. C'est pourquoi le lecteur devra décider, s'il ne l'a déjà fait : doit-on croire ou ne pas croire à la communication de pensées entre les gens, ou à d'autres connaissances acquises sans l'aide des organes sensoriels connus ? Anticipons un peu, et disons qu'il y a bien une demi-douzaine de façons d'interpréter nos cas, dont chacune pourrait être la bonne, du moins dans quelques-uns d'entre eux. Cependant, pour la majorité des « meilleurs » cas, le choix sera limité à trois possibilités : témoignages erronés ou inexacts, télépathie ou clairvoyance, et enfin réincarnation. Ceux qui ne croient pas à la cognition paranormale (télépathie ou clairvoyance) auront peu d'explications de rechange.

Si vous hésitez encore à vous faire une opinion, ne vous laissez pas influencer par celle du voisin, ou de vos parents, ou de vos professeurs. Il existe une quantité d'ouvrages qui peuvent vous aider, mais il convient de bien se renseigner et de lire attentivement les textes d'introduction pour éviter l'achat de livres peu fiables (encore plus nombreux que les autres).

Digression pour discuter de la télépathie et des apparitions

À mon avis, la preuve la plus probante en faveur de la télépathie nous vient de faits qui se produisent parfois dans notre vie quotidienne. En voici quelques exemples que je soumets au jugement du lecteur.

Le premier exemple est raconté par un homme qui avait été fait prisonnier pendant la guerre civile, aux États-Unis, en 1862. Il était donc à Camp Douglas avec les autres soldats de l'armée confédérée, prisonniers comme lui. Voici son récit :

> «... Le jour suivant, 16 avril, je rentrai dans le campement et m'étendis près de mon ami Wilkes dans une position qui me permettait de voir la moitié de la salle. Je fis une remarque sur les groupes de joueurs de cartes qui étaient en face de nous. Soudain je sentis une petite tape sur la nuque et perdis aussitôt conscience. Tout de suite après, j'eus une vision très nette représentant le village de Tremeirchion (dans le Pays de Galles) et les pentes verdoyantes des collines de Hiraddog. Il me semblait que je planais au-dessus des bois rocheux de Brymbella. J'atterris dans la chambre de ma tante Mary. Elle était au lit et paraissait malade, près de mourir. Je m'assis à son chevet. Je me voyais, tête baissée, écoutant ses paroles entrecoupées où semblait dominer le regret, comme si elle était tourmentée à la pensée de n'avoir pas été aussi affectueuse avec moi qu'elle eût dû ou désiré l'être. J'entendis ma

voix disant : "Je vous crois, ma tante, cela n'est ni votre faute ni la mienne. Vous avez été bienveillante à mon égard, et je savais que vous auriez voulu l'être davantage. Mais les circonstances ne vous le permettaient pas. Moi aussi j'ai tant désiré vous aimer – mais je craignais les reproches, ou une parole blessante. C'est dans cet état d'esprit, je crois, que nous nous sommes séparés. Ne regrettons rien. Vous avez fait votre devoir envers moi, mais vos propres enfants demandaient toute votre attention. Ce qui m'est arrivé par la suite était écrit dans ma destinée. Adieu."

J'avançai la main et sentis la sienne, longue et maigre. J'entendis un murmure d'adieu et me réveillai immédiatement.

Il me semblait que je venais tout juste de fermer les yeux. J'étais dans la même position de repos, et les groupes d'hommes jouaient toujours aux cartes en face de moi. Rien n'avait bougé, Wilkes non plus.

Je demandai : "Qu'est-ce qui s'est passé ?" Il répondit : "Qu'est-ce qui aurait pu se passer ? Pourquoi demandez-vous ça, il y a tout juste un moment vous étiez en train de me parler !"

– Oh ! Je croyais avoir dormi plus longtemps !

Le jour suivant, 17 avril 1862, ma tante Mary mourut à Fynnon Beuno, sa maison au Pays de Galles. »

Le soldat en question avait été recueilli par sa tante quand il était enfant, orphelin et sans foyer. Elle avait fait cela par sens du devoir, bien que déjà surchargée de responsabilités et de progéniture. Le fait qu'elle n'ait pu donner davantage de tendresse à l'orphelin semble avoir été l'objet de regrets de part et d'autre. C'est ce qui avait provoqué la vision du soldat au moment du décès de sa tante.

Le cas suivant est celui d'un jeune Écossais visitant la Suède en 1799. Quittant Gothenburg pour la Norvège avec ses compagnons de voyage, ils furent sur les routes tout le jour et une partie de la nuit avant d'arriver à une auberge. C'était un 19 décembre, et comme il était une heure du matin, ils décidèrent de passer là le reste de la nuit. Voici ce que le jeune homme écrivit dans son journal :

« 19 décembre... Fatigué du froid d'hier, j'étais content de pouvoir prendre un bain chaud avant de me coucher. Et là une chose extraordinaire se produisit, si extraordinaire qu'il me faut la raconter depuis son début. Après mes études secondaires, j'allais à Édimbourg pour y suivre les cours de l'Université. Mon meilleur ami, G., était dans le même cas. Il n'y avait pas de cours de théologie, mais souvent, pendant nos promenades, nous abordions des sujets graves, entre autres l'immortalité de l'âme et son état futur. Cette question, et aussi la possibilité non de fantômes mais de morts apparaissant aux vivants, était au centre de nos nombreuses discussions. Nous fîmes la folie de passer un accord *écrit avec notre sang* : le premier de nous deux à mourir apparaîtrait à l'autre pour abolir ses doutes sur "la vie après la mort". Dès la fin de nos études, G. partit pour occuper une charge dans le service civil aux Indes. Il m'écrivit de moins en moins et, après quelques années, je l'avais presque oublié. En outre, sa famille n'avait presque aucun contact avec Édimbourg, et les voyant rarement, j'entendais rarement parler de lui. La vieille amitié d'étudiants s'était ainsi peu à peu désagrégée et je me rappelais à peine son existence. Revenons au bain chaud où je trempais avec bonheur après le froid de la journée. Comme je tournais la tête vers la chaise où j'avais posé mes habits, je vis G. qui était assis là, me regardant calmement. Comment je sortis du bain, je l'ignore. Mais en revenant à moi, je me trouvai étalé sur le plancher. L'apparition ou autre qui avait pris l'aspect de G. avait disparu. Cette vision me donna un tel choc que je ne pus en parler, même à mon compagnon de voyage, Stuart. Mais l'impression qui m'en resta était trop forte pour être oubliée de sitôt et j'écrivis toute l'histoire, la date : 19 décembre, et tous les détails encore intacts dans mon esprit. Je m'étais sûrement endormi, et cette vision si nette était un rêve, je ne peux en douter. Pourtant, depuis des années je n'avais pas communiqué avec G. et rien n'était arrivé qui eût pu me faire penser à lui, rien pendant mon voyage en Suède qui soit relié à G. ou aux Indes, rien qui eût un rapport quelconque avec lui ou un membre de sa famille. Puis je me rappelai nos anciennes discussions et le pacte établi entre nous. Je ne pouvais m'empêcher de penser que G. était mort et que son apparition devait être reçue par moi comme une preuve de l'état futur de l'âme. En même temps, j'étais toujours persuadé d'avoir rêvé toute l'histoire. L'impression que j'en avais gardée était si vive et si douloureuse que je ne pouvais m'astreindre à en parler ou à y faire la moindre allusion. Je finis de m'habiller car nous avions décidé de partir de bonne heure. À six heures, j'étais prêt pour le petit déjeuner. »

Cette histoire fut publiée après bien des années, et l'auteur y ajouta l'information suivante :

« Peu après mon retour à Édimbourg, je reçus une lettre des Indes annonçant la mort de G., et la date de sa mort : le 19 décembre. Singulière coïncidence ! Pourtant, quand on pense au nombre de rêves qui, nuit après nuit, passent par notre subconscient, les coïncidences entre la vision et les faits sont peut-être moins nombreuses et moins extraordinaires qu'un calcul honnête des probabilités nous l'apprendrait. »

Le cas suivant se passe en Russie. Le voici comme l'a raconté le sujet :

« J'avais douze ans et venais d'entrer dans ma deuxième année du secondaire. Nous habitions une petite maison de campagne près de Pskov. Ma mère, souffrant d'une maladie qui l'obligeait à faire une cure à Karlsbad (à présent Karlovi Vary), nous avait laissés, ma sœur, mon petit frère et moi, sous la garde de ses jeunes sœurs. Nous étions libres comme jamais et nous en profitions. Un soir, nous décidâmes de jouer aux "enfants du capitaine Grant" (qui avaient échappé à la mort en grimpant à un arbre). Nous choisîmes un grand saule qui se penchait sur la rive du fleuve. Je devais être Paganel et j'y mis tant de zèle que je tombai – comme lui – à l'eau. Ne sachant pas nager, j'étais sur le point de me noyer quand je pus m'accrocher à une branche, avec de grandes difficultés. Dans un silence horrifié, mes frères et ma sœur assistaient à ce petit drame, perchés sur l'arbre. Nous étions surtout inquiets de l'inévitable punition qui nous attendait. Nous ne pouvions rien cacher à nos tantes : j'étais complètement trempé et ma casquette blanche, uniforme du lycée, avec sa visière blanche, objet d'orgueil et d'amour, avait été emportée par le courant. À la maison, nos jeunes tantes furent compréhensives (elles se sentaient aussi un peu coupables !) et décidèrent de ne rien écrire à Karlsbad de l'accident. Elles nous firent promettre de ne pas en parler. Imaginez notre étonnement et notre confusion à tous quand, dès l'arrivée de nos parents, ma mère se mit à nous décrire l'événement dans ses moindres détails, nous montra le saule, parla de la casquette emportée par la rivière, etc. Elle avait rêvé tout cela à Karlsbad et s'était réveillée en pleurs. Dans son désarroi, elle avait supplié mon père de télégraphier immédiatement chez nous pour s'assurer que tout allait bien. Mon père avoua : il n'avait pas télégraphié mais, pour calmer ma mère, il était allé s'assoupir dans le hall de l'hôtel pendant une demi-heure, déclarant sa mission accomplie à son retour dans la chambre ! »

Et enfin la dernière histoire, racontée elle aussi par la personne concernée :

« J'étais étudiant en Allemagne, j'avais dix-neuf ans. J'eus un accident grave au cours d'un exercice militaire près de Würzburg. J'échappai à la mort de justesse : je suivais une route dont le rebord étroit dominait un ravin escarpé lorsque mon cheval se cabra et je tombai avec lui sur un chemin où une batterie montée était en marche. J'étais juste derrière la roue de l'un des canons. Juste à temps, la batterie tirée par six chevaux s'arrêta, me sauvant la vie. C'était une belle matinée de printemps. Le soir même, je reçus un télégramme de mon père demandant des nouvelles de ma santé, pour l'unique fois de ma vie ! Ma sœur aînée, à qui j'étais très attaché, l'avait prié de le faire, parce qu'elle était sûre que j'avais eu un accident. Ma famille habitait Cobourg à l'époque. C'est un cas de télépathie spontanée : au moment où j'étais en danger de mort, j'avais transmis ma pensée à ma sœur et elle l'avait reçue, parce qu'elle était la plus proche de moi par notre affection réciproque. »

Les critiques disent souvent de cette sorte de récits qu'ils proviennent de gens à l'esprit nébuleux et peu crédible. Personne ne peut dire cela des auteurs de ces rapports. J'ai volontairement omis de mentionner leurs noms pour éviter d'influencer le lecteur. À présent, je vais vous les présenter, dans l'ordre : H.M. Stanley, le fameux explorateur, « découvreur » du Dr. Livingstone. Lord Brougham, orateur et homme d'Etat britannique bien connu (Lord-Chancelier dans le gouvernement whig en 1830). L.L.Vassiliev, qui devint professeur de physiologie à l'université de Leningrad, et enfin Hans Berger, l'inventeur de l'électro-encéphalogramme[15].

Hans Berger fut tellement marqué par cet épisode de son enfance qu'il abandonna son intention de devenir astronome et consacra sa vie à l'étude de la relation entre l'esprit et le monde physique, avec les conséquences que l'on sait et dont nous pouvons tous lui être reconnaissants. Les trois autres furent également marqués, de différentes façons. Vassiliev a raconté son histoire de télépathie dans l'un de ses livres sur la parapsychologie, à laquelle il apporta une contribution notable, et sa confrontation avec le phénomène en question semble avoir été un facteur important dans ses recherches. Ces quatre hommes ont droit à notre respect et, compte tenu de leurs compétences, peuvent être écoutés avec toute l'attention qu'ils méritent[16].

Les sceptiques invoquent la coïncidence et le hasard, dans les manifestations paranormales comme l'apparition d'un être humain au moment de son décès ou après. Les premiers chercheurs du domaine psychique ont retenu cette objection pour la réfuter ensuite après observation minutieuse de nombreux cas. Le « hasard » qui fait qu'une personne apparaît à une autre au moment de sa mort ne peut être un hasard[17], surtout lorsque la vision est accompagnée des circonstances du décès avec des détails exacts ne pouvant être connus du récipiendaire. Nous nous trouvons alors devant la perception unique d'un événement unique, à longue distance. Voici un autre cas authentique à l'appui de ce raisonnement. La récipiendaire était Agnès Paquet, dont le frère, Edmond Dunn, s'était noyé dans le port de Chicago en 1889. Elle fit le récit suivant :

> « Je me réveillai à l'heure habituelle le jour de l'accident, vers six heures du matin. J'avais bien dormi toute la nuit, sans rêves ni réveils brusques, mais j'étais triste et déprimée, sans force pour réagir. Après le petit déjeuner, mon mari partit pour son travail et les enfants pour l'école, me laissant seule à la maison. Peu après, je décidai de me faire une tasse de thé pour me remonter. J'allai dans la dépense, pris la boîte de thé et en me retournant je vis mon frère Edmond – ou son image exacte – se tenant devant moi. L'apparition me tournait le dos, du moins partiellement, et était en train de tomber en avant, apparemment entraînée par deux grosses cordes ou par un nœud de cordes qui entravaient ses jambes. La vision ne dura qu'un moment et disparut au-delà d'une sorte de barrière ou bastingage. Tout cela avait été très distinct. Je laissai tomber la boîte à thé, portai les mains à mon visage et criai : "Mon Dieu ! Edmond s'est noyé !"
> Vers dix heures trente de la même matinée, mon mari reçut un télégramme de Chicago annonçant que mon frère s'était noyé. Il rentra tout de suite à la maison et me dit : "Ed est malade à l'hôpital de Chicago, je viens tout juste de recevoir un télégramme." Je répondis : "Ed s'est noyé, je l'ai vu basculer par-

dessus bord." Je lui racontai l'apparition : mon frère nu-tête, portant une épaisse chemise bleue de marin, sans veste, et tombant par-dessus bord. J'avais même remarqué que les jambes de son pantalon étaient retroussées de façon à en laisser voir la doublure blanche. Je décrivis aussi le coin du bateau où se passait la scène. Je n'ai aucun trouble nerveux, je n'avais jamais eu aucune vision de ce genre, et n'en eus jamais plus. »

Le mari d'Agnès, Peter Paquet, confirma ainsi le récit de sa femme :

« Le 24 octobre 1889, je reçus un télégramme de Chicago annonçant la mort par noyade de mon beau-frère, Edmond Dunn, survenue à trois heures du matin. Je rentrai directement à la maison et, voulant atténuer le choc de la triste nouvelle, je dis à ma femme : "Ed est malade à l'hôpital de Chicago, je viens de recevoir un télégramme." Elle répondit : "Ed s'est noyé, je l'ai vu basculer par-dessus bord." Elle décrivit ensuite le comportement et les habits de son frère comme dans sa déclaration, ainsi que le coin de bateau d'où il était tombé.
Je me mis immédiatement en route pour Chicago, me rendis au port et reconnus tout de suite la scène de l'accident, selon la description de ma femme. L'équipage confirma tout, sauf en ce qui concerne le chapeau qu'Ed portait, leur semblait-il, avant de tomber. Ils ajoutèrent qu'Ed avait acheté quelques jours auparavant un pantalon un peu trop long qu'il portait retroussé, doublure blanche apparente comme ma femme l'avait vue.
Le capitaine du remorqueur, qui était à la barre au moment de l'accident, semblait réticent, disant que c'était sûrement un vertige ou un évanouissement qui avait fait tomber Ed. Mais l'un des marins, témoin de l'accident, Frank Yemont, raconta à l'un de mes amis qu'Edmond s'était pris les pieds dans le cordage du remorqueur avant de tomber par-dessus bord, comme décrit par ma femme. Je crois que le capitaine voulait éviter d'être tenu pour responsable de cette mort, car en fait il n'avait aucun droit d'ordonner à un pompier (Ed l'était) de manipuler les cordages du remorqueur. Mon beau-frère n'avait jamais été sujet aux vertiges, encore moins aux évanouissements, que nous sachions[18]. »

On ne meurt qu'une fois dans sa vie, c'est l'évidence même. Par conséquent, les détails précis de la façon dont on meurt sont toujours uniques. Certaines morts ressemblent à d'autres et nous pouvons parfois prédire à peu près comment telle ou telle personne mourra. Mais il est des morts dont les conditions sont tout à fait hors des normes et celle d'Edmond Dunn se place dans cette catégorie. La façon dont il s'est noyé, les pieds pris dans des cordes de remorqueur, ne peut être arrivée à beaucoup de gens et ne peut lui être arrivée qu'une fois[19]. Comment raisonnablement prétendre que sa sœur ait eu « par hasard » une vision comportant les détails exacts des circonstances de sa mort, à peu près à l'heure de l'accident. Il est sensé de conclure qu'elle a soudain eu conscience de cette mort accidentelle et des détails qui l'entouraient. Si nous ne pouvons expliquer comment, nous ne pouvons pour autant nier que cela se soit passé ainsi. « Les choses rares et les récits qui semblent incroyables ne doivent ni être tus ni être refusés aux souvenirs des hommes[20]. »

Confrontés à des récits de ce genre, certains critiques objectent que nous ne pouvons nous fier à des rapports généralement écrits après que le sujet a eu connaissance de l'événement correspondant, et souvent bien des années plus tard, lorsque la mémoire peut avoir faussé les détails et permis d'oublier les failles. C'est une objection dont nous devons sérieusement tenir compte (spécialement dans l'étude des cas des enfants dont ce livre est l'objet). Nous ne savons pas quand M. Stanley écrivit son aventure, probablement des années plus tard, et elle n'a été publiée qu'en 1909 si je ne me trompe, donc après sa mort. Néanmoins, il y a un grand nombre de cas où les personnes concernées ont écrit leur rêve ou vision paranormale *avant* d'en avoir eu l'information par voie normale. Par exemple, Lord Brougham, qui nota dans son journal tous les détails de sa vision alors qu'il se trouvait en Suède et *avant* d'apprendre la mort de son ami, aux Indes.

Un autre cas du même type, et que j'ai moi-même contrôlé, est celui de Georgina Feakes. Elle était connue dans sa famille comme étant sujette à des visions paranormales. Elle avait appris la mort de son cousin, Owen Owison, tué en action pendant la Seconde Guerre mondiale, et elle espérait le « voir » au cours d'une de ses visions. La mère d'Owen lui avait aussi demandé si elle avait eu une communication de son fils. Peu après, Georgina le « vit », mais pas comme elle l'avait prévu. L'apparition d'Owen tirait une fleur bleue de sa chemise, et l'y remettait, par deux fois, avant de disparaître. Cette scène n'avait aucune signification pour Georgina. Elle en parla à sa tante qui se rappela alors l'incident suivant : Owen venait d'escalader une montagne proche de leur habitation à cette époque, à Cape Town. Il y avait illégalement cueilli une fleur bleue dont l'espèce était protégée, et l'avait cachée dans sa chemise pour la montrer à sa mère. Tandis qu'il sortait la fleur de sa cachette, un visiteur était entré dans le salon et Owen l'avait précipitamment remise dans sa chemise. La même scène s'était répétée après le départ du premier visiteur, avec un second visiteur. Georgina n'avait jamais eu connaissance de cet incident. Pouvons-nous l'interpréter comme une preuve de la survivance d'Owen après sa mort ? Georgina avait-elle reçu l'information télépathiquement par sa tante ? J'ai des raisons de croire cela improbable à cause de certains détails inutiles à ce récit, mais je dirai seulement que j'ai pu obtenir les copies des lettres de Georgina à sa tante, écrites *avant* d'apprendre l'anecdote racontée par cette dernière, et suffisamment conformes au récit de Georgina pour me permettre d'inclure le cas parmi ceux où la faille de mémoire peut être écartée[21].

Mais aucun cas n'est parfait. En effet, l'incident de la fleur aurait pu avoir été raconté par la tante à la nièce, très longtemps auparavant, et ensuite oublié par toutes les deux. Ou bien la tante aurait pu adapter son propre souvenir à la vision de sa nièce pour une meilleure coordination des faits. Les cas individuels sont toujours sujets à railleries de la part des sceptiques. C'est pourquoi les chercheurs qui travaillent dans le domaine du paranormal dirigent leurs efforts du côté de l'expérimentation, moins vulnérable à cet égard.

Combien y a-t-il d'autres cas comme ceux que je viens de rapporter ? Nous ne pouvons le dire, mais nous savons qu'en Grande-Bretagne et aux États-Unis plusieurs enquêtes ont démontré que 10 à 17 p. cent des personnes interrogées sont convaincues d'avoir eu au moins une fois dans leur vie la perception (pas toujours visuelle) d'une apparition[22]. D'autres rapportent avoir eu des incidents paranormaux, comme par exemple le sentiment qu'un événement hors du commun était en train de se produire à distance au moment où il se produisait effectivement, en l'absence de tout moyen d'information normal. Nous savons bien que ces manifestations paranormales ne résistent souvent pas à une enquête serrée : on s'aperçoit que le sujet n'est pas sûr de sa mémoire, ou s'est trompé dans l'interprétation d'un événement – ou les deux, et le doute subsiste[23]. L'imprécision, également, nous empêche souvent de classer des cas dans telle ou telle catégorie.

Il y a aussi tous ceux qui ont un immense désir de communiquer avec un être cher disparu, par exemple un veuf ou une veuve croyant voir ou sentir la présence du conjoint décédé, ou en recevoir un ou plusieurs messages[24]. Il peut y avoir un élément paranormal dans ces manifestations, mais il est rare d'en trouver des preuves irréfutables[25]. En pratique, nous ne savons jamais exactement ce qui s'est passé, mais nous pouvons parfois détecter soit une inexactitude, soit une omission, soit une enjolivure, soit du « flou artistique ».

Cependant, même en écartant 95 p. cent de cas discutables, une quantité impressionnante de véritables manifestations paranormales demeurent, ayant entre elles de nombreuses analogies (bien que de types différents). Dès le XVIIIe siècle, ces analogies faisaient dire à Emmanuel Kant :

> « La même ignorance me rend réfractaire à nier entièrement l'authenticité des différentes histoires de fantômes parce que je fais le raisonnement suivant : bien que je doute de chaque histoire prise séparément, lorsqu'on les considère dans leur ensemble, j'ai tendance à les croire. » (Kant).

Quelles similitudes trouvons-nous quand « on les considère dans leur ensemble » ? Nous trouvons surtout deux thèmes principaux : l'amour et la mort. Il s'agit presque toujours de gens qui s'aiment, de membres d'une même famille, ou d'un couple uni par des liens conjugaux (où le facteur génétique ne joue aucun rôle). Les communications sont presque toujours relatives à une mort ou à un danger menaçant une vie[26], comme dans les six cas racontés plus haut.

De même, les enfants qui se rappellent leur vie antérieure ont bien des points communs, et nous verrons que les thèmes d'amour et de mort y sont aussi éminemment présents.

Quelques définitions tirées du vocabulaire employé dans nos recherches

Personnalité antérieure : certains aspects de la personne décédée dont le sujet semble être la réincarnation. Le mot personnalité peut sembler inadéquat, la personne en question ayant vécu dans un corps physique qui est mort. En principe, c'est la fin de cet individu, mais l'attitude de l'enfant fait penser que quelque chose a pu rester en vie après sa mort et ensuite s'associer à un nouveau corps physique. Pendant l'intervalle qui se situe après la mort et avant la re-naissance, le mot « personne » ne peut plus être employé, et nous disons que c'est une « personnalité désincarnée », ou simplement « personnalité ».

Je ne suis pas contre le mot *âme* pour désigner l'élément hypothétique d'une personne pouvant survivre à la mort et se réincarner. Cependant, comme ce mot implique souvent des connotations d'ordre religieux, je l'évite généralement. Le mot *esprit* convient également dans certains cas.

Les souvenirs de vies antérieures peuvent se présenter sous forme *d'images* comme dans la normalité, incluant les noms de gens ou de lieux, parfois même les dates et les âges, ou sous forme de *comportements* dont les psychologues ont étudié les manifestations, comme par exemple les manies, ou les réactions inhabituelles dans certaines situations et dont le sujet ne se rappelle absolument pas les causes. Les suggestions post-hypnotiques sont très utiles à l'étude de ces phénomènes. En voici un exemple :

Un hypnotiseur ordonne au sujet d'exécuter, à son signal, un acte ou un geste donné, dès son réveil. Mais il lui demande aussi d'oublier qu'il en a reçu l'ordre. La scène pourra se passer comme suit : le sujet endormi reçoit l'ordre d'ouvrir son parapluie dès que l'hypnotiseur aura fait tomber son mouchoir, mais d'oublier que ce geste lui a été imposé. Une fois réveillé, le sujet un peu étonné voit l'hypnotiseur faire tomber son mouchoir, il ouvre le parapluie, sans savoir pourquoi. Prié de s'expliquer, le sujet dira par exemple que le plafond ne lui semble pas étanche et qu'il va peut-être pleuvoir, ou bien il dira qu'il a voulu s'assurer que son parapluie fonctionne normalement... L'ordre concernant le mouchoir est complètement oublié. Il accomplit un acte automatique et irraisonné[27].

Notre comportement habituel n'est pas motivé par des suggestions dues à l'état d'hypnose, mais je voulais simplement démontrer que nous pouvons agir de certaine façon, faire certains gestes automatiquement sans nous rappeler ce qui a influencé notre comportement. Ainsi, de vagues sensations désagréables et inexpliquées, une grande peur, une phobie persistent parfois longtemps après que l'événement responsable en a été oublié. Nous transportons des impressions venues de l'enfance et qui se répercutent sur notre comportement d'adulte sans que nous ayons conscience de leur origine[28]. Les psychiatres et les psychologues sont à peu près tous d'accord sur ce point. Dès lors, pourquoi ne pourrions-nous pas être influencés par nos vies antérieures, de la même façon ?

La *cognition subliminale* : connaissance ou information *non* acquise dans la vie présente, possédée par certaines personnes. Certains sujets se mettent spontanément à parler une ou plusieurs langues étrangères sans en avoir appris le premier mot. Nous en reparlerons.

CHAPITRE II

Croyance en la réincarnation

Bien des gens ont la sensation d'avoir vécu avant ce que nous appelons leur vie présente, ou leur vie actuelle. Cela ne leur paraît pas du tout bizarre. Ils pourraient dire comme l'a fait Voltaire : « Il n'est pas plus étonnant d'être né deux fois que d'être né une fois[1]. » Pourtant, combien jugent cette notion absurde ? Une minorité d'individus, si on les isole du reste des habitants de la planète !

Les Occidentaux pensent en général que seuls les Asiatiques croient à la réincarnation, particulièrement dans les régions du sud-est, probablement parce que les doctrines hindoues et bouddhistes ancestrales ont été traduites et publiées par leurs missionnaires en Occident (en versions abrégées et dont la fiabilité laisse souvent à désirer).

Beaucoup d'autres habitants de notre planète croient à la réincarnation :

Les chiites musulmans d'Asie occidentale, tous les habitants d'Afrique occidentale ou orientale qui n'ont pas encore été convertis à l'islam ou au christianisme y croient. Une importante minorité de Brésiliens également, dans un mélange de traditions africaines et de concepts importés de France au XIXe siècle et que l'on appelait « spiritualisme ». Il y a encore les autochtones des régions ouest de l'Amérique du Nord où la réincarnation fait partie des traditions religieuses (malgré une certaine érosion due aux éducateurs et aux missionnaires chrétiens qui leur ont inculqué la notion d'une « vie unique » sur terre). Enfin, les anthropologistes modernes ont trouvé le concept de réincarnation chez les habitants des îles Trobriand, dans les tribus de l'Australie centrale et chez les Ainus, au nord du Japon[2].

Schopenhauer a dit : « Si un Asiatique me demandait de lui donner une définition de l'Europe, je serais forcé de lui répondre : "C'est cette partie du monde qui est complètement dominée par l'illusion incroyable et scandaleuse selon laquelle l'homme est un être sorti du néant, dont la naissance est le début absolu[3]." »

Depuis l'époque de Schopenhauer, la croyance s'est diffusée en Occident. En cette fin de XXe siècle, beaucoup d'Européens sont sortis de l'illusion qu'il déplorait. Une enquête menée en 1968 par l'Institut Gallup dans huit pays d'Europe a démontré que 18 p. cent des habitants interrogés croyaient à la réincarnation. Un an plus tard, un autre sondage a démontré (en Amérique du Nord) que 20 p. cent des Américains et 26 p. cent des Canadiens y croyaient aussi. En 1982, le même genre d'enquête donnait 23 p. cent de réponses positives aux États-Unis[4].

À part quelques exceptions, presque tout le monde croit à la réincarnation en dehors des orthodoxies du judaïsme, du christianisme, de l'islam et de la science (cette dernière étant une religion séculière pour beaucoup de gens) ; comment cela a-t-il pu arriver ? Essayons d'examiner ce point.

L'idée est-elle née dans un pays pour se diffuser ensuite dans d'autres parties du monde, à peu près comme nous le supposons des langues indo-européennes ? S'il en a été ainsi, cela expliquerait que cette croyance existe dans des pays très éloignés les uns des autres, qui communiquaient entre eux dans les temps historiques ou préhistoriques. Par exemple, les commerçants et autres voyageurs ont assuré la liaison d'un bout à l'autre de l'Asie pendant au moins deux millénaires et peut-être plus. Aux Indes, nous pouvons remonter jusqu'à la période védique, dont les écritures datent de trois mille ans environ[5], et parlent de la réincarnation. L'indologiste Norman Brown a suggéré que l'histoire biblique de la marche sur les eaux pourrait bien avoir été empruntée à des légendes bouddhistes. Les Indiens auraient donc pu exporter leur croyance vers l'Asie et l'Europe. Un Grec né à Tyana (Anatolie du sud, en Turquie) avait visité les Indes au Ier siècle. Il avait eu là des discussions philosophiques avec un sage, Iarchus. Leurs conversations nous sont parvenues, et l'on y trouve de nombreuses références à la réincarnation, comme si elle allait de soi[6]. Un Indien moderne n'y verrait rien de surprenant. Les peuples de différentes parties de l'Asie pourraient avoir reçu leur croyance d'une même source[7]. Ils ont à présent différents concepts (entre Asie du Sud et Asie occidentale), ce qui n'exclut pas la possibilité d'une origine ancestrale commune de l'idée centrale, la réincarnation.

Mais il est difficile sinon impossible de démontrer que tous les peuples qui croient en la réincarnation tiennent ce concept des Asiatiques : comment les Esquimaux et autres tribus d'Amérique du Nord auraient-ils fait, alors que leurs ancêtres ont émigré depuis l'Asie jusqu'à leurs territoires actuels il y a plusieurs milliers d'années ? Il est généralement établi qu'il n'y a eu aucun contact important entre les deux continents depuis l'époque protohistorique. Il est donc presque impossible qu'un Esquimau vivant au nord du Canada et un villageois de la vallée du Gange aient acquis leurs convictions à la même source[8], et encore plus impossible que ces convictions aient fait tache d'encre depuis l'Asie du Sud jusqu'à l'Afrique occidentale ou l'Australie centrale.

Par conséquent, si la croyance n'a pu se répandre à partir d'un seul pays d'origine, elle a dû naître dans différentes parties du monde et sans aucun doute à différentes époques. Cela nous conduit à nous demander comment elle a germé et pris racine à son début.

L'espoir de la survivance de l'âme (ou personnalité) après la mort adoucit le chagrin des deuils et la peur de ceux qui attendent leur tour de mourir. Pourtant, ce réconfort serait plus complet dans la perspective d'un séjour prolongé ou éternel dans quelque jardin paradisiaque où l'on se retrouverait après la mort. Alors, pourquoi cette notion d'esprit désincarné revenant s'intégrer dans une nouvelle enveloppe pour recommencer une vie terrestre ?

Peut-être le désir ressenti par la famille éplorée de voir revenir l'être cher qu'elle a perdu ? Mais cette explication ne tient plus quand la re-naissance se produit dans une famille complètement étrangère à l'ancienne (et c'est une règle presque constante en Inde, en Thaïlande, en Turquie et au Sri Lanka). Les affligés trouvent peut-être une consolation en apprenant qu'un enfant né dans une autre famille se dit l'un des leurs, mais il est peu vraisemblable que ce soit là la fondation de cet édifice considérable, la croyance en la réincarnation, par exemple celui qu'ont construit les hindous et les bouddhistes du sud de l'Asie.

La façon la plus normale d'acquérir une conviction est d'accepter celle que nous transmettent nos parents, et leur tâche d'initiateurs est encore simplifiée s'ils disposent de textes et d'écritures sacrées hérités de leurs ancêtres, comme en ont les bouddhistes et les hindouistes. (Les chrétiens ont la Bible, dont ils se servent contre l'idée de réincarnation.) Presque tous les enfants nés en Asie du Sud grandissent avec la certitude d'avoir déjà existé – et seraient surpris d'apprendre que d'autres peuples n'y croient pas.

Les traditions religieuses n'ont d'ailleurs pas besoin de textes écrits pour se maintenir en vigueur. Les Tlingits en Alaska, les Alevis en Turquie[9], et les Igbos au Nigeria[10] n'ont aucun livre pour leur enseigner le concept de la réincarnation. Cependant, qu'elle soit écrite ou orale, la transmission de la croyance d'une génération à l'autre n'explique pas son point de départ, qui pourrait avoir eu lieu de plusieurs façons, par exemple par la philosophie.

De grands philosophes comme Platon, Schopenhauer[11], McTaggart, Broad, Ducasse[12], en ont discuté très sérieusement et de façon positive. Dans le *Ménon,* Platon, citant Socrate, parle d'un jeune garçon capable de résoudre spontanément des problèmes de géométrie sans l'avoir étudiée. Socrate attribuait ce don à la mémoire subliminale d'une vie antérieure (dont le jeune garçon n'avait gardé aucun souvenir imagé).

D'après Platon, Socrate parlait des connaissances accumulées d'une vie à l'autre comme d'une certitude absolue. « L'âme, disait-il, étant donc immortelle, étant née de nombreuses fois, ayant appris des choses terrestres et des choses qui sont dans l'Hadès, et toutes sortes de choses, il n'y a rien dont elle n'ait acquis quelque savoir. Comment donc s'étonner qu'elle soit capable de se rappeler ce qu'elle a déjà connu, qu'il s'agisse de vertus ou d'autres choses... Car la recherche et l'apprentissage ne sont que réminiscences[13]. »

McTaggart a également remarqué que seule la réincarnation pouvait expliquer l'attraction irrésistible ressentie à première vue par deux personnes l'une pour l'autre – ou les aptitudes ou attirances des jeunes qui vont souvent à l'encontre des espoirs de leur famille.

D'autres philosophes, comme je l'ai mentionné au chapitre I, ont essayé de définir l'identité personnelle. Cela les a conduits à se demander quels critères nous permettraient d'affirmer que tel individu a survécu à la mort et s'est réincarné.

Il faut bien admettre que la participation des philosophes n'a pas beaucoup contribué à prouver la réincarnation. Un indécis peut se laisser influencer par les arguments d'un Ducasse ou d'un McTaggart[14], mais cela ne suffirait pas à établir une croyance si elle n'avait déjà des racines. Certains philosophes auront néanmoins le mérite d'avoir – en partie – déblayé les sottises qui entouraient l'idée de réincarnation et la rendaient déraisonnable aux yeux de beaucoup.

Bien que nous n'ayons aucune certitude à cet égard, il semble probable que la croyance en la réincarnation ait pu naître parfois, et peut-être souvent, grâce aux récits de gens qui se rappelaient une vie antérieure. La nouvelle se serait propagée d'un endroit à l'autre et se transmettrait de génération en génération. Pourtant, ce moyen a forcément des limites. Les marchands ont toujours colporté des histoires extraordinaires de pays en pays, mais leurs auditeurs n'ont aucun besoin de preuves, le divertissement suffit, et les événements insolites sont d'autant moins crédibles qu'ils se produisent dans des pays plus lointains. En tout cas, nous ne pouvons expliquer la croyance si répandue chez les Esquimaux – du Groenland au nord du Canada et à l'Alaska –, par l'hypothèse de récits colportés par les chasseurs ou les voyageurs en traîneaux à travers les campements dans de si vastes étendues de glaces et de toundras[15]. D'ailleurs, lorsque deux peuples voisins croient à la réincarnation, cela ne veut pas nécessairement dire que l'un a converti l'autre. Les ancêtres des Indiens Athabaskans (du Canada occidental et de l'Alaska central) ainsi que ceux des Esquimaux semblent avoir émigré de l'Asie à des époques différentes et ils parlent des langues qui leur sont mutuellement inintelligibles. À part quelques querelles de territoire, ils ont eu peu de contacts entre eux, du moins pas assez pour permettre un échange d'idées sur la nature de l'homme et sa destinée après la mort. Et pourtant, ces peuples croient à la réincarnation.

J'en conclus donc que les gens n'ayant aucune tradition écrite et néanmoins croyant à la réincarnation ont acquis ce concept grâce à ceux « qui se rappellent[16] » et le racontent, et ce, probablement, dans toutes les parties du monde où la tradition existe. Une fois établie, la croyance peut se maintenir pendant très longtemps sans preuves pour l'alimenter. Par exemple, nous ne trouvons aucune trace de cas chez les hindous (bien qu'ils y croient depuis plusieurs milliers d'années) jusqu'au XVIIIe siècle où il y eut un cas, ensuite plus rien jusqu'au début du XXe, du moins à ma connaissance[17]. Cependant, n'oublions pas que des quantités de cas peuvent s'être présentés en Inde avant le XXe siècle sans qu'on les ait archivés. Ceux que j'ai pu observer n'en constituent sans doute qu'une petite partie. Jadis les mass media n'existaient pas et les moyens de communiquer étaient rares. Mais surtout, les souvenirs d'une existence passée pouvaient sembler chose normale à ses adeptes, aussi pourquoi auraient-ils pris la peine de les divulguer ?

Pas de traces de cas non plus chez les cathares du sud-ouest de la France. Cette secte de chrétiens hérétiques (XIIe et XIIIe siècles)[18] a été anéantie vers le milieu du XIIIe siècle par Louis IX et la noblesse du nord du pays. Leurs archives semblent avoir été détruites et presque tout ce que nous savons sur eux provient des archives de leurs persécuteurs, les prêtres de l'Inquisition. Mais ici encore, la rareté des cas ne démontre rien : il est très possible qu'il y en ait eu beaucoup d'autres. Une croyance peut vraisemblablement s'implanter, parfois même en l'absence de témoignages vécus. Comment expliquer autrement les adeptes occidentaux de notre époque, surtout parmi les jeunes ? En admettant qu'ils aient eu accès aux ouvrages populaires sur la religion et la théosophie asiatique, ils n'ont pu y trouver que des affirmations sans preuves : les cas étudiés ne sont publiés que depuis peu. Les adeptes modernes sont peut-être arrivés à leur certitude par quelque processus intuitif ou par une argumentation autoconduite par la pensée. Quiconque, et peut-être plus particulièrement un enfant doué pour la réflexion, a le droit de trouver invraisemblable la doctrine chrétienne orthodoxe selon laquelle Dieu fabrique une nouvelle âme pour chaque bébé qui va naître. Si l'on rejette ce concept en gardant celui de la survivance de l'âme, il est normal de supposer que toute âme a déjà vécu, associée à une autre enveloppe charnelle. Schopenhauer a dit également : « Celui qui croit que la naissance d'un homme est son début, doit aussi croire que la mort est sa fin[19]. » Bien des gens à qui l'on a enseigné le principe d'une vie unique sur terre sont choqués devant l'injustice qui régit la condition humaine, l'inégalité des hommes dès leur naissance. L'idée de réincarnation pourrait représenter pour eux une solution logique, et préférable aux autres traditions. Si la réincarnation s'accomplit réellement, ses adeptes le sont peut-être par intuition, se rappelant confusément d'autres vies[20] ?

Il y a environ deux mille ans, le grand sage indien Patanjali expliqua la peur presque universelle de la mort par la crainte du jugement qui pourrait s'ensuivre. La mémoire subliminale de cette épreuve (qui doit être très déplaisante pour beaucoup) subsisterait, suscitant l'appréhension d'une nouvelle mort suivie d'une autre révision de nos actions[21-22]. Les croyances peuvent naître et disparaître selon les pays et leurs différentes traditions culturelles.

Examinons quelques exemples de ces changements. Les Tibétains se sont ralliés au bouddhisme entre le VIIe et le IXe siècle de notre ère, adoptant le concept de réincarnation tel qu'on l'enseignait en Inde. Les Tibétains y apportèrent des modifications en y intégrant leurs propres traditions. Par exemple, ils affirment que les lamas, spirituellement plus avancés que les autres prêtres, peuvent acquérir le pouvoir de contrôler leurs vies successives et qu'après leur renaissance, ils ont la faculté de donner des indications sur leur identité antérieure. On appelle ces personnages des « tulkus ». Ces concepts se sont développés chez les Tibétains entre le XIe et le XVe siècle, ont été codifiés peu à peu et, en se consolidant, sont devenus le système de succession à la grande prêtrise des monastères, par la réincarnation. Le *geluppa* (ou « chapeau jaune »), école de bouddhistes tibétains, a des rites destinés à l'identification de chaque nouveau dalaï lama, rites servant de modèle pour la découverte d'autres lamas supérieurs[23].

Parmi ceux qui ont abandonné cette croyance, citons les musulmans de l'Inde. Nous savons que seule une très petite minorité parmi les millions de musulmans vivant en Inde descend des envahisseurs et pillards musulmans qui établirent l'Empire mogol, dont les dirigeants dominèrent l'Inde pendant quatre siècles. La majorité des musulmans de l'Inde d'aujourd'hui descend d'hindous convertis à l'islam[24]. Les ismaélites, une secte de chiites dont l'origine se situe en Asie occidentale et qui se répandit dans d'autres parties de l'Asie et de l'Afrique, croyaient jadis à la réincarnation, contrairement aux ismaélites modernes d'Asie occidentale qui la renient[25]. Les Celtes de Grande-Bretagne[26] y croyaient, ainsi que les Vikings[27] (Scandinavie et Islande). La plupart de leurs descendants, à présent presque tous chrétiens, ont perdu ce concept. Nous savons aussi qu'au moins quelques groupes chrétiens de l'Europe du Sud y croyaient jusqu'au VIe siècle, sans que cela fasse partie de leur instruction religieuse. Les chefs de l'Église semblent l'avoir toléré jusqu'au concile de Constantinople, en 553 de notre ère[28]. On ne sait si c'est l'action du concile dans son ensemble ou celle de groupes extérieurs de soutien qui en bannit officiellement l'enseignement, mais le déclin de la tolérance des chrétiens à ce sujet date de cette époque, et a persisté depuis.

J'ai pu constater un déclin analogue en étudiant des cas chez les Esquimaux et les Indiens du Nord-Ouest, en Amérique. Dans une enquête officieuse et sommaire, j'ai interrogé 108 d'entre eux, dont 66 âgés de plus de quarante ans. Chez ces derniers, 47 (71 p. cent) ont répondu qu'ils avaient entendu parler de la réincarnation, et sur les 47, seuls 29 y croyaient (62 p. cent). Parmi les moins de quarante ans, 13 sur 42 en avaient entendu parler. La croyance persiste donc en force chez les Esquimaux de plus de quarante ans, avec un pourcentage bien supérieur à celui des quarante-huit autres États des États-Unis[29]. Mais je dois dire que certains jeunes de ces tribus s'intéressent vraiment à la question. Certaines mères de moins de trente ans furent mes meilleures informatrices.

Le processus de rejet d'une croyance est le même que celui de son adoption, mais en sens inverse. Par exemple, un hindou converti à l'islam au XVIe siècle est peut-être resté nostalgique pendant une ou plusieurs générations, avec sa famille. Puis la tradition s'est progressivement effacée de leur mémoire, l'idée leur en est devenue étrangère, et ensuite ridicule. Si un enfant parmi les convertis se mettait à raconter ses souvenirs antérieurs, peut-être le décourageait-on par des sarcasmes ou par des interdictions quand cela s'imposait. Si je ne me trompe pas en pensant que les cas et la croyance se renforcent mutuellement par transmutation réciproque, la suppression des cas a dû engendrer la disparition du soutien empirique de la doctrine chez les nouveaux musulmans, la reléguant au niveau des sottes superstitions que le fidèle de l'islam a bien heureusement dépassées. L'éloignement dans le temps efface la crédibilité aussi sûrement que la distance physique. L'éditeur des poèmes de Norse nous en donne un exemple : « On croyait dans le temps, selon l'enseignement d'alors... que les gens naissaient plus d'une fois. Mais on dit à présent que ce sont des menteries de vieilles femmes. Helgi et Sirgrun sont sensés avoir déjà vécu, et s'appelaient dans leur autre vie, lui, Helgi Haddingjaskati, et elle, Kara Halfdanardottir, comme il est dit dans *Karuljoth*. Et elle était une Walkyrie[30]. »

Les gens qui se sont trouvés en présence de cas auxquels ils croient se taisent peut-être face aux sarcasmes, mais n'abandonnent pas pour autant leur conviction. Ils font semblant de changer d'opinion, voilà tout. J'ai observé ces réactions chez les Tlingits et les Esquimaux qui sont actuellement sur la défensive contre l'influence du christianisme et du monde de la science occidentale.

Peu après le début de mon enquête dans ces tribus (Indiens et Esquimaux), autour des années soixante, je rencontrai une infirmière qui travaillait là depuis plusieurs années. Je lui parlai de mes recherches. Elle m'avertit que j'arrivais vingt ans trop tard, affirmant que la croyance avait déjà disparu. Elle avait tort. Je trouvai plus de cent soixante-dix cas parmi ces gens, mais ils n'en parlaient qu'aux sympathisants.

L'infirmière n'était pas la seule à qui ils dissimulaient leur façon de penser. Six autres étrangers, dont quatre anthropologistes, étaient tenus dans la même ignorance des croyances après de longues années de recherches dans la région. Les Tlingits avaient donné à deux d'entre eux, en signe d'affection, des surnoms de leur tribu. Mais sur les six un seul connaissait vaguement la conviction traditionnelle de ce peuple, sans avoir cherché à approfondir la question. Tous les six devaient leur lacune à la même raison : les Tlingits craignaient leurs moqueries.

Il existe[31] autour de la croyance fondamentale une grande variété de traditions subsidiaires portant sur la question de savoir qui se réincarne, par quel processus, comment une cause produit des effets à retardement sur les vies successives, etc.

Les Asiatiques du Sud-Est disent que la conduite morale d'une vie influence la vie suivante. C'est l'essence de la doctrine du karma. Les sectes chiites d'Asie occidentale pensent au contraire que l'âme passe par une succession de vies, dans des circonstances chaque fois différentes. Dans chacune de ces existences on doit s'efforcer d'arriver à la perfection morale. Pas de répercussions sur les autres existences, mais au Jugement dernier l'ensemble sera examiné : le bien et le mal seront pesés, et le verdict de Dieu nous enverra aux enfers ou au paradis pour l'éternité[32].

Tout autre est la notion des croyants en Afrique occidentale. Les valeurs morales n'entrent presque pas en jeu, malgré un code éthique (au système très compliqué) de sanctions contre la désobéissance. Mais ils voient la vie du bon côté, la trouvent plaisante et désirable (à l'inverse des bouddhistes et des hindous qui la voient négativement). Les esprits désincarnés qui évoluent dans les limbes après la mort cherchent anxieusement à s'en échapper pour retrouver une autre enveloppe charnelle et revenir sur terre. Leur espoir d'améliorer leur nouvelle vie provient non d'une récompense à leurs mérites mais des souhaits exprimés avant de mourir[33]. Cette notion est partagée par les Tlingits (Alaska du sud-est) et il n'est pas rare de voir un vieux de leur tribu qui, sentant venir sa fin, choisit ses futurs parents, l'apparence physique et le genre d'éducation qu'il désire pour sa prochaine existence[34].

Ce concept est le plus important pour les chercheurs, car il nous permet d'entrevoir quelques preuves, aussi faibles soient-elles. Les cas où le défunt avait indiqué sa prochaine famille avant de mourir, et où le sujet « réincarné » donne des précisions sur sa vie antérieure nous permettent de faire des recoupements précieux[35]. Il y a également les rêves « annonciateurs » où la personne décédée apparaît, annonçant à la famille sa prochaine incarnation. Chez les Birmans, cette sorte de rêve est chose courante : l'esprit désincarné demande leur approbation aux nouveaux parents qu'il se choisit.

La même idée a une longue histoire en Europe, en particulier chez les anciens Grecs. Platon en a parlé dans *La République*, où il montre des âmes sur le point de se réincarner et choisissant leur vie future[36]. Ceux qui ont acquis la sagesse dans une vie peuvent, s'ils choisissent de se réincarner, bénéficier d'une amélioration dans leur prochaine vie, contrairement à ceux qui ont gaspillé la leur sans rien apprendre. D'après Platon, la conduite d'un individu n'influence pas sa vie suivante, sauf dans la mesure où il se laissera guider par sa sagesse.

Il y a bien d'autres variantes du processus de réincarnation dans les traditions des différents peuples. Nous y reviendrons dans le chapitre VIII. Pour le moment, essayons de répondre à la question : y a-t-il des justifications à cette croyance ?

CHAPITRE III

Justification de la croyance

Il est fréquent de rencontrer des gens qui ont quelques réminiscences d'une « vie antérieure », mais ces impressions offrent peu de garanties qu'il s'agit bien d'un processus paranormal, sauf chez les petits enfants. Néanmoins, on peut presque toujours y trouver quelques indices.

Lecture des vies antérieures

Les gens qui se disent capables de décrire ou de « lire » les vies passées de leurs semblables doivent à mon avis être considérés avec prudence. Je n'ai rien trouvé de positif dans cette technique, excepté si on la cite en exemple de la crédulité humaine. N'était l'exploitation commerciale dont elle est l'objet, on pourrait en rire : les « vies antérieures » évoquées sont presque toujours au centre de cyclones historiques : les Croisades, la Révolution française, la guerre civile américaine et surtout la Crucifixion du Christ.

Je trouve surprenant que les clients de ces « lecteurs » s'en soient généralement tenus là. S'ils avaient essayé de tester un « lecteur » contre un autre, ils auraient probablement demandé à être remboursés[1]. Pourtant, je mentionnerai deux exemples où les sensitifs donnèrent la même information – ou presque – sur la vie antérieure d'une personne sans avoir eu la moindre possibilité de communiquer entre eux. Un autre sensitif raconta à deux consultants certains détails de leurs vies passées qu'ils avaient eux-mêmes « vues » dans des visions spontanées, et de façon identique. Mais ces exemples ne sont pas des preuves de réincarnation, tout au plus de télépathie entre le sensitif et le sujet. Cependant, nous ne pouvons écarter la possibilité d'une authentique « lecture ».

Régression par hypnose

La régression expérimentale par l'hypnose s'est révélée tout juste un peu plus convaincante. Pourtant, si j'en crois le nombre de lettres que je reçois à ce sujet et les piles de livres sortis de ces expériences, une foule d'Occidentaux ont la certitude que l'hypnose peut avoir raison de notre amnésie et permettre aux vrais souvenirs d'émerger à notre conscient. Si ces gens se mettaient vraiment à étudier l'hypnose, ils auraient tout de suite quelques doutes.

Je n'essaierai pas de définir l'hypnose, surtout depuis que certains spécialistes nient qu'elle constitue un état de conscience caractéristique. Des expériences ont démontré que ce phénomène peut se produire, du moins en partie, sans fluide inducteur spécial mais simplement par la volonté du sujet d'obéir aux suggestions et de se soumettre aux instructions de l'hypnotiseur. Si le sujet est suffisamment motivé, il peut exécuter des exercices physiques et mentaux dont on pensait jusqu'ici qu'ils nécessitaient l'état d'hypnose. En bref, si l'hypnose peut modifier les capacités d'un sujet, d'autres types d'influences psychologiques le peuvent aussi. Néanmoins, je crois que nous sommes tous d'accord pour admettre que le sujet hypnotisé parvient à un degré de concentration maximal, que son esprit se libère des stimuli extérieurs, des pensées envahissantes et inutiles. Dans ces conditions il peut canaliser sa volonté et retrouver des scènes du passé avec une clarté et une netteté difficilement obtenues par d'autres moyens. Les moindres détails de son enfance (généralement oubliés) lui reviennent, comme par exemple le jour de la semaine où il a fêté son dixième anniversaire, ou le nom des professeurs et camarades présents à son certificat d'études[2].

Jusqu'ici tout va bien. Mais en cours de route et pour arriver au degré de concentration le plus intense, le sujet abandonne la direction de ses pensées à l'hypnotiseur ; il ne parvient plus à résister à ses suggestions : quand il ne peut répondre à une demande précise, il donne une information erronée pour faire plaisir à l'hypnotiseur, ne se rendant pas compte qu'il mélange le vrai et le faux dans sa réponse[3]. Si on dit au sujet : « Retournez à une époque et dans des lieux d'avant votre naissance », il essaie de le faire[4]. Même face à une demande moins explicite, comme : « Rappelez-vous les causes de ces maux de tête, quelque part dans votre passé », il se sentira obligé (dans les vapeurs de l'hypnose) d'évoquer un passé plausible, qu'il soit réel ou inventé. Parfois, cherchant d'autres éléments dans sa mémoire, il se sert de passages historiques glanés dans une lecture, ou à la télévision, ou à la radio, et dont quiconque possède quelque notion. Si besoin est, il s'engagera dans la fiction pour ne pas décevoir l'hypnotiseur.

En outre, le sujet utilise souvent le pouvoir d'amplification dramatique due à l'hypnose. Il rassemble les différentes bribes d'information qui demeurent à l'état latent dans son subconscient et les remet en circulation en tant que « personnalité antérieure » capable d'extérioriser toutes les émotions appropriées. La constante des caractéristiques du personnage peut se maintenir au cours de plusieurs séances échelonnées sur plusieurs mois. L'hypnose ressemble beaucoup aux rêves en ce qui concerne l'intégration du subconscient et sa représentation presque théâtrale plus ou moins cohérente. Il est d'ailleurs assez étonnant que telle personne, qui n'accorde aucune importance à ses rêves, accepte aveuglément tout ce qu'elle trouve dans l'hypnose, alors qu'il peut s'agir des plus absurdes anachronismes. Mais le prestige des hypnotiseurs, le côté spectaculaire de l'hypnose et les promoteurs de sensationnel ont entretenu l'idée fausse de son infaillibilité dans la recherche du passé. Un cas qui a été publié en son temps : un sujet sous hypnose se dit courrier du roi de France pendant les croisades. Il raconte qu'il transmet les messages de la cour de Versailles jusqu'à Bordeaux. Or, du temps des croisades, du XIe au XIIIe siècle, le gouvernement de la France ne se tenait pas à Versailles comme il le fit plus tard, au XVIIIe siècle[5].

Un autre sujet se « voyait » dans la personne d'un certain James, comte de Leicester (qu'il prononçait « Lechester »), qui vivait en Angleterre au XVIIe siècle. Le sujet se plaignait de ce que « Lord Cromwell » l'avait chassé de son château avec sa famille. En réalité, le comte de Leicester de l'époque était *Robert* Sidney (1595-1677) et non James. Il n'avait jamais été chassé de son manoir de Penshurst et Oliver Cromwell n'était pas généralement connu (sinon pas du tout) comme Lord Cromwell, bien qu'il fût régent (*Lord Protector*).

Les anachronismes et inexactitudes de ce genre révèlent un autre aspect de l'hypnose : l'abolition des facultés critiques les plus élémentaires (les journalistes ou auteurs qui publient de telles erreurs sans les commenter n'ont pas cette excuse. Mais les sottises trop évidentes pour figurer dans des récits historiques sont bonnes à utiliser dans les évocations de « vies antérieures »). On remarquera en tout cas la tendance du sujet hypnotisé à se parer d'un rôle d'importance historique ou à se sentir mêlé à des gens ou des lieux célèbres. Les gazettes des anciens temps ne parlaient que des dirigeants politiques ou de quelques personnes très en vue, grands artistes ou inventeurs. De toute vie vécue avant le milieu du XIXe siècle nous pouvons dire ceci : s'il existe des archives concernant l'histoire de cette vie (et nous en avons besoin pour en vérifier l'authenticité), alors le sujet a pu d'une manière ou d'une autre y avoir accès – du moins en principe. Et si la « vie antérieure » évoquée est celle d'une personne obscure, nous ne pouvons rien en vérifier, ou bien peu[6].

Il est d'ailleurs arrivé qu'un hypnotiseur demande au sujet, soit au cours de la séance, soit à la séance suivante, de dévoiler les sources de l'information perçue. Le sujet ainsi mis au pied du mur indique alors un livre lu, ou une histoire entendue sur l'information en question[7].

Il faut aussi tenir compte du pouvoir de dramatisation suscité par l'hypnose, et qui donne au sujet, parfois même aux observateurs, une impression frappante de réalisme. Voici comment deux sujets que j'ai moi-même hypnotisés ont démontré à quel point l'imagination peut remplacer la mémoire récalcitrante :

Le premier sujet (une femme) régressa facilement dans trois « vies antérieures ». La seule qui comportât un élément vérifiable était celle d'un prêtre de la fin du XVIIe siècle en France, évoluant en simple comparse dans les controverses religieuses de cette période. J'appris par hasard que le sujet avait eu connaissance de ce personnage par des livres et des conversations normales. Au cours d'une séance, le sujet se retrouvait en marin anglais, au XVIe siècle. Son navire avait fait naufrage en heurtant des rochers et le marin, jeté à la mer, était en train de se noyer. Cette scène était vécue par le sujet avec un tel réalisme qu'elle étouffait réellement, exprimant une terreur mortelle. Alarmé, je lui demandai très vite d'imaginer une autre scène plus tranquille, ce qu'elle fit immédiatement, reprenant possession de son calme. Je crois que cette femme avait imaginé ces trois existences en se servant d'informations reçues normalement. Mais elle était, elle, tout à fait certaine d'avoir revécu des événements de sa vie antérieure.

Un autre de mes sujets femme se rappelait, sous hypnose, une vie qui se passait à Amsterdam au XIXe siècle. Comme il me semblait qu'elle essayait de temps à autre de parler la langue hollandaise, je demandai à un collègue hollandais d'assister à une séance. Il s'aperçut tout de suite qu'il s'agissait de mauvais allemand touristique auquel elle s'efforçait de donner l'accent hollandais. En outre, elle ne connaissait aucun des endroits d'Amsterdam qui sont familiers à quiconque y a vécu. Pourtant, cette femme paraissait s'identifier intensément à son personnage dès qu'elle était en état d'hypnose. Je n'eus aucun mal à la faire régresser dans différentes étapes de sa « vie » à Amsterdam. Elle revécut avec une joyeuse exubérance le jour de son mariage. Elle fondit en larmes le jour de la mort de son mari, exprimant un tel chagrin que l'assistance en avait les larmes aux yeux (y compris deux de mes collègues psychologues que j'eus beaucoup de peine à convaincre que la performance du sujet était probablement le fruit de son imagination).

Je dois pourtant ajouter honnêtement que cette femme avait quand même certaines connaissances sur la Hollande du XIXe siècle, qu'elle ne pouvait avoir acquises de façon normale. Par exemple, elle cita le nom d'un navire, le *Nederland*, qui se trouvait dans le port d'Amsterdam en 1866. La vie antérieure du sujet, dans ce cas, pourrait avoir été en grande partie de la fiction, avec pourtant quelques ingrédients perçus de façon paranormale.

Les fanatiques de la régression par l'hypnose comme moyen de récupérer des souvenirs antérieurs rapportent fréquemment une amélioration dans l'état de leurs patients à la suite des séances. Par exemple, si un patient guérit de sa phobie de l'eau après avoir « revu » sa noyade dans une existence précédente, il croira, comme son hypnotiseur, que la guérison est due à la réapparition de cet événement dans sa mémoire. Voilà une erreur courante chez les psychothérapeutes : ils sont certains – à tort – que la technique utilisée ou la méthode qu'ils ont choisie ont vaincu la maladie. Une névrose peut être efficacement combattue par toutes sortes de traitements. Le thérapeute qui réussit là où d'autres ont échoué mérite d'être applaudi, et le patient félicité, mais la méthode employée est loin d'être seule en cause. Nous verrons plus loin comment certains de nos cas ont parfois des phobies dues à la façon dont ils sont morts dans leur vie précédente. Toutefois, ces phobies peuvent se manifester avant que l'enfant ne parle de sa vie antérieure (et n'explique ainsi l'origine de son aversion), continuer pendant la période où il « raconte » et parfois persister longtemps après qu'il a oublié ses souvenirs. On n'a aucune raison de croire que le fait de retrouver la cause abolit l'effet. Pourtant, je ne vais pas jusqu'à nier de façon absolue le bénéfice que l'on peut tirer de la redécouverte d'un traumatisme oublié dans les cas de phobies. (Nous reprendrons cette discussion au chapitre V, surtout au paragraphe 15.)

Malgré mon scepticisme à cet égard, je ne rejette pas systématiquement toutes les possibilités de l'hypnose. Certains sujets ont donné sous hypnose des informations ignorées sur des événements passés, dont ils ne pouvaient avoir eu connaissance de façon normale, que je sache. On en trouve un exemple dans *The Search for Bridey Murphy* de Bernstein, entre autres[8]. Il y a encore deux cas de « xénoglossie » spontanée (que j'ai personnellement étudiés) où les sujets hypnotisés et en état de régression se sont mis à parler des langues étrangères qu'ils n'avaient pas apprises, poursuivant des conversations avec des témoins qualifiés[9].

Les absurdités qui dénaturent la plupart des personnalités antérieures suscitées par l'hypnose ne doivent pourtant pas nous faire oublier une des questions essentielles qui se posent à ce propos : pourquoi le sujet hypnotisé, entre tous les pays et toutes les époques où il peut évoluer, en choisit-il un plutôt qu'un autre ? Pourquoi revoit-il une vie dans l'Écosse du XVIIe siècle plutôt que la France du XVIIIe ou l'Allemagne du XIXe. S'il a vraiment vécu en Écosse au XVIIe, peut-être en subit-il l'influence en reconstruisant sa vie à cet endroit et à cette époque. Ensuite, une fois engagée dans cette rétrospection, sa mémoire pourrait lui restituer en sus tout renseignement acquis normalement dans son existence actuelle. Au cours de ce processus, quelques images fragmentées de sa véritable vie antérieure seraient attirées comme du fer dans un champ magnétique pour se mélanger à la vie antérieure fictive qu'il a imaginée. Le résultat serait alors une sorte de roman historique[10]. Cette hypothèse s'applique bien à la « hollandaise » dont nous avons parlé plus haut. Nos rêves sont souvent ainsi composés d'éléments irrationnels et de souvenirs précis avec (mais beaucoup plus rarement) quelque information due à la perception extra-sensorielle.

Il est normal de supposer qu'un sujet ayant eu des visions spontanées sur sa vie antérieure perçoive un supplément d'information sous hypnose. C'est ce que j'espérais en essayant l'hypnose sur quelques personnes qui avaient déjà eu des réminiscences de ce genre, peut-être de leur vie antérieure, mais trop imprécises pour être authentifiées. Il y manquait les noms propres de gens et d'endroits, et je comptais sur l'hypnose pour les leur restituer. Sur treize expériences entreprises par mes collègues et moi-même, aucune ne réussit, peut-être parce que les sujets étaient tous (sauf un) déjà adolescents ou adultes lors de notre tentative[11]. Mais il faut persévérer et continuer surtout avec des enfants plus jeunes, âgés de sept à huit ans environ. À cet âge, ils sont plus faciles à hypnotiser et leurs souvenirs antérieurs, s'ils en ont, affluent plus librement à leur conscient, sans être entravés par les connaissances acquises normalement, comme c'est le cas pour les adultes.

Les impressions de « déjà-vu »

Vous visitez un endroit pour la première fois, mais vous avez l'impression de le reconnaître. C'est ce que les psychologues appellent le « déjà-vu ». 76 p. cent des personnes interrogées à ce sujet ont répondu qu'elles avaient eu une expérience de ce genre[12]. Certains enfants dont nous avons étudié le cas ont eu une réaction analogue quand on les a amenés sur les lieux où ils disaient avoir vécu. Tout leur semblait familier, sauf les modifications apportées après le décès de leur ancienne personnalité : ils remarquaient les changements, ici une porte, là une construction nouvelle, ou des jardins récemment aménagés[13]. Ainsi, peut-être, les gens ayant le sentiment du « déjà-vu », sans autre souvenir de leur vie antétieure en perçoivent-ils tout juste un petit bout, pour ainsi dire.

Cependant, on ne peut interpréter ainsi tous les cas de « déjà-vu »[14]. Il peut s'agir, par exemple, de précognition (qui influence parfois également les rêves). Quelqu'un peut rêver d'un endroit, et ensuite être amené à le visiter. Son subconscient l'avait pressenti alors que son conscient ne savait encore rien de cette visite. Le rêve est oublié mais une séquelle en demeure au fond de la mémoire et n'émerge qu'à la vue de l'endroit en question. Des expériences sur la mémoire ont démontré que l'on « reconnaît plus qu'on ne se rappelle ». Par exemple, on essaie sans succès de mettre un nom sur un visage connu, mais on reconnaît immédiatement ce nom dans une liste qui en comporte cent autres. Le sujet qui a rêvé d'un certain paysage éprouvera une sensation de déjà-vu en le visitant pour la première fois, mais il ne pourra expliquer pourquoi car il a oublié son rêve. Cette hypothèse a été confirmée par plusieurs personnes qui se sont souvenues beaucoup plus tard d'un rêve prémonitoire oublié.

Le déjà-vu peut aussi s'expliquer tout simplement par la ressemblance d'un endroit avec un autre. Ainsi, il arrive que l'on croie reconnaître une personne, que l'on s'en approche pour la saluer et qu'à ce moment on s'aperçoive de notre erreur, si l'étranger ne nous l'a pas déjà signalée. Quand cela se passe pour un paysage, l'impression de déjà-vu demeure, faute d'un détail qui nous détrompe.

Enfin, une explication d'ordre neurologique : s'il existe un léger décalage entre les deux hémisphères du cerveau, l'information arrivant à travers le plus rapide des deux serait enregistrée comme nouvelle, tandis que l'autre hémisphère, en retard d'un millième de seconde, l'enregistrerait comme ancienne. Je ne puis confirmer cette hypothèse, n'ayant jamais assisté à une expérience de ce genre. Mais même si elle était confirmée, cela n'expliquerait pas comment des gens peuvent décrire des lieux où ils n'ont jamais mis les pieds, sans avoir eu la possibilité de les connaître normalement[15].

Rêves et cauchemars

Il est des rêves où le sujet se voit en pays étranger, habillé à la mode d'une autre époque. Parfois ces rêves laissent une impression désagréable, parfois ils se terminent par un cauchemar. Chez certains sujets, le même rêve se répète pendant toute leur enfance, devient moins fréquent vers l'adolescence et généralement cesse de se produire dès l'âge adulte. Les rêves les plus intéressants (pour le chercheur) sont ceux où l'on revit des événements. Quelle différence y a-t-il entre cette sorte de rêves et les rêves ordinaires ? Les sujets interrogés sur ce point vous diront que les rêves ordinaires semblent incohérents, décousus, incongrus et en général peu réalistes. À l'inverse, les rêves de scènes du passé sont tout à fait cohérents et réalistes. Les détails de l'environnement sont aussi naturels et vivants que des perceptions normales à l'état d'éveil. L'étrange, l'insolite des rêves ordinaires en sont absents. Si le rêve se répète, c'est toujours dans les mêmes lieux et situations. Le sujet se réveille généralement au même moment, souvent le point crucial du rêve. Enfin, ils ne s'estompent pas comme la plupart des rêves ordinaires, mais se fixent dans la mémoire (même quand ils ne sont pas répétitifs). Le souvenir que l'on en garde ne dépend donc pas de leur récidive.

Beaucoup de personnes m'ont raconté des rêves de cette sorte – qui sont le plus souvent invérifiables, faute de détails précis. Parfois, ils correspondent à certains aspects de la personnalité du patient : peurs insolites, attirance pour tel pays, etc. Voici un exemple de rêve réitéré : une petite fille américaine (appelons-la Alice) souffrait depuis ses premières années de cauchemars dont les détails très nets ne variaient jamais. Elle se voyait adulte, vêtue d'une robe longue, marchant tranquillement le long d'une route avec une enfant, sa propre fille dans le rêve. La scène se passait au coucher du soleil. Tout à coup, un grondement assourdissant comme le tonnerre, et la terre s'ouvrait sous ses pas. À ce point du cauchemar, Alice se réveillait en criant, au comble de la frayeur. Sa mère accourait à son chevet pour la rassurer. Alice essayait de la convaincre qu'elle avait réellement vécu cette scène, mais sans succès : la mère d'Alice, épouse d'un prêtre épiscopal, affirmait que cela était impossible, qu'il ne s'agissait que d'un rêve. Alice finit par renoncer à lui communiquer ses impressions ; les cauchemars continuèrent, puis s'espacèrent progressivement au fil des années. Alice, devenue femme, put enfin identifier la robe longue qu'elle portait dans son rêve. C'était un sari, et cela expliquait l'attrait que l'Inde exerçait sur elle. Un jour, elle vit un film sur Darjeeling qui lui donna une sensation profonde de déjà-vu. Elle se procura un livre sur ce pays et apprit que des glissements de terrain désastreux avaient eu lieu à plusieurs reprises entre 1890 et 1920. Elle fut alors certaine que sa vie précédente s'était passée à Darjeeling. Je n'ai pu le vérifier parce qu'Alice ne pouvait donner assez de précisions sur la scène rêvée. On essaya la régression par l'hypnose qui ne fit que nous restituer le cauchemar habituel, sans plus.

Une autre Américaine (appelons-la Mary) faisait aussi un cauchemar répétitif dans sa petite enfance. Elle se voyait sous les traits d'une jeune femme pourchassée par des Indiens, dans un campement de pionniers blancs. La même scène se déroulait toujours avec la même netteté, mais ne se terminait pas toujours de la même façon : quelquefois les Indiens arrivaient à la rattraper et la tenaient par les cheveux. Alors Mary se réveillait en criant : « Maman, ils prennent mes boucles ! » L'héroïne du rêve était brune et bouclée, tandis que Mary était une blonde aux cheveux lisses.

Mary ne se laissait pas trop impressionner par ses cauchemars, mais il lui semblait qu'ils faisaient partie d'une vie réellement vécue. Un jour, elle apprit que ses ancêtres avaient habité la Virginie de l'ouest au XVIIIe siècle. Comme elle avait toujours habité le Midwest, elle voulut connaître la propriété familiale qui s'appelait « Burnt Cabin » (cabane brûlée), et qui avait été incendiée par les Indiens. Je m'y rendis personnellement pour en savoir davantage. Sur la route, une inscription historique indiquait que la dernière invasion indienne avait eu lieu dans cette région en 1764. Le propriétaire actuel du domaine est un cousin éloigné de Mary. Il a confirmé l'origine du nom, l'incendie déclenché par les Indiens entre 1745 et 1750, croit-il. Mary n'ayant pu fournir aucune autre information sur ce qu'elle vivait dans ses cauchemars, son histoire est restée invérifiée. Cependant, elle est historiquement plausible[16].

Mais la plupart des « souvenirs », chez les enfants que j'ai pu examiner, se présentaient à eux non dans le sommeil mais à l'état d'éveil. Peu d'entre eux avaient eu des rêves ou cauchemars sur leurs vies passées (qui devaient comporter autant d'inexactitudes que de réalités)[17].

Un petit garçon libanais, Arif, se rappelait une vie qui se terminait brusquement : un énorme bloc de pierre lui tombait sur la tête, le tuant sur le coup, alors qu'il se tenait sous un balcon. D'après le récit d'Arif, les dernières images enregistrées étaient celles de chèvres broutant tout près de lui. Il rêvait fréquemment de chèvres grimpant sur des piles de grosses pierres, les faisant rouler sous leurs pas. J'ai pu vérifier l'authenticité des souvenirs d'Arif, sauf en ce qui concerne la présence des chèvres au moment de l'accident. Néanmoins, cette présence n'aurait rien d'étonnant dans une région rurale du Liban où les chèvres abondent. Le rêve d'Arif les associait au traumatisme subi, exemple des déformations inhérentes aux rêves.

Quoique je sois à peu près convaincu que les rêves peuvent parfois nous offrir quelque aperçu de nos vies antérieures (quand ils sont très nets et cohérents), il est impossible de les classer parmi les manifestations paranormales[18] – à moins que les situations rêvées ne soient vérifiables. Et même si elles le sont, on ne peut presque jamais en exclure totalement la possibilité de sources d'informations normales.

Les personnes qui font ce genre de rêves doivent se garder de les interpréter trop hâtivement. J'en connais qui se sont précipitées sur des encyclopédies, cherchant des renseignements ou une documentation destinés à « situer » leurs visions oniriques. Une de mes correspondantes avait rêvé une scène où elle se voyait très élégamment habillée à la mode de 1830, courtisée par un homme très distingué, vêtu lui aussi comme à cette époque. Elle se persuada très vite qu'elle avait été la fameuse danseuse Lola Montès (qui avait fait basculer de son trône Louis Ier de Bavière. (D'ailleurs, une autre de mes correspondantes croit avoir été Lola Montès – mais pour des raisons différentes. Peut-être devrais-je les présenter l'une à l'autre.)

Drogues et maladies

Certaines drogues comme le L.S.D. (acide lysergique diéthylamide) donnent parfois la sensation de revivre une vie antérieure. Cette sorte de drogue, nous le savons grâce à de nombreuses expériences, peut réveiller de façon extraordinairement puissante d'anciens souvenirs de la vie présente. Je croirais donc sans peine qu'elles facilitent les « voyages » à travers les vies passées (si la réincarnation existe). Je n'ai jamais eu l'occasion de le vérifier par moi-même jusqu'à présent : aucun cas de ce type ne s'est présenté à notre attention[19]. D'ailleurs, les souvenirs provoqués par la drogue sont probablement sujets à déformations, tout comme les rêves spontanés.

On sait que le L.S.D. peut avoir des effets secondaires déplaisants et même dangereux. Je pense que l'on n'a pas encore étudié et exploité toute l'utilité de cette drogue. Mais elle ne doit être prise que sous surveillance médicale suivie. Il n'est donc pas question que nous la recommandions comme moyen de récupérer des souvenirs d'autres vies.

Une grave maladie, une fièvre avec délire peuvent déclencher un retour de mémoire : une femme gravement atteinte du syndrome Guillain-Barré (maladie neurologique) avait été examinée par l'un de mes collègues. Elle avait des visions très nettes « d'une vie passée en France au XIXe siècle », disait-elle. Elle était sûre qu'il ne s'agissait pas de sa vie présente, pourtant elle en voyait certaines images mêlées à celles de ses souvenirs antérieurs. Mais comme elle était traitée avec des médications pouvant influencer le psychisme, et très malade, il nous était difficile d'identifier les causes immédiates de ses visions. Plusieurs des enfants « qui se rappellent » ont fait leurs premières révélations durant un accès de fièvre, d'autres ont vu leurs souvenirs se renforcer pendant une maladie[20].

Méditation

Les gens qui pratiquent la méditation recouvrent parfois leur mémoire antérieure au cours de leurs exercices spirituels.

Les « siddhis », ou pouvoirs spirituels et paranormaux dont les hindous et les bouddhistes disent qu'ils s'acquièrent fortuitement, comportent entre autres la possibilité de revoir des vies antérieures. Je connais quelques personnes qui ont « vu » des images inopinément surgies durant leur méditation, mais la vérification n'a pu être faite que pour une seule d'entre elles. Il s'agit d'une nonne bouddhiste thaïlandaise, Pratomwan Inthanu, qui, pendant une méditation, retrouva le souvenir de vies vécues antérieurement par deux enfants en bas âge dans des régions très éloignées de son propre pays natal. Les expériences de ce genre peuvent être utiles à celui qui médite, même si elles sont invérifiables et ne contribuent en rien à la découverte de preuves (dont les esprits méditatifs se soucient d'ailleurs fort peu).

Ici aussi, une mise en garde s'impose : l'imagination pourrait prendre le dessus et induire en erreur le sujet désireux de retrouver ses personnalités antérieures. Le résultat en serait faussé comme dans l'hypnose. Des images fantaisistes se présentent parfois pendant la méditation, et le sujet ne peut discerner s'il s'agit d'un réel souvenir d'une autre vie ou d'images nées de l'imagination.

Émotions fortes

J'ai connu quelques adultes qui ont eu des visions de leurs vies passées durant des périodes d'émotions fortes, comme par exemple le chagrin. L'un deux, Georg Neidhart, habitait Munich, en Allemagne. Alors qu'il était encore jeune, il perdit sa femme, et peu après sa fille. Il tomba en dépression, une dépression qui dura plusieurs mois. Et pendant cette période, il eut soudain des visions : il « voyait » des scènes qui semblaient provenir d'une autre vie. Les images s'ordonnaient en une succession d'événements dont il prit note. Par la suite, il put authentifier certains détails, en trouva d'autres plausibles qui s'appliquaient à la vie d'un habitant de la Bavière au XIIe siècle. Quelques autres cas de ce genre ont été portés à mon attention, mais aucun n'était aussi probant que celui de Georg Neidhart.

Manifestations variées chez l'adulte à l'état d'éveil

Certains adultes ont des « flash-back » ou parfois des visions plus prolongées de ce qui pourrait être des vies antérieures. Nous ne savons pas si ces cas sont fréquents : nous n'en avons connaissance que par les récits volontaires des sujets eux-mêmes. Ces « flashes » spontanés nous posent le même problème d'analyse que les autres phénomènes dont nous avons parlé plus haut. La vérification en est aussi difficile, et même si elle est positive, elle a peu de valeur, sauf possibilité d'en exclure toute source d'information par voie normale[21].

Visions spontanées chez les enfants en bas âge {condensé (N.D.T.)}

Les enfants sont exempts de toute la documentation qui encombre le cerveau des adultes. C'est pourquoi nous attribuons tant d'importance à leurs récits spontanés sur leur vie précédente. À part de rares exceptions, ils parlent de leur propre gré : personne ne leur a demandé ce qu'ils étaient avant leur naissance. Ils ne peuvent pas avoir appris grand-chose sur les défunts par moyen normal. En outre, nous pouvons généralement évaluer avec assez de précision si l'information qu'ils communiquent n'a aucune source normale. Le prochain chapitre est consacré au compte rendu de douze cas typiques d'enfants qui ont décrit des scènes de leur vie antérieure.

CHAPITRE IV

Douze cas typiques d'enfants « qui se rappellent »

Ces cas ont été sélectionnés parmi ceux que j'ai étudiés dans huit civilisations différentes. Je voudrais rectifier l'erreur qui consiste à croire que ce genre de phénomène ne se produit que chez les hindous et les bouddhistes. C'est pourquoi j'ai choisi un cas chez les Tlingits de l'Alaska, un au Liban, un en Angleterre, un en Finlande et quatre aux États-Unis (utilisant des pseudonymes pour ces derniers).

Dans chacun de ces cas, le sujet a commencé à parler de sa vie antérieure quand il était en bas âge, et dans chacun d'eux des informateurs adultes ont confirmé que l'enfant avait effectivement tenu ces propos pendant sa petite enfance. Six de ces cas ont été publiés dans un autre ouvrage en version plus détaillée. Six autres le seront ultérieurement[1].

Le cas de Gopal Gupta

Gopal est né à Delhi, en Inde, le 26 août 1956. Ses parents sont de caste moyenne inférieure et ont peu d'instruction. Ils n'ont rien remarqué de particulier chez Gopal jusqu'au jour où, peu après ses deux ans, son père lui demanda de débarrasser le verre d'un visiteur de passage. À l'étonnement de tous, Gopal répondit : « Je ne toucherai pas à ce verre, je suis un sharma » (les sharmas sont membres de la caste supérieure en Inde, les brahmanes). Puis, dans une violente colère, il cassa quelques verres. Prié de s'expliquer, il révéla peu à peu qu'il avait habité Mathura, ville située à environ

160 kilomètres de Delhi, et donna le nom de son entreprise de produits pharmaceutiques : Sukh Shancharak. Il avait possédé, disait-il, une grande maison et beaucoup de serviteurs ; il avait eu une épouse et deux frères, dont l'un l'avait tué au cours d'une querelle.

Gopal avait donc refusé de prendre le verre où un invité de caste inférieure avait bu, parce qu'un brahmane ne touche généralement à aucun ustensile déjà manipulé par un inférieur. Les Gupta sont des banians, caste de marchands.

Personne dans leur entourage n'avait de liens avec les habitants de Mathura et les révélations de Gopal ne leur rappelèrent rien. La mère n'avait aucune envie d'encourager l'enfant à parler de « son passé ». Le père y était indifférent, au début. Toutefois, il en parlait de temps en temps à des amis. L'un d'eux se rappela vaguement avoir entendu parler d'un meurtre à Mathura, qui pouvait correspondre au récit de Gopal. Le père négligea tout d'abord d'aller vérifier la chose à Mathura. Mais, en 1964, il s'y rendit à l'occasion d'une fête religieuse. Il chercha et trouva la société Sukh Shancharak, se renseigna auprès du gérant, lui expliqua les raisons de son enquête. Le gérant en fut impressionné : il dit qu'en 1948, effectivement, l'un des deux propriétaires de la société avait tiré sur son frère, qui s'appelait Shaktipal Sharma et était mort de ses blessures peu de jours après, le 27 mai 1948. Bien entendu, la famille Sharma fut mise au courant. Quelques-uns d'entre eux se rendirent à Delhi pour voir Gopal, eurent une conversation avec lui et l'invitèrent à venir à Mathura. Ce qui fut fait. Durant ses visites, Gopal reconnut plusieurs personnes et les lieux où Shaktipal vivait et travaillait ; il se montra extraordinairement au courant des affaires de la société. Il se rappela comment il avait essayé d'emprunter de l'argent à sa propre femme pour le donner à son frère, qui était querelleur et dépensier. Il espérait ainsi le neutraliser, mais sa femme avait refusé le prêt et les colères du frère devinrent de plus en plus fréquentes, jusqu'au jour où il en vint à se servir d'une arme à feu. Le meurtre avait été commenté en première page des journaux locaux mais sans aucun des détails donnés par Gopal, qui n'étaient connus que de l'entourage immédiat de la famille. Tous furent convaincus que l'enfant était bien la réincarnation du frère assassiné. Et d'ailleurs, même son comportement était bien d'un fils de brahmane riche et non d'un banian, refusant les tâches ménagères, refusant de manger dans la vaisselle utilisée par l'un des siens, toute occasion étant bonne pour leur faire sentir qu'il leur était supérieur. L'un de mes confrères en Inde, le Dr Jamuna Prasad, commença son enquête sur Gopal en 1965. Je la repris en 1969, à sa suite, et j'interrogeai les deux familles à Delhi et à Mathura. Je demeurai en contact avec eux jusqu'en 1974. Gopal n'exprima jamais le désir de retourner à Mathura après sa visite de 1965. Pendant quelques années, il se contenta d'aller voir les deux sœurs de Shaktipal qui habitaient Delhi, puis les rencontres entre les deux familles cessèrent. Gopal perdit peu à peu ses façons méprisantes de brahmane, et parut s'adapter à la condition modeste de ses parents. Il parlait de moins en moins de Shaktipal, mais jusqu'en 1974 son père pensait qu'il gardait beaucoup de souvenirs de sa vie passée. Le cas de Gopal me semble des plus convaincants. Les occasions étaient presque inexistantes d'avoir eu connaissance par moyen normal de la vie et de la mort de Shaktipal, bien que le meurtre eût été un événement sensationnel à l'époque. Tout séparait les deux familles et surtout la distance entre les deux villes et entre leurs milieux respectifs. Aussi, je n'hésite pas à les croire lorsqu'ils affirment n'avoir jamais entendu parler les uns des autres avant les déclarations de Gopal.

Le cas de Corliss Chotkin Sr.

Ce cas commence par la prédiction d'un vieux pêcheur Tlingit (Alaska) qui s'appelait Victor Vincent. Un jour, il avait dit à sa nièce, Mme Corliss Chotkin Jr., qu'après sa mort il reviendrait pour être son fils. Elle devait le reconnaître à deux taches de naissance qu'il porterait aux endroits où il avait gardé les cicatrices de deux opérations chirurgicales bénignes, l'une près de l'arête du nez, l'autre sous la nuque. Victor mourut au printemps de 1946. Environ huit mois après, le 5 décembre 1947, Mme Chotkin Jr. mit au monde un garçon, Corliss. Il avait deux taches de naissance exactement placées où Victor les avait prévues.

Lorsque je pus examiner ces marques, en 1962, elle s'étaient toutes deux déplacées, affirma Mme Chotkin, mais demeuraient parfaitement visibles. Celle du dos m'impressionna particulièrement : la peau en était plus foncée et légèrement renflée sur 15 centimètres carrés, flanquée de petits points ronds pareils à ceux que laisse une suture chirurgicale. L'enfant n'avait que treize mois quand sa mère, essayant de lui faire prononcer son propre nom, « Cor liss », s'entendit répliquer : « Tu ne sais donc pas qui je suis ? je suis Kahkody. »

C'était le nom tribal de Victor Vincent. Mme Chotkin raconta l'épisode à l'une de ses tantes. Cette dernière avait eu un rêve peu avant la naissance de Corliss, dans lequel elle voyait Victor revenant habiter chez les Chotkin Jr.[2] (alors que sa nièce ne lui avait jamais communiqué la prédiction de Victor). Corliss avait environ deux ans et demi quand il reconnut spontanément plusieurs personnes de l'entourage de Victor, y compris sa veuve. Il raconta également deux anecdotes de la vie de Victor, dont sa mère était à peu près sûre qu'il ne pouvait les connaître par un moyen normal. Son comportement rappelait beaucoup celui du vieux pêcheur, il se coiffait comme lui, bégayait comme lui. Il avait aussi la même attirance pour la religion, et la même habileté manuelle, surtout pour la manipulation et la réparation des moteurs de bateaux. Il avait appris tout seul à faire démarrer une barque à moteur, contrairement à son père qui n'avait pas la moindre disposition pour la mécanique. Mais à partir de ses neuf ans, il parla de moins en moins de ses souvenirs antérieurs et de Victor, et lorsque, en 1962, je le rencontrai pour la première fois, il me dit qu'il avait tout oublié. Je le vis encore deux fois dans les années soixante et ensuite une fois en 1972. À cette époque, Corliss avait réussi à corriger presque complètement son bégaiement, sauf quand il était sous l'emprise d'une émotion forte. Il était moins attiré par la religion mais s'occupait toujours avec plaisir de mécanique. Il avait combattu au Vietnam en tant qu'artilleur, et l'éclatement d'un obus avait endommagé ses facultés auditives, mais il semblait être en bonne santé et satisfait de son travail dans une usine près de sa région, à Sitka.

Le cas de Ma Tin Aung Myo

Ma[3] Tin Aung Myo est née le 26 décembre 1953 dans le village de Nathul, Birmanie. Ses parents s'appelaient U Aye Maung et Daw Aye Tin. Pendant sa grossesse, Daw rêva trois fois d'un soldat japonais, trapu, habillé de pantalons courts et sans chemise, qui la suivait en lui disant qu'il allait venir habiter chez elle et son mari. Lorsque Ma Tin Aung Myo eut trois ans et demi, elle vit un avion qui survolait Nathul et manifesta une grande frayeur, jusqu'à en pleurer. À quatre ans, un jour qu'elle pleurait sans raison, elle répondit à sa mère qui l'interrogeait : « J'ai la nostalgie du Japon. » Peu à peu, elle se mit à raconter qu'elle avait été un soldat japonais en poste à Nathul pendant la Seconde Guerre mondiale, lors de l'occupation de la Birmanie par l'armée japonaise. Ce soldat était cuisinier et avait été tué lors d'un bombardement aérien par les forces alliées (la phobie des avions avait duré chez Ma Tin Aung Myo plusieurs années, après sa première peur). Ensuite et à plusieurs reprises, elle donna d'autres détails sur sa vie dans le nord du Japon, où « il » avait eu une femme et des enfants et où « il » tenait une boutique avant d'entrer dans l'armée. Elle décrivait l'habillement du soldat en question, l'arrivée en rase-mottes de l'avion, comment « il » avait couru pour essayer de l'éviter et comment « il » avait été atteint à l'aine. La mort avait été immédiate, d'après le récit de Ma Tin Aung Myo. Mais à part le nom de son pays, le Japon, elle ne se rappelait aucun nom propre, pas même celui du soldat qu'elle représentait. Nous avons pu situer sa mort en 1945 puisque, disait-elle, le bombardement avait eu lieu pendant le repli de l'armée japonaise hors de Birmanie. La mère de Ma Tin Aung Myo se souvenait effectivement d'un cuisinier japonais avec lequel elle avait eu des relations amicales, mais elle ignorait qu'il avait été tué dans ce bombardement. Nous ne pouvions évidemment pas envisager d'enquêter sur un soldat japonais sans nom pour l'identifier, sans précisions sur la ville ou le village qu'il habitait dans le nord du Japon. Le comportement de Ma Tin Aung Myo correspondait davantage à celui d'un Japonais qu'à celui d'une petite fille de Birmanie. Elle ne supportait pas la chaleur, n'aimait pas la nourriture épicée qu'on y mangeait. Elle aimait le poisson à moitié cru et les sucreries (comme beaucoup de Japonais). Il lui arrivait souvent de manifester une grande tristesse (nostalgie du Japon, disait-elle) et elle pleurait longtemps, couchée à plat ventre[4]. Elle semblait hostile aux Anglo-Saxons ou Américains quand on en parlait devant elle[5]. Elle était très garçonnière et voulait être habillée et coiffée en garçon. Elle eut même des difficultés à l'école, où l'on ne voulait l'admettre qu'habillée en fille. Elle refusa ; ils furent inflexibles et elle dut quitter l'école à onze ans. Son manque d'instruction limita donc ses possibilités de trouver un emploi et quand je la rencontrai en 1974 elle avait un salaire minime : elle colportait des paniers de nourriture destinés aux voyageurs du train qui s'arrêtait à une station proche de sa maison. Après avoir été une petite fille préférant les jeux de garçons, jouant au soldat, demandant un fusil en guise de jouet, faisant des parties de football avec des garçons (contrairement à son frère et à ses trois sœurs), Ma Tin Aung Myo était restée très masculine jusque dans son orientation sexuelle.

Les parents avaient eu trois filles avant la naissance de Ma Tin Aung Myo. Ils souhaitaient donc que leur prochain enfant soit un garçon. Mais ils n'encourageaient pas pour autant Ma Tin Aung Myo à se conduire comme un garçon, au contraire : sa mère s'opposait à ses goûts vestimentaires masculins. Son père semble avoir été plus indulgent à cet égard (il est mort avant mon arrivée, aussi cette information ne vient-elle pas directement de lui).

Malgré les remontrances de sa mère, elle s'habillait toujours en homme et disait qu'elle aurait aimé épouser une femme. Mon collaborateur en Birmanie, U Win Maung, s'étant adressé à elle en utilisant le « Ma » honorifique féminin, elle lui dit qu'elle préférait être appelée « Maung », honorifique masculin, ou rien du tout.

Lorsque U Win Maung et moi l'avons interrogée ensemble, elle nous dit que nous pouvions la tuer de n'importe quelle façon à notre choix, pourvu que nous lui garantissions qu'elle se réincarnerait en homme. Sa famille semblait accepter le fait qu'elle tînt ses goûts masculins de son ancienne vie de soldat japonais.

Ma Tin Aung Myo est un bon exemple de cas impossibles à authentifier, aucune de ses affirmations ne pouvant être vérifiée. Pourtant, tout ce qu'elle racontait était plausible et beaucoup d'aspects de son comportement correspondaient à ceux qu'on aurait pu trouver chez un soldat japonais. Je reviendrai ultérieurement sur cette question pour envisager la possibilité d'une influence parentale dans le développement du cas. À noter également le « changement de sexe » dont nous parlerons dans les chapitres V et IX. Je rencontrai Ma Tin Aung Myo encore une fois en 1975, mais par la suite elle ne fut plus suivie que par U Win Maung (qui travaillait en Birmanie avec moi depuis 1970). Il la revit deux autres fois, en 1977 et en 1981.

Le cas de Shamlinie Prema

Shamlinie Prema est née à Colombo, Sri Lanka, le 16 octobre 1962. Ses parents vivaient à Gonagela, à 60 kilomètres au sud de Colombo. C'est là qu'elle fut élevée. La première chose qu'elle manifesta avant de savoir parler fut une peur terrible de l'eau. Quand on voulait lui faire prendre un bain, elle résistait de toutes ses forces en hurlant. Elle avait aussi très peur des autobus, criait et pleurait si on devait l'y faire monter, et même en les voyant passer. Étonnés de son comportement, ses parents pensèrent assez tôt qu'il pouvait s'agir d'un souvenir tragique d'une autre vie. Effectivement, dès qu'elle sut parler, elle raconta des épisodes de son ancienne vie, et surtout sa mort. Cela se passait à Galtudawa (à 2 kilomètres environ de Gonagela). Elle disait « ma mère de Galtudawa », et parlait de ses sœurs et de deux compagnons d'école. Elle décrivait une maison notablement différente de celle qu'elle habitait à Gonagela. Voici, d'après ses parents le récit de sa mort : « Un matin avant l'école, elle était sortie pour acheter du pain. La route était inondée. Un bus passa en l'éclaboussant et la fit tomber dans une rizière. Elle cria "Maman !" en levant les bras et "tomba endormie". » Les parents de Shamlinie ne firent pas tout de suite le rapprochement avec un accident affreux qui s'était produit le 8 mai 1961 : une petite fille de onze ans, Hemaseelie Guneratne, habitant Galtudawa et parente éloignée des Prema (bien qu'il n'existât aucune relation entre les deux familles), s'était noyée dans des circonstances exactement semblables à celles du récit de Shamlinie. Un jour, Shamlinie reconnut un cousin de Hemaseelie, dans une rue de Gonagela. Elle avait trois ans. Un an plus, tard elle reconnut les sœurs de la petite fille noyée, également à Gonagela. Shamlinie avait déjà demandé à plusieurs reprises qu'on l'amène voir « sa mère de Galtudawa », qu'elle comparait à sa mère actuelle au détriment de cette dernière[6]. Enfin, son père accepta de rendre visite aux Guneratne. Il y avait foule aux abords de leur maison, le bruit ayant couru de cette « réincarnation ». Peut-être la petite fut-elle intimidée par ces présences étrangères : elle fut assez réticente à reconnaître ce qui l'aurait peut-être frappée dans une ambiance plus détendue. Le père de Shamlinie affirma qu'elle avait reconnu Mme Guneratne, mais les Guneratne n'en étaient pas très convaincus. Pourtant, la plupart des déclarations de Shamlinie correspondaient bien à la vie d'Hemaseelie. Les deux familles purent comparer le caractère des petites filles et y trouvèrent beaucoup de points communs, comme par exemple leurs préférences alimentaires et leurs goûts pour certains vêtements. Je commençai mon enquête en 1966, peu après leur rencontre. Je pus donc interroger les témoins à chaud. Au cours des années qui suivirent, je retournai les voir plusieurs fois pour avoir des renseignements complémentaires et m'assurer de la persistance des témoignages. Je désirais aussi observer les développements du comportement de Shamlinie. À part quelques détails insignifiants, tout concordait avec nos premières données. Shamlinie rendit encore plusieurs fois visite aux Guneratne, mais peu à peu, à mesure que ses souvenirs s'estompaient, elle y alla de moins en moins, en parla de moins en moins et à onze ans, en 1973, elle semblait avoir tout oublié. Sa phobie de l'eau était guérie depuis l'âge de quatre ans, et à huit ans elle n'avait presque plus peur des autobus. Pour tout le reste, elle se conduisait comme toutes les petites Cinghalaises de son âge. Je crois que ce cas est assez convaincant malgré la parenté (éloignée) des deux familles, et leurs rares contacts ne pourraient suffire à expliquer les phobies de Shamlinie et les détails qu'elle avait donnés sur la vie de Hemaseelie.

Le cas de Suleyman Andary

Suleyman Andary est né à Falougha, Liban, le 4 mars 1954. Sa famille est druze, confession dérivée de l'islam, mais différant tellement de l'enseignement islamique initial qu'elle est considérée comme une secte à part. La réincarnation est l'élément principal de leur croyance[7]. Dans sa petite enfance, Suleyman semblait se rappeler de temps à autre des bribes de sa vie précédente, parfois en rêve. Il disait qu'il avait eu des enfants (dont il donnait les noms), qu'il avait habité un endroit appelé Gharife et qu'il y avait possédé une presse à huile. Contrairement aux autres sujets enfants, il ne se souvint de rien d'autre avant l'âge de onze ans, lorsqu'un incident réveilla un autre coin de sa mémoire. L'une de ses grands-mères vint emprunter un livre sur leur religion. Suleyman refusa sèchement, lui demandant pourquoi elle n'avait pas ce livre chez elle. Comme on lui reprochait son impolitesse, il se revit tout à coup dans sa vie passée, interdisant que les livres sacrés sortent de sa maison, comme le veut la coutume druze, car ils vénèrent leurs écritures et les protègent jalousement. L'attitude de Suleyman, si elle était d'une grossièreté inadmissible pour un enfant de son âge, était justifiée chez un adulte druze. Après cet incident, Suleyman s'efforça de tirer de sa mémoire les autres aspects de son ancienne personnalité. Il arriva à se revoir sous le nom d'Abdallah Abu Hamdan, mukhtar de Gharife. Mais, craignant les moqueries, il garda tout cela pour lui pendant deux ans. Puis il commença à en parler avec des jeunes de son âge, ensuite avec des adultes. On lui proposa de l'amener à Gharife pour vérifier si Abdallah avait vraiment existé ainsi qu'il le décrivait. Gharife se trouve à 30 kilomètres de Falougha, mais appartient à une autre région du Liban. Bien qu'il y ait une route, le voyage est très difficile. Il faut vraiment une bonne raison pour l'entreprendre, comme je pus m'en rendre compte par la suite. Un seul des membres de la famille Andary se rendait régulièrement à Gharife où il avait un emploi temporaire, mais il n'apprit rien qui pût confirmer l'histoire de Suleyman. Toutefois, selon l'habitude orientale, la nouvelle s'était répandue. Quelqu'un se rappela finalement un Abdallah Abu Hamdan, propriétaire d'une presse à huile et mukhtar de Gharife jusqu'à sa mort (probablement par maladie cardiaque) en 1942, à l'âge de soixante-cinq ans. Suleyman fut invité chez ces gens à Gharife, où il accepta enfin de se rendre en 1967, après beaucoup de réticences. Il retrouva son ancienne famille, mais sembla très intimidé et renfermé sur lui-même. La veuve d'Abdallah et deux de ses enfants y vivaient encore, mais Suleyman ne les reconnut pas, et ne reconnut pas davantage d'autres membres de la famille dont on lui montra les photos[8]. Pourtant, il reconnut trois autres personnes et plusieurs endroits de la ville, en particulier une vieille route désaffectée en 1967 et fermée à la circulation, qui menait à l'habitation d'Abdallah. Cependant, la reconnaissance spontanée des lieux et des gens ne constitue pas le point essentiel de ce cas, mais plutôt les souvenirs, et le comportement de la nouvelle personnalité par rapport à l'ancienne. Avant même sa visite à Gharife, Suleyman avait nommé correctement les enfants d'Abdallah et raconté certains faits de la vie de ce dernier. Il ne se trompa que pour Salim, qui était le frère et non le fils d'Abdallah. Il dit qu'il était aveugle alors que l'aveugle était Nasib, l'un des enfants d'Abdallah. Suleyman ne s'était presque jamais comporté comme un enfant, préférant la compagnie des adultes et se conduisant comme eux. Il prenait un air important et « trônait » volontiers, se fâchant si on le grondait. À partir du moment où il avait raconté qu'il avait été mukhtar, sa famille le taquinait affectueusement en l'appelant « le Mukhtar », ce qui ne lui déplaisait d'ailleurs pas. Il sentait bien qu'on y croyait. Il était plus attiré par la religion que le reste de sa famille, comme Abdallah qui vers la fin de sa vie était devenu « cheikh », s'imposant ainsi un code moral beaucoup plus strict que celui des croyants ordinaires. Cet homme avait reçu peu de joie de ses enfants, dont plusieurs avaient des malformations congénitales. L'un avait émigré aux États-Unis, un autre ne s'entendait pas avec lui. Mais surtout, la fin de sa vie avait été bouleversée par un événement terriblement humiliant : pour aider un ami, il avait usé de son pouvoir de mukhtar en falsifiant un document. La fraude avait été éventée et Abdallah banni de son poste. Enfin, il avait investi au-delà de ses moyens financiers en achetant une presse à huile qu'il n'arrivait plus à payer. D'après sa femme, l'angoisse l'avait rendu malade, et ensuite tué. On peut donc trouver normal le manque d'empressement manifesté par Suleyman quand on l'avait invité à Gharife, où il avait été si malheureux.

Abdallah était mort douze ans avant la naissance de Suleyman. On lui demanda où il était pendant ces années. Il dit qu'il avait vécu une vie intermédiaire dont il ne se rappelait rien. Réponse type des druzes lorsqu'il y a un intervalle entre la mort et la renaissance, même de quelques jours. À l'occasion, on trouve parfois quelques preuves (d'ailleurs assez minces) de ce genre de vies intermédiaires, mais elles demeurent le plus souvent conjecturales[9].

Je ne pense pas que les souvenirs de Suleyman proviennent d'informations normales. La distance entre les deux villages était grande, la possibilité d'avoir entendu parler d'Abdallah à peu près nulle. Je classerais donc ce cas avant celui de Shamlinie, dont les deux familles se connaissaient un peu avant « l'affaire », et à égalité avec celui de Gopal ; la séparation entre les deux foyers y était à tous points de vue (socio-économique et géographique) beaucoup plus évidente. La seule différence est que Gopal s'identifiait à un homme dont le meurtre avait été connu et commenté largement par la presse, tandis qu'Abdallah était inconnu en dehors de son village. Mon enquête sur ce cas a commencé en 1968 et continué jusqu'en 1972. Après cela, j'appris que Suleyman avait émigré en Arabie Saoudite et je ne le revis plus.

Le cas de Bongkuch Promsin

Bongkuch est né le 12 février 1962 dans le village de Don Kha, province de Nakhon Sawan, en Thaïlande. Son père, Pamorn Promsin, était directeur d'une école près de Don Kha. Il avait donc une certaine instruction, malgré de très modestes moyens financiers. Dès que Bongkuch put parler de façon cohérente (et même avant), il se mit à raconter sa « vie ». Il dit qu'il s'appelait Chamrat, qu'il habitait Hua Tanon (village à 9 kilomètres de Don Kha), décrivit « sa bicyclette » et « son couteau », parlait de deux vaches appartenant à « sa » famille (les Promsin n'en possédaient pas). Dès l'âge de deux ans, il raconta « sa mort » : il avait été assassiné par deux hommes à la foire de Don Kha, frappé à plusieurs endroits ; on lui avait volé sa montre et sa chaîne de cou. Son corps avait ensuite été traîné dans un champ. Il y était resté « sur un arbre pendant sept ans ». Et puis, un jour de pluie, il avait vu son père actuel et l'avait suivi dans un bus jusqu'à sa maison. Le père confirma plus tard qu'il s'était rendu à Hua Tanon peu avant la grossesse de sa femme, et qu'il pleuvait ce jour-là. Sa mère, Sawayi Promsin, me révéla qu'avant sa grossesse (elle ne put préciser la date), elle s'était rendue non loin de l'endroit du crime pour y chercher des bambous, mais c'était assez loin de l'habitation de Chamrat[10]. Pamorn Promsin n'avait ni parents ni amis à Hua Tanon, mais seulement quelques relations parmi les instituteurs du village. Les Promsin affirmaient qu'ils n'avaient jamais entendu parler du meurtre de ce jeune homme. La nouvelle avait pu arriver jusqu'aux villages voisins, y compris à Don Kha, mais les tragédies de ce genre étaient trop fréquentes dans la région pour que les habitants en restent longtemps marqués, et Bongkuch n'ayant commencé à « raconter » que dix ans après l'événement, son entourage avait eu largement le temps de l'oublier, même si des échos leur en étaient parvenus.

Avertie par la rumeur publique, la famille de Chamrat vint voir Bongkuch à Don Kha (il avait alors deux ans et demi). Puis les Promsin menèrent l'enfant à Hua Tanon. La vérification des faits fut positive en tous points, sauf sur la façon dont Chamrat avait été frappé à mort, car il n'y avait pas eu d'autopsie. L'un des assassins avait pu s'enfuir, l'autre avait été arrêté par la police, mais relâché pour insuffisance de preuves. Cependant, la police se rappelait très bien cette affaire et confirma les déclarations de Bongkuch, en particulier le nom des accusés.

Le cas de Bongkuch avait été publié dans les journaux thaïlandais en 1965 et j'en avais reçu copie. Le Dr Sophon Nakphairaj, directeur de l'hôpital national de Nakhon Sawan, avait été le premier à enquêter sur les deux familles. Je continuai l'enquête à partir de 1966, jusqu'en mars 1980. Le comportement de Bongkuch autant que ses propos avait attiré l'attention des parents d'abord, des enquêteurs et de moi ensuite. Par exemple, il n'était pas propre comme les enfants thaïlandais, préférait une nourriture différente de la leur (par exemple le riz collant) et prononçait parfois quelques mots dans une langue inconnue de ses parents : c'était en fait du laotien, les parents de Chamrat, on le sut par la suite, étant laotiens. Je ne pense pas qu'il se soit agi là de xénoglossie, mais il est exclu que Bongkuch ait pu apprendre ces mots de façon normale. Personne dans son village ne parlait le laotien.

Bongkuch manifestait un grand désir de vengeance envers ses agresseurs. Parfois, il bourrait de coups un adversaire imaginaire en prononçant le nom des assassins. Comme beaucoup d'autres sujets dans son cas, il se sentait adulte, mais emprisonné dans un corps d'enfant. De temps à autre, il semblait oublier son âge, par exemple demandait au barbier de le raser. Ignorant les gamines de son âge, il faisait la cour aux « grandes » déjà adolescentes, ce qui les surprenait fort, et même les effarouchait. Une jeune amie des Promsin, en visite chez eux pour quelque temps, dut écourter son séjour à cause de l'attitude entreprenante de Bongkuch. Pourtant, il avait des accès de mysticisme et exprimait quelquefois sa volonté de devenir moine (bouddhiste). Il essayait alors de se fabriquer une robe de bonze, ou bien en réclamait une. Chamrat avait aussi ces deux tendances, avant sa mort : il était fiancé à une jeune fille qu'il aimait, et en même temps son mysticisme le poussait vers le monastère. Il n'y a là aucune incompatibilité : en Thaïlande, beaucoup de jeunes gens se font moines pendant quelques mois ou quelques années et ensuite retournent à la vie normale pour se marier.

Avec les années, les souvenirs de Bongkuch s'estompèrent. Peut-être prétendait-il avoir oublié pour échapper aux taquineries des autres enfants qui l'appelaient « le garçon à deux vies ». Il cessa en tout cas d'en parler et je pense qu'à dix ans il avait vraiment presque tout oublié de sa vie précédente. Son comportement se modifia également et devint tout à fait normal. Quand je le rencontrai pour la dernière fois en 1980, il avait dix-huit ans, et fréquentait une école à Nakhon Sawan. La seule particularité « laotienne » qui lui restait était son goût inchangé pour le riz trop cuit.

Le cas de Gillian et Jennifer Pollock

Gillian et Jennifer Pollock sont de vraies jumelles, nées le 4 octobre 1958 en Angleterre (à Hexham, dans le Northumberland). Elles commencèrent à l'âge de deux ans à tenir des propos qui semblaient se rapporter à leurs deux sœurs aînées, Joanna et Jacqueline, toutes deux délibérément écrasées par une automobiliste devenue folle (alors qu'elles marchaient sur un trottoir). Elles étaient mortes presque instantanément. Joanna avait alors onze ans et Jacqueline six ans. Le chagrin avait miné les parents, John et Florence, jusqu'à la nouvelle grossesse de Florence. Celle-ci ne croyait pas à la réincarnation, mais

John était persuadé que sa femme aurait des jumelles (contre l'avis médical) et que ces jumelles seraient la réincarnation des deux aînées. La suite lui donna raison. Florence découvrit sur Jennifer deux taches correspondant exactement à celles de Jacqueline, l'une sur le front, près du nez, où Jacqueline avait une cicatrice, et l'autre à la taille, où toutes deux avaient le même nævus congénital. Bien avant que les parents aient jamais mentionné leurs sœurs devant elles, les jumelles reconnaissaient des jouets et objets leur ayant appartenu, racontaient de petits incidents de leur vie. Les parents affirmaient qu'il ne pouvait s'agir de connaissance normale : ils avaient déménagé quand les jumelles avaient neuf mois et n'étaient revenus à Hexham que trois ans après. Dès leur retour, les jumelles indiquèrent spontanément, et avant qu'ils ne soient en vue, l'emplacement de l'école et d'une balançoire dans un parc. S'il s'agissait d'un souvenir de leur vie présente, auraient-elles pu les reconnaître après une si longue absence et depuis l'âge de neuf mois ? Les parents croyaient cette hypothèse invraisemblable.

Gillian et Jennifer se comportaient comme le faisaient leurs sœurs. Jennifer se laissait diriger par Gillian, comme Jacqueline par Joanna. Jennifer tenait sa plume et écrivait comme Jacqueline, Gillian comme Joanna.

Je commençai l'observation de ce cas en 1964 et restai en contact avec la famille Pollock jusqu'en 1985. On peut se demander si la croyance de John en la réincarnation et le désir de revoir ses deux filles ne l'avaient pas influencé dans son jugement. À cela John répondait qu'en fait sa conviction l'avait poussé à mieux étudier le comportement des deux enfants, à noter leurs réflexions ou remarques, ce que les Occidentaux ne font généralement pas. Je reviendrai sur ce point important dans les chapitres V et VI.

En 1978, je demandai des analyses de sang pour les jumelles, afin de m'assurer qu'elles provenaient toutes les deux d'un seul et même œuf. Le test fut positif, ce qui voulait dire qu'elles avaient le même matériel génétique. Elles auraient donc dû avoir toutes les deux le même nævus congénital (généralement héréditaire). Même en admettant qu'une erreur biologique ait octroyé un seul nævus au lieu de deux, cela n'expliquerait pas qu'il soit placé au même endroit que celui de Jacqueline.

En grandissant, les jumelles oublièrent les souvenirs de leurs vies passées. À notre dernière rencontre, je les trouvai même sceptiques sur leur propre cas, chose assez normale quand disparaissent les images antérieures. Mais elles ne niaient pas que leurs parents aient eu des preuves de leur réincarnation, quand elles étaient petites.

Le cas de Samuel Helander

Samuel Helander est né le 15 avril 1976 à Helsinki. Avant même d'avoir deux ans, il fit des remarques, reconnut des objets, eut un comportement qui semblait indiquer qu'il se rappelait la vie du jeune frère de sa mère, Pertti Häïkiö. Ces particularités s'accentuèrent à mesure qu'il grandissait. Je me rendis à Helsinki en 1978 et en 1981. Mes informatrices étaient la mère de Samuel et sa grand-mère maternelle, mère de Pertti. Pertti était né le 8 juin 1957 à Helsinki, et il était mort le 10 juin 1975 de mellitus diabétique non soigné. Il avait donc dix-huit ans. Il avait eu quelques symptômes, comme une soif extrême, buvant des litres d'eau, mais personne ne s'était rendu compte de la gravité de son état. Un jour, il tomba dans le coma et ne s'en réveilla pas. Sa mère Anneli et sa sœur Marja en eurent un immense chagrin. Pendant sa grossesse, Marja rêva de Pertti, qui lui disait : « Garde cet enfant. » Car elle avait eu l'intention de faire interrompre sa grossesse.

À un an et demi, Samuel disait à ceux qui lui demandaient son nom : « Pelti », car il ne prononçait pas les r. On essayait vainement de lui faire comprendre qu'il s'appelait Samuel. Cela dura jusqu'à ce qu'il eut six ans (mais il répondait quand même quand on l'appelait Samuel).

Presque toutes les manifestations suscitées par ses « souvenirs » se produisaient quand il reconnaissait un objet familier à Pertti ou une photographie d'amis de Pertti. Les photos de Pertti lui-même ne stimulaient l'intérêt de Samuel que lorsqu'elles représentaient Pertti enfant. Après dix ans, Pertti ne l'intéressait plus – du moins en photo. Un jour, devant une de ces photos, il dit qu'il venait d'être mordu par un chien. Or c'était bien Pertti et non Samuel qui avait été mordu à la jambe, à l'âge de trois ans. Personne n'en avait parlé à Samuel et on ne voyait aucune blessure sur la photo de Pertti.

Une autre fois, regardant la photo de Pertti marchant à l'aide d'un déambulateur, il dit : « C'est moi après qu'on a enlevé les plâtres de mes jambes. » Mais il n'y avait rien sur cette photo pour indiquer que Pertti avait eu les deux jambes fracturées dans un accident et que l'on venait de lui enlever ses plâtres (Samuel avait entre trois et quatre ans quand il fit cette réflexion).

Chaque fois que Samuel regardait l'album de photos familiales, il s'identifiait à Pertti en disant : « C'est moi. » Un jour, Samuel trouva une photo du père de Pertti (habituellement cachée dans un tiroir) et, bien que la voyant pour la première fois, reconnut celui dont il dit immédiatement que c'était « son père ».

Samuel identifiait aussi les objets qui avaient appartenu à Pertti : une guitare, une veste en velours côtelé et une vieille montre, laquelle avait perdu ses aiguilles. Dès que Samuel la vit, dans un tiroir plein de bric-à-brac, il se précipita, la saisit et dit qu'elle était à lui. Il insista pour la garder, parfois la mettant sous son oreiller pendant son sommeil, parfois dans un tiroir sous son lit.

Samuel ne faisait jamais directement allusion à la mort de Pertti. Toutefois il fit deux remarques à ce propos. Il dit qu'il avait été dans un endroit plein de cercueils, dont quelques-uns étaient ouverts (Samuel n'avait jamais vu de chambre mortuaire, mais le corps de Pertti y avait été entreposé après sa mort), et que sa grand-mère (la mère de Pertti) avait beaucoup pleuré (mais il aurait pu avoir cette information par moyen normal ou par simple supposition).

On le conduisit une fois au cimetière et, devant la tombe de Pertti, il dit : « C'est ma tombe. »

La mère et la grand-mère de Samuel avaient aussi remarqué un comportement identique chez les deux enfants. Pertti avait un jour avalé de l'eau de son bain, quand il était tout petit ; cela l'avait effrayé, mais ne lui avait pas donné la phobie de l'eau. Plus tard, vers quinze ou seize ans, il était tombé dans une mer glacée, à travers une fine couche de gel, et avait failli s'y noyer. Après cet accident, il ne voulut plus se baigner, par phobie de l'eau. Samuel avait la phobie du bain, et il fallait employer la force pour l'y contraindre. Sa grand-mère disait que donner un bain à Samuel était un cauchemar.

Samuel appelait ses parents par leurs noms respectifs depuis qu'il savait parler, mais appelait sa grand-mère « maman ». Il était catégorique à ce sujet et disait à sa mère : « Tu n'es pas ma mère. » Il était extrêmement attaché à sa grand-mère, au point d'essayer de téter à son sein (il avait alors deux ans, avait déjà été sevré alors que Pertti ne l'était pas encore à cet âge). Samuel ne cessa d'appeler sa grand-mère « maman » qu'à cinq ans.

Pertti avait été le promoteur d'une coutume qui n'avait pas cours dans la famille : à Noël, il faisait le tour de l'assemblée et embrassait chacun, spontanément. À la surprise de tous, Samuel en fit autant à deux ans et demi, au cours de la réunion familiale de Noël, tout aussi spontanément (1978). Enfin, deux attitudes de Pertti se retrouvaient chez Samuel : il se tenait volontiers debout avec une jambe devant l'autre, souvent une main à la hanche, et lorsqu'il marchait, il tenait les deux mains derrière le dos. Pertti et Samuel étaient les seuls de la famille à se tenir ainsi.

Le cas de Roberta Morgan

C'est en février 1971 que je reçus la première communication de Mme Shirley Morgan. Elle me téléphona à l'université de Virginie pour me parler de sa fille Roberta. Elle habitait le Minnesota. Elle me dit que sa fille, plusieurs années auparavant, parlait avec insistance d'une « autre maman et d'un autre papa », qu'elle désirait ardemment, presque désespérément aller voir, parce qu'elle le leur avait promis (probablement dans sa vie précédente), et voulait tenir sa promesse.

Roberta était née le 28 août 1961, elle avait donc neuf ans et demi en février 1971. Elle avait commencé à parler de sa vie antérieure à deux ans et demi (mais, en 1971, elle avait cessé depuis longtemps d'y faire allusion, pour des raisons que j'expliquerai plus loin). Mme Morgan me raconta que pendant la période où Roberta extériorisait ses réminiscences, elle, Mme Morgan, ne savait rien de la réincarnation et pensait que l'enfant divaguait. Plus tard, grâce à des lectures et à ses propres déductions, elle se rendit compte que Roberta pouvait très bien s'être rappelé sa vie antérieure. Mme Morgan se reprocha d'avoir obligé sa fille à s'abstenir d'en parler, et passa d'un extrême à l'autre. En 1971, elle cherchait désespérément le moyen de joindre l'ancienne famille de Roberta pour permettre à cette dernière de leur rendre la visite tant de fois souhaitée. C'est alors qu'elle avait décidé de me contacter.

Je demandai donc à Mme Morgan d'écrire à mon intention tout ce que Roberta avait raconté de ses souvenirs. Cela fut fait, et j'obtins aussi des réponses aux questions que je lui posais dans mes lettres. En juillet 1972, je me rendis dans le Minnesota pour les rencontrer (je ne vis pas M. Morgan pendant ma visite). Roberta me reçut gentiment, mais à cette époque elle avait tout oublié de sa vie précédente. Tout ce que j'ai pu savoir sur son cas m'a donc été rapporté par sa mère, comme suit.

Pendant la période où Roberta « racontait », elle se conduisait parfois comme une enfant d'adoption ayant gardé intacte l'empreinte de sa famille antérieure et de leur maison, où l'on arrivait « par une longue route » sur une colline sans voisinage. Roberta décrivait longuement la maison et la terre qui l'entourait, mais sa mère n'en avait retenu qu'une chose : cela devait être une ferme où il y avait des chevaux et des chiens. Un jour (la petite avait quatre ans) on l'avait amenée dans un haras et elle était allée directement vers les chevaux pour les caresser. On lui demanda : « Tu n'as pas peur des chevaux ? » Elle répliqua : « Non, je suis montée à cheval beaucoup de fois. » Elle parlait aussi d'un véhicule appartenant à son « autre » père, mais on ne put déterminer s'il s'agissait d'une automobile ou d'un tracteur. Parfois, elle montrait un véhicule en disant : « Mon père en avait un (e) comme ça. »

Roberta disait que ses « autres » parents habitaient la même ville (d'où ils avaient déménagé avant ma visite). Un jour que Roberta était en voiture avec sa mère, elle montra une piste attenante à la grand-route en disant : « C'est par là que j'habitais. » Et elle insistait pour que Mme Morgan l'y conduise. Mais Mme Morgan n'en avait aucune envie, évidemment, parce qu'à cette époque elle ne pouvait imaginer que Roberta pût avoir raison. Pendant des jours elle en voulut à sa mère de ne pas avoir saisi l'occasion qui s'était présentée et qui lui aurait permis de revoir ses anciens parents[11].

Roberta demandait des jouets semblables à « ceux qu'elle avait avant ». Lorsque sa mère répondait qu'elle ignorait de quels jouets il s'agissait, Roberta s'en montrait agacée, la trouvant ennuyeuse. D'autres fois, elle se plaignait de l'ignorance de Mme Morgan à l'égard de son autre vie : il lui semblait qu'elle aurait dû la connaître. Pourtant, Roberta n'avait jamais dit qu'elle, Mme Morgan, en avait fait partie.

Il était évident que Roberta avait gardé des images visuelles très claires sur l'apparence de ses parents précédents. Elle disait de son ancienne mère, en s'adressant à Mme Morgan : « Vous agissez comme elle, mais elle ne vous ressemblait pas[12]. » Elle jugeait la première supérieure à la seconde dans les différents travaux ménagers, y compris la façon de cuisiner. Quand Mme Morgan préparait un nouveau plat pour le dîner, il arrivait que Roberta prétende en avoir mangé plusieurs fois auparavant. Un jour que sa mère avait fait des escalopes de maïs pour lui faire une surprise, elle les regarda, dit qu'elle connaissait bien ce plat, ajoutant : « Tu ne te rappelles pas ? Mon autre maman en faisait souvent », mais elle leur donnait un autre nom (que Mme Morgan avait oublié quand elle me raconta l'épisode). Mme Morgan lui demanda comment son « autre mère » les préparait et Roberta en expliqua patiemment la recette. Roberta trouvait aussi que les vitres auraient dû être lavées à la manière de « l'autre mère ». Elle intervenait souvent dans les conversations de ses parents, et sa jugeote décelait une connaissance de certaines choses qui ne pouvait lui être parvenue de façon normale.

Roberta donnait peu d'indications sur la période où se situait son ancienne existence. Elle ne fit aucune allusion au genre de vêtements portés à ce moment-là. Son habitude de l'automobile semblait désigner le temps assez rapproché où tout fermier américain possédait une voiture. D'après les discours de Roberta, et sans qu'elle l'ait jamais affirmé, on pouvait croire que ses anciens parents étaient encore vivants. Elle disait qu'on aurait pu les retrouver si seulement on avait voulu s'en donner la peine.

Roberta préférait porter des habits masculins et se plaignait d'être une fille, mais ne disait jamais qu'elle avait été un garçon. Ses goûts en matière de jouets suggéraient une mort prématurée de son ancienne personnalité ; pourtant, elle ne parla jamais de cela. En fait elle répondit (quand sa mère lui posa la question) : « Je ne suis pas morte. J'ai été obligée de "les" laisser pour quelque temps. Et je "leur" ai promis de revenir. » Elle ne dit pas non plus qu'elle aimait ses anciens parents, et Mme Morgan pensait pouvoir gagner un éventuel concours de popularité entre elle-même et l'« autre mère », mais de justesse. Et les pressions incessantes de Roberta pour revoir l'ancien foyer semblaient tenir moins de l'amour que de la promesse à tenir. Mais comme elle ne put jamais préciser ni son ancien nom ni celui de son ancienne famille, Mme Morgan n'avait aucun moyen de retrouver leurs traces, même si elle l'avait voulu à cette époque, ce qui était loin d'être le cas.

Les Morgan étaient tous deux chrétiens ; elle appartenait à une église protestante, lui au catholicisme romain. La réincarnation ne tenait donc aucune place dans leurs croyances. Mme Morgan n'en avait jamais entendu parler avant les étranges réminiscences de Roberta, et n'était en rien préparée à prendre au sérieux ses revendications : visites à une « autre mère » dont la comparaison avec elle-même semblait être à son désavantage. La patience des parents a ses limites et Mme Morgan connut les siennes après six mois d'incessantes protestations. Elle commença alors à punir Roberta pour chaque allusion à son ancienne vie, avec le succès que l'on sait (excepté en de rares occasions comme celle où, à quatre ans, elle avait parlé de ses promenades à cheval).

Je ne sais pas exactement quand Roberta oublia vraiment ses souvenirs. Peut-être les garda-t-elle inexprimés pendant quelque temps, comme suite à la défense de sa mère. Toujours est-il que sa mère les oublia moins vite qu'elle dans les années qui suivirent. Mme Morgan continuait à en être obsédée de façon latente d'abord, ensuite ouvertement. Elle se reprochait sans cesse de n'avoir rien fait pour permettre à Roberta de retrouver son ancien foyer, et d'avoir interdit le sujet de conversation. Elle était sûre que Roberta aurait fini par se rappeler un nom ou une adresse utile à ses recherches.

Malheureusement, ce changement d'attitude vint trop tard. À neuf ans passés, Roberta n'avait jamais plus parlé de son passé antérieur depuis l'âge de quatre ans (lorsqu'elle avait caressé les chevaux), et jamais donné de noms propres aux gens et aux lieux qu'elle décrivait. Il semble que Mme Morgan ait envisagé une visite systématique à tous les agriculteurs de son ancien voisinage, et se soit découragée devant le manque d'indices à sa disposition (cependant, je ne comprends pas pourquoi elle n'avait pas essayé de retrouver le chemin indiqué par sa fille six ans plus tôt).

Peu après ma visite aux Morgan au début de l'été 1972, je perdis leur trace et ne pus les retrouver. Je ne sais donc rien de la façon dont Roberta a vécu la suite de son histoire.

Le cas de Susan Eastland

En 1968, je reçus une lettre de Mme Charlotte Eastland. Elle avait lu quelque article sur mes recherches et voulait me faire part du cas de sa fille Susan, qui semblait évoquer certaines scènes de la vie de sa défunte sœur, Winnie. Après un échange de lettres pendant l'année 1968 et le début de 1969, je rendis visite à Mme Eastland en été 1969, dans sa maison en Idaho. Je pus rencontrer Susan et sa sœur aînée, Sharon, mais pas M. Eastland, leur beau-père, qui avait aussi été témoin de plusieurs affirmations de Susan sur cette vie antérieure.

Winnie était une adorable petite fille de six ans lorsqu'une automobile l'avait heurtée et tuée, en 1961. Cette mort fut une catastrophe pour la famille. Mme Eastland en avait terriblement souffert et désirait plus que tout revoir Winnie dans son foyer. Elle n'avait alors qu'une très vague notion de la réincarnation, et savait seulement que les Indiens croyaient à la réincarnation d'un homme dans un corps animal (ce qu'elle considérait comme une chose impossible), mais pas dans un autre corps humain.

Néanmoins, chacun dans la famille avait au cœur l'espoir de revoir Winnie parmi eux. Environ six mois après son décès, elle apparut en rêve à sa sœur aînée, comme si elle était de nouveau à la maison. Quand, deux ans plus tard, Mme Eastland se trouva enceinte, elle fit le même rêve que Sharon (en 1964). Et juste avant la naissance du nouveau bébé, le premier mari de Mme Eastland, le père des enfants, avait (lui semblait-il) distinctement entendu la voix de Winnie disant : « Papa, je reviens à la maison. » Susan naquit donc dans une famille où l'on attendait le retour de l'enfant perdue quelques années auparavant. Nous ne devons pas oublier cela en évaluant l'authenticité du cas.

Vers deux ans, Susan fit plusieurs fois référence à ce qui semblait être la vie de Winnie. Si on lui demandait son âge, elle répondait « six ans » (âge de Winnie à sa mort). Le sentiment d'être plus « grande » que son âge réel dura encore au moins jusqu'à ce qu'elle eût cinq ans, puisque à ce moment elle prétendait être l'aînée de son frère Richard, qui avait onze ans. Winnie avait environ trois ans de plus que Richard, la remarque de Susan était donc juste en ce sens.

Susan se montrait extrêmement intéressée par deux photos de Winnie dont elle disait : « C'est moi » (d'après sa mère, Susan pouvait avoir entendu dire que les photos étaient celles de Winnie, mais on n'avait jamais fait allusion devant elle à la possibilité qu'elle fût Winnie réincarnée), le répétant à tous ceux qui les regardaient. Elle en suspendit une au-dessus de son lit ; elle gardait l'autre près d'elle et l'emportait partout où elle allait, refusant de s'en séparer.

Susan ne demanda jamais qu'on l'appelle Winnie, mais dès qu'elle sut tracer (maladroitement) quelques lettres de l'alphabet, elle écrivit tant bien que mal sur la porte de la cuisine W I N N I, omettant l'*e* final et couchant ses *i*.

Susan disait souvent en ce temps-là : « Quand j'allais à l'école... », racontant ses parties de balançoire « à l'école », etc. Elle n'était encore jamais allée à la maternelle, mais était déjà montée sur la balançoire du jardin, à la maison. C'est Winnie qui allait à l'école et y jouait sur les balançoires.

Du temps de Winnie, Mme Eastland avait institué un jeu : elle avait une boîte à biscuits dont le couvercle représentait un chat. Lorsqu'un des enfants voulait un biscuit, leur mère feignait de demander au chat combien on pouvait lui en donner. Puis elle imitait le miaulement du chat en disant : « Miaou, il (ou elle) peut en manger un » (ou plusieurs selon l'estimation de leurs besoins). Après la mort de Winnie, la boîte avait été reléguée dans un coin et oubliée. Un jour, Mme Eastland la retrouva et y remit des petits gâteaux.

Lorsque Susan en demanda un (elle avait alors quatre ans), sa mère, sans penser que Susan ne connaissait pas le jeu, dit : « Qu'en pense le petit chat ? » À sa grande surprise, Susan imita un miaulement en répondant : « Miaou, elle peut en manger un ! » En me racontant cet épisode, Mme Eastland fit preuve de sagesse car elle remarqua qu'une enfant aussi intelligente que Susan pouvait fort bien être rentrée dans le jeu par intuition. J'ajoutai que la télépathie avait également pu aider à transmettre la réponse de mère à enfant. Cependant, la spontanéité de sa réaction permettait de croire que Susan avait accès aux souvenirs de Winnie.

Après cela, Susan décrivit plusieurs autres petits incidents auxquels Winnie avait participé, par exemple une partie de plage en famille où l'on avait attrapé un crabe – Susan donna le nom de toutes les personnes présentes en cette occasion. Mme Eastland se rappelait cette excursion au bord de la mer dans l'État de Washington, un an avant la mort de Winnie. Ils avaient tous joué dans les vagues et sur le sable, ils avaient trouvé des coquillages vides et avaient creusé pour en trouver des vivants. Mais Mme Eastland ne se souvenait pas de crabe. Susan avait également introduit M. Eastland dans son récit, alors qu'il n'y était pas. D'ailleurs elle se corrigea d'elle-même plus tard en précisant que c'était leur père et non M. Eastland.

Susan fit aussi allusion à un pré où Winnie et Sharon avaient joué, disant qu'elle n'avait pas eu peur des chevaux et qu'elle était même passée sous l'un deux. Tout cela était vrai pour Winnie.

Sa mère demanda un jour à Susan si elle se rappelait le petit Gregory qui habitait en face. Elle répondit : « Oui, je me rappelle Greggy, on jouait ensemble. » Susan avait utilisé le diminutif que l'on donnait à Gregory, sans que sa mère l'ait mentionné.

Quand sa mère lui demanda si elle se rappelait l'oncle George (qui habitait alors la même rue qu'eux), Susan dit qu'elle ne se souvenait plus de sa maison, mais de lui, ajoutant : « Nous nous arrêtions chez lui pour jouer un peu avant d'aller à l'école. » C'était en effet l'habitude de Winnie, et elle y était allée le jour de sa mort, avant son accident. Tout cela se passait dans la ville où la famille habitait avant la naissance de Susan. Ils avaient ensuite changé de résidence et vivaient dans une petite ville de l'Idaho.

Le lecteur aura remarqué les questions posées par la mère de Susan pour stimuler sa mémoire. Ce genre de test risque de fournir des informations à l'enfant, d'encourager une identification avec la personne décédée, et même de la promouvoir. Néanmoins, une personne aussi intelligente et attentive que Mme Eastland peut en user de façon positive et sans compromettre la spontanéité des réponses.

Voici un autre exemple. Mme Eastland parlait de chaussures neuves perdues par Winnie. Susan se mit à rire en disant : « Ça m'était bien égal d'avoir perdu ces chaussures ! » et elle ajouta : « Tu as été obligée d'aller en ville m'en acheter d'autres ! » Ce qui était exact.

Je croyais avoir tout appris sur ce cas, vers la fin de 1969. Cependant, comme j'avais écrit à Mme Eastland en 1977 pour vérifier certains détails et savoir comment Susan se développait, un autre souvenir me fut rapporté, qui était revenu à la mémoire de Susan à la suite de ma lettre. Le voici : Winnie avait un jour accompagné sa mère qui allait jouer aux boules (bowling). Pendant que sa mère jouait, Winnie n'avait arrêté de courir vers la buvette et d'en revenir, suivie d'un petit garçon qui courait avec elle et avait fini par l'embrasser. Mme Eastland se rappelait bien ce jour-là parce que le baiser du petit garçon à sa fille avait beaucoup agacé son mari quand elle le lui avait raconté.

Susan ne disait jamais qu'elle était Winnie, ou qu'elle l'avait été, à part peut-être quand elle avait montré la photo de Winnie en disant : « C'est moi. » Ses réminiscences semblaient venir de loin dans le temps, selon l'expression de sa mère. Elle se souvenait de choses que Winnie avait vécues mais qu'elle, Susan, n'avait pas vécues. Ses souvenirs ne suivaient aucune chronologie, contrairement à la plupart des sujets enfants. On pourrait dire que Susan, tout en ayant des réminiscences d'une vie antérieure, ne semblait pas consciente d'avoir déjà vécu.

Susan apprenait tout avec facilité, et Mme Eastland me dit dans sa lettre : « J'ai parfois l'impression que lorsqu'elle apprend quelque chose de nouveau, elle le sait déjà. On n'a besoin que de le lui remettre en mémoire. »

Deux traits de caractère communs aux deux enfants avaient été relevés par leur mère : « Winnie était agressive et bien coordonnée, Susan également, alors que Sharon est timide et peu coordonnée », disait Mme Eastland.

Susan n'avait pas de ressemblance physique avec Winnie, qui était rousse aux yeux très foncés. Susan était blonde aux yeux bleus. Toutes deux avaient un endroit de la nuque assez velu, comme leur père, à l'inverse de leurs frère et sœur. Susan avait une petite marque de naissance sur la hanche, à l'endroit où Winnie avait été le plus blessée dans son accident (j'obtins une copie du dossier médical de Winnie à l'hôpital où on l'avait transportée et où elle était morte). Aucun autre membre de la famille n'avait de marque de naissance semblable.

Ce cas est l'un des innombrables exemples que l'on peut trouver en Amérique, où la religion n'est pas favorable à la croyance en la réincarnation, comme Mme Eastland, dont l'église (chrétienne) y était farouchement opposée. Elle m'avoua qu'elle craignait d'être bannie de sa congrégation si seulement ils la suspectaient de sympathie pour ce concept. Mais elle avait réussi à se conformer aux autres principes religieux qu'on lui imposait.

Mme Eastland m'assura que jusqu'au moment de ma visite, en 1969, elle n'avait pas parlé aux enfants de son idée sur la réincarnation de Winnie, mais qu'elle les avait renseignés par la suite, sans doute pour répondre à leur légitime curiosité à mon égard.

Le cas de Michael Wright

Mon enquête sur ce cas commença, comme celui de Roberta Morgan, par un appel téléphonique de la mère du sujet, Mme Catherine Wright. L'un de mes collègues parla d'abord avec elle : il la trouva assez angoissée par certaines allusions de son fils Michael, qui lui faisaient supposer et même l'avaient convaincue qu'il avait des « souvenirs » sur la vie de son ancien fiancé, Walter Miller, mort dans un accident : l'auto qu'il conduisait avait quitté la route et capoté.

L'idée de réincarnation ne perturbait en rien Catherine Wright. Au contraire, elle y croyait fermement et croyait aussi à toutes sortes d'autres phénomènes paranormaux. Je ne parlerai pas ici de ses expériences personnelles en ce domaine, mais je dois les mentionner, et aussi un certain degré de crédulité qui pourrait la rendre suspecte (aux yeux de quelques lecteurs) en tant que témoin des propos de son fils. Je ne suis pas de cet avis, et si je l'étais, je n'aurais pas rapporté le cas de Michael sur son seul témoignage (ou presque).

On peut se demander pourquoi, si Catherine avait l'esprit si ouvert aux phénomènes psychiques, il fallait qu'elle téléphone d'urgence à l'université de Virginie en septembre 1978. Je ne connus la réponse que le mois suivant, quand je la rencontrai au Texas. (Presque tous les éléments de mon rapport dérivent de cet entretien et de celui qui eut lieu un an plus tard entre Catherine et ma collègue Emily William Cook). J'appris donc que Mme Wright et sa mère étaient les deux seules de leur communauté à croire à la réincarnation. Son mari ne partageait pas ses convictions. En outre, Mme Wright le connaissait suffisamment pour imaginer qu'il n'apprécierait pas la situation : avoir l'ancien amoureux de sa femme dans son propre foyer, en la personne de son fils ! Il devait aussi ressentir le fait qu'elle l'ait épousé uniquement parce que Walter Miller s'était tué en auto. Souvenir déplaisant !

Mais les craintes de Catherine se révélèrent infondées. Elle avait eu le courage, après m'avoir téléphoné, d'aborder la question avec son mari, et, à son étonnement, avait appris qu'il avait eu l'intuition de ce qui se passait, sans amertume aucune. Je n'ai pu déterminer s'il s'agissait de télépathie entre eux ou de « fuites » involontaires d'informations de la part de Catherine. Pour en revenir à Walter Miller, il n'avait pas dix-huit ans à sa mort en 1967. Avec des dons artistiques prometteurs et une grande popularité parmi ses camarades, il allait commencer dès l'automne ses études supérieures. Catherine et lui se fréquentaient depuis trois ans et se considéraient comme fiancés officieusement. Un soir que Walter était allé avec un ami (Henry Sullivan) à une soirée dansante, il avait dû boire plus que de raison. Il semble qu'il se soit endormi au volant sur le chemin du retour, et que l'accident l'ait tué sur le coup, alors que son ami en était sorti indemne.

Catherine avait eu beaucoup de chagrin, mais elle s'était remise en épousant un an plus tard un autre de ses soupirants, Frederick Wright (1968). Une fille naquit, puis Michael. Mais avant cela, Catherine avait rêvé de lui (rêve qui, dans un pays où ces cas sont fréquents, aurait été interprété comme l'annonce de son retour).

En fait, c'est ainsi que Catherine avait compris son rêve : Walter lui disait qu'il n'était pas mort comme on le croyait, qu'il allait revenir et qu'il dessinerait de nouveau pour elle. À ce moment-là, et même après la naissance de Michael, en 1975, elle pensait que Walter reviendrait « chez » quelqu'un d'autre, par exemple chez sa sœur, Carole Miller Davis, qui était enceinte à l'époque du rêve. Elle attendait donc son retour mais n'avait jamais envisagé qu'il pût être son fils.

La naissance eut lieu normalement, le bébé allait bien, malgré une légère difficulté respiratoire qui ne dura pas. Il avait environ trois ans quand il commença à faire montre de certaines connaissances sur les gens et les événements. Il surprit sa mère en prononçant « Carole Miller », alors qu'il ne l'avait connue que sous le nom de son mari, Carole Davis, et par deux fois seulement (la sœur de Walter était donc mariée depuis dix ans déjà. Catherine et elle avaient gardé des relations amicales après la mort de Walter).

Cependant, Catherine s'attendait peu à ce qui suivit : il fit une description minutieuse de l'accident de Walter, se trompant d'abord en disant « moto » au lieu d'« auto », mais se corrigeant aussitôt. D'après sa mère, il raconta : « J'étais en auto avec un ami, l'auto sortit de la route et roula plusieurs fois. La porte s'ouvrit, je tombai et je fus tué. » D'autres détails suivirent, ce jour-là ou plus tard, je ne sais pas. Par exemple, il mentionna la vitre de la voiture brisée ; qu'il avait été transporté sur un pont après l'accident, et ce qui s'était passé avant l'accident : les deux amis s'étaient arrêtés pour aller aux toilettes à une station-service. Il se rappela aussi le nom de la ville où avait eu lieu la soirée dansante.

Catherine savait que ces propos correspondaient à la vérité, et elle me montra un article paru sur un journal de l'époque, avec une photo de la voiture accidentée. Walter avait en effet été projeté hors du véhicule et avait eu la nuque brisée ; la mort avait été presque instantanée. L'ambulance qui transportait son corps avait traversé un pont non loin de là[13]. Catherine ne pouvait confirmer l'« arrêt-toilettes », n'osant pas s'adresser au seul témoin de l'incident, Henry Sullivan (parce qu'elle se sentait isolée des autres dans sa conviction). Et elle ne m'autorisa pas à le faire moi-même : comment procéder à une enquête de ce genre dans une petite ville du Texas, sans en donner la vraie raison ? J'étais d'ailleurs opposé à un tel jeu de cache-cache.

Michael fit d'autres révélations sur Walter, comme certains détails concernant sa maison et aussi celle de Henry Sullivan, dont il se rappela (à la demande de sa mère) le nom et le sobriquet, avec toutefois une légère erreur. Michael ne pouvait avoir eu ces informations de façon normale, d'après Catherine.

La mère de Catherine, Margaret Carpenter, participait aux entretiens et elle confirma tout ce que sa fille m'avait dit sur Michael, car elle avait été témoin de plusieurs de ses « récits » sur Walter et son accident. Malheureusement, nous manquons de témoignages supplémentaires en ce qui concerne plusieurs éléments rapportés par Catherine. Lorsque ma collaboratrice, Emily William Cook, vint à son tour chez les Wright, elle eut un bref entretien avec le père, Frederick Wright, mais celui-ci avait oublié presque tout des remarques faites par son fils.

J'ignore si ce manque de mémoire venait de ce qu'il n'avait pas fait très attention aux propos de son fils, ou s'il était absent lorsque Michael abordait la question de son « passé » (comme il le faisait avec sa mère).

Je suis loin d'être satisfait de ce que j'ai pu rassembler sur ce cas, mais je l'ai trouvé typiquement américain (bien que nous en ayons étudié de semblables dans d'autres pays). Son point faible est évidemment le désir de Catherine d'authentifier les remarques de Michael. Ensuite, il y a l'impossibilité de faire intervenir les autres témoins, comme Henry Sullivan ou la famille de Walter, pour les raisons exposées plus haut. D'habitude je ne publie pas les cas où la vérification des témoignages n'a pu être faite. Mais d'autres considérations m'ont poussé à faire exception pour cette occasion : l'histoire se déroulait dans un milieu apparemment hostile à l'idée même de réincarnation. Quels motifs aurait donc eu la famille pour accepter, et même encourager une situation « triangulaire » embarrassante[14] ? Dans le domaine de l'imaginaire où les psychiatres arrangent les motivations à leur gré, il serait facile d'interpréter l'affaire comme une machination de Catherine pour tourmenter son mari, ou un jeu subtil inventé par l'enfant pour torturer ses parents. Peut-être. Mais je n'y crois pas. Il ne faut jamais attribuer un mobile (dont on n'a aucune preuve) à quelqu'un si on ne trouve pas ce qu'il peut y gagner. Je ne vois pas qui aurait pu profiter des révélations de Michael sur la vie et la mort de l'ex-fiancé de sa mère. Et Catherine était dans un tel affolement lorsqu'elle m'appela pour la première fois, que de toute évidence elle ne pouvait contrôler les forces psychologiques déclenchées par les événements.

Le cas d'Erin Jackson

Erin Jackson est née en 1969 en Indiana. Sa mère m'écrivit en 1980 pour me dire que lorsque sa fille avait environ trois ans, elle parlait souvent comme si elle se rappelait une vie passée. Après un échange de correspondance, je me rendis en Indiana pour interroger les parents de l'enfant, mais le père d'Erin n'assista pas à l'entretien, et sa femme m'assura qu'il ne savait rien de plus qu'elle. Mme Jackson elle-même dut rechercher dans sa mémoire ce qu'elle pouvait me donner comme informations puisque Erin avait tout oublié depuis l'âge de quatre ans. La période des « souvenirs » avait donc été très courte.

Erin avait commencé à trois ans à se revoir « quand elle était garçon » ou bien « quand elle s'appelait John ». Par exemple : « Quand je m'appelais John, on allait sur un lac où je faisais flotter mon grand bateau. » Ou : « Quand j'étais un garçon, nous avions un chien noir et un chat blanc. » Elle disait aussi qu'elle avait eu un frère qui s'appelait James et que sa belle-mère (probablement la deuxième femme de son père) l'aimait et se conduisait bien avec eux. James avait une préférence marquée pour les vêtements noirs, et même pour les sous-vêtements noirs, disait Erin. Mais elle ne donnait aucune indication sur l'endroit ou la période où tout cela se passait. Elle se plaignait souvent de la laideur des grandes routes américaines, avec leurs panneaux d'affichage, leurs poteaux téléphoniques, et l'invasion des automobiles toutes rassemblées en de mêmes endroits. Elle murmurait parfois, comme pour elle-même : « C'était bien mieux quand il y avait des chevaux. Ces autos sont terribles. Elles ont tout gâché. Les campagnes ne sont plus belles, les villes non plus. (Je pense que l'époque dont elle parlait devait se situer avant 1930, les dégâts des régions rurales américaines ayant commencé vers 1910, lorsque Henry Ford commença à produire des automobiles en série, ce qui amena la construction de routes et d'autoroutes.)

Erin voulait toujours s'habiller en garçon et avoir des activités de garçon, et ce depuis qu'elle était en âge de savoir distinguer entre vêtements féminins et vêtements masculins. Pour ses leçons de natation, sa mère lui avait acheté un deux-pièces dont elle s'entêtait à ne porter que la culotte. Alors on lui acheta un maillot de bain d'une seule pièce. De même, quand il lui fallait porter des robes de fille, elle paraissait humiliée et retournait vite à ses jeans et pantalons. Quand je la rencontrai, elle avait déjà dix ans, pourtant elle ne portait de vêtements féminins que lorsqu'elle ne pouvait faire autrement, c'est-à-dire environ trois fois par an, et encore fallait-il que ses robes soient exemptes de féminité : pas de volants, pas de dentelles ! Elle insistait aussi pour porter ses cheveux très courts, à la garçonne, et ne consentit à les laisser pousser que vers neuf ans.

Erin ne s'intéressait pas aux poupées représentant les êtres humains, et si on lui en donnait une, elle la déshabillait au profit de l'un de ses animaux en peluche. Elle aimait dessiner, lire, et construire avec des jeux de construction. En plein air, elle préférait nager, grimper aux arbres et pêcher. Elle avait très envie d'apprendre à jouer au base-ball et de devenir « scout », mais l'équipe où elle voulait rentrer n'admettait que les garçons, ce qui la désola. Elle soupirait souvent : « Comme je voudrais être un garçon ! Pourquoi ne suis-je pas un garçon ? »

Erin était une enfant à l'intelligence supérieure. Sa mère me dit qu'elle avait appris à lire dès l'âge de trois ans, et, semblait-il, sans que personne se soit donné la peine de le lui apprendre. Elle avait un don évident pour le dessin, que je trouvai (après avoir vu quelques-uns de ses croquis) insolite pour une enfant de son âge. Elle avait aussi composé des poèmes qu'un adulte aurait été content d'avoir écrits.

Pendant un an, Erin parla de « son autre vie » (environ une fois par semaine). Elle avait presque onze ans quand je la rencontrai et elle se souvenait très peu de ce qu'elle disait entre trois et quatre ans. Toutefois il lui arriva, pendant ma conversation avec sa mère, d'intervenir pour commenter quelque détail, et ce à plusieurs reprises.

Il lui restait donc des séquelles de ses souvenirs. Sa masculinité persista pendant quelques années après qu'elle eut « oublié » sa vie antérieure, mais à onze ans elle évoluait vers la normalité et commençait à se conduire comme toutes les petites filles de son âge.

Les Jackson étaient de religion chrétienne protestante, ne croyaient pas à la réincarnation et n'en avaient presque jamais entendu parler quand Erin commença à « raconter ». Par la suite, Mme Jackson avait eu des lectures qui l'avaient incitée à y croire, tandis que son mari demeurait réfractaire. Néanmoins, Mme Jackson ne peut être soupçonnée d'avoir encouragé sa fille dans ce qu'elle définissait elle-même comme « des idées fantasques ». Au début, elle se contentait de l'écouter en se gardant de se moquer d'elle, faisant poliment semblant de s'y intéresser.

D'après les résumés de cas présentés plus haut, le lecteur aura pu juger de leurs points forts comme de leurs insuffisances, en considérant les possibilités dont disposait le sujet pour rassembler des informations sur un défunt, de façon paranormale ou autre. Avant d'aborder la question des méthodes d'investigation des cas et de ma façon de les interpréter, je ferai quelques commentaires sur les principaux points communs qui ressortent de nos statistiques.

CHAPITRE V

Caractéristiques des cas types évoquant la réincarnation

Les douze cas exposés dans le chapitre précédent ont donné au lecteur un aperçu des caractéristiques principales observées chez la plupart des sujets. On aura certainement noté, entre autres, que sur les douze enfants, sept se rappelaient une mort violente (dans deux cas, la façon dont « l'ancienne personnalité » était décédée reste inconnue). D'autres particularités émergeront dans ce chapitre[1].

Où trouve-t-on le plus de cas ?

Certaines parties du monde se prêtent plus que d'autres à la découverte de cas. Ce sont l'Inde (du Nord), le Sri Lanka, Birmanie, la Thaïlande, le centre-sud de la Turquie, le Liban, la Syrie, l'Afrique occidentale et les régions nord-occidentales des États-Unis. J'ai trouvé également – et étudié – de nombreux cas en Europe et en Amérique du Nord (à part les tribus des régions du nord-ouest). J'en ai aussi trouvé en Amérique du Sud, mais en moins grand nombre.

Le Tibet doit avoir été le foyer de nombreux cas, si j'en juge par ceux que j'ai rencontrés parmi les réfugiés tibétains qui vivent aujourd'hui en Inde. Mais les familles sont tellement dispersées qu'il est difficile de rassembler les témoins indispensables à nos enquêtes.

J'ai des raisons de croire que nous pourrions avoir un vaste champ d'études au Japon et en Indochine orientale (c'est-à-dire au Laos, au Cambodge et au Vietnam). Mais le temps m'a manqué, et j'ai préféré limiter mes recherches aux pays dont j'ai appris à connaître la culture.

Comme je l'ai déjà mentionné, il y a beaucoup plus de cas en Occident (Europe et Amérique du Nord) que ne l'imaginent les Occidentaux. En outre, nous avons trouvé plusieurs cas en Asie parmi les peuples dont la religion rejette l'idée de réincarnation (par exemple les chrétiens du Liban et du Sri Lanka et les musulmans sunnites de l'Inde).

Nos travaux dépendent entièrement des gens qui nous contactent pour nous signaler des cas, dont un certain nombre ne sont observés qu'à l'intérieur du cercle familial et des amis du sujet : il s'agit là généralement d'un parent décédé dont la personnalité semble s'être réincarnée dans son propre foyer. C'est ce que j'appelle un « cas privé ». J'ai pu toutefois en étudier quelques-uns grâce aux informateurs qui avaient entendu parler de mes travaux et qui m'ont fait pénétrer dans quelques familles où l'un de ces cas était signalé.

Il y a également un nombre (non recensé) de cas étouffés dans l'œuf par les gens qui ne croient pas à la réincarnation. Les parents pensent que l'enfant raconte des sottises ou des mensonges, et lui imposent silence. Mais le cas se produit aussi dans les familles où la réincarnation constitue l'essentiel de leurs croyances. Par exemple, en Inde ou en Birmanie, la tradition veut qu'il soit mauvais et même dangereux pour un enfant d'avoir des souvenirs de sa vie précédente. Ou bien les parents ont des raisons de vouloir cacher des affaires de famille dont l'enfant semble se rappeler, ou encore c'est le comportement de l'enfant qui les dérange, ou bien une histoire sordide de meurtre qui risque d'être éventée par des « souvenirs ». Si l'enfant se prétend d'une caste supérieure, il humilie ses parents ; si au contraire il se dit d'une caste inférieure, il les gêne. Voilà des circonstances où l'on fait taire l'enfant.

Il arrive pourtant que nous ayons accès à des « cas privés » grâce à un proche de l'enfant, ou bien grâce au sujet lui-même : par exemple, celui qu'on a fait taire dans ses premières années et qui en grandissant désire parler de son expérience à des tiers étrangers à son milieu, s'il sait qu'on l'écoutera avec intérêt. Tel est le cas de Chaokhun Rajsuthajarn, bonze thaïlandais qui, enfant, racontait la vie de son oncle maternel. La famille reconnut et accepta le fait, jusqu'à ce que Chaokhun se comporte vraiment comme un adulte, et traite sa mère comme une sœur, c'est-à-dire sans le respect dû à une mère.

On prit alors, pour lui faire « oublier », diverses mesures, dont certaines physiquement douloureuses : entre autres, on essaya de l'étourdir en le faisant tourner sur le tour d'un potier[2]. Pour se soustraire à ce genre de répression, et dans la crainte d'en subir de plus désagréables encore, il prétendit avoir tout oublié alors qu'il n'en était rien. Lorsqu'il fut adulte, il raconta et écrivit sa propre histoire qui fut publiée en Thaïlande.

Lorsqu'un cas n'est ni privé ni tu par la famille, il arrive qu'il soit porté à ma connaissance par l'un de mes nombreux collaborateurs à travers le monde, qui me servent également d'interprètes. En Inde, au Sri Lanka, en Thaïlande, les journaux parlent de temps à autre des cas de leurs pays respectifs, chose assez rare en Birmanie, en Turquie et au Liban. En Inde, les journaux ne rapportent généralement que les cas à sensation, comme par exemple celui de Gopal Gupta, où il était question d'un homme en vue tué par son propre frère. Au Sri Lanka et en Thaïlande, les journaux sont moins exigeants et rapportent tous les cas dont ils entendent parler, de l'ordinaire au sensationnel. Au début de mes enquêtes, je dépendais uniquement de la presse pour me renseigner. Depuis quelques années, mes collaborateurs s'en chargent et restent à l'affût de toute nouvelle non publiée et pouvant m'intéresser.

Je suis certain que la fréquence des cas est bien supérieure à celle des rapports de la presse[3]. Dans les pays où je suis aidé par des hommes qui s'intéressent à nos recherches (je les appelle « sub-agents »), nos schémas géographiques révèlent une densité de cas inconnus du public, dont la découverte est due à l'incessant travail de ces admirables scouts[4]. En 1978, deux de mes collaborateurs, David Barker et Satwant Pasricha, firent un sondage dans une région de l'Inde, Uttar Pradesh, district d'Agra. Ils trouvèrent en moyenne dix-neuf cas par mille habitants. Il nous faudrait d'autres sondages de ce genre un peu partout dans le monde.

Milieu social et économique des sujets

La majorité des Asiatiques sont de milieu rural. Les paysans y ont peu d'instruction et vivent dans la pauvreté. La plupart des cas asiatiques sont donc signalés dans cette majorité paysanne. Mais nous en avons également étudié dans des familles riches qui habitent les villes. Un jour, nous aurons suffisamment de documentation pour effectuer des analyses de situations dans ce domaine, et nous pourrons en tirer des généralités qui nous échappent encore. Je me suis hasardé à en rassembler quelques-unes sur les cas étudiés aux États-Unis (hors des organisations tribales du Nord-Ouest) : l'informateur type est le plus souvent une informatrice, généralement la mère du sujet. La famille du sujet habite une petite ville ou un village, a peu d'instruction (souvent au-dessous du niveau du baccalauréat), appartient à une église chrétienne, mais a plutôt tendance à suivre comme bon lui semble l'enseignement du Christ, se conduisant ainsi en vrai protestante. Nos informateurs (trices) lisent parfois un ou plusieurs magazines spécialisés dans l'occultisme ou le paranormal, ce qui les amène peut-être à connaître mes travaux. Leur volonté de se passer des directives de leur communauté religieuse leur permet de prêter une oreille indulgente ou intéressée aux propos de leurs enfants-sujets, sans trop d'inquiétude.

Principales caractéristiques des « cas »

Elles ont cinq aspects prédominants, qui devraient être (mais sont rarement) toutes présentes dans les cas authentifiés. Une personne (plutôt âgée) déclare avant de mourir qu'elle désire revenir dans tel ou tel foyer à sa prochaine incarnation. Après sa mort, quelqu'un de la famille, ou un ami, rêve que cette personne revient sur terre, dans sa propre famille ou dans une autre. Le bébé naît, porteur de marques correspondant aux marques ou cicatrices de la personne décédée. Dès que l'enfant commence à parler, il évoque la vie du ou de la défunte, de façon de plus en plus claire, de plus en plus détaillée. Enfin, le comportement du sujet présente des similitudes avec celui du défunt[5]. Voilà les cinq caractéristiques d'un cas « complet », rarement rassemblées chez un seul sujet. Nous reviendrons sur ce point.

Pré-vision de réincarnation

Ce genre de prédiction (avant la mort) ne se produit généralement que chez les Tlingits, ou chez les Tibétains. Sur quarante-six cas étudiés chez les Tlingits, dix (22 p. cent) avaient choisi leur prochaine vie avant de mourir, accompagnant leur choix de souhaits sur leur nouvelle apparence physique ou leurs qualités. Il s'agit là d'espoir plus que de prévision, et pourtant j'ai vu quelques sujets obtenir dans leur nouvelle vie ce qu'ils avaient désiré dans leur vie précédente. Quelquefois, le Tlingit prévoit que sa nouvelle incarnation portera les mêmes marques ou cicatrices que les siennes. Il aide ainsi sa future famille à reconnaître sa présence chez l'enfant qui naîtra[6].

Les lamas du Tibet donnent également des indications sur ce que sera leur nouvelle vie[7]. Mais leurs prédictions sont plus subtiles et hermétiques que celles des Tlingits ; néanmoins, ils font parfois comprendre, clairement ou par allusions, à quel endroit ils espèrent se réincarner. Ils ajoutent parfois d'autres indications, comme les taches ou marques de naissance qu'ils porteront à tel ou tel endroit de leur corps. Cependant, le mystère qui entoure souvent leurs prévisions laisse leurs disciples perplexes quant à la façon de les interpréter pour trouver leur nouvelle incarnation.

Parmi les cas d'autres cultures, les prévisions de re-naissance, s'il y en a, sont généralement faites par une personne âgée qui désire se réincarner dans sa propre famille. J'ai étudié de nombreux cas de ce genre en Turquie et en Inde. Dans ces pays où il est assez exceptionnel de trouver un réincarné dans son ancienne famille, le fait a en général été prédit par la personnalité antérieure.

Rêves annonciateurs

Dans beaucoup de cas, quelqu'un d'apparenté au (futur) sujet rêve d'un défunt qui lui fait part de son intention ou de son désir de se réincarner. Le « rêveur » est souvent une épouse, mère éventuelle du sujet qui va re-naître. Parfois, c'est le mari, ou un parent, ou un ami qui reçoit le message en rêve. J'ai appelé ce phénomène « rêve annonciateur » parce qu'il se produit à de rares exceptions près avant la naissance ou quelquefois même avant la conception du sujet[8]. Nous en avons vu cinq exemples parmi les douze cas résumés au chapitre IV.

Des rêves annonciateurs ont été rapportés dans tous les pays où nous trouvons nos cas. Ils sont toutefois plus fréquents chez les Birmans, les Alevis de Turquie et les tribus du nord-ouest de l'Amérique du Nord.

Chez les Birmans, le rêve a lieu généralement *avant* la conception du sujet. Dans les tribus sus-mentionnées, c'est plutôt pendant le dernier mois de la grossesse de la mère, souvent même quelques jours ou quelques heures avant la naissance.

Les rêves varient aussi dans la forme. Chez les Tlingits, la personne désincarnée du rêve procède par symboles. Par exemple, elle se montre arrivant à la maison avec une valise qu'elle dépose dans l'une des chambres à coucher. Ou bien elle entre dans la chambre des parents potentiels et se couche entre eux. Chez les Birmans, au contraire, la personnalité désincarnée demande la permission de revenir dans la famille qu'elle a choisie. Cela voudrait dire que le rêveur peut exercer son veto.

Voici une histoire amusante : une épouse birmane dont le mari est en voyage pour un temps assez long rêve d'un ami décédé qui semble lui demander l'autorisation de re-naître « chez » elle. Cette idée déplaît (en rêve) à l'épouse qui lui dit d'aller se réincarner ailleurs ! Lorsque le mari rentre de son voyage, il raconte à sa femme qu'il a rêvé du même ami, et qu'il lui a permis de revenir chez eux (tout cela en rêve). L'enfant né de ce quiproquo (Maung Aung Than) faisait par la suite des allusions à la supériorité paternelle sur le veto de sa mère, laquelle accepta la situation avec la bonne humeur qui caractérise ce peuple.

Moins fréquents sont les rêves de « départ », où l'ancienne personnalité apparaît en rêve à l'un des siens (par exemple sa veuve) pour annoncer qu'il va se réincarner dans une autre famille. Parfois, il donne assez d'indications pour qu'on puisse le retrouver. Il est même arrivé quelquefois qu'un défunt se manifeste ainsi *après* la naissance de son nouveau corps physique. Voici un exemple : la mère d'un jeune homme décédé rêve que ce dernier l'appelle à son secours parce qu'il vient de naître dans une famille très pauvre. Il la supplie de venir le tirer de là, ce qu'elle réussit à faire grâce aux indices reçus dans son rêve (cet enfant se rappela plus tard qu'il avait déjà été son fils). Un autre défunt fit savoir que sa nouvelle mère ne le nourrissait pas assez et qu'il avait faim. Un autre encore dénonça son nouveau père parce qu'il était alcoolique. Dans presque tous les cas de ce genre, le défunt est facilement reconnu par sa famille. Mais parfois, celui qui rêve ne peut identifier l'apparition. Ainsi, la mère de Necip Unlutaskiran, avant de le concevoir, avait vu en rêve un inconnu qui avait sur son corps des blessures sanguinolentes. À la naissance de Necip, elle s'aperçut qu'il portait des marques très nettes correspondant aux blessures aperçues dans son rêve. Plus tard, l'enfant se rappela son ancienne existence, et comment il y avait été assassiné. Sa mère n'avait jamais entendu parler de cet homme ni de son meurtre avant son rêve.

Chez les Cinghalais, les rêves annonciateurs sont rares, mais par tradition leurs rêves d'animaux comme les serpents, les éléphants ou autres, sont interprétés comme autant d'indications sur les prochaines naissances. Je demeure sceptique sur cette sorte d'interprétation.

Les rêves annonciateurs ont un effet dévalorisant sur les autres indices qui apparaissent chez l'enfant, car les parents avertis par des rêves ne se conduisent pas en parents normaux : ils sont influencés par les messages reçus et sont susceptibles de pousser leurs enfants (même involontairement) à s'identifier au défunt qui leur est apparu.

Marques et défauts de naissance

Comme nous l'avons déjà dit, les sujets ont parfois des marques sur le corps, qui correspondent à des blessures ou marques congénitales de la personnalité antérieure. Parfois, le sujet souffre d'une maladie qui lui est transmise de cette même manière, provenant de son ancien corps physique. Étant dans l'impossibilité d'examiner le défunt, je suis obligé de me fier à sa famille pour ce genre de renseignements, qui permettent souvent d'identifier le sujet. Il nous faut donc admettre la possibilité que dans certaines circonstances, pour une raison ou pour une autre, la fraude puisse fausser nos recherches concernant la similitude des marques chez l'ancienne et la nouvelle personnalité. C'est pourquoi, dans les trente cas où une fraude aurait été possible, je me suis procuré les dossiers médicaux ou les résultats d'autopsie des défunts concernés. On ne peut raisonnablement soupçonner les signataires de tels documents, établis avant la naissance du sujet, naturellement. À part de très rares exceptions, les dossiers donnaient raison aux témoignages déjà en ma possession, ce qui justifie ma confiance en les témoins d'une manière générale.

Les défauts et marques de naissance correspondant à ceux du défunt constituent à mon avis les meilleures preuves pour justifier la croyance en la réincarnation. Ce sont des taches bien visibles (j'en ai photographié des centaines), dont la seule autre explication serait encore plus difficile à admettre que la réincarnation : une force psychique chez la mère en état de grossesse, assez intense pour influencer l'embryon. Solution à exclure dans une bonne douzaine de cas, où les parents du sujet n'avaient jamais entendu parler de la personnalité antérieure avant que le cas ne se déclare.

La double importance des marques et défauts de naissance (comme preuve de réincarnation et comme preuve de l'impact psychique sur le corps humain) m'a conduit à en faire l'objet d'un livre qui paraîtra ultérieurement[9].

Propos des enfants sur leur vie antérieure

Un enfant qui se rappelle sa vie antérieure commence en général à en parler vers l'âge de deux ans, et à l'oublier vers l'âge de cinq ans. Au début, il exprime difficilement ses sensations, n'étant pas encore en pleine possession du langage. Mais il est des sujets qui arrivent à communiquer les images qui se présentent à leur mémoire, soit en mimant des situations, soit par des gestes appropriés. Une année entière peut ainsi s'écouler avant que les parents arrivent à y comprendre quelque chose. Voici quelques exemples : un enfant du Liban, Imad Elawar, faisait souvent le geste de pointer deux doigts en avant, avec mimique agressive appropriée. On sut plus tard que son ancienne personnalité avait possédé un fusil à double canon. Une petite hindoue, Kumkum Verma, imitait son « ex-mari » qui était ferronnier : elle frappait sur une enclume imaginaire avec un marteau-jouet, ou bien elle faisait semblant d'actionner un soufflet devant le feu. Une autre, dont la famille avait réparé des bicyclettes durant toute sa vie antérieure, aimait pédaler en l'air, couchée sur le dos, avant de savoir en expliquer la raison.

Nous avons calculé la moyenne d'âge des « débuts » d'un sujet, sur deux cent trente-cinq cas étudiés en Inde : cette moyenne est de trois ans, et cela vaut pour les autres pays. En Amérique par exemple, sur soixante-dix-neuf cas étudiés, l'âge moyen des « débuts » était encore trois ans[10]. Parfois, les manifestations commencent plus tard, soit qu'à cet âge les souvenirs n'aient pas encore été perçus, soit que les sujets les gardent en réserve jusqu'à ce qu'ils puissent s'exprimer verbalement avec plus de facilité. La crainte des moqueries ou des réprimandes des « grands », comme chez Suleyman Andary, peut aussi provoquer un retard d'extériorisation. Mais lorsque la mémoire ne s'éveille que vers l'adolescence ou à l'âge adulte, je deviens méfiant, à part les cas où une circonstance spéciale comme un choc émotif (par exemple pour Georg Neidhart) ou bien une méditation profonde (par exemple, pour Pratomwan Inthanu et Uttara Huddar) provoquent un retour soudain d'images du passé.

Les souvenirs peuvent se limiter à quelques « flash-back » ou au contraire couler à flots. Un petit garçon de Delhi se rappelait : Bombay, du feu, beaucoup de fumée et des gens qui pleuraient – rien de plus (il s'agissait peut-être d'une cérémonie crématoire, mais on ne put le vérifier). À l'inverse, des sujets comme Edward Ryall, Martha Lorenz, Swarnlata Mishra ne tarissaient pas. Edward Ryall écrivit un livre bourré de détails extraordinaires – dont quelques-uns étaient imprécis et d'autres invérifiables, mais dont l'ensemble formait un document authentique. Dès l'adolescence, il avait eu quelques réminiscences, lesquelles n'avaient depuis cessé de proliférer. On peut se poser des questions quant à la paranormalité de ses sources, mais je ne veux considérer ici que la quantité. Autre exemple : Martha Lorenz, dont le père avait recueilli cent vingt épisodes racontés par elle depuis l'âge de deux ans et demi. Malheureusement, ces notes avaient été égarées par une domestique et n'ont pu être reconstituées qu'en partie (un tiers environ). Swarnlata également aurait pu écrire un roman-feuilleton sur sa vie antérieure, dont elle prétendait *tout* se rappeler (mais *tout* n'a probablement pas été vérifié et, de plus, elle exagérait certainement). Toutefois, peu de sujets ont eu une mémoire aussi généreuse que la sienne. J'avais étudié son cas au début de mes recherches et mon inexpérience me fit – hélas – omettre d'enregistrer la totalité de ses informations.

Nous n'avons aucun moyen d'évaluer le nombre de cas du type « prolixe », et peut-être y en a-t-il beaucoup plus qu'on ne le croit. C'est que nous n'arrivons généralement à interroger enfants et parents que lorsque les souvenirs se sont déjà aux trois quarts estompés. Nos statistiques font état de cinq à cinquante épisodes par sujet, et le plus souvent rapportés par les parents.

Très variable aussi est le besoin d'extérioriser les souvenirs. Il y en a qui, comme Mallika Aroumougam, ne les évoquent à l'occasion, que lorsqu'un détail de leur vie quotidienne vient leur en rappeler un autre, quelque part dans leur vie précédente. Et il y a au contraire des enfants qui ressassent interminablement, jusqu'à ce que les parents et amis en soient excédés (surtout quand la comparaison entre les deux vies est peu flatteuse pour la nouvelle). Le facteur quantitatif n'influence pas le désir d'extériorisation. Mahes de Silva, par exemple, avait très peu de souvenirs mais ne cessait de les rabâcher et je trouve que ses parents auraient été excusables de le lui interdire.

Certains enfants parlent de leur ancienne vie au présent, disant par exemple : « J'ai une femme et deux enfants », ou bien « Ma maison est plus grande que celle-ci » (même s'ils savent déjà distinguer le passé et le présent avec les mots appropriés). D'autres font la différence et disent par exemple : « Quand j'étais grand... » Parfois les enfants agissent comme s'ils avaient été chassés de leur corps d'adulte pour être enfermés dans celui d'un bébé[11]. Un de nos sujets turcs, Celal Kapan, semblait tout étonné et ses premières paroles intelligibles furent : « Qu'est-ce que je fais ici ? J'étais au port. » Plus tard, il raconta qu'il était employé au déchargement des bateaux, qu'un jour il s'était endormi dans la cale de l'un d'eux et avait été écrasé par un tonneau tombé sur sa tête. Il était mort sur le coup, ne revenant à lui que pour se retrouver dans le corps d'un enfant de deux ans, à ce qu'il disait.

Les sujets se montrent majoritairement attachés aux lieux et aux gens de leurs souvenirs. Quelques-uns pleurent en les racontant, d'autres maudissent leurs assassins qui les ont séparés de leur famille. Mais souvent, ils passent du sérieux ou de la tristesse à la mentalité normale de leur âge, recommençant à rire et à jouer après avoir gravement regretté leur ex-épouse ou leurs propres fils[12].

Un retour de mémoire antérieure est souvent accompagné d'une sorte d'absence ressemblant parfois à une transe, mais à une transe assez légère pour que l'on puisse en tirer l'enfant par n'importe quelle diversion. D'autres sujets semblent converser avec eux-mêmes, indifférents soudain à leur entourage. Mais les cas de changement total de personnalité (comme chez Uttara Huddar) sont extrêmement rares.

Les retours de mémoire se produisent généralement à l'état éveillé. Cependant, nous avons observé quelques enfants qui revoyaient des scènes de leur vie précédente en rêve, ou dans des cauchemars répétés[13], ou encore à l'état de demi-sommeil, juste avant de s'endormir ou tout de suite après le réveil.

Les sujets racontent habituellement leurs souvenirs avec ce dont ils disposent comme vocabulaire, ou par gestes s'ils ne trouvent pas les mots adéquats. Quelques-uns dessinent ce qu'ils voient de leur ancien environnement.

Dans presque tous les cas, les enfants cessent de raconter leurs souvenirs entre cinq et huit ans. Mais certains prétendent se rappeler jusque dans l'âge adulte, et d'autres prétendent avoir tout oublié alors qu'il n'en est rien. Les parents s'attribuent souvent le mérite d'avoir mis un terme aux évocations de leurs enfants « pour les aider à oublier ». Néanmoins, cette attitude semble n'avoir aucun effet, et les sujets oublient en général vers le même âge, qu'ils soient encouragés ou dissuadés par leur famille[14]. L'oubli coïncide plutôt avec les activités croissantes qui les obligent à s'adapter à d'autres contacts humains, école ou autre, en dehors du cercle familial prêt à toutes les indulgences. Les nouveaux souvenirs prennent la place des anciens, qui s'effacent peu à peu. Les visites aux familles de l'ancienne personnalité déclenchent souvent ce processus, à ce que nous disent les parents. Leur nostalgie du passé antérieur s'atténue avec les retrouvailles, l'évocation de l'ancienne personnalité se fait plus rare et cesse bientôt[15].

L'attention des parents influence aussi la durée des souvenirs : les enfants « représentant » des défunts identifiés les gardent plus longtemps (environ jusqu'à sept ans et demi) alors que les « non-identifiables » les perdent vers six ans, parce que la famille s'en désintéresse plus vite et n'encourage plus le sujet à en parler[16].

Bien que les facteurs sociaux semblent jouer un rôle important dans l'amnésie de l'autre vie, ils sont moins décisifs que le développement intérieur du sujet. Le bébé a d'abord des images visuelles[17] qu'il n'arrive pas à communiquer avant de savoir parler, et ensuite il trouve peu à peu les mots pour extérioriser ce qu'il « voit ». Toutefois, la découverte du langage entraîne généralement (et progressivement) l'effacement des images visuelles qui, au sortir de l'enfance, n'apparaissent plus qu'en rêve ou dans des réminiscences volontaires. À part les poètes et les artistes, il est peu d'adultes capables de conserver la faculté de penser en images.

Je ne dirai jamais assez qu'un sujet (à part quelques exceptions) n'a que trois ans environ, et souvent moins, pour communiquer ses souvenirs à son entourage. Avant deux (ou trois) ans, il manque de vocabulaire et d'habileté verbale pour s'exprimer. Après l'âge de cinq ans, les couches d'informations verbales recouvrent les images (qui semblent indispensables à la mémoire du passé antérieur) et provoquent l'arrêt des « communications ».

Principaux thèmes des souvenirs antérieurs

L'enfant-sujet tend à se rappeler surtout les événements de la dernière année, des derniers mois et jours de sa vie précédente[18]. Environ trois quarts des sujets affirment revoir « leur » mort, et avec plus de précision encore lorsque la mort a été violente. Les souvenirs sur les personnes ou objets qui entouraient l'ancienne personnalité pendant les derniers temps de son existence ont priorité sur tout le reste. Par exemple, Sukla Gupta se rappelait en détail la vie conjugale de Mana (sa précédente incarnation), mais semblait avoir tout oublié de la famille chez qui elle avait passé son enfance et son adolescence avant de se marier.

Les sujets ont habituellement retenu le nom de leur ancienne personnalité et de son entourage. Dans les cas où ils avaient été assassinés, ils se rappellent le nom du meurtrier s'ils le connaissaient. La mémoire des noms dépend cependant du milieu culturel : en Inde, en Birmanie, en Thaïlande, presque tous les sujets ont le souvenir de leur ancien nom, à l'inverse du Sri Lanka ou de l'Amérique du Nord (à part les tribus du Nord-Ouest).

Au Sri Lanka, cette caractéristique provient (je crois) de ce que les gens s'appellent entre eux par leur lien de parenté (oncle, tante, cousin, etc.) plutôt que par leur nom[19]. La mémoire demande à être entretenue : un nom jamais prononcé peut ne pas être retenu d'une vie à l'autre.

Néanmoins, il nous faut trouver une explication différente pour les enfants américains, car ils utilisent abondamment leurs noms et prénoms. Jusqu'ici nous n'en avons aucune, du moins aucune qui soit satisfaisante. J'ai cru pendant un temps qu'ils avaient moins de souvenirs en général, mais nos statistiques ont démontré qu'il n'en était rien. Pourtant, ils ont moins de souvenirs *vérifiables* que les enfants indiens et il se peut que chez eux l'imagination comble les lacunes de la mémoire. Cette question, parmi beaucoup d'autres, est encore à étudier.

La plupart des sujets n'ont rien à nous révéler sur la période intermédiaire entre la mort de l'ancienne personnalité et leur propre naissance. Là, c'est le vide total (en général). Parmod Sharma, un enfant-sujet indien, résuma la situation en une seule phrase : « J'étais assis dans ma baignoire et mes pieds sont devenus petits » (référence aux bains d'herbes que l'ancienne personnalité prenait juste avant sa mort). Néanmoins, quelques rares sujets prétendent se rappeler soit un événement terrestre survenu après « leur » mort (généralement dans la famille), soit une expérience à l'état désincarné.

Dans le premier cas, il semblerait que l'ancienne personnalité soit demeurée à l'endroit même où son existence se déroulait, avec la faculté d'observer les activités des vivants. Dans le chapitre IV, j'ai raconté comment Bongkuch Promsin avait « revu » les assassins de Chamrat tandis qu'ils traînaient son corps jusqu'à un terrain vague, et comment lui, l'esprit désincarné de Chamrat, avait attendu sur un bambou, près des lieux du crime, jusqu'à l'arrivée du père de Bongkuch. Disna Samarasinghe (Sri Lanka) se rappelait que le corps de son ancienne personnalité, Babanona, avait été enterré près d'une fourmilière, endroit choisi par sa famille *après* son décès.

Veer Singh, autre sujet indien, disait qu'il était resté dans sa maison à l'état désincarné, et le prouvait en énumérant tous les plats servis lors d'occasions spéciales comme les mariages, etc. Cela n'avait rien d'extraordinaire, car les mets des grandes réceptions sont toujours les mêmes, quoique différents des nôtres. Plus impressionnante était sa certitude d'avoir suivi des personnes de la famille dans leurs sorties nocturnes. Cela coïncidait avec le rêve de la mère de l'ancienne personnalité, Som Dutt. Elle avait rêvé de l'esprit désincarné de son fils. Il lui disait qu'il accompagnait son frère aîné lorsque celui-ci se glissait hors de la maison, la nuit, pour aller danser dans les foires de la région (interrogé, le frère en question admit qu'il sortait la nuit à l'insu des autres personnes de la famille, qui l'auraient toujours ignoré sans le fameux rêve). Veer Singh se montra également au courant de certaines affaires privées survenues dans la maison après la mort de Som Dutt et avant sa propre naissance (par exemple une poursuite judiciaire, l'achat d'un chameau et la naissance d'enfants pendant cette période).

Le moine thaïlandais Chaokhun (dont les parents essayaient de lui faire oublier sa vie antérieure) disait qu'il avait suivi ses propres funérailles, se sentant très léger et se déplaçant facilement. Il croyait être encore visible aux yeux des gens pendant la cérémonie où il avait l'illusion de recevoir leurs condoléances. En fait, personne ne l'avait vu.

À l'occasion, certains sujets ont raconté qu'ils avaient, à l'état désincarné, joué les esprits frappeurs. Veer Singh prétendait avoir cassé la balançoire où des gens s'amusaient et Tinn Sein était certain d'avoir lancé une pierre contre l'homme qui devint plus tard son propre père.

Le second type de souvenirs gardés de l'après-mort a pour cadre un royaume où les sujets disent avoir séjourné – pour une période qu'ils ne peuvent déterminer – avant de re-naître. Disna Samarasinghe (ex Babanona), par exemple, racontait des choses très agréables sur ce séjour : « On y a de beaux vêtements qui n'ont pas besoin d'être lavés, on peut avoir toute la nourriture dont on a envie, mais on n'a aucun besoin de manger. » Elle y avait rencontré un « maître » qui lui avait conseillé de se réincarner, sans toutefois lui imposer un choix.

Des sujets birmans et thaïlandais (rarement les autres) ont décrit leur rencontre avec un « sage » qui les avait pris en amitié et les avait ensuite guidés vers la famille où ils devaient se réincarner. Le bonze birman, Vénérable Sayadaw U Sobhana, qui, enfant, s'était rappelé son ancienne vie, nous a laissé une des descriptions les plus complètes que je connaisse de sa rencontre avec un conseiller désincarné.

Le sage, disait-il, l'avait ramené dans le village où avait habité sa personnalité antérieure, l'avait d'abord dirigé vers son ancienne demeure, puis vers une autre maison un peu plus loin, où il l'avait laissé et où s'était réincarné le Vénérable Sayadaw U Sobhana[20].

Re-connaissances

Beaucoup de sujets affirment qu'ils reconnaîtraient leurs parents ou amis antérieurs si on les amenait sur les lieux de leur ancienne incarnation. C'est ce qui s'est produit dans de nombreux cas : les « visites » ont permis aux sujets de se retrouver parmi ceux qu'ils avaient aimés ou simplement connus.

Mes informateurs attachent beaucoup plus d'importance que moi à ce genre de re-connaissances, qui sont rarement contrôlées par des observateurs impartiaux. Lorsque la rencontre a lieu, l'enfant est entouré (généralement) par les deux familles concernées et souvent par des curieux du voisinage. Ils posent à l'enfant des questions qui le mettent forcément sur la bonne voie, comme : « Où se trouve ta femme ? » tandis que la personne à désigner l'encourage d'un sourire et que les regards de toute l'assemblée se tournent vers elle. L'enfant ne peut se tromper dans de telles conditions.

Il y a pourtant deux sortes de circonstances où la re-connaissance peut être considérée comme positive : celle où l'enfant reconnaît spontanément quelqu'un qu'il voit pour la première fois par hasard. Corliss Chotkin Jr. (chap. IV) avait ainsi désigné la belle-fille de Victor Vincent en disant « voici ma Susie » avant que sa mère ne la lui présente. Dans les meilleurs cas, l'enfant reconnaît quelqu'un d'inconnu à son entourage. Ainsi, Ampan Petcherat, une petite Thaïlandaise, avait reconnu comme « sa tante » une personne qu'elle et sa mère voyaient pour la première fois. La personne désignée put être identifiée : c'était en effet Joy Ruang Gun, la tante de l'ancienne personnalité, Chuey.

Un autre enfant, sujet de Turquie, Ismaïl Altinkiliç, reconnut deux marchands de sorbets qui passaient devant sa maison, les appelant par leurs noms. La famille pouvait les avoir déjà vus, mais ils ignoraient comment ils s'appelaient. Les incidents de ce genre (trop peu nombreux) excluent la possibilité d'une influence familiale[21].

Deuxièmement, il y a les situations provoquées par des adultes conscients : on présente à l'enfant la personne qu'il est censé reconnaître dans une ambiance de calme et de tranquillité. On lui pose une seule question : « Reconnais-tu cette personne ? » Gnanatilleka Baddewithana reconnut plusieurs familiers de son ancienne personnalité dans de pareilles circonstances. Ce cas du Sri Lanka avait d'abord été étudié par des collègues. Je n'étais présent qu'à l'une des dernières rencontres, où j'avais amené un (e) ami (e) de Tillekeratne (ancienne personnalité), ainsi qu'un autre visiteur inconnu. Gnanatilleka donna presque correctement le nom de l'ami (e) : « Dora », au lieu de « Lora », et dit qu'elle n'avait pas connu l'autre visiteur, ce qui était exact. Elle donna également le nom de la ville où Tillekeratne avait rencontré cet ami (e) (mais elle aurait pu le trouver par déduction) : Talawakele, où son ancienne personnalité avait vécu.

Une autre fois, lors d'une enquête sur un sujet birman, Ma Choe Hnin Htet, je fis rencontrer à cette dernière une amie de son ancienne personnalité, et elle l'appela spontanément par son nom. Pourtant elle ne reconnut pas le chirurgien du cœur qui avait opéré l'ancienne personnalité (morte pendant l'intervention).

Mentionnons un autre aspect des re-connaissances : certains sujets, après une re-connaissance peu convaincante (peut-être à cause de l'attitude de l'entourage), fait spontanément des remarques pertinentes. Par exemple, en se rappelant le sobriquet de la personne, ou en faisant un commentaire éloquent comme : « Où sont passées tes dents ? »

Jasbir Singh, sujet indien, voyant s'avancer un certain Birbal Singh, l'appelle spontanément « Ghandhiji ». On lui dit qu'il s'appelle Birbal, et il répond : « Nous l'appelons Gandhiji. » C'était en effet le surnom de Birbal, parce qu'il ressemblait à Ghandhi. (Le suffixe « ji » est communément usité en hindi, avec une signification honorifique.)

Une autre Indienne, Swarnlata Mishra, reconnut une amie de Biya (sa précédente incarnation), remarquant qu'elle ne portait pas de lunettes du temps de Biya. Disna Samarasinghe, dont j'ai parlé plus haut, reconnut un garçon qui passait devant ses fenêtres et dit à ses parents : « Voilà le garçon qui a volé mon plat de pois chiches. » Les parents apprirent par la suite que ce garçon était le petit-fils de Babanona (ancienne personnalité de Disna) et qu'il avait en effet mangé et renversé les pois chiches cuisinés par Babanona, quand il était bébé.

Ces remarques spontanées sont à mon avis l'aspect le plus impressionnant des cas. Elles démentent les affirmations des critiques comme quoi les enfants sont bourrés d'informations normalement acquises avant les rencontres de re-connaissances.

Comportement des sujets

Les sujets ont souvent un comportement insolite dans leur famille, et qui rentre dans l'une ou l'autre des catégories suivantes (ou dans les deux) :

Premièrement, l'enfant manifeste son émotion à l'idée de revoir la famille de son ancienne vie, selon les sentiments qu'il lui portait. S'il était heureux avec elle, il demandera peut-être à la rencontrer, et son comportement correspondra à celui de son ancienne personnalité vis-à-vis d'elle. La petite Ratana Wongsombat (en Thaïlande) est un excellent exemple de ces réactions caractérielles. Ratana était rayonnante de joie en rencontrant Anan Suthavil, la fille de son ancienne personnalité (Kim Lan), mais totalement indifférente à l'égard du mari de cette dernière. Cette indifférence devint d'ailleurs très vite de l'antipathie : Kim Lan avait été malheureuse avec lui et ne lui parlait plus depuis longtemps avant sa mort. Le même changement d'attitude se voyait chez Gnanatilleka vis-à-vis de la famille de Tillekeratne : elle était très amicale avec ses sœurs et avec l'un de ses maîtres d'école, mais d'une froideur offensante avec son frère, lequel avait été méchant et même cruel pour Tillekeratne[22].

Le comportement des sujets à la suite des visites à l'autre famille dépend de la façon dont on les y a reçus. Dans les cas où l'enfant gagne leur sympathie, il est invité, fêté et gâté[23]. Si l'harmonie ne s'installe pas entre eux, l'enfant se sent rejeté et la première visite est aussi la dernière. Cela arrive surtout et presque essentiellement quand l'ancienne famille est beaucoup plus riche que celle du sujet, car elle craint (à tort, selon mes observations) d'être exploitée[24]. Mais dans la majorité des cas suivis sur une longue période, les deux familles ont eu des relations amicales jusqu'à ce que leurs activités respectives les séparent.

L'autre genre de comportement (bizarre) se traduit par des réactions (frayeurs inexpliquées, préférences, habileté spéciale ou intérêt insolite pour des gens ou des choses) inhabituelles dans la famille du sujet, mais familières à l'ancienne personnalité ou à son entourage. On ne trouve généralement rien dans la vie actuelle du sujet pour expliquer ces réactions.

Les phobies relatives aux circonstances de la mort de l'ancienne personnalité m'ont particulièrement frappé, et elles sont fréquentes. Sur deux cent cinquante-deux cas de mort violente, 50 p. cent des sujets (soit cent vint-sept) avaient des phobies. La peur de l'eau, la terreur des armes à feu correspondent à une noyade ou à un assassinat par balle.

Ces enfants ont tendance à généraliser leurs aversions. Par exemple, Ravi Shankar se rappelait avoir été tué par un barbier (qui exerçait encore pendant l'enfance de Ravi). Il avait la phobie de *tous* les barbiers, bien qu'ayant reconnu le seul coupable. Dans un cas étudié par Can Polat, un enfant turc se rappelait avoir été tué par un certain Hassan. Il avait gardé une peur atroce de *tous* les Hassan, nom très courant en Turquie.

Parfois, la phobie se développe avant que l'enfant ne parle. Par exemple, Shamlinie Prema, qui hurlait de peur quand on essayait de la baigner et en avait expliqué la raison bien plus tard, dès qu'elle avait su s'exprimer : elle s'était noyée dans sa vie précédente. Un petit garçon du Sri Lanka montrait sa terreur des policiers avant de pouvoir expliquer qu'il avait été un insurgé[25] (la répression d'une insurrection au Sri Lanka, en 1971, avait été inutilement sanglante).

Les préférences pour certains mets, le dégoût de certains autres forment une catégorie importante dans le chapitre des comportements. J'ai déjà parlé de Bongkuch Promsin qui aimait tant le riz collant, contrairement à sa famille, mais conformément aux préférences de son ancienne incarnation, Chamrat.

On ne peut tirer de conclusions sur un cas individuel, mais collectivement ils deviennent impressionnants : les sujets ont souvent des syndromes de comportement qui les distinguent du reste de la famille, mais qui se trouvaient chez l'ancienne personnalité. Voici des exemples : Ma Tin Aung avait des façons masculines, la phobie des avions ; elle jouait au soldat, et avait pas mal de points communs avec les Japonais. Sujith Lakmal Jayaratne manifestait dès son plus jeune âge un goût très marqué pour l'alcool et le tabac, ainsi qu'une phobie pour les camions et les policiers. Shamlinie Prema avait la phobie des bus et des bains, en même temps qu'une préférence inaccoutumée pour certains mets. Le petit Turc Erkan Kiliç avait également peur des avions et envie d'alcool : son jeu favori était la gérance d'un night-club. Tous ces comportements correspondaient parfaitement à l'existence et aux activités des anciennes personnalités.

Les sujets « réincarnés » dans un milieu social très différent de celui dont ils se souviennent ont aussi (souvent) un comportement bizarre. Ainsi, un enfant de parents pauvres qui se rappelle avoir vécu une existence opulente reprochera aux siens leur indigence et leurs manières qui révèlent leur classe inférieure. Ainsi, Gopal Gupta refusait d'aider aux tâches ménagères sous prétexte qu'il avait des domestiques pour le faire. Un autre sujet indien, Bishen Chand Kapoor, regardait avec mépris ses vêtements, achetés à bon marché par les siens, disant qu'il aurait eu honte de les donner à ses domestiques.

À l'inverse, l'enfant qui se rappelle une existence passée dans des conditions inférieures à la sienne (actuelle) peut se conduire avec une balourdise agaçante pour ses parents. Une petite Indienne, Swaran Lata, née dans une famille de brahmanes, se rappelait avoir été balayeuse (caste la plus inférieure). Elle était adorable sous bien des aspects, mais avait des habitudes considérées par sa famille comme répugnantes, demandant à manger du porc alors qu'ils étaient végétariens, etc. Elle était toujours volontaire pour nettoyer les couches sales des bébés de la maison et le faisait avec un empressement incompréhensible pour son milieu. Certains enfants qui ont une vie meilleure que la précédente expriment leur gratitude pour leurs nouveaux privilèges. Par exemple, Anusha Senewardena (Sri Lanka) mangeait avec délice et reconnaissance les gâteries habituellement servies chez elle, parce qu'elle se rappelait les maigres goûters de son existence précédente : ses parents étaient dans un tel dénuement qu'elle était obligée de partager un unique petit pain avec un autre enfant[26].

La mémoire du comportement se prolonge souvent après l'oubli des souvenirs imagés. Les préférences pour certains mets, entre autres, demeurent toute la vie sans que le sujet puisse se rappeler pourquoi. Par exemple, Bishen Chand Kapoor me dit qu'il continuait à manger de la viande à l'insu de ses parents végétariens. Mais il avait complètement oublié la précédente personnalité qui lui en avait donné l'habitude. Ravi Shankar, dont nous avons mentionné la peur des barbiers, avait encore peur d'eux bien après avoir oublié l'assassinat de Munna, son incarnation précédente.

Beaucoup de sujets gardent l'impression d'être encore des adultes, et apparaissent ainsi à leur entourage, c'est-à-dire plus mûrs que leur âge. Ils ont une attitude de condescendance vis-à-vis des autres enfants[27]. Après tout, qu'attendre d'un père de famille, même s'il n'a que quatre ans ? Mais ces enfants ont pourtant très souvent un sens des responsabilités qui manque aux enfants normaux. On peut leur confier des tâches ménagères ou autres bien plus tôt qu'à l'habitude.

Les sujets qui ont changé de sexe d'une incarnation à l'autre (selon leur propre témoignage) nous intéressent particulièrement par la persistance du comportement antérieur. Leur façon de jouer, de s'habiller, de parler, reflète le genre de leur personnalité précédente (voir les cas de Ma Tin Aung Myo et d'Erin Jackson)[28].

Intervalle entre la mort et la nouvelle naissance

À part quelques exceptions dont je parlerai plus loin, l'intervalle entre la mort de la personnalité antérieure et la naissance du sujet dure en moyenne trois ans environ, selon les pays. Alors qu'au Liban la période intermédiaire ne dure que six mois, elle est de quatre ans chez les Tlingits[29]. Sur six cent seize cas choisis parmi dix peuples de culture différente, la moyenne était de quinze mois.

Il existe une croyance subsidiaire très répandue selon laquelle les morts violentes conduisent à une réincarnation plus rapide. D'après nos observations, cela est vrai, du moins parmi nos cas en Amérique du Nord et en Inde.

Attitudes des adultes concernés

Lorsque les parents ou les familiers d'un enfant l'entendent parler d'une vie antérieure, leur réaction initiale dépend de leurs convictions. Un Occidental ne pense généralement pas à la réincarnation comme à une chose possible. Pour lui, l'enfant qui prétend avoir déjà vécu une autre vie est soit un fantaisiste soit un affabulateur monstrueux. Sa principale préoccupation est d'empêcher le voisinage de croire que l'enfant est anormal. Pourtant, les cas portés à mon attention en Occident se sont produits dans des familles qui se sont efforcées de comprendre la situation au lieu de la rejeter.

En Asie ou dans les autres pays où l'idée de réincarnation est courante, l'enfant qui se rappelle n'est pas considéré comme un déséquilibré. Ses proches acceptent ses réminiscences. En Inde et en Birmanie cependant, on croit qu'il est malsain et même dangereux d'avoir ce genre de souvenirs, et cela peut conduire les parents à imposer silence au sujet. À part cette éventualité, l'entourage de ces enfants prend position selon la morale des histoires rapportées, et avec la crainte du qu'en-dira-t-on.

Si l'évocation est celle d'une existence normale, les parents laisseront dire sans intervenir. Dans le cas contraire (le plus fréquent), il peut s'agir par exemple d'une vie terminée par un meurtre. Si le meurtrier se trouve dans le voisinage, ou s'il y a des amis, les propos de l'enfant lui déplairont certainement. Par peur des représailles, les parents font taire le sujet. Certains parents sont rejetés par leurs enfants-sujets sous prétexte « qu'ils ne sont pas le vrai père ou la vraie mère ». Dans ces cas, les sujets harcèlent leur entourage pour qu'on les amène chez leurs « vrais parents ». Et les parents en arrivent alors (parfois) à des réactions négatives qui n'ont pour effet que d'isoler davantage le petit nostalgique. Heureusement, dans les pays où ces cas se produisent le plus fréquemment, la croyance en la réincarnation incite les parents à comprendre la situation et à l'expliquer au sujet récalcitrant : un processus incontrôlable les a réunis en une famille nouvelle. Si les conditions n'en sont pas idéales, il doit y avoir une bonne raison qui ressortira en fin de compte, disent-ils. Les enfants de parents pauvres qui prétendent avoir vécu dans des maisons luxueuses avec des gens de caste supérieure posent un autre problème. L'amusement initial des parents à de tels propos peut dégénérer progressivement en vexation si l'enfant persévère dans son dénigrement. Je me demande parfois si la superstition, si répandue en Inde, selon laquelle l'enfant qui parle de sa vie précédente est destiné à mourir jeune n'a pas été inventée comme excuse pour arrêter les récriminations des petits « casse-pieds ». Quelle qu'en soit la raison, beaucoup de parents défendent aux sujets d'évoquer leur vie passée. Sur un petit nombre de cas, en Inde, 27 p. cent des mères et 23 p. cent des pères avaient pris des mesures, parfois violentes, pour couper court aux propos de leurs enfants[30]. Ces chiffres concernent les cas que nous avons étudiés. Mais nous ignorons combien d'autres interventions réussies ont fait obstruction à nos recherches.

Cela se passe aussi dans d'autres pays, où certains parents désapprouvent les allusions de leurs enfants-sujets. Parmi les Tlingits d'Alaska, un enfant qui déterre une vieille histoire d'assassinat liée à une querelle entre clans risque de rallumer les hostilités. Ses parents le font taire. Chez les Igbos du Nigeria, j'ai souvent entendu dire que les parents considèrent qu'il est mauvais pour les enfants de les laisser parler d'une vie terminée par une mort violente.

Que les parents interviennent ou non, il y a toujours des « fuites » dans l'entourage du sujet. Les voisins font des commentaires, parfois positifs, parfois pour insinuer que la famille essaie d'exploiter la situation. À ce moment-là, les parents, stimulés par les mauvaises langues, cherchent un moyen de se venger, ce qu'ils ne peuvent faire qu'en trouvant des preuves de ce que raconte l'enfant. Celui-ci est content parce qu'il a généralement demandé à revoir son ancienne famille. Ainsi, que le sujet ait gain de cause à la suite de ses demandes réitérées, que l'entourage désire satisfaire sa propre curiosité ou veuille des représailles, on essaie presque toujours de retrouver l' « autre famille ».

Le dernier souci des adultes concernés par un cas est de convaincre ceux qui ne croient pas à la réincarnation. Le plus souvent, il s'agit de simples villageois peu doués pour le prosélytisme. Même ceux qui doutaient et qui ont retrouvé leur conviction après avoir été témoins d'un cas n'essaient pas de gagner les autres à leurs idées (il est d'ailleurs étonnant de constater le scepticisme dont ces gens font preuve devant un enfant qui parle de sa vie antérieure). Dans les milieux cultivés, les familles semblent montrer plus d'intérêt pour ce qui confirme l'enseignement de leurs aînés, mais ils ne s'en servent pas pour autant à des fins de propagande religieuse.

Évolution des sujets au sortir de l'enfance

Le développement du sujet après l'oubli (plus ou moins total) de ses souvenirs – entre cinq et huit ans – se poursuit généralement de façon normale. Son comportement insolite (lié à celui de la personnalité antérieure) est souvent plus long à disparaître. Les séquelles en demeurent parfois des années, nous l'avons vu plus haut.

Cependant, l'enfant soumis aux influences extérieures finit généralement par se conformer à l'attitude standard des autres jeunes gens de son milieu actuel. J'ai suivi beaucoup d'entre eux jusqu'à l'âge adulte. Presque tous ont un comportement normal, et rien ne les distingue des autres. Cela vaut également pour les sujets qui ont changé de sexe d'une incarnation à l'autre et qui passent leur enfance à ressasser leur nostalgie : ils finissent par s'adapter. À cet égard, Ma Tin Aung Myo est une exception plutôt qu'un exemple typique.

Une autre exception du même genre était Paulo Lorenz, sujet brésilien. Il se rappelait avoir été sa propre sœur Emilia, qui s'était suicidée jeune parce qu'elle souffrait d'être une femme. Emilia affichait des façons masculines, ne s'était jamais mariée et avait fortement souhaité se réincarner dans le corps d'un garçon. Paulo, qui était légèrement efféminé pendant son enfance, se masculinisa par la suite, mais il ne se maria jamais. Il était également dépressif et se suicida comme Emilia, mais vers la quarantaine.

Rani Saxena était une Indienne qui se rappelait avoir été dans sa vie précédente un avocat et qui, bien que mariée et mère de famille, subissait encore l'influence de son ancien sexe. Je la rencontrai alors qu'elle approchait de la quarantaine et constatai qu'elle parlait l'hindi comme si elle était un homme (cette langue comporte des verbes dont la forme identifie le sexe de celui qui l'emploie)[31].

D'autres raisons peuvent entraver le développement normal d'un sujet : certains sont incapables de s'adapter à leur nouvelle condition sociale. Jasbir Singh, né dans une famille de caste inférieure, ne pouvait oublier son ancienne vie de brahmane ; il avait eu une enfance difficile, et son snobisme avait failli le faire périr de malnutrition (il refusait les aliments qu'on lui servait, les jugeant pollués par sa famille d'intouchables). Son frère aîné ne pouvait supporter son mépris et le battait régulièrement. Jasbir finit pourtant par se résigner à manger comme les siens ; il perdit peu à peu son sentiment de supériorité, mais garda la conviction qu'il était un brahmane. Il utilisait pour se présenter le nom de son ancienne personnalité, accolé au sien. Quand il dut chercher un emploi, il lui fut très difficile d'en trouver un qui lui semblât acceptable, vu son ancienne condition. J'appris que l'un de mes collègues en Inde avait réussi à le placer, mais aux dernières nouvelles il avait quitté ses fonctions qui lui paraissaient trop subalternes.

Quelquefois aussi, les sujets sont tellement absorbés par leurs souvenirs qu'ils restent réfractaires aux études, comme le démontre le cas de l'Indien Parmod Sharma. Celui-ci avait passé son enfance à jouer au vendeur de gâteaux et de boissons gazeuses (comme son ancienne personnalité) et cela le poursuivit jusqu'à l'école où il prit un retard qu'il ne put jamais rattraper. Quand je le revis, il avait trente ans et était un obscur fonctionnaire, position qui me sembla totalement en dessous des possibilités intellectuelles dont il faisait preuve dans l'enfance. Je ne peux pas expliquer pourquoi certains sujets tardent à changer de comportement, à l'inverse des autres en général. Nous avons vu Jasbir adhérer à son identité de brahmane jusqu'à l'âge d'homme, alors qu'un enfant comme Jagdish Chandra, né dans une famille de classe moyenne (kayaths) avait grandi harmonieusement en oubliant sa supériorité. Lui aussi se rappelait avoir été brahmane, mais à part quelques traits de caractère tenaces, il s'était normalisé à l'adolescence. J'ai parlé plus haut des trois sujets à « changement de sexe » qui continuaient à agir conformément à leur ancien genre, même après être entrés dans l'âge adulte. Au contraire, Ampan Petcherat, sujet féminin à comportement masculin dans l'enfance, devenait de plus en plus féminine en grandissant. Dès l'adolescence, elle était une jeune fille comme les autres. Ces différences peuvent être dues à l'âge du défunt. Jagdish Chandra et Ampan Petcherat se rappelaient leur ancienne personnalité comme étant celle de jeunes enfants, qui probablement n'avaient pas vécu assez longtemps pour que leurs caractéristiques, pour l'un de brahmane, pour l'autre de garçon, soient complètement ancrées en eux. Tandis que d'autres sujets comme Jasbir Singh, Ma Tin Aung Myo, Paulo Lorenz et Rani Saxena avaient des souvenirs d'adultes aux singularités bien définies.

Il y a toutefois deux autres facteurs (au moins) qui pourraient influencer cet aspect des cas. Premièrement, l'attitude des parents, encourageante ou décourageante : le père de Jagdish se servait d'une arme redoutable pour ébranler le complexe de supériorité de son fils : le rire. Ce qui contribua certainement pour une grande part à le faire descendre de son piédestal. Les deux familles de Veer Singh (dont j'ai déjà parlé à propos des souvenirs après la mort et avant la naissance) réagissaient de manière à prolonger le conflit intérieur de l'enfant quant aux différences de caste. Veer Singh était dans la même situation que Jasbir, né dans une famille jat. Sa personnalité antérieure, un petit brahmane nommé Som Dutt, était mort de mort naturelle à quatre ans. Veer Singh aurait donc dû renoncer à son snobisme en grandissant, tout comme Jagdish et Ampan. Mais Veer Singh passait beaucoup de son temps avec la famille de Som Dutt et menait chez eux l'existence d'un petit brahmane, bien qu'il ne fût pas totalement accepté par eux. En conséquence, au sortir de l'adolescence, ses manières accusaient un mélange à parties égales de jat et de brahmane.

Un autre facteur pourrait entretenir la persistance des comportements : plusieurs incarnations dans un même milieu social, ou les mêmes circonstances sexuelles. Un sujet ayant eu six incarnations dans des corps d'hommes a probablement plus de difficulté à s'accommoder d'une anatomie féminine, comparativement à celui qui n'a été mâle qu'une seule fois. Ce principe peut s'étendre à toute autre singularité individuelle ; par exemple, le chauvinisme, qu'il soit social, sexuel, religieux, national, proviendrait d'incarnations répétées dans des circonstances identiques. Cependant, je pense que le facteur le plus important à l'égard de la persistance du comportement d'une vie à l'autre est l'inflexibilité, l'incapacité d'adaptation aux circonstances.

Variantes

Avant de terminer ce chapitre, j'exposerai deux types de cas sensiblement différents des autres.

Xénoglossie

Dans le chapitre III, j'ai mentionné la xénoglossie, c'est-à-dire la connaissance d'une langue que l'on n'a pas apprise. Les cas authentiques de xénoglossie contribuent largement à prouver la survivance humaine après la mort[32]. Cependant, fort peu de sujets, même s'ils se rappellent avoir habité un pays différent dans une autre vie, sont aptes à en comprendre ou à en parler la langue[33]. Néanmoins, d'après nos informateurs, ils l'apprennent plus vite que leurs frères et sœurs quand on la leur enseigne (par exemple la langue anglaise, dans une école asiatique). Dans des cas assez rares, le sujet semble au contraire avoir plus de difficulté qu'un autre à apprendre sa langue maternelle, c'est ce que j'appelle « glossophobie[34] ».

Anomalies dans les dates de naissance ou de décès

Dans un très petit nombre de cas, le sujet est né avant la mort de sa précédente incarnation (l'intervalle peut durer un ou deux jours comme il peut durer quelques années). Nous pourrions en déduire que le corps du sujet a été occupé par une personnalité intermédiaire jusqu'à ce que la personnalité définitive prenne la relève. Peut-être s'agit-il d'une espèce de substitution – souvent appelée « possession ».

La façon la plus expéditive de se débarrasser de cas aussi gênants est de supposer que des erreurs se sont produites dans l'enregistrement des dates, parfois données de manière assez vague. Mais l'anomalie demeure cependant dans une bonne dizaine de cas où les dates enregistrées ont été soigneusement vérifiées[35].

Dans les deux chapitres suivants, j'exposerai mes méthodes de travail et la manière dont j'interprète et analyse nos cas.

CHAPITRE VI

Méthodes de recherche

Notre travail se fait à présent en équipe. Mes collaborateurs y participent autant que moi. Il convient donc, dans la principale section de ce chapitre (après avoir parlé de mes enquêtes avant 1960), que j'utilise la première personne du pluriel.

Enquêtes et rapports avant 1960

Certains cas de souvenirs antérieurs datent de la plus haute antiquité. Dans le chapitre II, j'ai mentionné Pythagore[1] et Apollonius[2], mais il ne reste pas grand-chose de leurs écrits ou de leurs paroles. Le rapport le plus ancien qui puisse être comparé aux nôtres d'aujourd'hui concerne un Indien (également mentionné au chapitre II), au XVIIIe siècle : l'empereur Aurangzeb avait fait faire une enquête sur son cas[3]. Ensuite, rien (que je sache) jusqu'à ce garçon japonais, Katsuro (début du XIXe) qui se rappelait avoir été le fils d'un fermier[4]. Ensuite, encore le vide jusqu'à 1898 où six cas avaient été publiés de façon résumée. Il s'agissait de sujets birmans[5].

Entre 1900 et 1960, un certain nombre de cas (dont la plupart concernaient des sujets indiens) furent rapportés dans des journaux et magazines spécialisés, dans un journal français de recherche psychologique, et dans d'autres livres et articles[6]. Mais la plupart de ces cas avaient été publiés séparément : ils pouvaient donner l'impression de n'être que les divagations d'individus ou de mythomanes. Au cours des années cinquante, je commençai à rassembler et à comparer tout ce que je pus trouver de déjà publié dans ce domaine. Je choisis quarante-quatre cas parmi les plus convaincants (il y en avait d'autres, mais je ne le sus que plus tard). En 1960, je publiai un article sur sept cas de ma sélection, et sur les différentes façons possibles de les interpréter[7]. Ma conclusion pouvait sembler hardie à l'époque : je voulais examiner de près tous les cas qui se présenteraient. Je n'attendis pas longtemps. En 1961, on me signala un cas en Inde. J'obtins une petite subvention pour m'y rendre et c'est ainsi que commencèrent mes recherches sur le terrain.

Période 1960-1970

Rien ne m'avait préparé à la multitude de cas qui me furent signalés lors de mon premier séjour en Inde, en 1961. Parmi les quarante-quatre cas de mon premier article, il y en avait dix-huit qui s'étaient produits en Inde, échelonnés sur environ trente-cinq ans. Après cinq semaines de recherches, on m'en avait signalé vingt-cinq autres. Je compris que seule une infime proportion de cas nous étaient parvenus par la presse. Depuis, mes collègues et moi avons étudié plus de trois cents cas indiens, et nous ignorons ce que représente ce chiffre par rapport à la totalité[8].

Je découvris des éléments nouveaux : les articles que j'avais lus ne mentionnaient que les affirmations des sujets sur leur vie antérieure, sur les gens et les choses qu'ils avaient reconnus. Bien peu d'entre eux parlaient du comportement des enfants, souvent conforme au caractère de l'ancienne personnalité, et généralement peu conforme aux habitudes de la nouvelle famille. C'est pourquoi je fus aussi surpris qu'impressionné par le cas de Jasbir Singh, l'un des premiers observés sur place. Jasbir, comme je l'ai raconté plus haut, se disait brahmane, méprisait les manières un peu rustres de ses parents et refusait de manger leur nourriture. Ce ne fut que bien plus tard que je me rendis compte de la signification de ce comportement, et de son importance.

Je constatai aussi que les sujets commençaient à « raconter » dès leur deuxième année, et qu'ils avaient tout – ou presque tout – oublié entre six et sept ans, et que presque toutes les « anciennes personnalités » dont ils parlaient étaient mortes de mort violente.

La quantité de cas intéressants, la répétition de certaines particularités me placèrent dans l'alternative de choisir quelques cas et de les étudier à fond pour mieux diagnostiquer chacun d'eux, ou bien de leur consacrer moins de temps pour en observer un plus grand nombre, en m'assurant de leur authenticité[9] et pour analyser leurs aspects répétitifs. Je ne pus me décider et finis par adopter les deux stratégies : j'ai accumulé beaucoup d'informations sur deux cent cinquante cas (en Inde et dans d'autres pays) dûment analysés – et j'en ai recensé mille autres comportant moins de précisions, mais quand même suffisamment pour les faire figurer dans nos relevés des caractéristiques générales. Le reste des cas, archivé à l'université de Virginie, a été étudié par mes collègues et mes assistants, ou quelquefois par d'autres personnes entièrement dignes de confiance. Sont également inclus dans ces archives les cas publiés entre 1890 et 1960 et qui sont à l'origine de mes travaux.

Développement de nos recherches depuis 1960

Il existe quelques rapports publiés avant 1960 qui peuvent soutenir la comparaison avec ce que nous offrons de mieux aujourd'hui. Les autres, pour la plupart, manquent de précisions, par exemple sur la possibilité qu'auraient eue les sujets d'avoir acquis leurs souvenirs par moyen normal. Tout y est trop résumé, nous n'en tirons pas assez d'éléments sur la chronologie des phénomènes, ni sur les paroles exactes des sujets, les personnes de leur entourage à qui ils se confiaient. En outre, le tout est insuffisamment ou pas du tout vérifié. C'est pourquoi j'ai institué la méthode suivante : entretiens avec le maximum d'informateurs de première main ; notes écrites et fiches sur qui a dit quoi et quand ; vérification de la crédibilité des informations par enquête sur les informateurs ; répétition des mêmes interrogations pour tester la persistance des réponses ou obtenir quelque détail manquant ; vérifier à plusieurs reprises les affirmations du sujet, avec des témoins différents et si possible indépendants les uns des autres ; interrogation des parents, amis ou relations et de quiconque peut nous donner des renseignements précis en ce sens sur l'« ancienne personnalité » ; prendre copie de tout document écrit (dates, dossiers médicaux ou examen *post mortem*).

Ces méthodes sont loin d'être nouvelles : elles ont été utilisées pendant des siècles par les historiens, les avocats, et depuis la fin du XIXe par la recherche psychologique. Nous avons à présent l'équipement qui leur manquait, comme par exemple les magnétophones, mais nous n'avons pas fait beaucoup mieux qu'eux dans notre façon de mener une enquête sur les manifestations paranormales. Il nous a fallu des années et beaucoup d'efforts pour établir un formulaire rassemblant tous les renseignements d'ordre démographique et autre sur les familles concernées, et un aide-mémoire sur les questions à poser. Dans mes premières enquêtes, mes notes manquaient terriblement de précision. Vers 1970, nous avons commencé à enregistrer nos questions et les réponses des informateurs. Voici comment nous procédons[10].

Nos méthodes de recherche

Entretiens avec les familles concernées

Notre meilleur informateur, s'il nous est donné de lui parler, est le sujet lui-même. Mais les enfants sont souvent intimidés par les étrangers et nos interprètes plus ou moins habiles à les mettre en confiance. Si les enfants refusent de nous parler, les parents sont nos principaux interlocuteurs. Ensuite, la famille, grands-parents, frères, cousins. Puis les voisins et les amis. Nous voulons des informateurs de première main[11] et non des colporteurs de nouvelles glanées n'importe où (hélas, ce genre de personnes abonde en Asie et en Afrique. Nous essayons de les écarter aimablement). Certains membres de la communauté sont utiles, tels le maître d'école (s'il a entendu le sujet) ou le notable du village. Ils écoutent ce que disent les enfants avec plus d'objectivité que la famille. Ils nous aident également à savoir dans quelle mesure nous pouvons nous fier aux paroles du sujet et de son entourage. Une personne qui donne son avis sur quelqu'un d'autre en dit généralement plus long sur elle-même. Mais c'est ainsi que l'on apprend à juger les uns et les autres.

Après avoir tout noté et enregistré dans la famille du sujet, nous suivons exactement le même processus avec la famille de l'ancienne personnalité, si elle a pu être identifiée.

Nous arrivons rarement sur les lieux avant la rencontre des deux familles concernées. Si celle du défunt n'a pas encore été identifiée, nous essayons de le faire quand cela en vaut la peine, et nous y arrivons parfois. Ici il y a moins d'erreurs de mémoire possibles puisque nous avons déjà les renseignements donnés par le sujet et son entourage. Je raconterai plus loin comment les erreurs de mémoire peuvent à elles seules construire tout un échafaudage aboutissant à un faux cas de réincarnation.

Comment se déroulent les entretiens

Après avoir été présentés à la famille et avoir expliqué en quoi consiste notre travail, nous commençons par poser une question directe comme : « Comment cela a-t-il commencé ? » Ensuite, nous enregistrons la réponse sans l'interrompre – sinon parfois pour arrêter d'inutiles digressions – et nous relevons les points intéressants en demandant les précisions nécessaires. Nous insistons de manière à prévenir les omissions possibles de renseignements essentiels.

Certains interlocuteurs sont timides ou n'arrivent pas à s'exprimer spontanément. Nous faisons de notre mieux pour les aider. La plupart ne font pas la différence entre témoignage direct et on-dit : il nous appartient de le leur faire comprendre. En principe, nous écartons les témoins de seconde main, mais s'ils peuvent nous éclairer sur les témoins directs, nous les écoutons. Parfois, ils nous renseignent sur le sujet ou sur la vie de l'ancienne personnalité.

Comment nous enregistrons les informations

Nous préférons prendre des notes plutôt que les enregistrer sur des bandes magnétiques qui risqueraient d'être surchargées de discours inutiles et qui sont privées du côté visuel ou non verbal de certaines informations. Il nous est aussi plus facile de jeter un coup d'œil sur nos carnets, en cas de besoin, que de procéder au déroulement d'une bande enregistrée. Avant de quitter la maison, nous marquons toutes les réponses qui méritent d'être étudiées ou approfondies le lendemain. Les réponses du sujet lui-même sont cependant toujours enregistrées, ainsi que certains témoignages, lorsque l'informateur ou nous-mêmes sommes pressés (nous devons tenir compte des horaires de nos moyens de locomotion, taxis ou autres).

Chaque fois que cela est possible, nous sommes deux à prendre des notes, surtout depuis quelques années : je rédige en anglais ou en français, un assistant en langue du pays. Un troisième collègue ou assistant local sert d'interprète. Le soir, nous relisons et comparons nos notes et nos enregistrements, nous les commentons et décidons si nous devons (ou non) demander un ou plusieurs autres entretiens à la famille du sujet ou aux témoins. Je tiens à souligner que je laisse à mes interlocuteurs la responsabilité de leurs témoignages, ce qui m'oblige à une extrême méticulosité dans la transcription de leurs récits.

Les interprètes, indispensables, posent un autre problème, car il nous faut être sûrs de leur compétence et veiller à ce qu'ils n'influencent ni ne déforment les propos des témoins.

De temps à autre, une erreur de traduction se glisse dans nos textes enregistrés ou écrits et, lorsque je m'en aperçois, je la souligne pour les lecteurs de mes rapports. Mais je ne pense vraiment pas que cela arrive souvent ni que notre travail s'en ressente : dans plusieurs pays, j'ai eu la chance de tomber sur les mêmes interprètes pendant plus d'une dizaine d'années. Ils se sont habitués à mes méthodes et nous discutons ensemble les mots qui peuvent être sujets à différentes erreurs de traduction. Et puis, il est assez facile de détecter, d'après les réponses obtenues, la possibilité d'un malentendu de part ou d'autre. Les interprètes les plus expérimentés sont ceux qui posent les questions en les rendant plus claires à leurs compatriotes, ou bien qui suggèrent l'utilité d'en poser certaines auxquelles je n'avais pas pensé. Ceux-là sont devenus des collaborateurs plus que de simples assistants[12].

Conversations avec les familles

Il y a cinq catégories d'informations indispensables à obtenir :

1. ce que l'enfant a dit de sa vie antérieure ; 2. quelles possibilités l'enfant a-t-il eues d'avoir ses informations par voie normale ; 3. l'enfant a-t-il un comportement inhabituel qui pourrait être une séquelle de sa vie antérieure ; 4. informations sur la grossesse de la mère du sujet et sur les premières années de ce dernier ; 5. ordre de naissance du sujet dans la famille, milieu social et économique de celle-ci, intelligence du sujet, attitude des adultes concernés vis-à-vis du cas.

J'ai dit que nous préférions enregistrer les propos de l'enfant (s'il lui reste des souvenirs et s'il accepte d'en parler avec nous). Souvent, il est trop timide – du moins au début – et les parents préfèrent parler avant l'enfant, et nous les écoutons. J'attache une importance toute particulière à ce qu'ils rapportent sur les premiers balbutiements de l'enfant ; ces premières références à une vie antérieure étaient-elles spontanées ou répondait-il à des questions posées par son entourage ? Nous essayons de séparer ce qu'il disait avant que les deux familles ne se rencontrent (si elles se sont déjà rencontrées) de ce qu'il a dit après. Tout ce qu'il a pu dire après la rencontre a beaucoup moins de valeur (car il a pu écouter et répéter des informations émises involontairement par la famille de l'autre personnalité). Néanmoins, nous les enregistrons quand même.

Certains parents confondent parfois leurs propres déductions avec les déclarations de leur enfant et il nous faut détecter la part de l'un et de l'autre.

Les parents d'Imad Elawar avaient interprété à leur façon les paroles de l'enfant et, comme c'était une de mes premières enquêtes, je ne m'en étais tout d'abord pas aperçu. Imad faisait de fréquentes allusions à une femme. Les parents pensaient qu'il s'agissait de l'épouse d'un cheikh, alors que c'était la maîtresse de l'ancienne personnalité. Ils me dirent aussi qu'il avait parlé d'un parent du nom d'Amin, qui était juge et habitait Tripoli, au Liban. Cependant, Imad avait simplement dit qu'Amin travaillait au tribunal de Tripoli, et les parents l'avaient promu juge, alors qu'en fait, il était un haut fonctionnaire qui travaillait dans l'immeuble du tribunal.

En 1986, j'observai au Sri Lanka l'une des plus significatives de ces erreurs parentales. Le sujet était une jeune fille, Wimala. Sa mère nous dit que Wimala parlait de son ancien père comme d'un docteur du nom de Wijesekera, que l'ancienne personnalité de Wimala avait vécu à Colombo 3 (un quartier de la ville de Colombo), qu'elle allait au collège de St. Thomas et qu'elle était morte lors d'un accident, dans une auto conduite par l'ancienne mère. Après avoir patiemment insisté pour connaître les paroles exactes de Wimala, nous finîmes par savoir que, Wimala ayant montré une connaissance insolite de la médecine, et simplement prononcé le nom « Wijesekera », sa mère avait élaboré la filiation : le père antérieur devait donc être un « docteur Wijesekera ». Wimala avait dit qu'elle habitait Colombo 3, alors qu'il pouvait s'agir du numéro d'une maison. Wimala avait fait de nombreuses allusions à « l'Enfant Jésus » et la famille (bouddhiste) pensa donc que l'ancienne personnalité était chrétienne et avait fréquenté l'école chrétienne, St. Thomas. Mais Wimala n'avait pas dit cela. Et elle n'avait pas dit non plus qu'elle était morte dans l'accident d'auto dont elle avait parlé. La famille avait cru qu'il serait facile de retrouver une famille correspondant à ces souvenirs, et cela aurait été vrai si Wimala avait réellement dit tout ce qu'ils avaient imaginé. En fait, elle avait donné fort peu d'informations pertinentes, et le cas demeura invérifiable.

Tirer des renseignements sur les possibilités de communications normales entre les deux familles demande une attention soutenue à l'égard de tous les petits détails, et un maximum de patience de la part des enquêteurs et des informateurs. C'est la partie la plus délicate de l'enquête. Parfois, après avoir reçu l'assurance que la famille du sujet ne connaissait pas « l'autre famille », nous nous rendons compte qu'elle avait quand même pu avoir des renseignements ou même des contacts avec des proches de l'ancienne personnalité. Omission involontaire, ou oubli de peu d'importance pour eux.

Par exemple, dans le cas de Pushpa, en Inde (elle se rappelait avoir été une jeune fille sikh assassinée). Sa mère ne connaissait pas la famille de cette dernière mais elle aurait pu à l'occasion entendre parler de sa triste histoire au marché local où les deux s'approvisionnaient.

Dans un autre cas, en Inde, j'appris que l'oncle du sujet avait un peu connu le père de l'ancienne personnalité. Les deux familles habitaient à 250 kilomètres de distance l'une de l'autre et elles étaient parfaitement honnêtes en affirmant qu'elles ne s'étaient jamais rencontrées. Seuls les deux hommes en question avaient eu quelques contacts en affaires, étant tous deux bijoutiers.

Dans le cas de Parmod Sharma, également, l'oncle du sujet avait parfois acheté des biscuits dans la boutique tenue par l'ancienne personnalité.

Dans chacun de ces trois cas, j'ai quand même été amené à exclure toute source d'information normale dont le sujet aurait pu se servir, mais il m'a fallu faire une enquête minutieuse pour en avoir la certitude.

Quant au comportement du sujet, nous étudions d'abord la façon dont l'enfant parle de l'ancienne personnalité, et les circonstances qui l'incitent à le faire. Est-ce qu'il manifeste une émotion évidente lorsqu'il en parle ? Demande-t-il à voir son ancienne famille ? Fait-il des comparaisons entre ses parents « d'avant » et ses parents actuels ? Ensuite, nous enregistrons les observations de la famille sur le comportement du sujet par rapport à sa vie antérieure. Ce comportement peut inclure : peurs irraisonnées (cf. chapitre V), préférences, aptitudes, habileté particulière, goûts spéciaux dans la façon de se nourrir ou de s'habiller, attitude de dédain ou d'humilité envers les autres.

Puis nous comparons ces comportements avec ceux des parents, des frères et sœurs du sujet pour nous assurer qu'il est bien le seul de la famille à manifester ces tendances. Nous essayons ensuite d'en trouver l'origine (par exemple, l'enfant qui avait une peur atroce du feu parce que son ancienne personnalité avait péri dans un incendie).

Visite à l'« autre » famille

Ce que nous leur demandons tout d'abord est leur opinion sur les affirmations du sujet : les ont-ils réellement vérifiées ? Nous ne pouvons nous contenter de la garantie des parents de l'enfant, car il est arrivé qu'ils se trompent, non par duplicité mais par désir de croire à cette belle histoire. La famille du défunt nous donne parfois des détails omis par les autres.

Nous demandons une description de tout ce qui a entouré la vie, le caractère et la mort de celui ou celle que l'enfant représente. Nous nous méfions de la tendance générale visant à magnifier les vertus du disparu et à passer sur ses défauts (heureusement que la plupart des anciennes personnalités de nos cas ne méritaient ni beaucoup d'admiration ni beaucoup de critiques). Et nous nous méfions aussi des réponses à nos questions : les proches du défunt les orientent parfois pour qu'elles coïncident avec les propos de l'enfant. Tout un réseau d'erreurs peut ainsi se former par trop d'enthousiasme. Cependant, cet enthousiasme est loin d'être une règle générale. Il est même assez rare de tomber sur deux familles qui soient tout à fait d'accord sur le cas. Il y a les indifférents, et il y a les hostiles. Mais si tout le monde est content, chacun des témoins doit être suspecté de mettre une sourdine (même inconsciemment) aux dissonances du cas ou à leurs propres doutes. Pour cette raison, les voisins, moins concernés, sont souvent utiles et apportent un témoignage plus impartial.

Documents écrits

Malheureusement rares, les documents écrits nous sont précieux, suppléant aux mémoires défaillantes et parfois les corrigeant. Aussi cherchons-nous à consulter journaux locaux, journal de l'intéressé (s'il y en a), dossiers des hôpitaux, actes de naissance et de décès, rapports d'examens *post mortem*, et toute autre information écrite *avant* la « publication » du cas. Quelques parents ont noté les paroles de leur enfant au meilleur moment, c'est-à-dire alors qu'il commençait à se rappeler. Ces renseignements sont de la plus grande valeur pour nos recherches.

Tests psychologiques

Mon ambition serait d'entreprendre une série de tests comparant tout ce que nous savons sur chaque sujet : âge, milieu social et économique, circonstances entourant leur évolution, etc. Mais j'ai rarement pu utiliser cette méthode au cours de nos enquêtes. Dans les cas de « changement de sexe », j'applique la méthode du dessin : on demande au sujet de dessiner une personne de son choix[13] et on juge d'après les caractéristiques sexuelles attribuées au personnage dessiné.

Autres entretiens avec la famille

J'ai tendance à oublier l'heure lorsque j'étudie un cas, aussi j'essaie de mettre fin aux entretiens avant de fatiguer ou d'ennuyer mes informateurs (surtout la maîtresse de maison). De cette façon, mes assistants et moi sommes les bienvenus quand nous nous présentons à nouveau avec des questions plein les poches. D'ailleurs, nous préférons prendre notre temps avant de demander un deuxième entretien, pour revoir notre dossier et y relever tous les points à éclaircir, y ajouter des notes sur les renseignements qui nous manquent, etc. Nous en profitons aussi pour aller voir « l'autre famille ».

Nous ne pouvons espérer que les témoins nous rapportent les événements dans un ordre chronologique sans défauts. Il nous faut donc écourter les discours inutiles et arranger le reste de façon aussi cohérente que possible.

Le deuxième entretien avec la famille du sujet nous sert à vérifier si les réponses obtenues lors du premier entretien étaient exactes, parce que les oublis sont chose courante, et les changements d'opinion également. Nous trouvons quelquefois de nouveaux témoins ou informateurs qui étaient absents à la première rencontre. De cette mosaïque de renseignements, nous tirons une vue d'ensemble qui nous permet, en principe, de porter un jugement sur le cas.

Questionnaires

Mes collaborateurs et moi avons élaboré des questionnaires qui nous sont très utiles. L'un se rapporte aux croyances des témoins, en ce qui concerne la réincarnation et leur façon de l'envisager[14]. Un autre est consacré aux cas « changement de sexe » dans la nouvelle incarnation. Le troisième questionnaire est un sondage sur le comportement des sujets, permettant de comparer les caractères de la nouvelle et de l'ancienne incarnation pour en détecter les similitudes.

Visites de contrôle à long terme

Nous tenons à connaître la suite de nos cas, et nous poursuivons nos visites pendant plusieurs années. Il est très intéressant pour nos recherches de savoir si et quand l'enfant a cessé de parler de sa vie précédente, quelles sont les circonstances qui peuvent l'avoir poussé à oublier (ou, dans certains cas, à prétendre qu'il a oublié), si son comportement est toujours influencé par l'ancienne personnalité, même s'il n'en parle plus, si ses souvenirs antérieurs modifient ses rapports avec ses proches ou avec les étrangers à la famille. Et, enfin, le plus important est de savoir si le sujet est aidé ou au contraire gêné dans sa vie présente par le fait de « se rappeler ».

Au début de ce chapitre, j'ai dit que, lorsque je commençai ce genre de recherches, je trouvai rapidement un grand nombre de cas, et cette abondance n'a jamais diminué depuis. Cependant, j'appris aussi (en même temps) que trouver des sujets et faire des enquêtes sur leurs cas est autrement facile que de savoir comment les interpréter. C'est ce dont je vais traiter dans le prochain chapitre.

CHAPITRE VII

Analyse et interprétation des cas

J'ai parlé plus haut de mon indécision quant à choisir entre l'enquête approfondie sur un petit nombre de cas ou l'enquête superficielle sur le plus possible de cas. Cette indécision nous a au moins servi à les analyser de deux façons. Nous pouvons examiner des cas individuels et essayer de les interpréter au mieux, et nous pouvons porter nos recherches sur des cas en grande série pour en déceler les aspects réitérés et la signification. Je reviendrai sur ces deux possibilités. J'expliquerai d'abord pourquoi je pense que nous obtenons des données qui méritent d'être analysées.

Honnêteté des témoins

J'ai déjà expliqué comment, par le soin que nous mettons à éviter les erreurs de traduction et d'enregistrement des témoignages, j'essaie toujours de laisser aux témoins la responsabilité de leurs renseignements. En général, il y a fort peu de documents[1] écrits à notre disposition, et nous voyons peu de choses par nous-mêmes[2]. 90 p. cent de nos informations nous viennent des attestations orales de nos informateurs : c'est dire combien nous dépendons de leur précision. Cela nous oblige à une grande vigilance, à faire la part de ce qu'ils savent réellement et de ce qu'ils pourraient ajouter ou déformer dans leurs souvenirs. Je discuterai plus loin des motivations qui peuvent pousser les témoins à dénaturer les faits. Les événements dont nous nous occupons se sont passés bien avant que l'on nous en avertisse, parfois même des années avant. Dans quelle mesure pouvons-nous nous fier à des témoignages dans ces conditions ? De nombreuses expériences ont été faites sur les facultés d'observation des gens : on leur fait assister à des scènes, souvent violentes, sur lesquelles on leur demande plus tard un rapport à exécuter de mémoire. Certains faits leur ont échappé, ils en ont oublié d'autres, si importants soient-ils, et ils ont souvent mélangé le tout en des confusions regrettables. Pourtant, ces mêmes expériences prouvent que les gens peuvent se tromper sur un détail et en rapporter un autre avec précision, surtout quand il s'agit de l'événement principal auquel ils ont assisté. On ne peut donc nier l'événement principal parce que les détails ont été plus ou moins embrouillés. Les avocats tiennent compte de cela lorsqu'ils doivent s'occuper d'un accident, ils savent qu'un témoin peut faire erreur si on lui demande qui avait priorité sur l'autre, mais dire correctement qu'ils roulaient tous deux trop vite et comment ils se sont écrasés l'un sur l'autre. Il ne faut pas que les critiqueurs déclarent un phénomène non avenu parce qu'un témoin en oublie ou en déforme les détails[3].

Une autre raison pour ne pas discréditer les informations recueillies, c'est que l'incident à se rappeler se produit une seule fois et ne dure que quelques minutes. Le meilleur exemple en est l'instant où le sujet reconnaît une personne ou une chose (« flash » qui n'arrive qu'une fois). Je ne suis donc pas étonné lorsque les témoins d'un épisode de ce genre sont en désaccord sur la façon dont il est arrivé. Les questions orientées et autres encouragements des adultes réduisent aussi la valeur d'une « reconnaissance ».

Il y a cependant une catégorie de cas où les défaillances de mémoire n'interviennent pas : il s'agit des sujets qui répètent inlassablement leur histoire pendant des années, jusqu'à en agacer leurs parents. De même, leur comportement garde ses caractéristiques et peut durer aussi longtemps que les souvenirs de l'enfant, et même davantage. Ceux qui les observent pourraient difficilement oublier leur rabâchage.

Je ne nie pas que les inexactitudes se glissent souvent dans nos rapports. Ceux que j'ai publiés grouillent de notes sur la non-concordance des différents témoignages. Pour me préserver des erreurs possibles, je me sers de plusieurs informateurs pour le même incident, chaque fois que cela est possible. C'est un excellent moyen de reconstituer les faits, et je crois que j'ai ainsi pu obtenir un compte rendu satisfaisant des principales manifestations, même quand les informateurs avaient altéré quelque détail.

En Occident, j'ai souvent entendu dire que la mémoire d'un analphabète, par exemple un paysan asiatique, ne pouvait être aussi exacte que celle d'une personne cultivée. Je suis certain que cela est faux. Une mémoire fidèle dépend de beaucoup de facteurs, mais la culture n'a aucun rapport avec ce don précieux. Je reviendrai sur ces questions, mais auparavant j'aborderai celle de l'identification de l'ancienne personnalité des sujets.

Identification de la personnalité antérieure

En commençant une enquête, nous essayons d'abord de savoir si les allusions de l'enfant à sa vie antérieure peuvent être vérifiées, si son entourage a reconnu un ou une défunte dans les propos qu'il tient sur son ancienne incarnation, etc. Trois cas sont possibles :

Dans le premier, le sujet donne trop peu de renseignements, sans aucun nom de personne ou de lieu. Dans ces cas, nous ne pouvons même pas chercher. N'oublions pas les difficultés qui entourent l'identification des gens qui, par exemple, sont morts dans une guerre : si nous avons à retrouver un « Sir William Robertson, général anglais de la Première Guerre mondiale », nous pourrons repérer ses traces assez facilement. Mais « un soldat nommé Robertson » : comment s'y prendre ? Était-il dans l'armée britannique, canadienne, australienne, ou encore dans la Légion étrangère française ? À quelle période a-t-il vécu ? Impossible de répondre à ces questions. Nous trouverions probablement une multitude de soldats Robertson, dont chacun aurait pu être celui que nous cherchons, et le cas resterait insoluble[4]. Toutefois, quand le sujet nous donne une précision géographique, accompagnée de quelque autre détail, même insignifiant, nous avons une chance de le situer. Voici un bon exemple : c'était au Sri Lanka en 1986. Le sujet, Sidath, ne donnait pas de nom à son ancienne personnalité mais il disait avoir vécu à Balapitiya où il vendait du poisson, et aussi qu'il possédait une Jeep verte. Il ne fut pas difficile de nous rendre à Balapitiya, situé 100 kilomètres plus loin. Là, nous apprîmes que le seul homme ayant possédé une Jeep verte dans ce petit port de pêche était un marchand de poisson. Sidath nous donna encore quelques renseignements, qui tous coïncidaient avec la vie de ce marchand. Le cas de Dolon Champa Mitra est un autre exemple du même genre. Également incapable de se rappeler son ancien nom, Dolon disait qu'elle avait vécu à Burdwan, et parlait beaucoup d'un jeune homme habitant cette ville. La maison de ses souvenirs fut retrouvée et Dolon la reconnut dès qu'elle la vit.

Dans le deuxième cas, malgré les vérifications satisfaisantes, il nous reste un doute. Par exemple, le cas d'Indika me laissa longtemps perplexe : Indika racontait sa vie précédente dans une ville du Sri Lanka, Matara. Il avait été, disait-il, un homme très riche, possédait deux éléphants (ce qui limitait nos recherches), mais il ne se rappelait qu'un seul nom propre, celui d'un domestique nommé Premadasa. Et c'est finalement ce nom qui nous avait permis d'élucider le cas parce qu'il y avait eu à Matara deux hommes riches possédant chacun deux éléphants et qui correspondaient tous deux aux descriptions d'Indika. Mais un seul avait eu un domestique nommé Premadasa.

Les parents des sujets ne se méfient pas assez de ce piège, qui consiste justement à désigner la première personne défunte ressemblant au portrait qu'en a fait l'enfant. Il faut toujours chercher plus loin pour s'assurer qu'il n'y en a pas une autre, ou plusieurs autres, qui lui ressembleraient tout autant. En Inde ces circonstances sont rares parce que les familles ne sont généralement pas pressées d'identifier l'ancienne personnalité du sujet. Les Druzes du Liban, au contraire, semblent n'avoir de cesse de la retrouver, et l'ancienne famille se montre anxieuse de connaître la nouvelle incarnation d'un disparu qui leur était cher. C'est une attitude qui peut conduire à des erreurs.

Dans le troisième cas, les souvenirs du sujet nous permettent d'identifier le défunt concerné, sans possibilité de méprise. C'est en Birmanie que les enfants se montrent le plus doués pour ce genre de réminiscences. Ils donnent même quelquefois le nom des conjoints, des parents, et du meurtrier s'il y en a un. Cependant, le sujet de loin le plus prolifique en informations sur sa vie antérieure n'était pas birman. C'était une petite fille libanaise qui s'appelait Susanne Ghanem. Elle nous avait donné une soixantaine de renseignements sur son ancienne personnalité, y compris le nom de vingt-trois membres de sa famille et de deux amis, ainsi que le degré de parenté de chacun d'eux avec Saada (le défunt).

Analyse des cas individuels

Lorsque nous étudions les cas individuels, il nous faut par-dessus tout une réponse à la question : le sujet a-t-il pu acquérir normalement son information sur la vie antérieure dont il parle ? Si le sujet a en outre un comportement insolite, lié à celui de la personne antérieure, nous cherchons à savoir s'il n'imite pas l'un des membres de sa famille ou si c'est là le résultat d'un incident survenu après sa naissance.

Nous écartons tout d'abord deux types de cas où l'on ne peut trouver aucun processus paranormal : ceux dont la personnalité antérieure décrite par l'enfant ne correspond à aucun (e) défunt (e) connu (e) et ceux dont le défunt – identifié – appartient à la famille du sujet ou à son voisinage.

Le premier nous dispense d'enquête sur la paranormalité du phénomène, puisqu'on ne peut rien vérifier[5]. Dans le deuxième, on n'arrive presque jamais à avoir la preuve que l'enfant n'a pas été normalement influencé par ce qu'il a vu et entendu autour de lui (cependant, les cas de ces deux catégories peuvent comporter d'autres aspects susceptibles de retenir notre attention : marques de naissance ou comportement insolite).

Je parlerai donc des cas où les deux familles ne se connaissent pas et n'habitent pas le même village. Nous les appelons les « cas longue distance », bien qu'il ne s'agisse pas de kilométrage : en Inde, par exemple, deux familles vivant dans des villages voisins, mais appartenant à des castes différentes, ont moins de chances de se connaître que deux familles habitant à des centaines de kilomètres l'une de l'autre mais faisant partie de la même caste.

Prenons un cas où les deux familles habitent une communauté différente : il nous faut chercher les possibilités de communication normale entre elles, et l'on finit parfois par en trouver (malgré les apparences).

La première chose à envisager dans ces cas est la fraude, que nous repérons de temps à autre. J'en ai étudié une en Inde (elle avait été entièrement élaborée par le sujet) et j'ai entendu parler de deux autres mystifications, l'une en Israël, l'autre au Liban[6]. Peut-être ai-je moi-même été berné sans le savoir, je ne nie pas que cela ait pu m'arriver, mais alors ce fut très rarement, et peut-être jamais. Je connais trop bien les circonstances et les motivations qui entourent ces cas, dans les pays où ils se produisent généralement. Le villageois moyen d'Asie ou d'Afrique n'a pas de temps à consacrer à une tromperie de ce genre. Il grogne parfois contre nos interrogatoires qui lui font perdre du temps. Une fraude et toute sa mise en scène lui en feraient perdre bien plus, sans gain d'argent ni de popularité. En outre, avec mes questions réitérées, une fraude exigerait la complicité de nombreux témoins : ceux-ci risqueraient de se trahir ou d'oublier leurs répliques, même si elles ont été bien répétées. L'enfant doit aussi être dressé – nous avons quelquefois vu des sujets qui répétaient plus ou moins exactement ce que les parents nous avaient dit d'eux. À l'occasion, j'ai entendu des parents souffler leurs réponses aux sujets et, bien que je désapprouve cette attitude, j'ai toujours eu l'impression que seule l'inquiétude les poussait, la crainte que l'enfant n'ait un trou de mémoire au moment où il faut dire à un étranger ce qu'il a tant de fois raconté en famille.

Quand l'hypothèse de fraude peut être éliminée, nous devons envisager celle de l'autopersuasion. J'ai étudié quelques cas entièrement construits par les intéressés : la personnalité antérieure est alors – généralement – une célébrité, soit de la communauté, soit du pays, soit du monde. Durant notre séjour de travail dans le centre-sud de la Turquie, Resat Bayer et moi avons appris l'existence de trois enfants Alevis reconnus comme réincarnation de John F. Kennedy ! Le père de l'un d'eux, Mehmet Alkan, avait rêvé du président Kennedy quelques heures avant la naissance de son fils, en novembre 1965. Ce dernier fut appelé « Kenedi ». En novembre 1967, Resat Bayer et moi rencontrâmes le petit Kenedi (qui avait alors deux ans) : d'après son père, l'enfant prétendait avoir été J.F.K. Je suis sûr que Mehmet Alkan n'était pas conscient du fait que lui-même avait imposé à son fils une identité si flatteuse ! Il ne croyait pas du tout se livrer à une fraude, malgré le prestige dont il jouissait dans son village grâce à cette illustre « parenté » ! (Après Franklin D. Roosevelt, le plus connu et respecté de tous les présidents américains à l'étranger est justement J.F. Kennedy.) Il y a une séquelle : en 1985, Can Polat rencontra Kenedi Alkan. Ce dernier avait environ vingt ans et croyait fermement avoir été J.F.K. dans sa vie précédente. Pour le prouver, il disait avoir des souvenirs sur lui, par exemple qu'il avait été riche, marié et père de deux enfants. Il exhiba une tache de naissance sur sa poitrine, donc mal placée pour qui prétend être la réincarnation du président Kennedy ! Des cas de ce genre sont assez rares, que je sache, et, je pense, assez faciles à démonter.

Une fois exclues la fraude et l'autopersuasion, il reste deux façons beaucoup plus subtiles d'attribuer à un enfant une connaissance paranormale qu'il ne possède pas, et ce involontairement.

Admettons par exemple qu'un visiteur venant de loin soit introduit dans la maison en l'absence des parents. L'enfant joue dans un coin, sans être observé. Le visiteur raconte au domestique l'histoire d'un meurtre qui a eu lieu dans son village, avec détails sur la victime. L'enfant peut très bien enregistrer l'information et ensuite l'incorporer à un scénario de sa fabrication sur sa vie antérieure. Imaginons d'autres variantes à ce processus : les parents peuvent avoir entendu parler du meurtre, passer l'information à l'enfant (normalement ou par télépathie) et ensuite oublier le tout.

On appelle « cryptomnésie » ou « amnésie de source » l'oubli total d'une information entendue normalement dans un passé plus ou moins éloigné. J'envisage cette possibilité pour chacun des cas étudiés. Le résultat en est parfois surprenant. Par exemple, deux familles qui ne se connaissent pas, mais qui ont quelques amis ou relations communs. Ou bien elles ont eu l'occasion de communiquer indirectement sans même s'en rendre compte. J'ai parlé des cas de Sunita Khandelwal, de Pushpa, et de Parmod Sharma, dans le dernier chapitre. Leur entourage avait eu quelques contacts avec « l'autre famille ». Je ne trouvai aucune preuve que l'information ait pu passer d'une famille à l'autre, mais je ne pouvais en exclure complètement la possibilité.

Pourtant, je suis convaincu que la cryptomnésie n'est pas la bonne explication dans la majorité des cas « longue distance ». Dans les enquêtes poussées (comme pour les trois sujets mentionnés plus haut), je n'ai pu trouver la moindre trace de « fuites » entre les deux familles intéressées[7].

Il y a encore d'autres objections à cette hypothèse. D'abord, je ne crois pas qu'un enfant, presque un bébé, puisse assimiler une information après l'avoir entendue une fois dans une conversation. Il en faudrait bien plus pour échafauder de façon crédible toute une série de souvenirs antérieurs (si l'information avait été répétée plusieurs fois devant lui, les parents le sauraient, je pense). À l'âge où les sujets commencent à « raconter », leur vocabulaire est trop réduit pour leur besoin de communication. Il est donc (presque) impossible qu'ils comprennent les mots employés par des adultes pour décrire un meurtre ou un accident, par exemple.

Et puis, s'il s'agissait de cryptomnésie, comment le sujet serait-il au courant de certaines affaires tenues secrètes par l'autre famille ? J'ai donné l'exemple (cf. chap. IV) de Gopal Gupta, seul de son entourage à savoir que Shaktipal Sharma, « son » ancienne personnalité, avait essayé d'emprunter de l'argent à sa femme. Et Swarnlata Mishra, qui se rappelait avoir, avec une amie, assisté à un mariage dans un village dont elle avait donné le nom. Toutes deux, disait

Swarnlata, avaient eu beaucoup de mal à trouver les latrines. Et encore Erkan Kiliç, qui décrivait une montre (portant des traces de morsure) offerte à un ami par son ancienne personnalité[8].

Et enfin, ma dernière objection, encore plus conséquente : le comportement des sujets, lié à ce qu'ils racontent de leur vie antérieure. Dans le cas de Pushpa, par exemple, en admettant qu'elle ait entendu parler du meurtre d'une petite fille sikh, cela n'expliquerait pas pourquoi elle s'identifiait si complètement à elle, pourquoi elle préférait la religion sikh à la religion hindoue de sa famille actuelle, pourquoi elle avait la phobie des couteaux (arme du crime) et pourquoi elle manifestait un si profond attachement à la famille de cette petite fille sikh. Tout cela fait partie du même phénomène. C'est un aspect de la personnalité qui transcende l'aspect verbal. Un contradicteur pourrait avancer que la phobie des couteaux chez Pushpa provenait justement de son illusion : celle d'avoir été l'enfant poignardée. Cela expliquerait aussi ses autres traits de comportement. Mais alors, on se demande pourquoi une enfant insisterait à ce point pour s'emparer de l'identité d'une autre enfant, assassinée de surcroît ?

Je pense donc que la cryptomnésie ne peut être la bonne explication, en général. Je n'en dirai pas autant de la « paramnésie », qui désigne une altération involontaire de la vérité dans les récits ou témoignages. Si je devais conseiller un contradicteur pour qu'il arrive à démonter nos cas, je lui dirais de contrôler soigneusement la mémoire des informateurs et la précision de leurs rapports.

Comment la paramnésie fonctionne-t-elle ? Supposons qu'un enfant commence à balbutier, qu'il semble évoquer quelqu'un ou quelque chose. Supposons que les parents l'écoutent et donnent à ses premières phrases une cohérence qui n'existe pas. Ils essaient de deviner de qui il s'agit et se mettent à chercher. Ils finissent par trouver quelqu'un qui est mort et qui correspond bien aux indications de l'enfant. Ils expliquent la situation à la famille du défunt, qui approuve leur idée. Les deux familles échangent des anecdotes sur le parent décédé ou sur les propos de l'enfant. L'enthousiasme se mêlant à leur étourderie, ils en arrivent à lui prêter des commentaires sur la vie du défunt, alors qu'en fait il a dit très peu de chose et peut-être rien de pertinent avant que les deux familles se rencontrent. De cette façon, le mythe des « souvenirs antérieurs » de l'enfant se développe et finit par être accepté par les deux familles. Jusqu'où cette explication peut-elle nous mener ?

Elle semble assurément être la meilleure dans *certains* cas. J'ai mentionné plus haut le très fort désir, chez de nombreux Druzes, de retrouver leurs défunts dans leur nouvelle incarnation, ou de découvrir l'identité antérieure d'une personne vivante ; ce désir peut les amener à négliger d'approfondir la question de l'identification. Lorsqu'un Druze meurt, sa famille souhaite presque toujours savoir chez qui il se réincarne ; et lorsqu'un bébé druze naît, sa famille souhaite presque toujours savoir qui il était dans sa vie précédente. C'est ainsi que la famille du nourrisson, impatiente de « savoir », n'attend que ses premiers balbutiements pour contacter la famille encore en deuil d'un défunt, laquelle est tout aussi impatiente. Il serait surprenant que deux familles de ce genre ne tombent pas d'accord, parfois sur de très maigres indices, persuadés qu'ils ont trouvé la bonne association « défunt/enfant », alors qu'en réalité il n'en est rien. Plus tard, peut-être croiront-ils honnêtement que l'enfant a dit, avant la rencontre, beaucoup de choses qu'en vérité il n'a pas dites. On brodera quelques petits détails supplémentaires, donnant ainsi au cas un caractère d'authenticité illusoire.

Néanmoins, lorsque nous appliquons cette théorie à certains cas (y compris chez les Druzes), elle semble être inadéquate. Premièrement, elle ne s'applique pas aux cas où quelqu'un de l'entourage a noté les propos de l'enfant par écrit *avant* les vérifications d'usage, et avant la rencontre des deux familles. Ce sont là des circonstances qui nous permettent de prendre connaissance de ce que le sujet a *réellement* dit, en temps voulu, propos que les parents ont rapportés plus tard. Mais de telles circonstances sont hélas encore trop rares (1 p. cent de la totalité des cas)[9].

Parfois cependant, mes associés et moi sommes arrivés sur les lieux dans les quelques semaines ou les quelques mois suivant la première rencontre entre familles concernées[10], donc avant que la mémoire de nos informateurs ait pu se brouiller de façon notoire. Parfois aussi, la rencontre s'était produite un an ou plus après que l'enfant a commencé à parler de sa vie antérieure. Les adultes de son entourage avaient donc écouté son récit des quantités de fois, et leur mémoire ne pouvait les tromper beaucoup. Il semble peu probable que ces souvenirs aient été déformés par la rencontre avec l'autre famille. En général, nos informateurs paraissaient avoir une mémoire assez fidèle (nous le vérifions également en interrogeant plusieurs autres témoins). La plupart du temps, les rapports sur ce que l'enfant avait dit avant la visite à l'autre famille coïncidaient, à quelques détails près.

On peut cependant objecter que les motivations destinées à « faire valoir » le cas d'une façon particulière sont quelquefois assez puissantes pour engendrer d'importantes déformations dans les souvenirs. Il ne fait aucun doute que cela arrive dans certains cas. Les parents qui, par exemple, veulent que soient reconnues comme vraies les paroles de leur enfant sur sa vie antérieure à cause des sarcasmes du voisinage. Ou bien la famille qui a perdu un être cher souhaite (comme on l'a déjà vu) qu'il revienne à la vie et, dans leur désir de le retrouver, fût-ce dans une autre famille, interprètent à leur façon les paroles de leur enfant.

Mais on trouve autant de cas où les parents sont indifférents ou hostiles au phénomène en question, pour une raison ou pour une autre, comme je l'ai souligné plus haut. Ou bien l'on craint que le fait de se rappeler sa vie précédente ne nuise à l'enfant, ou que l'ancienne famille ne l'accapare. Il y a aussi de temps à autre, de la part des parents, une répugnance à découvrir une vie antérieure du sujet, soit beaucoup plus pauvre, soit beaucoup plus prospère que la leur. Ou s'ils trouvent le comportement de leur enfant déplaisant, ils pensent que le fait d'authentifier ses propos accentuerait son attitude désagréable[11]. Quant aux familiers de la personnalité antérieure, ils sont également, dans certains cas, assez réticents quant à l'adhésion que l'on attend d'eux (compte tenu de leur croyance ou de leur chagrin). Nous avons déjà vu que cela arrivait surtout chez les nantis, qui ont peur d'être exploités par la famille du sujet. D'autres redoutent les révélations qui discréditeraient leur maisonnée si le sujet se les rappelait. D'autres encore craignent (paradoxalement peut-être) que leur douleur soit ravivée par la fréquentation du sujet[12].

Pour l'une ou l'autre de ces raisons, les familles concernées sont parfois opposées à toute vérification, et auraient plutôt tendance à minimiser qu'à exagérer les vérités exprimées par l'enfant. En bref, qu'il s'agisse d'une défaillance normale de la mémoire due au « temps qui efface » ou d'une modification intéressée des souvenirs, la paramnésie peut très bien influencer la précision des témoignages et même être responsable d'un cas imaginaire, à l'occasion. Mais je ne crois pas que ce soit la bonne explication, de façon générale[13].

La fraude, la cryptomnésie, la paramnésie, voilà les trois principales interprétations qui excluent les processus considérés par les Occidentaux comme paranormaux (par exemple, la télépathie ou la survie après la mort). Le mot « paranormal », je l'ai dit dans le chapitre I, se réfère à des concepts qui ne sont pas encore intégrés à la science occidentale.

J'y reviendrai, mais je voudrais d'abord parler brièvement d'une autre explication fréquemment avancée à cet égard. Il s'agit de « mémoire héréditaire » ou « mémoire génétique ».

Lorsque l'intervalle entre la mort et la re-naissance est assez long, le sujet pourrait être un descendant de sa propre personnalité antérieure et hériter ainsi des souvenirs de sa vie. Les images précises que la plupart des sujets décrivent sont autrement significatives que les souvenirs généralement attribués à l'hérédité. Les mots « mémoire héréditaire » ou « instinct » évoquent pour nous les toiles tissées par les araignées et les nids construits par les oiseaux sans apprentissage préalable. Notre concept à cet égard n'implique pas la perception d'images conscientes chez l'oiseau ou l'araignée, enseignant comment construire un nid ou tisser une toile. Cela relèverait plutôt de ce que j'appelle « mémoire comportementale ». Cependant, la façon de communiquer des animaux au moyen de sons, comme par exemple le chant des oiseaux, a peut-être quelque ressemblance avec les souvenirs antérieurs des sujets. S'il en est ainsi, nous pouvons admettre que le sujet ait pu hériter aussi bien de souvenirs imagés que de souvenirs de comportement.

Mais de sérieuses objections demeurent : la première, c'est que l'intervalle entre la mort et la renaissance est très court, et ne dépasse généralement pas cinq années[14]. Un sujet né dans une famille différente quelques mois ou quelques années après la mort de sa personnalité antérieure ne peut absolument pas en être le descendant.

En outre, les souvenirs transmis génétiquement ne pourraient inclure d'événements ayant eu lieu après la conception de l'enfant porteur de ces souvenirs. Par conséquent, le souvenir de la mort ne peut être transmis génétiquement. Pourtant, les sujets se rappellent très souvent comment leur précédente incarnation est morte. Le lecteur n'a sans doute pas oublié le cas de Mary Magruder (cf. chap. III) qui faisait toujours le même cauchemar : un Indien américain la poursuivant pour la scalper. Dans ce cas, il pourrait s'agir de mémoire génétique, mais seulement si la jeune fille avait survécu à l'agression et mis au monde des enfants qui auraient transmis ce souvenir à leur propre descendance jusqu'à ce qu'il arrive à Mary Magruder. Mais si la jeune fille a été tuée avant d'avoir procréé, les souvenirs de ce drame n'ont pu lui être transmis de façon héréditaire[15].

Passons aux explications où il faut tenir compte d'un processus paranormal. J'en vois trois principales : la perception extrasensorielle, la possession, et la réincarnation. Dans le chapitre III, j'ai dit que nous n'avons presque aucune preuve autonome sur la réincarnation, à part nos déductions selon les cas. Par conséquent, je ne l'envisage qu'après avoir éliminé toutes les autres possibilités, normales ou paranormales. Commençons par la perception extrasensorielle et la possession.

Au cours de mes premières recherches, j'attribuais à la perception extrasensorielle plus d'importance que je ne le fais aujourd'hui, bien que je la considère toujours comme une sérieuse possibilité.

Il y a deux raisons à ce changement : d'abord les petits sujets sont presque toujours dépourvus de dons de perception extrasensorielle, à part leurs souvenirs antérieurs. J'ai questionné des centaines de parents, presque tous ont répondu par la négative, et s'il y en avait quelques-uns qui croyaient cela possible, ils en donnaient les raisons avec des arguments fort peu convaincants. Je ne vois vraiment pas comment un enfant pourrait se servir de sa perception extrasensorielle pour puiser de telles quantités de renseignements sur un défunt sans jamais manifester de pouvoirs paranormaux équivalents dans d'autres domaines[16].

Et puis, il y a ce que j'ai répété si souvent, le comportement du sujet, parfois complètement différent de celui de son entourage et tout à fait conforme à celui de l'ancienne personnalité.

Nombreux sont les sujets qui réagissent de façon adéquate, et souvent avec grande émotion, aux stimuli associés à l'ancienne personnalité. Par exemple, Ismail Altinkiliç applaudissait de joie en apprenant que le meurtrier de son ancienne incarnation avait été pendu après une longue procédure.

D'autres, comme Imad Elawar et Sukla Gupta pleuraient en entendant raconter quelque chose de triste sur un (e) ami (e) de leur personnalité antérieure. Certes, il est permis de supposer que les émotions soient communiquées par perception extrasensorielle, et cela est vrai dans certains cas. Mais il y a bien davantage dans les véritables syndromes de comportement, qui, dans les meilleurs exemples, arrivent à reproduire exactement les particularités de l'ancienne personnalité (cf. chap. V). Nous n'avons aucune raison de croire que le processus de cognition paranormale puisse faire d'un individu le duplicata d'un autre. La parapsychologie expérimentale n'a pu le démontrer et les autres types de cas spontanés en offrent rarement des exemples[17]. Cela dit, il faudrait au sujet une motivation puissante pour se livrer à une imitation absolue de quelqu'un d'autre, et, dans la majorité des cas, nous n'avons pu en trouver. Le comportement insolite du sujet, nous l'avons vu, le brouille souvent avec sa famille sans lui apporter de compensation effective. Je ne vois en outre aucune raison qui pousserait les parents à imposer à leur enfant une personnalité différente de la sienne ; encore faudrait-il qu'ils aient eux-mêmes toute l'information nécessaire (par voie normale ou paranormale).

La perception extrasensorielle telle que je l'ai abordée ci-dessus requiert donc une ou des personnes vivantes ayant connu le défunt, et passant involontairement l'information au sujet (à qui il faudrait d'ailleurs une bonne dose de clairvoyance supplémentaire pour déchiffrer certains documents qui illustrent parfois ces cas). Une variante de la cognition paranormale est la rétrocognition qui n'exige aucun agent vivant transmettant l'information au sujet. Celui-ci la tire d'une hypothétique « mémoire universelle » où seraient inscrites toutes les aventures humaines. La rétrocognition, en tant qu'explication de nos cas, présente les mêmes points faibles que les autres formes de perception extrasensorielle : elle n'explique pas pourquoi le sujet déploie un talent paranormal si remarquable dans une seule situation : celle de se rappeler une vie antérieure.

J'en viens à présent à la possession. Pendant des siècles, l'idée d'une personne désincarnée exerçant une influence ou « possédant » un être vivant a paru surannée à l'intelligentsia occidentale. Mais, de temps à autre, elle a été proposée pour expliquer certains cas suggérant la réincarnation[18]. Pour ma part, je trouve que c'est une hypothèse plausible lorsque les dates de décès et de naissance sont trop rapprochées (cf. chap. V).

Il y a également les cas, comme ceux de Ravi Shankar et de Sujith Lakmal Jayaratne, où la mère du sujet était enceinte de deux ou trois mois à la mort de l'ancienne personnalité. Si nous pensons que la conception et le développement embryonnaire requièrent l'association d'un esprit désincarné ou âme et d'un corps physique, alors nous pouvons aussi admettre que la possession joue un rôle dans ces cas.

Cependant, je suis opposé à cette théorie dans les cas de type courant, pour plusieurs raisons. Premièrement, la possession n'explique pas l'amnésie presque universelle qui efface les souvenirs des sujets à partir de l'âge de quatre ans (parfois un peu plus tard). Pourquoi les esprits possesseurs quitteraient-ils leur victime à cet âge ? Deuxièmement, la stimulation des souvenirs au cours des visites à l'autre famille se justifie mieux par l'association mentale que par la possession. Troisièmement, les sujets ignorent généralement les changements concernant les lieux ou les gens et survenus après la mort de l'ancienne personnalité. J'attendrais d'un esprit possesseur qu'il soit mieux renseigné (sinon omniscient). Quatrièmement, la possession n'explique pas les marques et défauts de naissance manifestement liés à l'ancienne vie : quelle qu'en soit l'origine, ils précèdent sans aucun doute la naissance du sujet. Or, si nous disons que la possession commence dès la conception, ou même pendant la vie embryonnaire, je ne vois pas en quoi elle diffère du concept de réincarnation. J'ai déjà demandé au lecteur qu'il m'excuse de ne pas parler plus longuement des marques et défauts de naissance, et j'espère qu'il m'excusera également si j'abrège l'exposé sur la possession, pour les mêmes raisons. Passons maintenant à l'hypothèse de la réincarnation.

La réincarnation, je le répète, est la dernière des interprétations possibles pour expliquer un cas, et seulement après avoir éliminé toutes les autres suppositions applicables au phénomène observé. Chacun de nos cas avait ses imperfections, quelques-uns en avaient beaucoup, et de différentes sortes : parfois j'arrivais trop tard sur les lieux, une partie des souvenirs avaient disparu ou s'étaient déformés ; ou bien il y avait lieu de croire à une concertation entre les deux familles, ou bien je surprenais un adulte en train de souffler une réponse à l'enfant, et le témoignage devenait suspect. Les critiques peuvent s'en donner à cœur joie, mais est-ce bien raisonnable ? Doit-on pour autant discréditer *tous* les cas ? Si l'observateur est convaincu que la réincarnation existe, il minimisera les points faibles tandis que l'incrédule les montera en épingle et s'en servira pour rejeter tous les autres exemples. Cela fait penser à la bouteille de vin que certains voient à moitié pleine, alors que d'autres la trouvent à moitié vide[19].

Cette situation n'est pas sans espoir. Nos futures enquêtes nous apporteront sans doute quelque indice qui nous conduira à la bonne interprétation. Par exemple, si nous avons davantage de témoignages écrits rapportant les paroles de l'enfant avant les vérifications d'usage. Je ne peux dire combien j'ai été déçu de trouver si peu de documents de ce genre et combien j'aspire à en découvrir d'autres. Nous ferons tout notre possible pour améliorer cet état de choses[20].

Nous comptons aussi recueillir des informations sur les sujets portant des marques ou défauts de naissance, ainsi que sur les cas de « changement de sexe » ou de « jumeaux » (dont nous parlerons plus longuement dans les chapitres VIII et IX).

Ici, il me faut probablement faire état de mes propres convictions : bien qu'aucun des cas jusqu'ici étudiés ne comporte de preuves irréfutables, j'opterais pour la réincarnation. Compte tenu de nos connaissances actuelles, elle offre à mon avis – et pour la plupart des cas – sinon la seule, du moins la meilleure explication parmi celles que j'ai mentionnées plus haut[21].

Rappelons-le : ce livre à lui tout seul ne peut convaincre le lecteur. Je souhaiterais simplement, et plus modestement, qu'il donne envie de lire mes autres travaux, où les rapports sur les cas sont plus détaillés. J'exhorte mes lecteurs à fixer leur attention sur les détails. « Davantage de détails », dit un personnage de Stendhal, « l'originalité et la vérité ne se trouvent que dans les détails[22] ». J'approuve, et j'ajoute que les détails font plus que stimuler l'intérêt : ils contiennent la clef de l'interprétation d'un cas.

Si vous lisez ces rapports détaillés, vous ne direz plus, je pense, qu'il n'y a *aucune* preuve de la réincarnation. Peut-être les trouverez-vous insuffisantes ? Je serai alors en droit de vous demander : « Quelle preuve, si vous l'aviez, pourrait vous convaincre ? »

Analyse de cas en série

Dans le chapitre I, j'ai parlé de la valeur de l'analyse, et j'ai cité Kant : les cas individuels le laissaient dans le doute mais il avait tendance à croire au phénomène quand il considérait les cas dans leur ensemble. Voilà ce que je discuterai à présent.

Il y a plus d'un siècle, Wately fit remarquer l'avantage des témoignages concordants : « Il est évident que les témoignages concordants (positifs ou négatifs) de plusieurs personnes, quand elles n'ont pu se concerter... ont un poids indépendant de celui que chacune d'entre elles apporterait séparément. Car, bien que dans ce cas chacun des témoins doive être considéré comme tout à fait suspect, il y a des chances considérables pour qu'ils ne soient pas tous d'accord sur le *même* faux témoignage. »

Wately se réfère ici aux différents témoignages sur une même affaire. Ce principe s'applique aussi bien aux témoignages séparés concernant des événements différents, mais similaires : « [...] la force des témoignages concordants dont chacun séparément aurait peu ou pas du tout de poids, mais dont la concordance *fortuite* sur un faux serait extrêmement improbable [...] peut aussi s'appliquer à beaucoup d'autres circonstances [...] par exemple : si un homme parmi cent autres lance une pierre qui atteint un certain objet, il est fort peu probable (de ce seul fait) qu'il ait visé cet objet ; mais si les cent personnes lançaient des pierres atteignant toutes le *même* objet, personne ne pourrait plus douter de leur intention[23] ».

D'anciennes chroniques définissent la même idée avec une métaphore un peu différente. Prenez un fagot de branches. Chacune d'elles n'a que bien peu de solidité, et cette faiblesse se trouve dans différentes parties de leur longueur. Mais qu'elles soient liées en fagot, et le fagot sera plus solide que la plus solide des branches, prise séparément[24]. (D'aucuns ont dit qu'une chaîne portant un seul anneau trop faible, représenté dans nos cas par un témoignage boiteux, offrirait une comparaison plus appropriée.)

Appliquons à nos cas le principe du fagot : trouvons beaucoup de sujets présentant les mêmes particularités. La multiplication des similitudes fortifiera notre confiance en eux dans leur ensemble. La concordance des renseignements venant d'informateurs n'ayant pu communiquer entre eux parce qu'ils sont étrangers les uns aux autres nous désigne un phénomène naturel comme seul responsable de tant d'analogies. Nous pouvons ainsi esquisser les contours d'un cas type[25]. Les cas individuels s'écarteront parfois plus ou moins de ce standard, mais nous nous méfierons de toute discordance formelle.

Cette étude à grande échelle comporte encore d'autres atouts. Le cas type nous permettra de faire des rapprochements avec les autres processus connus et avec d'autres types de cas, dont la comparaison nous conduira éventuellement à comprendre le mécanisme.

Encore un avertissement : la façon aléatoire dont on me signale les cas (et que j'espère avoir clairement exposée) pourrait faire croire que ceux que j'ai étudiés ne sont pas très représentatifs. Mais dans quelle mesure peut-il en être ainsi, c'est ce que je développerai plus loin.

Dans le chapitre V, on a vu plusieurs aspects répétitifs des cas, par exemple l'âge où les sujets commencent à raconter et l'âge où ils cessent toute allusion à leur vie antérieure. En voici quelques autres.

Premièrement, les sujets sont en majorité des garçons. C'est pourquoi j'en parle le plus souvent au masculin, comme je l'ai mentionné dans la note 2 de la préface. Sur 1 095 sujets, 62 p. cent sont des garçons et 38 p. cent des filles. Même pourcentage, à peu de chose près, chez les personnalités antérieures : 66 p. cent d'hommes pour 34 p. cent de femmes. Cette différence est présente dans tous les pays, à part une exception[26]. J'en donnerai les raisons possibles au chapitre X.

La mort violente de l'ancienne personnalité est aussi l'un des aspects répétitifs les plus intéressants, et, potentiellement, le plus important : sur 725 cas de différents milieux, 61 p. cent des sujets se rappelaient une mort brutale[27]. Ce chiffre est de beaucoup supérieur à celui des statistiques générales des pays concernés. Mais nous devons nous demander si on nous rapporte plus souvent ce genre de cas justement parce que la mort violente attire l'attention. Nos informateurs s'en souviennent peut-être mieux et pendant plus longtemps. Nous avons pu déterminer cela grâce à la comparaison de deux séries de cas en Inde. Dans la première série, les cas ont été « récoltés » sans méthode spéciale sur une période de vingt ans, au hasard des informations de témoins qui, pour une raison ou une autre, nous signalent tel ou tel sujet (jusqu'à un total de 193 cas). Dans la deuxième série, très réduite – 19 cas détectés au cours d'une enquête systématique dans le district d'Agra (cf. chap. V) –, les informateurs ont été pris au hasard. On leur demandait de fouiller dans leur mémoire et de raconter les cas de réincarnation dont ils auraient pu entendre parler. Les informateurs de la première série (de 193 cas) rapportèrent des morts violentes en proportion de 49 p. cent ; les autres (19 cas) n'en rapportaient que 35 p. cent. Cette différence confirmerait donc que les cas précédés de mort violente restent gravés plus longtemps dans les mémoires que les cas précédés de mort naturelle. Cependant, l'incidence de 35 p. cent dépasse quand même largement celle de la population de l'Inde en général, qui, pour une période semblable, est de moins de 7 p. cent[28].

La mort violente dont les sujets se souviennent en serait donc un aspect naturel, et non un artefact journalistique. Il doit y avoir une ou des circonstances qui la rendent inoubliable dans la nouvelle incarnation. Voici un autre chiffre : dans nos cas authentifiés, 94 p. cent des sujets parlaient de leur mort (par accident ou meurtre) contre 52 p. cent lorsque la mort avait été naturelle.

Cette majorité me paraît être l'un des éléments les plus importants de nos statistiques, portant sur tous les milieux culturels. J'y reviendrai au chapitre X, où j'examinerai les facteurs qui peuvent rendre certaines vies plus mémorables que d'autres, et j'en parlerai aussi par rapport aux cas non authentifiés.

Les cas non authentifiés présentent généralement trois aspects qui les différencient des autres. D'abord, les sujets se rappellent rarement le nom de leur ancienne incarnation, et c'est une des raisons qui nous empêchent de résoudre le cas : il est alors beaucoup plus difficile de retrouver le défunt concerné.

Ensuite, les sujets des cas non authentifiés oublient ou arrêtent de parler de leur vie antérieure plus tôt que les autres, c'est-à-dire vers six ans environ (les autres en parlent jusqu'à sept ans et demi en moyenne). J'ai attribué cela aux encouragements des parents quand il s'agit d'un défunt connu et identifié (cf. chap. V). Un enfant qui raconte des choses et des faits invérifiables suscite moins d'intérêt dans son entourage, ce qui le détourne de ses souvenirs. Les visites à l'autre famille, qui sont souvent un stimulant, ne peuvent avoir lieu, bien entendu, quand le défunt est inconnu : encore un facteur accélérant l'oubli.

Et enfin, dans les cas non authentifiés, le sujet, beaucoup plus souvent que les autres, se rappelle une mort violente (91 p. cent contre 51 p. cent). La question qui se pose alors est la suivante : ces enfants raconteraient-ils une mort violente de leur invention ? Puisque leurs prétendus souvenirs ne peuvent être vérifiés, peut-être leur histoire n'est-elle que le fruit de leur imagination, ou bien ont-ils vraiment de vagues souvenirs d'une vie antérieure réelle, à laquelle ils ajoutent une fin spectaculaire plus intéressante à leurs yeux ?

Pourtant, ces enfants pourraient bien dire la vérité, tout en « percevant » moins d'images vérifiables (et peut-être plus d'erreurs) que les autres. Car ils ont quand même trois points communs avec les cas vérifiables, et l'on doit en tenir compte autant que de leurs dissemblances : ils commencent à « raconter » au même âge, ont souvent aussi des phobies et des souvenirs de leur mort. Ils appartiennent donc à la même espèce ou du moins au même genre.

Retournons un moment à nos statistiques générales (cas vérifiés ou invérifiables) : 72 p. cent des sujets « revoient » le décès de leur ancienne incarnation, mais seuls 63 p. cent se rappellent leur nom. Parmi les cas vérifiés (où le décès de l'ancienne personnalité correspondait au récit de l'enfant), 94 p. cent des sujets se rappelaient leur mort quand elle avait été violente et seulement 52 p. cent quand elle avait été naturelle. Parmi les cas authentifiés, 76 p. cent des enfants se rappelaient le nom de leur ancienne personnalité. Il semble donc que si la réincarnation existe, la personne qui meurt brutalement et qui se réincarne se souvient davantage des conditions de sa mort (même si elle a par ailleurs très peu de souvenirs) que de son nom. La fréquence de cet aspect pourrait expliquer en partie pourquoi, dans les cas invérifiables, les souvenirs de mort violente sont tellement plus prédominants que dans les cas authentifiés (ce qui ne veut pas dire que ce soit le seul facteur qui contribue à différencier ces deux catégories).

Ceci conclut pour le moment la question de l'analyse des cas à grande échelle. Dans mes publications précédentes, j'ai parfois utilisé le terme assez grandiloquent et peut-être trompeur d' « universel » pour définir les aspects répétitifs des cas étudiés jusqu'ici dans tous les pays et milieux socioculturels différents. Je ne voulais pas dire que les mêmes faits se retrouvent dans *tous* les cas, mais simplement attirer l'attention sur leur fréquence. Les autres aspects du phénomène, au contraire, varient d'un pays à l'autre, ou d'un milieu à l'autre. Nous verrons cela dans le prochain chapitre.

Avant de clore celui-ci, je voudrais cependant tenter d'expliquer ces analogies. Il est impossible d'imaginer une osmose entre informateurs de différents pays. Les journaux et magazines d'Asie et d'Afrique se contentent presque toujours de rapporter les cas des autochtones. Il ne m'est jamais arrivé de lire en Inde, par exemple, un article sur un sujet du Sri Lanka ou vice versa. Les informateurs ont parfois entendu parler d'un ou deux cas de leur pays (à part celui qui les concerne), soit par communication orale soit par les journaux ou magazines. Mais il n'y a jamais eu de statistiques à la portée d'un informateur asiatique de type courant. Ils n'ont donc aucun modèle à imiter qui leur permettrait de modifier leur récit, soit pour le rendre conforme à leurs convictions, ou simplement pour me donner les réponses qu'ils croient que j'attends d'eux. Mais s'ils ne le font pas, nous sommes en droit de penser qu'ils décrivent bien un phénomène naturel.

CHAPITRE VIII

Différences des caractéristiques selon les pays

Dans ce chapitre, je parlerai de deux aspects des cas par rapport aux pays ou milieux culturels où ils se produisent : leur fréquence et leurs variantes. Ces deux thèmes ne sont pas indépendants l'un de l'autre, mais je pense préférable d'en discuter séparément.

Fréquence des cas signalés selon les pays ou milieux socioculturels

J'ai déjà souligné que si nous avons une notion approximative de la quantité de cas divulgués, nous ignorons à peu près tout de leur nombre réel. Néanmoins, nous avons pu relever, parmi ceux qu'on nous a signalés, d'importantes différences selon les milieux où nous les avons étudiés. J'ai également fait remarquer qu'on nous les signale bien plus souvent dans les milieux où l'on croit à la réincarnation. Pour s'en rendre compte, il suffit de comparer l'abondance des cas chez les Druzes du Liban avec leur rareté, sinon leur absence, chez les chrétiens de la même région (où Druzes et chrétiens vivent pratiquement côte à côte). Même différence entre bouddhistes et chrétiens au Sri Lanka, ou entre hindous et musulmans en Inde. Chez ces derniers, il y en a parfois comme chez les chrétiens au Liban et au Sri Lanka, mais en nombre insignifiant.

Il est évident que dans les milieux où la croyance existe, les cas naissent et se développent plus facilement. Je suis certain que les parents convaincus laissent leurs enfants plus libres de parler de leur vie antérieure, sans les croire fous pour autant. Mais l'influence culturelle peut aussi bien s'exercer comme obstacle.

On ne saurait demander pourquoi il y a tant de cas en Asie (surtout du Sud-Est et dans certaines parties de l'Ouest asiatique) ainsi qu'en Afrique occidentale, sans se poser la question inverse à propos de l'Europe et de l'Amérique du Nord. Les parents qui ne croient pas à la réincarnation peuvent avoir autant d'influence sur leurs enfants que ceux qui y croient. Cependant, outre la conviction, il doit y avoir d'autres facteurs déterminants. Mais lesquels ? En supposant que l'influence parentale, dans les cas qui nous sont connus, soit proportionnelle (à peu de chose près) à la réelle fréquence de ce phénomène à travers le monde, nous ne pouvons en expliquer les différences quantitatives par la seule relation entre croyance et fréquence. Car nous devrions alors trouver beaucoup plus de cas dans les pays occidentaux où 20 p. cent de la population (en moyenne) croit à la réincarnation. Bien qu'il y ait, je crois, plus de cas « étouffés » en Occident qu'en Asie, je ne pense pas que ce soit la seule raison de ces différences (nous avons vu que 25 p. cent environ des cas sont étouffés en Inde, ce qui ne les empêche pas de proliférer).

Il nous faut donc en conclure que dans les pays « producteurs » de cas, d'autres facteurs interviennent. Voici, à part les croyances, les traits communs des populations où la fréquence des cas est élevée :

a) Les gens pensent davantage aux défunts que dans les pays occidentaux. Ils considèrent que les esprits de leurs disparus sont encore capables d'être présents parmi eux, d'agir et d'intervenir dans les affaires terrestres. Ils pensent que les morts ont besoin de notre aide, et nous de la leur.

b) Les liens familiaux sont plus solides que chez nous, et plus exigeants. Quand l'un des membres est ou devient mentalement malade, on se solidarise avec lui pour le soigner au lieu de l'exclure de l'entourage comme on a tendance à le faire en Occident. Il n'est donc pas surprenant que le taux de guérison de ces maladies, particulièrement de la schizophrénie, soit notablement plus élevé dans les pays sous-développés que chez nous[1]. On peut même dire que la corruption, si choquante pour les touristes occidentaux, est une forme d'assistance familiale. Renoncer à être corrompu, remplacer la corruption par de la loyauté envers autrui (communauté ou nation), pourrait affaiblir les liens familiaux.

c) Leur concept de causalité inclut davantage de notions que le nôtre. Ils n'ont rien qui corresponde à l'idée occidentale de « chance » ou de « hasard ». Chez eux, les choses arrivent parce qu'on les a méritées (qu'elles soient bonnes ou mauvaises, et qu'on soit bon ou mauvais), ou bien parce que quelqu'un les a souhaitées, surtout en ce qui concerne les maladies. Les guérisseurs, chamans et autres, perdraient rapidement leurs clients s'ils leur disaient que leurs maux sont dus à un accident du hasard ou à une malchance. Il faut toujours un fautif : ou bien le patient a péché, ou insuffisamment honoré la mémoire de ses ancêtres, ou bien le voisin jaloux et envieux a invoqué les esprits malins pour se venger, ou bien quelque autre raison, toujours *personnelle*, mais jamais la fatalité[2].

d) Ils croient, beaucoup plus que nous n'y croyons, à la communication de pensées à distance. La télépathie, considérée par les Occidentaux comme un phénomène paranormal, ils la considèrent, eux, comme normale (bien qu'insolite). Ils tiennent compte de leurs rêves, y trouvent des vérités ou des avertissements, le plus souvent envoyés par les défunts. Le concept de vie privée ou d'intimité, tel que nous l'entendons, commence seulement à s'introduire chez eux, laborieusement sans doute à cause de la pauvreté et de la surpopulation plus que d'un choix de leur part. L'impossibilité de se renfermer sur soi-même avec ses propres soucis ouvre peut-être l'esprit à la communication télépathique, le rendant plus accessible à ceux qui veulent en capter les pensées sans utiliser les moyens normaux.

e) Ils donnent moins de valeur que nous à l'éloquence verbale, ce qui leur permet peut-être de préserver leur imagerie mentale.

f) Leur notion du temps est différente de la nôtre. Les Occidentaux sont irrités par leur manque de ponctualité, mais eux trouvent sans doute la rigueur et l'exactitude des Occidentaux tout à fait pitoyables.

g) Chez eux, le besoin de faire quelque chose, de s'occuper à tout moment, ne se fait pas sentir comme chez nous. Cela leur donne plus de temps pour réfléchir et facilite probablement la récupération des souvenirs de la vie présente ou d'une vie antérieure déjà vécue.

Voilà, à mon avis, les divers éléments qui favorisent les phénomènes que nous appelons paranormaux – et pas seulement les souvenirs de vies antérieures, mais tous les autres : télépathie, fantômes, apparitions, etc. Je n'ai pas l'habitude de me lamenter sur la perte des valeurs simples d'autrefois, mais comment ne pas se poser des questions sur les résultats de la technologie avancée, en pensant à tout ce à quoi nous avons renoncé à cause d'elle.

Je ne sais pas si j'ai touché juste dans l'énumération ci-dessus, et s'il n'existe pas d'autres facteurs plus importants qui justifient mieux l'abondance de cas dans certaines parties du monde. Quelques-uns de mes lecteurs en découvriront peut-être de plus distinctifs, mais je me contenterais d'avoir élargi le débat : je le répète, la croyance ne suffit pas, il doit y avoir d'autres raisons à ces différences.

Cependant, il y a des pays où les gens ont toutes les caractéristiques dont je viens de parler, mais qui ne croient pas à la réincarnation. Les cas y sont peu nombreux : par exemple, dans certaines régions d'Asie, d'Afrique et de l'Amérique latine. On a vu qu'il en est de même pour les musulmans sunnites et les chrétiens. On peut donc dire que la croyance est également nécessaire, en plus des autres facteurs.

Avant de passer à une autre question, je voudrais mentionner deux autres possibilités : d'abord, si la réincarnation existe, peut-être les convaincus transportent-ils leur croyance d'incarnation en incarnation. Dans le chapitre I, où j'ai discuté de la mémoire du comportement appliquée à nos cas, j'ai fait allusion à une hypothétique mémoire cognitive subliminale qui nous suivrait de vie en vie, et j'ai donné l'exemple de la connaissance des langues. Dans le chapitre V, j'ai dit que le fait de tenir très fort à être ce que l'on est (par exemple une femme, un Français, un musulman, un Blanc) viendrait peut-être de ce qu'on a déjà été le même personnage dans plusieurs vies successives. Il pourrait en être ainsi pour les croyances, y compris celle qui concerne la réincarnation, qui se consoliderait à chaque vie passée dans un milieu favorable. Cela ne serait pas forcément un souvenir précis, mais plutôt une intuition, à laquelle d'autres réminiscences participeraient. Un enfant né avec le concept de réincarnation hérité d'une vie précédente disposerait ainsi d'un état d'esprit lui permettant d'incorporer des images plus nettes de sa vie passée. À l'inverse, un enfant démuni de cette intuition rejetterait de lui-même tout souvenir imagé d'une autre existence et, en fait, « étoufferait » son propre cas !

Je sais que cela peut arriver parce que quelques sujets occidentaux m'ont raconté des impressions d'enfance : ils avaient des images très claires de scènes et d'événements qui se passaient en d'autres temps et lieux, mais, à leur âge, étaient encore incapables d'en comprendre la signification. Ils n'en parlaient à personne, sans les oublier pour autant. Beaucoup plus tard, ils avaient lu des articles sur la réincarnation et en avaient conclu que les images mentales de leur enfance devaient provenir d'une vie antérieure[3]. Ensuite, l'intervalle entre la mort et la réincarnation pourrait être plus court dans les pays où l'on rapporte le plus de cas. Nous avons quelques indications à cet égard, selon lesquelles la période intermédiaire serait plus longue en Europe occidentale et en Amérique du Nord, mais nous avons encore trop peu de cas dans ces pays pour qu'on puisse l'affirmer.

Caractéristiques variant selon les pays

Dans le dernier chapitre, j'ai mentionné plusieurs caractéristiques observées partout où l'on m'avait signalé des cas, et qui varient généralement d'un milieu à l'autre. Dans l'ensemble, ces variations sont assez insignifiantes ; autrement, je n'aurais pas osé employer le terme « universel » pour les définir. Je parlerai à présent de différences plus conséquentes.

Il y a d'abord les cas « même-famille », où le sujet appartient à la même famille que l'ancienne personnalité. Dans cette catégorie entrent presque tous les authentifiés de Burma, de Thaïlande, des États-Unis (à part les organisations tribales), des Igbos du Nigeria et des Tlingits d'Alaska. On en voit moins souvent en Inde, au Liban, au Sri Lanka et en Turquie.

Chez les Tlingits où règne le matriarcat, les sujets descendent de la mère en proportion de 75 p. cent[4].

Chez les Igbos du Nigeria, j'ai trouvé la relation inverse : leur société est patriarcale et les sujets descendent du père dans la majorité des cas (74 p. cent), alors que la famille maternelle n'en « produit » que 26 p. cent[5].

Les sujets birmans proviennent, eux, aussi bien de la famille du père que de celle de la mère : dans ce pays, la femme est presque l'égale de l'homme.

Les rêves « annonceurs » se produisent aussi plus ou moins selon les pays : ils sont chose commune chez les Tlingits et autres tribus du Nord-Ouest américain, chez les Birmans et en Turquie. Je n'en ai presque pas entendu parler chez les Igbos, au Sri Lanka ni au Liban. Ce genre de rêve laisse évidemment plus de traces dans les mémoires lorsque le « messager » en question est identifiable. Il est possible que dans les pays où on ne trouve presque pas de cas « même-famille » (comme le Sri Lanka), les gens oublient beaucoup plus vite ce genre d'annonce parce que le messager est étranger à la famille[6]. À l'appui de cette hypothèse, nos recherches en Inde où les rêves « annonceurs » ne m'ont été signalés que parmi les cas « même-famille ».

Les Druzes du Liban croient que la réincarnation s'accomplit instantanément, dès le décès. Pour eux, une âme ou un esprit désincarné ne peut exister avant le jour du Jugement. C'est pourquoi aucun Druze décédé ne saurait se présenter en rêve à sa famille : il est déjà dans le corps d'un nouveau-né[7].

Voici quelques commentaires à ce propos : l'intervalle entre la mort et la réincarnation varie selon les pays et les milieux culturels. Dans les cas déjà étudiés, cet intervalle variait entre quelques heures et vingt ans ou plus. La moyenne est de quinze mois, d'après un calcul effectué sur six cent seize cas dans dix milieux différents[8]. Mais, suivant l'opinion des adeptes de tous milieux ou pays, il n'y a pas de règle en ce domaine.

Toutefois, les Druzes et les Jains (en Inde) pensent que la règle est bien établie et strictement suivie. Selon les Jains, l'association entre âme et corps se fait dès la conception : ils calculent donc neuf mois entre la mort de l'ancienne personnalité et la naissance du sujet. Mais notre connaissance des Jains repose sur trop peu de cas pour nous permettre d'en tirer des conclusions[9].

D'autre part, les Druzes croient que l'âme du défunt va *sans délai* se lier au corps d'un nouveau-né, juste après l'accouchement. Les Druzes n'admettent aucune exception à cette règle, et s'ils décèlent un intervalle – même d'un seul jour – entre la mort de l'ancien corps et la naissance du sujet, ils présument qu'une « vie intermédiaire » a rempli le vide, même si le sujet ne se la rappelle pas. Cette « vie intermédiaire » n'aurait donc duré que le temps de l'intervalle en question. Il arrive qu'un sujet druze en ait un vague souvenir, mais c'est assez exceptionnel.

Des sujets d'autres pays, l'Inde en particulier, prétendent parfois se rappeler une vie intermédiaire, allant même jusqu'à en raconter certains détails (généralement invérifiables), par exemple Swarnlata Mishra, Gopal Gupta, Pushpa et Manju Tripatti.

Pourtant, je croirais plus facilement Swarnlata, qui présentait une xénoglossie récitative sous l'influence, semblait-il, de la vie intermédiaire dont elle se souvenait. D'autre part, la vie intermédiaire de Gopal Gupta était à mon avis imaginaire, du moins en partie ; il en avait parlé pour la première fois en réponse à une question directe : qu'avait-il fait pendant l'intervalle de huit ans entre la mort de Shaktipal Sharma (son ancienne incarnation) et sa propre naissance ?

La « vie intermédiaire » décrite par Manju Tripatti (elle habitait Kanpur, Uttar Pradesh, en Inde) me laisse aussi dans le doute.

Cette enfant se rappelait la vie de sa propre tante, avec des détails authentifiés, mais de peu de valeur parce qu'elle aurait pu en entendre parler autour d'elle. Comme elle était née douze ans après la mort de sa tante, elle disait que pendant cette période elle avait vécu à Srinagar, au Cachemire, et elle décrivait des paysages et autres détails sur ce pays et sur sa « vie intermédiaire » de façon tellement convaincante que notre équipe essaya par deux fois d'authentifier le cas à Srinagar, mais sans succès. Les souvenirs de Manju auraient aussi bien pu être imaginaires que mélangés à des vérités, comme beaucoup de cas invérifiables, probablement.

Pushpa s'était aussi découvert une vie pendant la période intermédiaire de quatre ans qui avait suivi la mort de son ancienne personnalité avant sa propre naissance. Elle se voyait en fils d'un bonze, mais aucune de ses affirmations à cet égard n'avait pu être vérifiée.

Cela nous conduit à un autre problème, qui se présente différemment selon les croyances : les souvenirs que certains sujets affirment avoir gardé d'un « stage » à l'état désincarné, entre la mort et la réincarnation. Il s'agit soit d'événements terrestres auxquels assiste l' « esprit » (généralement son propre enterrement ou sa mise en terre[10], ou quelque chose qui s'est passé[11] dans sa famille avant sa conception : cf. chap. III). Ce genre de réminiscence survient sporadiquement chez les sujets de tous pays, mais beaucoup plus souvent en Birmanie et en Thaïlande[12], on ne sait pas pourquoi. J'ai d'abord attribué cela à la pratique des méditations, si répandue dans ces deux pays. Les méditations bouddhiques ont la réputation de clarifier les pensées et de faciliter les souvenirs antérieurs – bien que ce ne soit pas le but du méditant –, ainsi que les souvenirs de l'au-delà. Cependant, les personnalités antérieures dont les sujets se rappelaient l'« après-mort » n'étaient pas toutes des méditants, non plus que des individus exemplaires.

Je ne crois pas que la fréquence de ce phénomène en Thaïlande et en Birmanie soit liée au bouddhisme theravada, religion prédominante dans ces pays, car elle est presque aussi importante au Sri Lanka où très peu de sujets parlent de séjour dans l'au-delà.

Il y a également les sujets qui déclarent avoir vécu une existence dans le corps d'un animal. Les bouddhistes et les hindous du Sud asiatique croient possible qu'un être humain se réincarne dans un corps d'animal, puis de nouveau dans un corps humain. Il m'est arrivé d'en entendre parler à propos de certains enfants-sujets, mais jamais ailleurs que dans le Sud asiatique (à moins que nous ne considérions comme exceptions un ou deux vagues rapports de deuxième main dont on m'a parlé en Turquie[13] ; je développerai ces questions dans le chapitre X).

J'en viens finalement à ce qui me semble être l'aspect le plus important des différences par rapport au pays : le changement de sexe d'une incarnation à l'autre, dont la proportion varie sensiblement selon les ethnies : de 50 p. cent chez les Kutchins (Athabaskan) au nord-ouest du Canada, à zéro au Liban, en Turquie, chez les Tlingits en Alaska[14], dans la Colombie britannique (Haïda, Tsimsyan, et Gitksan). Dans les autres pays, nous en avons trouvé 3 p. cent en Inde, 9 p. cent au Sri Lanka, 13 p. cent en Thaïlande, 15 p. cent aux États-Unis (en dehors les tribus autochtones) et 28 p. cent en Birmanie.

Lorsque j'interroge les informateurs des pays où ces cas se produisent, ils me disent que c'est une transformation possible, mais lorsque je pose les mêmes questions aux informateurs des pays où l'on n'en voit guère, ils me répondent que cela est impossible, parfois assez sèchement, comme si cela les choquait que je sois si peu renseigné. Pourtant, j'ai senti une légère hésitation dans leur rejet ; j'ignore pourquoi, car il est tout à fait improbable qu'ils aient entendu parler d'un cas de ce genre avant de me rencontrer.

Dans tous les pays (sauf un) où ce genre de cas se produit, il y a trois fois plus de filles qui se rappellent avoir été garçons que le contraire (pourcentage évidemment calculé parmi les cas *divulgués*.) Cette proportion est une constante, qui peut presque être considérée comme un aspect « universel » des cas, bien qu'il soit limité aux pays où les changements de sexe se produisent d'une incarnation à l'autre[15].

Mais le plus difficile reste l'interprétation de ces différences. J'en offrirai deux possibles (sans toutefois prétendre qu'il ne puisse en exister d'autres). Je prendrai comme exemple le cas « changement de sexe », parce que je dispose d'une bonne documentation sur ce problème et parce que c'est un point important pour nos recherches.

Les peuples qui croient à la réincarnation n'y croient pas tous de la même façon. Il y a des croyances subsidiaires qui les différencient, sur les modalités du processus (à noter que les chrétiens sont également en désaccord en ce qui concerne l'Immaculée Conception). Ces concepts : l'idée mère et ses divergences, constituent l'héritage culturel que les adultes transmettent aux enfants de génération en génération. L'enseignement religieux commence dès l'enfance et se poursuit quelquefois jusqu'à l'âge adulte. Certains rejettent les idées de leurs parents pour en adopter d'autres, mais la majorité accepte inconditionnellement la religion familiale. À la fin de sa vie, le mortel a généralement une notion très nette de ce qui lui arrivera « après », ayant écarté toute croyance opposée à la sienne en la qualifiant d'« impossible ». J'ai souvent rencontré cette intransigeance parmi les Occidentaux, quand on leur parle de réincarnation, mais elle apparaît aussi parmi ceux qui y croient, en ce qui concerne le processus. Par exemple, les Jains trouvent ridicule que nous recherchions des taches de naissance sur les sujets. Pour eux, il est inconcevable que le corps d'un nouveau-né porte les stigmates de son ancienne personnalité, puisque l'âme, disent-ils, entre dans une nouvelle enveloppe dès la mort de la précédente. Je suppose que si un enfant druze affirmait avoir appartenu au sexe opposé dans sa vie précédente, ses parents se moqueraient de lui, et cela suffirait pour étouffer le cas. Exactement comme le ferait l'incrédulité amusée d'un parent occidental vis-à-vis de son enfant si celui-ci évoquait « une autre vie ». Ainsi, aucun cas de changement de sexe ne peut se développer chez les Druzes, et ils continueront à penser que c'est « impossible ».

Voilà qui pourrait justifier l'absence de ce type de cas chez les Druzes, groupe socialement compact, géographiquement dispersé de nos jours, dont les croyances leur ont été transmises par des textes sacrés. Mais qu'en est-il des Alevis de Turquie, ou des tribus du nord-ouest de l'Amérique ? Les premiers n'ont probablement pas d'Écritures pour codifier leurs croyances, lesquelles sont transmises oralement. Quant aux tribus sus-mentionnées, elles sont éparses sur des milliers de kilomètres carrés en Alaska et en Colombie, et n'ont pas de chef spirituel ni de chaman pour leur dicter ce en quoi elles doivent croire. Personne n'a sillonné les canaux et rivières de ces pays pour leur dire qu'on ne peut changer de sexe d'une incarnation à l'autre.

Cela étant, la question se pose de la transmission des concepts d'une incarnation à l'autre (qu'ils se rapportent à l'idée mère comme je l'ai déjà suggéré, ou aux modalités du processus).

En bref, les croyances *pre mortem*, si elles sont suffisamment tenaces, pourraient influencer les événements *post mortem*, y compris les circonstances de la prochaine incarnation[16].

Cela ressemblerait aux suggestions posthypnotiques et serait rendu effectif par la même compulsion. Si on meurt en pensant qu'on ne peut absolument pas se réincarner dans un corps du sexe opposé, peut-être ne le peut-on pas, en effet.

Nous pouvons essayer de voir plus loin : par exemple, si une femme meurt et se réincarne dans un corps masculin dans un milieu où, comme chez les Tlingits, on croit le changement de sexe impossible. Dans sa première incarnation d'homme Tlingit, le sujet pourrait garder la mémoire subliminale de sa vie précédente de femme et, même s'il n'en perçoit aucun souvenir imagé, reconnaître la possibilité d'un changement de sexe. Mais après plusieurs existences d'homme, le souvenir d'avoir été femme s'éloignerait de plus en plus, de même que sa tolérance envers le concept de « changement de sexe », jusqu'à ce qu'il ne sente plus cela possible (même s'il n'est pas d'accord sur tous les points avec les Tlingits et leurs convictions).

L'hypothèse selon laquelle les croyances pourraient agir de manière à promouvoir ou inhiber le devenir après la mort dans d'autres incarnations peut s'appliquer à bien des perspectives, à part les cas « changement de sexe ». Nous développerons cette notion dans les derniers chapitres.

CHAPITRE IX

Valeur explicative de l'idée de réincarnation

Le comportement insolite des sujets, plus conforme à celui de l'ancienne personnalité qu'à celui de leur entourage, a d'abord été un objet d'étonnement pour moi, comme je l'ai dit dans le chapitre VI. Par la suite, j'ai peu à peu compris l'importance de cet élément pour notre estimation du processus paranormal des cas. J'ai mis encore plus de temps à me rendre compte que ces comportements pouvaient, de plus (à part être un indice de réincarnation), aider les psychologues et les psychiatres à expliquer certains types de comportements jusqu'ici mystérieux, ainsi que certains phénomènes biologiques et médicaux dont on ne connaît pas la cause. C'est ce que je développerai dans ce chapitre.

Tout d'abord, je demanderai à mes lecteurs de faire une autre supposition (je leur avais déjà demandé de supposer que la réincarnation existe vraiment). Supposons donc que beaucoup de gens aient une mémoire comportementale provenant d'une vie antérieure sans en avoir les souvenirs imagés (qui expliqueraient le comportement insolite).

Quelques-uns des cas dont je vous ai parlé vous ont déjà conditionnés : les sujets qui, après avoir tout oublié de leurs souvenirs antérieurs, continuent à en subir les séquelles (par exemple, les préférences pour certains mets). Sinon, méditez d'abord sur ce qui va suivre : il s'agit de sujets ayant aussi bien les souvenirs imagés (presque toujours vérifiables) que le comportement qui en résulte. Peut-être alors accepterez-vous mon hypothèse.

Comportement insolite dans l'enfance

Voici les conditions que nous trouvons généralement chez les sujets en question (à noter que je n'ai pas toujours pu approfondir mes enquêtes autant que je le souhaitais) : le comportement de l'enfant, non conforme à celui du reste de la famille, n'est justifié par aucun événement postnatal. Il n'y a personne dans son entourage (parents, amis ou voisins), dont il ait pu désirer imiter les habitudes.

Phobies : de la naissance à l'enfance

Nous avons déjà vu quelques exemples de sujets atteints de phobies, parfois avant même qu'ils puissent les exprimer oralement. Quelques-uns gardent leurs phobies bien après avoir oublié ce qui, dans leur vie antérieure, les avait provoquées.

Les phobies sont généralement liées à la façon dont l'ancienne personnalité du sujet a trouvé la mort, que les souvenirs aient pu être vérifiés ou non. Ma Tin Aung Myo, par exemple, dont les souvenirs étaient invérifiables, mais qui avait une phobie terrible des avions. Lorsque les phobies ne s'accompagnent pas de souvenirs imagés, on découvre souvent chez le sujet d'autres indices le désignant comme étant la réincarnation de tel ou tel défunt. Un sujet Tlingit, Derek Pitnov, avait une marque de naissance à l'endroit où son grand-oncle avait été blessé à mort. Derek n'avait pas de souvenirs imagés, mais une peur incontrôlable des armes blanches, qui semblait devoir durer autant que lui.

Il y a aussi les phobies concernant l'endroit où l'ancienne personnalité a trouvé la mort, ou, par extension, tout autre lieu ayant une ressemblance avec celui où il a été frappé ou accidenté. Suleyman Zeytun (Turquie) se rappelait avoir été noyé dans son autre vie (où il s'appelait Mehmet Cosman). Suleyman avait une répulsion pour l'eau en général, mais plus spécialement à l'endroit de la rivière Seyhan où Mehmet s'était noyé. Necati Çaylak, autre sujet turc, semblait terrorisé quand on lui demandait de traverser le pont où son ancienne personnalité avait été tuée dans un accident d'auto. Ravi Shankar Gupta ne pouvait s'approcher de l'endroit où l'enfant dont il se rappelait la vie avait été assassiné[1].

Mais, là encore, il n'y a pas de règle générale : Gopal Gupta se souvenait d'avoir été tué par une arme à feu, mais n'avait pas peur des armes à feu. Bongkuch Promsin n'avait pas peur des couteaux ou poignards, bien qu'ayant été frappé à mort par arme blanche dans sa vie antérieure. Nous trouvons d'ailleurs les mêmes inégalités dans les phobies (ou leur absence) des gens qui ont été frappés ou accidentés dans leur vie actuelle. Certains ne veulent plus s'approcher d'un véhicule après avoir subi un accident d'auto, d'autres remontent tranquillement dans celui où ils ont été blessés. Peut-être ces différences proviennent-elles d'une vie encore antérieure. Une personne qui s'est noyée dans sa vie précédente et ensuite a manqué se noyer dans sa vie actuelle aura plus facilement la phobie de l'eau que celle qui n'a pas eu ce genre de mort avant sa réincarnation.

La souffrance précédant le décès semble également avoir une influence sur le développement des phobies, quelles qu'en soient les circonstances. Par exemple, sur 47 noyés parmi les anciennes personnalités, 30 sujets (64 p. cent) avaient la phobie des bains ou de l'eau, et sur 23 cas de mort par morsure de serpent, neuf sujets (39 p. cent) avaient peur des serpents.

Les psychiatres pour enfants savent que certains enfants ont des phobies que ni eux ni les parents ne peuvent expliquer. Rien, dans la vie de l'enfant, ni dans son entourage, ne les justifie. Certains spécialistes attribuent ces peurs inexplicables à un transfert. Freud expliquait la peur des chevaux du petit Hans par la frayeur qu'il avait de son père ; alors que c'étaient bien les chevaux qui en étaient responsables[2].

Si nous nous limitons à la vie de l'enfant pour rechercher les causes d'une phobie (traumatisme ou autre), nous échouerons très souvent. Il nous faut enquêter ailleurs. S'il est vrai que certaines phobies d'enfant ont une signification symbolique, envisageons toujours la possibilité d'un traumatisme dans leur vie antérieure[3].

Jeux et intérêts insolites chez l'enfant

Lorsqu'un enfant manifeste une passion insolite pour certains jeux ou activités, les psychologues et les psychiatres attribuent cela au désir d'imiter ses aînés ou à un besoin d'exprimer secrètement des sentiments ou des attitudes inexprimables oralement. Par exemple, jouer au soldat lui donnera l'occasion de donner libre cours à son agressivité. Jouer au docteur l'identifie à quelqu'un de la famille, peut-être son père, s'il est médecin. Beaucoup d'enfants commencent très tôt à manifester un intérêt précoce pour ce qui sera plus tard leur carrière. Parmi les grands musiciens, on trouve de nombreux exemples de l'influence parentale qui peuvent expliquer leur passion pour la musique ; c'est le cas de Bach, de Mozart, de Beethoven, de Brahms et d'Elgar, dont les pères étaient tous musiciens. Mais le père de Dvorak était boucher, celui de Delius homme d'affaires, celui de Mendelssohn banquier (bien que très cultivé) et celui de Haendel chirurgien-barbier ; de plus, il s'opposait à ce que son fils s'intéresse à la musique. La mère de Haendel ne l'aida pas beaucoup non plus. À part quelques encouragements venant d'une de ses tantes et d'ailleurs assez inefficaces vis-à-vis de son père, rien ne pouvait justifier la vocation de Haendel, ni dans sa famille ni parmi ses ancêtres.

Elisabeth Fry avait commencé dès l'enfance à s'intéresser aux déshérités, et elle devint par la suite le porte-parole et la réformatrice de l'univers carcéral. Florence Nightingale soignait ses poupées avant de fonder l'infirmerie moderne. Toutes deux suivirent leur vocation en dépit des traditions et des aspirations de leur famille.

Des hommes qui ont accompli de grandes choses avaient annoncé leurs intentions dès leur plus jeune âge. Par exemple, Heinrich Schliemann, qui déterra les ruines de Troie, l'avait prévu à huit ans. Jean-François Champollion, le fondateur de l'égyptologie, avait commencé à s'y intéresser dans l'enfance et, selon ses propres paroles, avait décidé de déchiffrer les hiéroglyphes quand il avait douze ans. Michael Ventris, qui déchiffra le manuscrit de Mycènes, avait acheté et étudié un livre sur les hiéroglyphes égyptiens à l'âge de sept ans. À quatorze ans, il fit le vœu de décoder le manuscrit mycénien, et tint parole.

Parmi les saints qui ont montré une grande précocité dans leur vocation religieuse, sainte Catherine de Sienne, dont les jeux d'enfance consistaient à imiter les anachorètes, à jeûner et à se flageller. À sept ans, elle avait solennellement dédié sa vie au Christ. Le père de Catherine était teinturier. Sa femme et lui étaient pieux, mais rien dans leur vie n'explique la vocation de leur fille[4].

Ce genre de prédisposition se trouve également chez des gens ordinaires. Certains enfants s'intéressent à des matières ou à des activités qui n'ont aucun rapport avec le genre de vie ou le caractère de leurs familiers. On m'en a signalé quelques-uns. Par exemple, un petit garçon qui se passionnait pour l'horlogerie et y excellait, seul de sa famille. Un autre, né à l'intérieur des États-Unis, était fasciné par les bateaux et la navigation (au milieu de l'indifférence générale de son entourage). Un autre petit Américain blanc prenait violemment parti pour les aborigènes, s'habillait comme eux, etc. Personne dans sa famille ne partageait son enthousiasme, et il y était considéré un peu comme un étranger. Aucun de ces enfants n'avait de souvenirs imagés d'une autre vie. Les théories courantes sur la personnalité ne peuvent expliquer de façon adéquate ces vocations écloses dès l'enfance malgré l'indifférence ou l'opposition de l'entourage. L'influence d'une vie antérieure est à mon avis la bonne hypothèse, même en l'absence de souvenirs imagés.

Pour étayer cette suggestion, je citerai le cas d'enfants *qui avaient* des souvenirs imagés et en même temps des dispositions insolites pour certains travaux. L'un d'eux, Corliss Chotkin Jr. (cf. chap. IV), avait la passion des moteurs, auxquels personne de sa famille ne s'intéressait.

Les enfants (des filles en général) qui se rappellent une vie dominée par le mysticisme manifestent souvent une piété précoce, parfois encouragée par des parents religieux, comme ceux de Ratana Wongsombat, parfois rebutée par un milieu indifférent ou hostile, comme dans le cas de Disna Samarasinghe[5].

Dans des circonstances semblables, mais moins édifiantes, deux sujets « issus » d'anciens voleurs se mirent à chaparder tout ce qui leur tombait sous la main !

Les souvenirs de leur précédent moyen d'existence incitent certains enfants à les introduire dans leurs jeux. Ainsi, Winjanama Kithsiri ouvrait une boutique dès son retour de l'école. Parmod Sharma, au grand désespoir de sa mère, négligeait l'école pour tenir un salon de thé : tous deux continuaient ainsi les activités de leur ancienne personnalité. Ma Tin Aung Myo (cf. chap. IV) et Bajrang B. Saxena se rappelaient avoir été des soldats et adoraient jouer aux soldats. Vias Rajpal avait été docteur et insistait pour ausculter et soigner ses camarades de jeux. Daniel Jirdi avait été mécanicien d'automobiles et passait tout son temps libre sous le divan familial, prétendant réparer un véhicule. Lalitha Abeyawardena rassemblait les enfants du voisinage pour leur enseigner, devant un tableau noir inventé, les connaissances acquises dans sa vie précédente où elle était institutrice[6]. Judith Krishna avait la marotte des balais, en fabriquait avec toutes les brindilles qu'elle pouvait ramasser et balayait avec joie la courette familiale. C'était ce qu'elle avait fait pendant son ancienne vie. Une autre petite Indienne, Swaran Lata, qui se portait toujours volontaire pour les tâches ingrates, nettoyant les couches sales des bébés de la famille, affirmait qu'elle avait été domestique dans sa vie précédente. Les parents de ces petites filles appartenaient à la moyenne bourgeoisie et n'appréciaient pas du tout leurs goûts ancillaires.

Les souvenirs antérieurs donnent lieu chez certains sujets à des scènes comiques : j'en ai connu deux qui avaient été alcooliques et qui faisaient rire leur entourage en imitant les ivrognes. L'un d'eux était Sujith Lakmal Jayaratne, déjà nommé pour sa phobie des camions et des policiers.

Il y a des sujets qui revivent (pour s'amuser) la mort de leur ancienne personnalité. Ramez Shams mimait son propre suicide en faisant semblant de se tirer une balle dans la tête. Un autre, Maung Win Aung, disait qu'il s'était pendu dans son autre vie : il jouait à se pendre, une corde autour du cou et mimant la scène. Trois autres sujets jouaient à la noyade, après s'être réellement noyés à la fin de leur vie antérieure.

Il arrive qu'un sujet donne à ses poupées ou à ses jouets le nom des enfants de sa personnalité antérieure[7].

J'ai quelquefois demandé à des parents occidentaux d'où venaient les noms donnés à leurs poupées. Parfois, l'origine de ces noms est évidente, mais quand elle est mystérieuse, envisageons la possibilité d'un souvenir subliminal lié à l'ancienne personnalité.

Aptitudes ou habiletés innées chez les enfants

Nous avons vu quelques sujets qui avaient soit des aptitudes insolites, soit une habileté innée. Corliss Chotkin Jr., par exemple, savait réparer les moteurs sans la moindre instruction pour le guider. Suzan Eastland faisait, selon ce que m'avait dit sa mère, beaucoup de choses de façon spontanée, comme si elle avait déjà appris à les faire[8].

Cependant, je dois noter l'insuffisance de preuves concernant les prouesses des enfants prodiges : que je sache, il n'en est pas un en Occident qui ait attribué ses connaissances insolites à une vie antérieure ; et il y en a eu peu en Asie. Néanmoins, j'ai étudié le cas de deux fillettes (en Inde) dont on disait qu'elles récitaient étant enfants des quantités de versets d'écritures sacrées sans les avoir appris. Elles se rappelaient avoir vécu une existence dédiée à la religion et aux textes liturgiques. Mais ces deux cas m'avaient été signalés alors que ces deux petites filles avaient grandi : l'une était une jeune femme, l'autre une femme mûre. Il m'avait paru impossible de tirer cette histoire au clair, en essayant de savoir si elles avaient eu l'occasion d'apprendre ces textes de façon normale. Toutefois, l'observation attentive de cas semblables quand les sujets sont encore des enfants nous fournira peut-être la confirmation de cette hypothèse : les enfants prodiges tiennent-ils leurs dons de leur personnalité antérieure ?

Envies insolites chez les enfants

Certains sujets ont surpris et amusé leurs aînés en demandant – et même en exigeant – des stupéfiants comme l'alcool, le tabac ou les dérivés du cannabis. Ils prétendaient avoir usé de ces substances dans leur existence précédente et ne voyaient aucune raison de ne pas continuer. Ces envies ne correspondaient en rien à l'attitude de leurs parents qui, même s'ils en faisaient usage, n'auraient jamais admis que des enfants les imitent[9].

Caractère

Les psychologues utilisent le mot « caractère » pour désigner les traits de comportement d'un individu qui sont plus ou moins constants tout au long de sa vie, indépendamment des stimuli extérieurs. Pour employer une métaphore musicale, on pourrait dire que c'est l'accompagnement de la contrebasse sur lequel viennent s'ajouter les mélodies. Le potentiel d'activité physique, la constance dans l'effort, l'irritabilité ou la tendance à la colère en réponse à une frustration sont autant de dimensions du caractère.

Les chercheurs en ce domaine ont décelé des différences notables même chez les nouveau-nés, et dans le fœtus en observation. On a relativement peu étudié les causes de ces différences. Aucun spécialiste n'a encore donné d'explication définitive à cet égard, et quelques-uns d'entre eux avouent qu'ils en sont déconcertés[10].

Nombreux sont ceux de nos sujets qui, selon nos informateurs, présentaient dans leur caractère des ressemblances frappantes avec celui de l'ancienne personnalité dont ils se souvenaient : activité débordante, promptitude aux colères, etc., par exemple Imad Elawar et Disna Samarasinghe.

Sexualité précoce

Quelques-uns de nos sujets manifestaient dans leur enfance une attirance sexuelle pour l'épouse, la maîtresse ou la fiancée de leur ancienne personnalité, d'autres allant même jusqu'à faire des avances à des personnes du sexe opposé qui ressemblaient à leur partenaire dans leur vie précédente. Ce type de comportement se retrouve exclusivement chez les sujets dont l'ancienne personnalité était décédée en plein épanouissement sexuel, c'est-à-dire jeunes ou très jeunes (cf. chap. IV, le cas de Bongkuch Promsin)[11].

Identité sexuelle confuse

Les enfants qui affirment avoir appartenu au sexe opposé dans leur vie précédente le prouvent généralement par leur comportement. Ils semblent rejeter leur nouvelle anatomie. Une fille qui se rappelle avoir été un garçon refuse d'être traitée en fille, insiste pour porter des vêtements masculins et joue à des jeux de garçon[12]. J'ai suivi quelques-uns de ces enfants jusqu'à l'adolescence et quelque fois plus longtemps. La majorité d'entre eux s'adaptent peu à peu à leur nouvel état. Ceux dont l'ambiguïté ou la réticence persistent sont peu nombreux, heureusement, car ils n'arrivent jamais à se sentir bien dans leur peau.

Ma Tin Aung Myo était ainsi, continuant à dire qu'elle était un homme. J'ai également parlé d'un autre sujet de ce type (cf. chap. V), Rani Saxena, une Indienne qui refusait d'employer les formes verbales féminines en usage dans l'hindi et s'exprimait comme si elle était un homme. Elle se rappelait avoir été un riche avocat de Bénarès. Elle-même était née à Allahabad dans une famille modeste, mais vaguement apparentée à celle de l'avocat. Depuis sa toute petite enfance, elle racontait en détail des quantités d'anecdotes sur ce dernier. L'un de ses proches, informateur digne de notre confiance, m'a rapporté l'histoire suivante : un ami de l'avocat en question était venu en visite. Rani, de la pièce voisine où elle se tenait, avait entendu sa voix, et avant de le voir, l'avait identifié correctement (elle ne l'avait jamais rencontré dans sa nouvelle incarnation). Elle l'avait reconnu uniquement à sa façon de parler.

Malgré ses tendances masculines évidentes, elle s'était laissée marier par sa famille à un homme très pauvre : son comportement aurait rebuté un homme riche. Elle vivait dans la misère, élevait péniblement ses deux enfants, en bonne mère, bien qu'à contrecœur. Elle disait que c'était la juste punition de Dieu, pour avoir égoïstement profité des femmes dans son ancienne incarnation. Cependant, son attitude à cet égard était ambivalente : elle reconnaissait qu'elle méritait son triste sort, mais, d'autre part, elle continuait à se voir comme le riche avocat de Bénarès et rêvait nostalgiquement à l'existence dorée dont elle se rappelait. Les cas de Ma Tin Aung Myo et de Rani Saxena ressemblent à ceux que les psychiatres ont étiqueté : « confusion mentale sur l'identité du genre ». Certains chercheurs ont incriminé un facteur biologique (comme le syndrome de Klinefelter), mais ne peuvent pour autant expliquer tous les cas[13]. Quelquefois, les parents ont désiré avoir un enfant mâle, par exemple, et ayant au contraire donné le jour à une fille, ont orienté celle-ci (souvent inconsciemment) vers un comportement masculin. Mais cette explication non plus ne peut être généralisée[14]. Quelques patients atteints de cette « confusion mentale » ont réhabilité leurs géniteurs en niant formellement la responsabilité de ces derniers à l'égard de leurs problèmes : ils s'étaient toujours sentis, déclaraient-ils, comme si l'on s'était trompé de corps en les faisant naître garçons, et ils ajoutaient que leurs parents désapprouvaient leurs goûts vestimentaires et leur comportement féminin[15].

Nous avons suffisamment rencontré de cas de ce type parmi nos sujets pour que je puisse me permettre d'avancer l'hypothèse de « changement de sexe d'une incarnation à l'autre » pour les patients mal adaptés à leur genre ainsi que pour les homosexuels, même s'ils n'ont jamais perçu d'images de leur vie précédente.

Différences insolites entre vrais jumeaux (monozygotes)

Parmi nos cas, nous avons observé trente-six paires de jumeaux, dont l'un ou tous les deux se rappelaient leur vie antérieure. Dans deux tiers de ces cas, l'un des jumeaux avait plus de souvenirs que l'autre. Parfois, un seul jumeau gardait des réminiscences. Parfois l'un se rappelait que l'autre l'accompagnait dans sa vie précédente, mais ce dernier n'en savait rien.

Dans vingt-six de ces cas, on avait pu identifier un défunt pour chacun des jumeaux (parmi les autres, l'un des jumeaux ou tous les deux n'avaient pas de personnalité antérieure identifiable). Dix-neuf des vingt-six paires avaient été soit mariés l'un à l'autre, soit membres de la même famille. Les sept paires restantes avaient été amis ou relations, mais jamais étrangers l'un à l'autre. À ce propos, j'ai raconté le cas des jumelles Gillian et Jennifer Pollock (cf. chap. IV), qui se rappelaient avoir été leurs propres sœurs aînées, Joanna et Jacqueline. De même, les jumeaux indiens Ramoo et Rajoo Sharma avaient, affirmaient-ils, déjà été jumeaux (dans un autre village), et les jumelles Ma Khin Ma Gyi et Ma Nge, observées en Birmanie, assuraient qu'elles étaient leurs propres grands-parents réincarnés. Ma Gyi avait donc été homme et en affichait les goûts vestimentaires dans son enfance, ainsi que certains traits de caractère de son grand-père.

Sivanthie et Sheromie Hettiaratchi, jumelles, se rappelaient leur vie passée où elles étaient deux homosexuels inséparables. Leur comportement était plus masculin que féminin, comme dans la majorité de ces cas.

Les relations entre jumeaux sujets reproduisent souvent celles qui existaient entre les deux personnalités antérieures. Par exemple, Gillian (Joanna) se comportait en aînée et Jennifer en cadette comme Jacqueline (qui avait cinq ans de moins que sa sœur), et Ma Nge dominait Ma Gyi avec des petites tracasseries, comme leur grand-mère dominait leur grand-père. Des jumeaux birmans, dont l'un avait été une femme riche, propriétaire d'une minoterie, et l'autre un fermier qui lui apportait son riz à moudre, reflétaient la condescendance un peu hautaine de l'une opposée à la déférence de l'autre. Nous trouvons cette combinaison « dominant/dominé » dans onze cas de jumeaux dont nous avons pu vérifier la vie antérieure et les caractéristiques de leur ancienne personnalité. Les jumeaux monozygotes (ou vrais jumeaux)[16] nous offrent un excellent terrain d'étude pour distinguer les facteurs génétiques de ceux de l'environnement dans les cas d'anomalies, de différences ou de maladies individuelles. Les spécialistes de la recherche psychiatrique et du comportement ont étudié avec une attention particulière les jumeaux monozygotes séparés dès leur naissance et élevés chacun dans une famille différente[17]. Pour simplifier un peu, disons que leurs différences de comportement sont attribuées à l'influence de leur environnement respectif, et leurs similitudes à leur matériel génétique commun. En général, qu'il s'agisse de monozygotes élevés ensemble ou séparés, les chercheurs ont surtout souligné leurs similitudes. Le concept de réincarnation peut expliquer également leurs différences.

Voyons tout d'abord les similitudes des vrais jumeaux élevés séparément : on a dit qu'ils devenaient plus facilement schizophrènes que les faux jumeaux dans les mêmes conditions. Beaucoup de psychiatres prétendent que les facteurs génétiques en sont la cause, mais d'autres le contestent et le débat reste ouvert[18]. Je croirais, pour ma part, que les similitudes de comportement entre jumeaux monozygotes (séparés ou élevés ensemble) peuvent être dues, en partie du moins, à une vie antérieure passée ensemble où ils ont contracté les mêmes habitudes, adopté les mêmes attitudes qu'ils ont gardées dans leur vie actuelle. Deux hommes ayant commis des crimes ensemble dans une vie, et réincarnés en vrais jumeaux, redeviendraient peut-être tous deux criminels.

Maintenant, voyons les différences entre monozygotes élevés ensemble. Ils ont le même matériel génétique, tout comme les jumeaux séparés. Les dissemblances de leur comportement pourraient être causées par une préférence du père ou de la mère pour l'un des deux (généralement le plus faible). Les spécialistes les ont aussi attribuées à leur « environnement » dans l'utérus maternel. Par exemple, après la division en deux embryons de l'œuf initial, l'un aurait été plus favorisé en recevant une dose de sang supérieure à l'autre, ou un coin plus confortable. On donne cette explication lorsque l'un a un défaut de naissance que l'autre n'a pas, comme par exemple un bec-de-lièvre (qui affecte un bébé sur deux mille). Ici, le facteur génétique intervient de façon évidente : parmi les vrais jumeaux, lorsque l'un d'eux a un bec-de-lièvre, il y a 38 p. cent de chances pour que l'autre l'ait également. Pour les faux jumeaux, la proportion n'est que de 8 p. cent. Néanmoins, il y a environ deux tiers des monozygotes chez qui on ne trouve pas cette concordance. Il doit donc exister un autre facteur responsable, à part le facteur génétique, quand cette malformation n'affecte qu'un seul jumeau[19]. La théorie d'une anomalie intra-utérine a été avancée comme nous l'avons vu plus haut.

Pourtant, ces hypothèses sont insuffisantes, et pour soutenir la mienne (celle d'une mémoire comportementale provenant d'une vie antérieure), je vous parlerai d'un cas de monozygotes étudié au Sri Lanka.

Les jumeaux, Indika et Kakshappa Ishwara, se ressemblent, mais ne sauraient être confondus l'un avec l'autre comme cela arrive souvent. Aussi fis-je analyser leur sang à l'université de Virginie (pour m'assurer qu'ils étaient bien nés d'un seul œuf), ainsi que le sang des parents et celui des autres membres de la famille. Depuis leur naissance, ces jumeaux avaient des comportements différents. Dès qu'ils surent parler, Indika commença à raconter des bribes d'une vie qu'il aurait vécue dans un autre village (à 50 kilomètres de celui où ils étaient nés). Il se décrivait comme un écolier studieux et sage, et il donna assez de précisions sur les noms et la situation de son ancienne famille pour permettre « la » confrontation de vérification. Tout ce qu'avait raconté Indika fut confirmé : ces gens avaient perdu un petit garçon de treize ans après une courte maladie (infectieuse probablement, le dossier d'admission à l'hôpital avait malheureusement été détruit avant mon enquête).

Lorsque Kakshappa avait été interrogé par ses parents à l'époque des premiers récits d'Indika, sur ce que lui avait fait dans son autre vie, il avait répondu qu'il était un insurgé (cf. chap. V où j'ai parlé de la grave insurrection du printemps de 1971 au Sri Lanka et de la terrible répression qui avait suivi). Imaginer Kakshappa en insurgé, cela amusa la famille, qui se moqua gentiment de lui. Il en fut vexé et ne voulut plus en parler, mais il avait quand même mentionné le nom d'une ville où les insurgés se rassemblaient et où certains d'entre eux avaient été tués. L'endroit était proche de celui où Indika avait vécu dans son incarnation précédente.

Indika était un garçon aux manières agréables, aimant les livres. Il avait un air de dignité et tenait à être respecté, attitude qui correspondait davantage à l'ancienne personnalité, dont le milieu était plus privilégié que celui de son entourage actuel. Kakshappa, au contraire, était ce qu'on appellerait aujourd'hui un « dur ». Il parlait plus volontiers de fusils et de bombes que de livres. Il était réfractaire à l'école. Il avait peur des étrangers et se cachait d'eux (comme le faisaient les insurgés du Sri Lanka avant l'attaque). La famille avait-elle accentué ces différences, connaissant les circonstances de leur vie antérieure, en confinant chacun des jumeaux dans un rôle auquel il se conformait de plus en plus ? Peut-être, et il est possible aussi que cela ait conduit les témoins à exagérer la situation. Il n'en reste pas moins que leurs contradictions existaient et venaient vraisemblablement des incarnations précédentes dont ils avaient gardé les réactions[20]. Lorsque je les rencontrai de nouveau, en 1982, ils avaient dix ans et leurs divergences tendaient à disparaître. Kakshappa s'était réconcilié avec l'école, mais il était toujours plus enclin que son frère à la violence dans ses disputes avec leurs camarades.

Avant de passer à d'autres questions, je voudrais attirer l'attention sur les frères siamois : un des premiers spécialistes en la matière, Newman, a fait remarquer que les frères siamois diffèrent l'un de l'autre (dans leur caractère) encore plus que les jumeaux, même monozygotes. Les premiers frères siamois connus (au milieu du XIXe siècle), Chang et Ung, avaient des personnalités opposées : Chang était coléreux et irritable, Ung était bon enfant. Chang buvait de l'alcool – souvent beaucoup trop –, surtout dans leurs dernières années, tandis que Ung était antialcoolique. Ce que l'un aimait manger, l'autre le détestait[21]. Les frères siamois, comme les monozygotes, ont tous deux le même matériel génétique et, encore plus que ces derniers, le même environnement : nous nous attendons naturellement à les trouver aussi ressemblants dans leur personnalité que physiquement. Il n'en est rien. Bien que Chang et Ung n'aient jamais rien dit qui puisse être considéré comme une réminiscence de vie antérieure, je présume que leurs différences (comme le goût et le dégoût de l'alcool) étaient dues à la mémoire comportementale héritée de vies antérieures dissemblables.

Relations entre parents et enfants

Dans la première partie du livre, nous avons vu les sujets réclamer une rencontre avec la famille de leur incarnation précédente. J'ai analysé les motivations possibles de ce besoin par exemple, désir de revoir l'époux de leur autre vie, inquiétudes concernant les enfants de la personnalité antérieure, etc. Voici une autre supposition : la conviction très tenace, chez certains sujets, que les anciens parents étaient meilleurs que les leurs. Parfois, ils utilisent le terme « mes vrais parents » pour les désigner, comme Shamlinie Prema et Roberta Morgan[22]. Même si leurs parents s'occupent d'eux de façon irréprochable – matériellement et sentimentalement –, ils se languissent des « autres ». Cette attitude prouve peut-être l'attachement profond qui liait le sujet aux siens dans sa vie précédente et le désir de les savoir sains et saufs.

Mais, quel qu'en soit le motif, les comparaisons fréquentes avec les parents actuels, les demandes réitérées de retrouvailles peuvent finir par les agacer et par créer une situation tendue entre parents et enfant, pendant une période plus ou moins longue, selon la ténacité des récriminations (plus ou moins bruyantes) et surtout le pouvoir de tolérance des géniteurs.

Si la réincarnation existe, les frictions entre parents et enfants peuvent provenir d'un autre genre de parenté dans la vie antérieure du sujet. Par exemple, dans les cas où le sujet affirme qu'il est « grand », de l'âge de ses parents, ou plus âgé[23]. S'il dit qu'il est le propre grand-père de sa mère et s'il se conduit comme tel, le résultat dépend, du moins en partie, de la dose de gentillesse ou d'égoïsme dont ce grand-père faisait preuve vis-à-vis de sa petite-fille, et vice versa.

Une situation assez épineuse peut aussi être causée par un sujet qui prétend avoir été le fiancé ou l'époux de l'un de ses parents. Rappelez-vous le cas de Michael Wright (cf. chap. IV) et les trois cas semblables de la note 14. En Finlande, le cas de Taru Järvi les représente parfaitement : la petite fille essayait de se débarrasser de son père dont, disait-elle, on n'avait aucun besoin à la maison. Elle prétendait avoir été le premier mari de sa mère actuelle[24].

Dans quelques cas, le sujet affirme avoir eu des motifs de haine pour l'un de ses parents actuels[25]. Je n'ai jusqu'ici publié qu'un seul cas de ce type, celui de Zouheir Chaar, du Liban. Il se disait la réincarnation du défunt voisin qui se querellait constamment avec la mère de Zouheir à propos de ses droits à l'eau d'irrigation. Chacun avait accusé l'autre de lui voler de l'eau, si précieuse pour l'arrosage des fleurs et des légumes (les témoins trouvaient que le « cas » rendait justice à l'un et à l'autre). Dès qu'il avait su parler, Zouheir avait commencé à accuser sa mère de lui voler son eau. Sa mère le manipula adroitement et en quelques années ses rancœurs s'apaisèrent.

Les circonstances de ce cas sont claires : Zouheir donnait les raisons de ses griefs, et sa mère se rappelait parfaitement les constantes accusations qu'elle et son voisin échangeaient (tout en n'admettant pas ses torts). Mais les enfants manifestent parfois une animosité unilatérale contre un parent sans en donner les raisons. Dans les pays ou les milieux où la réincarnation va de soi, les parents réagissent constructivement à l'hostilité de leur fils ou de leur fille : ils sont conscients du fait que l'enfant a sans doute un vieux compte à régler et ne se sentent en rien responsables en tant que parents. Mais lorsque la même situation se produit dans une famille occidentale, les parents peuvent éprouver un immense chagrin devant une rancune qu'ils savent n'avoir pas méritée. Il n'est, bien entendu, jamais exclu qu'ils aient manqué de savoir-faire en élevant leur progéniture. Mais si cela n'est pas, qu'ils pensent à la possibilité d'une situation « importée » d'une autre incarnation dont ni eux ni leurs enfants n'ont gardé de souvenirs imagés, mais qui est responsable de cette mésentente si incompréhensible pour tous.

Pendant des années, les psychiatres ont blâmé les parents pour les troubles mentaux de leurs enfants : la schizophrénie, par exemple, était dans leur diagnostic le résultat d'un manque d'affection ou d'un rejet de la part du père ou de la mère. C'était ne pas tenir compte de la réussite des frères et sœurs du malade, pourtant élevés par les mêmes parents. Ils n'écoutaient pas non plus les doutes de la mère, signalant que cet enfant-là avait été différent des autres depuis sa naissance. Par exemple, il se raidissait quand on le prenait dans les bras, au lieu de se détendre et de se pelotonner contre sa maman comme les autres. Les psychiatres d'enfants reconnaissent maintenant que les bébés réagissent chacun de façon différente dès leur naissance et même avant, mais ils attribuent généralement ces différences à un facteur génétique ou à un accident possible durant la grossesse. Je pense qu'il nous faudrait chercher beaucoup plus loin dans le passé l'origine d'au moins quelques-unes des incompatibilités entre parents et enfants.

Agressivité irrationnelle

Si j'ai raison de croire que l'idée de réincarnation peut nous aider à comprendre certains aspects des relations entre parents et enfants, elle peut aussi le faire pour les rapports extra-familiaux. Je pense à cet antagonisme apparemment irrationnel que manifestent certaines personnes envers certaines autres, individus ou collectivités. La proportion de morts violentes parmi les anciennes personnalités de nos sujets nous a permis d'étudier la façon dont les sentiments forts peuvent être transmis d'une incarnation à l'autre, comme par exemple le désir de vengeance contre un assassin. D'après ce que nous savons des réactions des gens en général, il en va de même pour nos sujets dont les uns pardonnent, et les autres pas du tout. Dans le chapitre IV, vous avez vu Bangkuch Promsin frapper un poteau de toutes ses forces en répétant le nom du meurtrier de Chamrat (son ancienne personnalité). En grandissant, l'enfant ressent de moins en moins de colère contre son agresseur. Le désir de vengeance fait alors place à une attitude plus tolérante.

Le ressentiment d'un sujet peut s'étendre jusqu'à l'entourage (au complet) de l'agresseur, ou même du milieu auquel il appartenait : l'antagonisme se manifeste alors contre le groupe en question, par exemple tous les agents de police, tous les bédouins, tous les musulmans, etc.[26]

De là à détester une nation ou une race entière, il n'y a qu'un pas. Peut-être les sources normales de cette sorte de haine suffisent-elles : j'entends celle que les enfants apprennent sur les genoux de leurs parents : c'est comme cela que s'est transmise la haine des sudistes contres les yankees, celle des Français contre les Allemands, et des Mac Donald contre les Campbell, à travers les siècles et les lustres. Mais probablement pas seulement comme cela : si la réincarnation existe, la haine d'un homme tué par un étranger peut rester en lui jusqu'à sa nouvelle incarnation et lui faire détester tous les concitoyens de cet étranger. Je ne peux citer aucun cas vérifiable pour illustrer cette hypothèse, mais certains sujets birmans en offrent des exemples frappants, bien qu'ils soient impossibles à authentifier. Nous avons vingt cas d'enfants birmans qui se rappelaient avoir été des soldats japonais pendant la Seconde Guerre mondiale (cf. chap. IV : le cas de Ma Tin Aung Myo). Beaucoup d'entre eux présentaient des caractéristiques qui étaient insolites dans leur pays, mais conformes à celles des Japonais, surtout des soldats japonais[27]. Plusieurs s'étaient particulièrement intéressés aux Japonais en visite et quelques-uns avaient la réputation de se mettre en colère quand on parlait devant eux des Américains ou des Anglais.

Autres anomalies dont la réincarnation pourrait expliquer certains aspects

« Envies » de femmes en état de grossesse

Les envies ou aversions des femmes pendant leur grossesse sont assez courantes, aussi bien en ce qui concerne la nourriture que leur comportement en général.

Des changements physiologiques et anatomiques importants se produisent pendant cette période. Les relations avec l'entourage se modifient, surtout avec le mari et les enfants s'il y en a déjà. Une grossesse peut apporter joie et bien-être, mais elle peut aussi s'accompagner de malaises, d'anxiété et même d'angoisse. Même la plus agréable des grossesses comporte une altération des goûts alimentaires due aux transformations biochimiques et physiologiques de l'organisme en évolution. Je n'en aurais donc pas parlé ici sans les confidences de quelques mères dont les goûts et aversions correspondaient à ceux que leur nouveau-né devait manifester par la suite, et que, pour certains d'entre eux, leur ancienne personnalité avait manifestés avant eux.

Dans le cas de Bongkuch Promsin (cf. chap. IV), la mère de l'ancienne personnalité de Bongkuch (Chamrat) avait eu pendant qu'elle attendait Chamrat les mêmes envies (d'un certain genre de nouilles) que plus tard Chamrat lui-même, que la mère de Bongkuch pendant qu'elle attendait Bongkuch et ensuite que Bongkuch lui-même[28].

Un sujet birman, Maung Myint Tin (dont le cas avait été étudié par U Win Maung), se rappelait avoir déjà vécu en alcoolique, et lui-même éprouvait une très forte envie d'alcool dans sa jeunesse. Mais le plus étrange est que sa mère avait eu le même besoin irrésistible d'alccol pendant les cinq premiers mois de sa grossesse, et qu'elle avait dû faire un gros effort de volonté pour se maîtriser pendant les derniers mois avant l'accouchement.

Quelques mères de sujets ont rapporté un autre genre de changement pendant qu'elles les attendaient. Par exemple, la mère de Disna Samarasinghe, qui fut prise d'un accès de dévotion et de mysticisme qui ne dura que jusqu'à la naissance de Disna. Celle-ci était d'une très grande et très précoce piété pendant son enfance : elle se rappelait avoir été une femme vouée à la méditation. Il y avait aussi la mère d'Ornuma Sua Ying Yong, qui d'habitude adorait jouer aux cartes, mais avait détesté le jeu pendant sa grossesse, jusqu'à la naissance d'Ornuma. Plus tard, Ornuma, qui était comme Disna, très pieuse, essayait par tous les moyens (jusqu'à en agacer les partenaires de jeu de sa mère) de l'empêcher de jouer.

Une mère Tlingit me raconta qu'elle avait eu trois grossesses pendant lesquelles elle ne pouvait se passer de musique, et les trois enfants nés de ces grossesses étaient mélomanes. Elle avait eu ensuite une quatrième maternité pendant laquelle la musique lui était indifférente : elle ne pensait qu'à cuisiner et à coudre. Son quatrième enfant avait exactement les mêmes goûts.

J'ai eu ces rapports *après* la naissance des sujets et après l'évolution des cas, mais parfois le père du sujet me donnait un témoignage concordant. Néanmoins, des modifications mystérieuses sont plutôt rares, je dois dire, et la plupart des mères de sujets avaient eu des grossesses normales.

Évidemment, mes informateurs pourraient avoir arrangé leur histoire selon les goûts et le comportement du sujet, par la suite. On peut aussi supposer que la mère avait encouragé ce comportement pour qu'il corresponde au sien pendant la grossesse. Et il est également possible que la mère ait communiqué ses goûts au fœtus de façon paranormale et que l'enfant les ait gardés ensuite. Je connais un cas où les choses ont pu se passer ainsi, car les goûts insolites de la mère correspondaient à ceux que manifestait le sujet, mais non à ceux de l'ancienne personnalité de ce dernier.

Toutes ces observations n'en sont qu'à leur début, mais je crois juste de persévérer, surtout en ce qui concerne la corrélation entre la modification du goût et du comportement de la mère pendant la grossesse et le comportement ultérieur du sujet né de cette grossesse. Entre-temps, nous continuerons à accepter la possibilité d'une osmose entre la personne qui va se réincarner et la femme qui porte son fœtus.

Gauchers

L'utilisation d'une main de préférence à l'autre semble provenir surtout d'habitudes sociales. Les adultes gauchers sont beaucoup moins nombreux que les enfants gauchers. L'éducation en serait donc responsable, car un grand nombre de gauchers enfants se sont adaptés peu à peu à la manipulation d'outils, équipements et autres qui sont conçus pour les droitiers.

Cette prédisposition à se servir de la main gauche semble être congénitale, on s'en rend déjà compte en observant les bébés : il y a donc là un facteur héréditaire. Cependant, lorsque deux ou trois autres membres de la même famille sont gauchers, il peut paraître difficile de séparer l'influence du facteur génétique du mimétisme. D'ailleurs, il est des cas où les deux influences se font sentir : facteur génétique *et* instinct d'imitation chez l'enfant.

Être gaucher implique une adresse spéciale : enfiler une aiguille, par exemple, est un geste d'adresse, et lorsqu'on y utilise une main de préférence à l'autre, l'adresse fondamentale est doublée d'une forme de développement plus poussée. Préférer se servir d'une main plutôt que de l'autre nous procure un avantage : celui de nous aider à mieux accomplir une tâche. Cela nous serait beaucoup plus difficile si nous essayions de le faire indifféremment d'une main ou de l'autre. S'il en est ainsi, on peut s'attendre à conserver cet avantage d'une incarnation à l'autre, et j'en ai trouvé quelques indices. Mes collègues et moi avons pu obtenir des informations sur dix cas où le sujet était gaucher, comme sa personnalité antérieure avait la réputation de l'être.

À noter que pour deux de ces dix cas, les témoins n'étaient pas tous d'accord sur l'ancienne personnalité. Les uns disaient qu'il était gaucher, les autres contestaient. Deux autres de ces cas n'avaient pu être authentifiés, nous n'avons donc que la parole des sujets pour nous renseigner. En outre, cinq des sujets appartenaient à la même famille (de plus ou moins près) que leur ancienne personnalité, et dans ces conditions nous ne pouvons exclure un facteur génétique (Corliss Chotkin Jr. était l'un d'entre eux).

Pourquoi tout le monde ne se sert-il pas plutôt de sa droite ? Ou bien, comment les gauchers en sont-ils arrivés là ? Je suis loin d'oser me prononcer sur ces questions, mais nous avons quelque motif de croire que la réincarnation n'y est pas étrangère. Tout d'abord, une personne qui perd sa main ou son bras droit arrive habituellement à s'adapter à l'utilisation de sa seule main gauche. C'est ce que fit le grand amiral anglais, Lord Nelson. Il avait subi l'amputation de son bras droit après avoir été blessé lors de la bataille de Santa Cruz de Tenerife, en 1797, et il avait dû apprendre à écrire (d'ailleurs assez bien) de la main gauche[29].

Vraisemblablement, quelqu'un qui devient (comme Lord Nelson) gaucher par nécessité, aurait, s'il se réincarnait, une prédisposition congénitale à se servir de sa main gauche (en présumant que cette habitude prenne le dessus dans l'incarnation suivante). Je connais un seul cas pour étayer cette hypothèse : la petite Ma Khin Sandi, sujet birman, qui avait été identifiée comme étant la réincarnation de sa grand-mère, laquelle n'était pas gauchère, mais dont une paralysie avait immobilisé le bras droit pendant la dernière année de sa vie. Je me demande si la mémoire comportementale avait pu influencer Ma Khin Sandi, qui utilisait de préférence son bras gauche.

Trois autres cas birmans éclairent aussi cette optique. Les trois sujets avaient plusieurs doigts des deux mains congénitalement déformés ou manquants. Ces défauts de naissance, selon les déclarations des sujets et des témoins, correspondaient aux blessures (par coups d'épée) reçues avant d'être tuées par les trois personnalités antérieures. Chez ces trois sujets, la main droite était la plus endommagée. Ils étaient donc gauchers, par nécessité. Tous trois me dirent qu'ils ne l'étaient pas dans leur vie antérieure (je ne pus vérifier ce point particulier, mais plusieurs autres, rapportés par les sujets sur leur existence précédente, ont été authentifiés). Si ces sujets devaient se réincarner, leur incarnation suivante se servirait probablement de la main gauche plutôt que de la droite.

Marques de naissance et défauts congénitaux

Dans le chapitre V, j'ai parlé de l'importance de ces signes distinctifs. J'ai également expliqué que je ne voulais pas m'attarder sur cette question, parce qu'elle sera l'objet d'un prochain ouvrage. Je ne les mentionne ici que parce qu'ils doivent figurer dans tout inventaire de problèmes biologiques que la réincarnation peut aider à expliquer.

Unicité de l'individu

L'unicité de l'individu[30] est une question d'intérêt éternel et de suppositions constantes. Nous nous interrogeons souvent sur l'origine des caractéristiques personnelles de nos parents et de nos amis. Nous disons, par exemple, que telle petite fille a les yeux bleus de sa grand-mère et l'entêtement de son père. Cette sorte de constatation familiale peut s'appliquer à une quantité de caractéristiques. Si un trait particulier ou insolite ne peut être expliqué par une ressemblance avec tel ou tel membre de la proche famille, on pense à un lointain ancêtre. On en imagine un au besoin.

Les généticiens nous apprennent que l'unicité d'un individu à sa naissance provient de la distribution aveugle des chromosomes au moment de la formation des gamètes (sperme et œuf) avant la fertilisation. Les chromosomes des parents provenaient d'un même hasard, ceux des grands-parents également, et ainsi de suite en remontant dans le passé. Selon cette optique, l'unicité de chacun de nous est le résultat de toutes ces combinaisons, dues au hasard. En définitive, la combinaison – unique – des qualités de chacun de nous est semblable au jeu que chaque joueur reçoit lors d'une partie de poker, par exemple.

S'il n'existait aucun phénomène évoquant la réincarnation, je me contenterais de l'idée selon laquelle nos capacités innées dérivent d'un jeu de gènes, au hasard d'une distribution. Mais comme les phénomènes en question se produisent, je crois possible que l'unicité d'un individu lui vienne non seulement par évolution génétique, mais aussi en résultat des événements vécus dans des vies précédentes. J'admets tout de suite qu'en plaidant pour le concept de réincarnation, on est obligé de faire des suppositions dans la plupart des cas. Mais je mentionnerai néanmoins quelques exemples qui, pour n'être pas aussi parfaits que nous le voudrions, peuvent ouvrir la voie pour de futures recherches.

Certains de nos sujets présentent des traits de caractère ou des aspects physiques insolites dans leur famille, mais que l'on pourrait expliquer par l'influence d'une seule vie antérieure. Disna Samarasinghe était précoce en religion comme en travaux ménagers, elle savait cuisiner et tresser le chaume comme sa personnalité précédente, Babanona. Lalitha Abeyawardena aussi semblait avoir conservé les connaissances de Nilanthie, qui était institutrice et d'une piété notoire. Lalitha jouait à la maîtresse d'école et était très pieuse[31].

Pouvons-nous, dans certains cas, détecter l'influence, non plus d'une seule, mais de deux ou plusieurs vies d'après les traits de caractère ou l'apparence du sujet ? Nous en avons malheureusement fort peu d'exemples crédibles et encore moins d'exemples vérifiables. J'en citerai néanmoins deux où les sujets affirmaient se rappeler deux vies antérieures, l'une vérifiée et l'autre invérifiable.

Swarnlata Mishra, déjà mentionnée, racontait quantité de faits vérifiés sur sa vie antérieure où elle s'appelait Biya, épouse et mère modèle, morte en 1939, donc neuf ans avant la naissance de Swarnlata (1948). Peut-être, sans vouloir diminuer les mérites de la mère de Swarnlata, cette dernière avait-elle gardé le dévouement envers autrui de la Biya de son autre vie. Swarnlata disait aussi qu'elle avait vécu une courte vie « intermédiaire » à Silhet (à présent au Bangladesh). Elle y avait appris les chants et danses de ce pays, qu'en effet elle connaissait et pratiquait. Ni Biya ni Swarnlata n'avaient pu, habitant le centre de l'Inde où l'on parle hindi, s'inspirer de quiconque autour d'elles pour enregistrer ce folklore dans leur mémoire. Il faut donc croire que Swarnlata disait la vérité.

Parmod Promsin se rappelait également deux vies, l'une où il était un homme d'affaires arrivé, nommé Parmanand, et dont l'identité avait été vérifiée. D'ailleurs, Parmod devait tenir de lui son précoce sens des affaires. Et puis, il se rappelait une autre vie, antérieure à celle de Parmanand, où il avait été « sannyasi » ou religieux. Parmanand et Parmod étaient tous deux très pieux, comparés au reste de la famille. On peut donc raisonnablement en déduire que ce trait de leur caractère provenait autant chez l'un que chez l'autre de ce sannyasi.

Génétique, milieu ambiant et leurs limitations

Je ne peux pas rendre plus séduisante la valeur explicative de l'idée de réincarnation en faisant ressortir les imperfections des deux facteurs généralement invoqués lorsqu'il s'agit de comprendre la personnalité humaine. J'ai déjà dit que je considère ce concept comme un complément à nos connaissances sur l'influence de la génétique et du facteur ambiant, et non comme un remplacement de ces connaissances. Je ferai toutefois remarquer que les inconditionnels de cette théorie ont fait des déclarations beaucoup plus extravagantes que les miennes, amenant le lecteur à croire qu'ils possèdent des preuves beaucoup plus tangibles qu'ils n'en ont en réalité.

Les arguments tendant à attribuer la schizophrénie à un facteur génétique démontrent au contraire qu'il y a loin de l'affirmation aux preuves. Et pourtant, les spécialistes le présentent de façon si convaincante que certains manuels de psychiatrie en parlent comme d'un fait établi. Les exemples cités portent sur la fréquence de la schizophrénie chez les individus de même parenté selon les différences ou similitudes de leur milieu ambiant, principalement chez les jumeaux élevés ensemble ou séparément, chez les enfants de parents schizophrènes adoptés par d'autres familles (et donc exempts de l'influence parentale) et chez les enfants d'adoption nés de parents non schizophrènes.

Ce genre d'enquête peut être la source de nombreuses erreurs potentielles. Tout d'abord, la schizophrénie ne peut être décelée par des indications objectives comme on le fait pour le diabète avec des analyses de sang. Les psychiatres sont souvent en désaccord entre eux, dans leur diagnostic sur l'état d'un patient, même quand ils ont l'occasion de l'examiner en même temps. Et la situation est encore pire lorsque le psychiatre ne peut examiner les malades et se contente d'étudier leurs dossiers médicaux ou d'écouter les témoignages de tiers (cela s'est passé ainsi dans beaucoup des cas dénoncés). De plus, l'absence de définition précise de la schizophrénie donne libre cours à des diagnostics approximatifs. Aussi, des personnes ayant été classées dans la catégorie « troubles mentaux indéterminés » ou « désordres schizophréniques spectraux » ont-elles été incluses et répertoriées. Dans les études sur les jumeaux, des erreurs se produisent parfois dans la détermination du phénomène zygotique, bien que l'analyse des groupes et sous-groupes sanguins les ait réduites au minimum. Les spécialistes des troubles mentaux ne sont peut-être pas aussi ignorants de la « zygosité » des jumeaux qu'ils devraient l'être, c'est-à-dire : complètement « aveugles ». D'autres erreurs peuvent être commises dans l'appréciation du milieu environnant de jumeaux qui sont apparemment élevés ensemble ou séparément. Parfois, on a découvert que des jumeaux sont élevés par différents membres de la même famille alors qu'ils avaient été déclarés « élevés séparément ». Dans ces conditions, les jumeaux continuent à se rencontrer, à tel point qu'il devient ardu de considérer qu'ils font partie d'un environnement différent. Encore une source d'erreurs : la tendance de la part des familles et des agences sociales à choisir des parents adoptifs dans le même milieu social que celui des parents biologiques, ce qui uniformise l'environnement des jumeaux prétendument séparés.

Enfin, il existe des erreurs dans l'autre sens : les parents qui souhaitent adopter un enfant ne sont pas « comme tout le monde », ne serait-ce que parce qu'ils n'ont pas d'enfant à eux, et ont un immense désir d'être parents. L'enfant adopté dans ces conditions risque d'avoir une éducation fort différente de celle d'un enfant élevé par ses parents biologiques. Les critiques qui soulignent ces erreurs ne minimisent pas les difficultés inhérentes à ce genre de recherches. Ils insistent simplement sur l'échec des chercheurs à démontrer qu'ils ont surmonté lesdites difficultés. Il n'est pas encore prouvé que le facteur génétique soit en cause dans la schizophrénie. On ne nie pas que ce facteur existe, on nie qu'il ait été identifié de façon satisfaisante. Le résultat d'études récentes sur les jumeaux révèle à quel travail ont encore à faire face les généticiens. Il est vrai que les monozygotes sont plus souvent *tous deux* atteints de schizophrénie que les dizygotes, mais ces études prouvent que l'on trouve aussi beaucoup de dissemblances chez les monozygotes (qui ont pourtant le même matériel génétique). En fait, un monozygote dont le frère a été jugé schizophrène a plus de chances d'être sain d'esprit que d'être également atteint[32].

Même si tous pouvaient être d'accord sur la tendance familiale à une dysfonction donnée – obésité, schizophrénie ou instincts criminels –, je ne serais pas pour autant convaincu que le facteur génétique en soit la meilleure interprétation. Je disais plus haut que, si la réincarnation existe, deux criminels pourraient se réincarner en frères jumeaux et continuer leurs activités dans le crime. De même, l'obésité peut n'être pas uniquement due à une tendance génétique, mais aussi à des habitudes alimentaires exagérées, prises dans une autre vie. Ainsi, les facteurs prétendument génétiques dans la schizophrénie (si on peut les trouver) laissent la voie à d'autres explications possibles. Les réactions au stress, si tragiques chez les patients affectés par cette maladie, peuvent provenir d'un mélange caractériel : manque de souplesse ou d'adaptabilité devant les changements de situation, tendance à blâmer son prochain pour les « coups durs » de la vie ; ces attitudes se retrouvent chez plusieurs membres d'une même famille. Si ces derniers ont vécu des vies antérieures ensemble, et se sont réincarnés de même, on doit s'attendre à ce que ces caractéristiques se répètent plus ou moins dans leur nouvelle incarnation, ébranlant leur équilibre mental. Tout ce qui est familial n'est pas forcément génétique, ni nécessairement dû au milieu ambiant, comme nous allons le voir.

Si les généticiens ont exagéré la portée de leurs arguments en ce qui concerne les différences de la personnalité humaine, ceux pour qui l'environnement explique tout en ont fait autant, particulièrement en ce qui concerne l'enfance. Pendant deux générations au moins, les psychologues et les psychiatres ont décrété que les premières années de la vie sont les plus importantes pour la formation de la personnalité humaine et, par conséquent, pour la santé mentale. En fait, cette conviction a une bien plus longue histoire que celles de la psychanalyse et du behaviorisme, mais les partisans de ces deux doctrines en ont fait leur cheval de bataille (oubliant leurs autres divergences) pour tout expliquer de la personnalité humaine. Il est curieux de constater à quel point ils sont d'accord sur le seul concept qu'ils aient en commun : l'influence indéracinable des conditions de vie dans l'enfance.

Dès 1950, les premières lézardes ont commencé à apparaître sur l'édifice théorique et pratique construit sur cette hypothèse (car il ne s'agit de rien d'autre), comme par exemple la publication de reportages sur des enfants maltraités ou négligés pendant leurs premières années, mais qui, transplantés dans un milieu différent, se sont développés normalement par la suite. Aucune étude sérieuse n'a pu démontrer l'irréversibilité des dommages faits à la personnalité. Les différences de niveau intellectuel et autre chez les jumeaux monozygotes élevés ensemble sont également une source de problèmes pour ces spécialistes : on ne peut en déterminer les causes par l'influence du milieu ambiant. Les chercheurs se tournent à présent avec espoir vers ce qu'ils appellent « influence du micro-environnement », un mot qui paraît incongru devant les « macrodifférences » à expliquer : il est révélateur d'une certaine obstination à croire que ce que l'on cherche se trouve là où on le cherche[33].

À force d'enquêter de plus en plus près sur les premiers jours du nouveau-né, les psychologues en sont arrivés à envisager la possibilité d'une influence de la vie intra-utérine pendant la grossesse. Les résultats de ces recherches n'ont pas toujours été conformes aux prévisions. Par exemple, on a trouvé que les nourrissons, presque immédiatement après la naissance[34], ont une grande diversité de comportements individuels que l'on ne peut pas toujours expliquer par la qualité de la vie embryonnaire, ou par les circonstances qui ont entouré la naissance dans les jours suivants (avant l'apparition des premiers signes caractériels).

Les partisans de ces deux thèses (génétique et environnement) s'imaginent (à tort) qu'ils sont les deux seuls adversaires en cause. Les déclarations publiées, les fautes révélées par chacun des deux groupes ne tiennent aucun compte de l'existence d'une troisième possibilité qui attend d'être prise en considération, et qui comblerait peut-être les lacunes de leurs doctrines.

CHAPITRE X

Quelques questions complémentaires relatives aux enfants qui se rappellent

Dans ce chapitre, j'essayerai de répondre à quelques questions souvent posées, ou que l'on devrait se poser, sur les cas observés. Pour être variées, elles n'en sont pas moins aussi importantes que celles qui ont été traitées dans les chapitres précédents.

La réincarnation et l'explosion démographique

La population mondiale actuelle s'élève approximativement à cinq milliards de personnes. Depuis la fin du XVIIIe siècle, elle a probablement triplé. Elle continue à s'accroître à un rythme tel que ceux qui s'intéressent à la réincarnation se demandent s'il peut y avoir assez d'âmes pour s'incarner dans tous les corps disponibles.

Les gens qui soulèvent ce problème semblent supposer qu'il doit exister une parfaite correspondance entre le nombre de corps qui ont vécu et qui peuvent vivre et le nombre d'âmes humaines qui les habitent. Il y a pourtant bien d'autres possibilités à envisager. Par exemple, que de nouvelles âmes soient peut-être créées à mesure des besoins. Ou bien que l'âme humaine soit divisible et multipliable de façon à pouvoir se réincarner dans deux ou plusieurs corps. Les Esquimaux, les Igbos du Nigeria, les Tibétains, les Haidas d'Alaska et de la Colombie britannique, ainsi que les Gitksans du même pays, tous croient que ce processus est possible[1]. Et on peut encore supposer que les âmes actuellement incarnées dans des corps humains étaient jusque-là dans des corps d'animaux. Les hindous et les bouddhistes y croient, et nous allons explorer ce domaine.

Même en admettant la première hypothèse émise (corps humains et âmes en nombre égal), l'explosion démographique n'est pas une bonne raison pour rejeter l'idée de réincarnation.

Une estimation prudente du nombre d'êtres humains ayant vécu sur terre depuis l'*homo sapiens* nous donne le chiffre de quatre-vingts milliards[2]. Cela nous permet de calculer que chaque être vivant actuellement a eu en moyenne seize incarnations, à condition que l'intervalle entre la mort et la réincarnation ait été de même durée tout au long de l'histoire humaine. Or il est plus vraisemblable qu'il y ait eu des irrégularités. Il peut y avoir eu des périodes où peu d'âmes se réincarnaient, beaucoup restant à l'état désincarné, attendant de trouver une incarnation terrestre ou espérant y échapper.

Si nous prenions les cas étudiés comme représentant la population dans son ensemble, nous pourrions croire que les cadences de la réincarnation ne peuvent vraiment augmenter. Je l'ai déjà dit (cf. chap. V), l'intervalle entre deux vies est probablement très variable, mais la moyenne calculée sur six cent seize cas est de quinze mois. Ces cas n'étaient peut-être pas représentatifs, pour plusieurs raisons : d'abord le taux élevé de morts violentes parmi eux ; ensuite, l'intervalle de courte durée a probablement contribué à ce que l'enfant « se rappelle » sa vie antérieure ou les circonstances de celle-ci. Dans nos analyses, jusqu'à présent, nous n'avons trouvé aucune corrélation entre la durée de l'intervalle et la quantité de souvenirs extériorisés par le sujet. Mais s'il est vrai que les souvenirs s'estompent avec le temps dans le monde désincarné (comme dans le nôtre), nous n'aurions que de très rares cas lorsque l'intervalle est plus long que le maximum enregistré dans nos études (vingt-cinq ans, sauf rares exceptions). Si le « réincarnable » devait attendre plus longtemps, ses souvenirs seraient tellement atténués que nous n'aurions plus de cas vérifiables à ajouter à nos dossiers. Il reste donc possible que, pour la majorité des âmes en circulation, l'intervalle soit plus long, peut-être beaucoup plus long, que pour les cas étudiés jusqu'ici. Ce qui voudrait dire que beaucoup d'âmes, peut-être, attendent de réintégrer le circuit terrestre, et de contribuer ainsi à un accroissement encore plus accéléré de la population mondiale.

Avec tout juste deux mille cas sur lesquels nous fonder, il est embarrassant de s'engager dans des suppositions qui concernent des milliards d'individus. Je m'en excuse, parce que tant de gens m'ont interrogé sur l'accroissement démographique : je me devais de leur montrer que je me suis penché sur ce problème.

Y a-t-il des preuves de la réincarnation parmi les animaux ?

Nous disions donc que les hindous et les bouddhistes croient que les animaux se réincarnent et, en outre, que les êtres humains peuvent se réincarner dans un corps animal, en punition de leur mauvaise conduite, mais qu'après avoir expié, l'âme peut de nouveau se réincarner en un être humain. Ces concepts seraient donc suffisants pour effacer nos doutes sur l'explosion démographique : il existe des réserves considérables d'âmes animales prêtes à entrer dans une enveloppe humaine. Le problème se pose néanmoins à cause d'un autre concept des hindous et des bouddhistes : ils croient que tuer un animal est un péché à expier, justement en retournant dans un corps animal. En admettant que cette croyance soit fondée, on peut espérer que l'équilibre entre l'espèce humaine et l'espèce animale soit maintenu.

Dans le chapitre VIII, j'ai parlé de la relation entre la croyance en la réincarnation et la fréquence des « cas » : la croyance facilite le développement des cas, et les cas tendent à fortifier la croyance. Mais, comme je l'ai fait remarquer, la croyance à elle seule n'explique pas pourquoi certaines régions ont plus de cas que d'autres. J'ai donc proposé quelques autres facteurs qui pourraient provoquer les processus paranormaux, y compris les souvenirs. Si la croyance suffisait à produire des cas, il devrait y avoir en Asie du Sud autant d'enfants qui se rappellent leurs vies antérieures dans des corps d'animaux que d'enfants qui seraient réincarnés dans des corps humains. Or, ce genre de cas est extrêmement rare en Asie du Sud, et presque inexistant ailleurs. Après avoir écarté mes anciens préjugés, j'ai consciencieusement pris des notes sur quiconque désirait m'en parler, et j'en ai encore sur une trentaine de sujets qui prétendaient avoir été des animaux. Parfois, la vie dans un corps animal est intermédiaire, entre deux vies humaines (comme le cas de Ma Than Than Aye – note 13, chap. VIII)[3]. Il arrive qu'un informateur désigne un animal vivant comme étant la réincarnation d'un défunt humain (ce sont les rêves qui constituent généralement le seul support de ces identifications).

Les cas de ce genre ne peuvent naturellement pas nous apporter beaucoup d'indices, et la plupart ne nous en apportent aucun, à part les affirmations des sujets.

Pourquoi tout le monde ne se rappelle-t-il pas une vie antérieure ?

Voilà une question que posent certaines personnes s'intéressant à la réincarnation. Inutile de dire que nous ne pouvons même pas entrevoir une réponse. Il n'existe aucune preuve que chacun de nous ait déjà vécu une vie dont nous devrions nous souvenir. Nous pouvons toutefois supposer, pour les besoins de la cause, que si une personne se réincarne, tout le monde peut le faire, malgré l'absence de souvenirs antérieurs. Demandons-nous plutôt quelles sont les circonstances qui semblent faciliter ou inhiber les souvenirs vérifiables. Essayons d'en déterminer les aspects répétitifs qui pourraient nous éclairer : pourquoi certains enfants ont-ils des souvenirs, tandis que la majorité d'entre eux n'en a aucun ? Je vais essayer de répondre, avec le moins de répétitions possible, en extrayant les informations appropriées des autres chapitres et en en ajoutant de nouvelles : Quel genre de vie se rappelle-t-on plus vraisemblablement ? Quel genre d'individu, s'il se réincarne, a le plus de chances de se rappeler son ancienne vie ? Quelles autres circonstances aident ou empêchent ce phénomène ?

Les vies dont on peut se souvenir

J'ai déjà parlé (cf. chap. VIII) de la forte proportion de morts violentes parmi « nos » cas. J'ai dit que dans sept cent vingt-cinq cas pris dans six milieux culturels différents, 61 p. cent des personnalités antérieures avaient péri assassinées ou accidentées. J'ai dit aussi pourquoi je pensais que la grande fréquence des morts violentes dans nos cas constitue un réel facteur de création et de fixation des souvenirs et n'est pas un produit fabriqué pour les reportages[4]. Les circonstances qui entourent généralement une mort violente méritent autant d'attention que la violence en soi. La violence est généralement accompagnée de souffrance physique intense, sauf si la victime perd conscience tout de suite après un choc à la tête ou à la nuque. En outre, la mort violente est presque toujours inattendue et soudaine[5]. Les soldats tués à la guerre s'attendaient plus ou moins à être tués, tandis que les victimes de meurtres, de bouleversements politiques ou d'accidents de véhicules ne s'y attendent pas du tout au moment où cela leur arrive. Il faut aussi remarquer que les jeunes meurent dans des circonstances violentes plus souvent que les gens âgés. La mort violente est généralement prématurée. Par conséquent, lorsque nous rencontrons une personne qui, apparemment, a survécu à une mort physique violente dont elle garde des réminiscences, il nous faut tenir compte de toutes les circonstances qui ont entouré cette mort : prématurité, imprévu, et souffrance physique.

Mais il faut, bien entendu, plus qu'une mort violente pour faire un cas. Car il y a plus de morts violentes que de cas (à moins qu'on ne nous les rapporte encore plus rarement que nous l'imaginons). Autrement dit, sur la totalité des personnes qui meurent dans des conditions brutales, il n'en est qu'une poignée qui ont des souvenirs antérieurs. Je reviendrai sur cette question, mais je mentionnerai tout d'abord quelques sous-groupes parmi les 40 p. cent de personnalités antérieures qui sont mortes de mort naturelle.

Bien que nous n'ayons pas encore effectué d'analyse quantitative du nombre de chacun de ces groupes, je crois qu'ils constitueraient (mis ensemble) la majorité des personnalités antérieures décédées naturellement.

Un groupe représente ceux qui sont morts soudainement, c'est-à-dire en vingt-quatre heures environ, et de façon inattendue. Sunil Dutt Saxena, un sujet indien, se rappelait sa mort à l'âge approximatif de soixante et quelques années. Il avait passé une matinée normale, s'était senti mal vers midi et était mort tôt dans la soirée, probablement d'une crise cardiaque[6].

Un autre groupe est constitué par les jeunes morts (au-dessous de douze ans). À noter que dans les pays asiatiques où l'on rencontre le plus de cas, la proportion de mortalité infantile dépasse de beaucoup celle de nos pays occidentaux. Néanmoins, je crois que parmi tous les défunts de « nos » cas, les enfants forment une infime minorité (comparée au nombre des adultes) vis-à-vis du nombre de décès en bas âge dans les pays où nous trouvons le plus de sujets[7].

Un autre groupe encore est celui que j'appelle « affaires en suspens »[8]. Les meilleurs exemples en sont les mères qui meurent en laissant des enfants encore jeunes ou des bébés ayant besoin d'elles[9]. De même, les gens qui meurent en laissant des dettes à payer ou à encaisser.

Et puis, il y a le groupe des hommes d'affaires prospères intensément absorbés dans le processus « gagner de l'argent et le dépenser ». Un retraité sans plus d'ambitions ne pourrait être admis parmi eux[10].

Chacune des existences de ces cinq groupes s'est terminée sur quelque chose d'inachevé. Au moment de mourir, tous auraient pu, pour différentes raisons, sentir qu'ils auraient eu le droit de vivre encore. Ce sentiment pourrait à son tour avoir engendré une envie de revenir sur terre et par là même une réincarnation plus rapide, à l'inverse de ceux qui sont morts saturés de jours et en temps voulu[11].

Lorsque nous examinons les cas individuels, nous trouvons souvent deux ou trois des facteurs dont je viens de parler. Par exemple, certains étaient des enfants au moment de leur mort violente, d'autres, des individus ayant des « affaires en suspens », surpris par une mort violente ou naturelle, mais soudaine[12].

Quels types de gens sont le plus susceptibles de se rappeler leur vie antérieure s'ils se réincarnent ?

Comme nous venons de le voir, les gens ayant eu le même type de vie et de mort que celles qui ont été décrites ci-dessus sont infiniment plus nombreux dans la population générale que les « cas ». Il doit donc exister d'autres facteurs influençant la mémoire intérieure, et il nous faut les chercher. Si je devais répondre à la question posée plus haut, j'aurais hélas bien peu d'éléments pour m'aider. Peut-être ceux qui ont une mémoire exceptionnelle gardent-ils leurs souvenirs au-delà de la mort ? Comme on le fait souvent pour certaines interrogations (parfois même pour les plus pertinentes), j'ai négligé d'y prêter attention jusqu'à ces derniers temps. Je peux toutefois citer deux cas étudié au Liban à la même époque. L'un est celui de Suzanne Ghanem (cf. chap. VII), qui se rappelait une quantité de noms liés à son ancienne vie, et tellement d'informations en tout genre que nous la considérons comme une des championnes de la mémoire antérieure. En me renseignant sur son ancienne personnalité, Saada, j'appris qu'elle était connue dans sa famille pour son excellente mémoire, en particulier pour les noms propres. L'autre sujet, Saïd Zahr, parlait d'une vie antérieure qui, selon les affirmations de son père, devait être celle d'un cheikh druze très connu. Le fils de ce dernier ayant appris la chose, tint à la vérifier en personne. C'est lui qui me fit rencontrer le sujet et son entourage. Le cheikh en question avait été un personnage éminent et vénéré : tous les Druzes connaissaient sa réputation. Il convenait donc de se méfier, car le prestige de la famille aurait été grand si Saïd avait pu être identifié comme étant la réincarnation d'un tel homme. Je me rendis vite compte que Saïd avait bien peu de souvenirs à nous raconter, et j'en fis la remarque. Le fils du saint homme répondit : « Cela plaiderait plutôt en faveur de l'authenticité car mon père avait une très mauvaise mémoire. » En admettant l'honnêteté de la famille Zahr, et en admettant que la réincarnation soit une explication plausible dans ce cas, on peut imaginer que si le défunt cheikh avait eu une mémoire encore plus déficiente, l'enfant Saïd n'aurait eu aucun souvenir de cette existence. Bien entendu, il ne suffit pas d'avoir une bonne mémoire pour se rappeler une vie antérieure, autrement les grands mnémonistes auraient tous été des « sujets ». Or il n'en est rien, que l'on sache[13]. Mais nous pouvons trouver d'autres facteurs, par exemple les qualités mentales capables de favoriser la mémoire du passé, la clarté d'esprit doublée de la sérénité nécessaire à un bon développement spirituel.

Dans le chapitre III, j'ai parlé de la vieille croyance bouddhiste et hindouiste selon laquelle la méditation et une conduite méritoire développent la mémoire en clarifiant l'esprit. Les tulkus du Tibet ont la réputation de se rappeler la vie des lamas, qui presque tous avaient mené une existence monastique ordinaire et étaient morts naturellement. On peut dire que, malgré l'absence d'événements mémorables, ils étaient remarquables par leur niveau spirituel, dû à la pratique des méditations, et leur clarté mentale les suivait dans leur nouvelle incarnation.

J'ai peu d'expérience concernant les cas tibétains et rien ne me permet d'apporter un témoignage direct sur les tulkus. Néanmoins, j'ai étudié le cas de quelques enfants d'autres milieux culturels, qui se rappelaient avoir été des mystiques (dont certains pratiquaient la méditation). Tous étaient morts de mort naturelle. Ces sujets étaient souvent d'une piété et d'une générosité précoces, ce qui prouve qu'ils avaient non seulement le souvenir de leurs prédécesseurs, mais aussi leur comportement spirituel. J'ai cité plus haut Disna et Ratana, deux exemples parmi les plus représentatifs de ce groupe[14].

Dans nos cas où l'ancienne personnalité était mystique, l'intervalle entre le décès et la réincarnation présumée était en moyenne le même que dans les cas de mort violente ou de mort naturelle accompagnée des circonstances pouvant conduire à une re-naissance rapide. Ainsi, les personnalités antérieures pieuses réincarnées ont-elles peut-être gardé le souvenir de leur vie passée parce que, pour des raisons jusqu'ici mystérieuses, l'intervalle entre leur mort et leur re-naissance avait été de courte durée.

Autres circonstances qui semblent faciliter ou inhiber les souvenirs antérieurs

Un enfant qui a des souvenirs antérieurs et qui désire les raconter peut susciter chez ses parents une réaction chaleureuse ou glacée, comme je l'ai fait remarquer plus haut. J'ai également mentionné la possibilité de transmission de la croyance d'une vie à l'autre. Pour un enfant né avec cette croyance, tous les souvenirs qui peuvent se présenter à sa mémoire auront une signification, à l'inverse de l'enfant né sans cette croyance. Dans certains cas, nous avons pu identifier un choc mental susceptible d'avoir stimulé ou étouffé la mémoire antérieure. Un homme qui se réincarne dans le corps d'une fille doit subir un réel traumatisme dès qu'il a l'âge de s'en apercevoir (cf. note 15 du chap. VIII), et c'est peut-être ce qui entraîne d'autres souvenirs. Cela expliquerait la proportion élevée de filles qui se rappellent avoir été des hommes par rapport aux garçons qui se rappellent avoir été des filles.

Un autre genre de choc peut également agir sur la mémoire antérieure : le changement de condition socio-économique d'une existence à l'autre, comme nous en avons trouvé en Inde (nous appelons ces changements « promotion » ou « rétrogradation »). Parmi ces sujets, nous avons compté deux tiers de « rétrogradés » et un tiers de « promus »[15]. On pourrait objecter, si on sait peu de choses sur l'Inde et que l'on désire appliquer à ces cas une théorie psychologique courante, qu'un enfant indien malheureux essaie de se créer une vie antérieure meilleure pour se consoler des conditions sordides de sa vie actuelle. Plusieurs constatations contredisent cette interprétation, et je pense que la bonne doit se trouver ailleurs. Premièrement, les cas de promotion sont très nombreux, parfois aussi authentiques et difficiles à résoudre que les rétrogradations (bien que plus rares, il est vrai). Deuxièmement, un enfant indien n'est jamais écouté lorsqu'il se rappelle une existence plus confortable : au contraire, on jugera qu'il a péché dans son autre vie et qu'il a mérité d'être rétrogradé. Troisièmement, la satisfaction qu'il pourrait tirer de son invention disparaîtrait généralement sous les désagréments : la famille est généralement excédée par le comportement d'un enfant qui refuse de manger une nourriture de pauvre, se plaint de la misère, évoque sa richesse passée, etc. Quatrièmement, en admettant que l'enfant ait « forgé » son cas, comment aurait-il pu obtenir des informations vérifiables sur un défunt inconnu de son entourage ? Si nous devons admettre que tous les cas de rétrogradation ne sont pas dus à un désir compensatoire de l'imagination, il nous faut envisager d'autres possibilités. À mon avis, des souvenirs confus provenant d'une existence meilleure peuvent provoquer un choc qui à son tour fait affluer d'autres réminiscences jusqu'à la conscience de l'enfant.

Si un léger choc peut stimuler des souvenirs, peut-être qu'un vrai traumatisme peut les inhiber. Par exemple, un enfant birman percevant des souvenirs antérieurs du temps où il était japonais, ou européen, ou américain. Ou bien un enfant indien qui s'aperçoit qu'il était anglais, ou un enfant turc qui se rappelle avoir vécu en Libye ou au Liban. Je n'ai jamais entendu parler d'un enfant qui, se rappelant une vie antérieure dans un pays étranger au sien, ait donné suffisamment d'informations pour permettre une vérification. Dans ce genre de cas, les souvenirs du sujet sont vagues et n'apportent qu'une ébauche de cet « ailleurs » un peu confus, et souvent des détails sur la façon dont son ancienne vie s'est terminée, mais rien de plus. Le point important ici est peut-être non pas une question de frontières traversées, mais le changement des conditions de vie (souvent définies par le terme : milieu culturel). Cependant, les différences de milieu culturel dans un même pays peuvent être bien plus considérables que celles de régions voisines, mais appartenant à des pays différents. Par exemple, les Alevis (parlant encore presque tous exclusivement arabe) qui habitent Adana ou Hatay, en Turquie, ont plus de points communs avec les Alevis de Syrie (et autres arabes de ce pays) qu'avec des Turcs d'Istanbul. Il n'est pas étonnant que sur cinq cas d'enfants nés dans le centre-sud de la Turquie, et qui se rappelaient une vie antérieure passée à Istanbul, nous n'ayons pu en trouver un seul qui soit vérifiable.

Les anthropologistes connaissent bien ce qu'on appelle le « choc culturel », ou stress provoqué par la transplantation d'un pays à l'autre (lorsque les coutumes y sont radicalement différentes). Le même choc pourrait se produire avec la réincarnation dans un milieu étranger.

L'exposé ci-dessus démontre, je l'espère, que nombreux sont les facteurs nécessaires à l'enfant pour percevoir, et ensuite exprimer, ses souvenirs antérieurs. Si toutefois il me fallait trouver la formule type de ce genre de cas, voici comment je la concevrais : le défunt serait un homme de classe moyenne ayant vécu dans un milieu où l'on croit fermement à la réincarnation, qui serait mort de mort violente, ou tout au moins soudaine. L'enfant, fille ou garçon, serait né dans le même milieu que le défunt, de parents pauvres, mais assez imbus des concepts de réincarnation pour écouter les propos de l'enfant sans le rebuter.

La réincarnation est-elle une aventure universelle ?

J'ai déjà désapprouvé cette question. Je considère qu'il est impossible d'y répondre aujourd'hui comme dans un proche avenir. Je ne peux pas tenter de généraliser, n'ayant que deux mille cas sur des milliards d'individus ; encore nos deux mille cas ne sont-ils pas tous probants. Je dirai seulement que si la réincarnation existe, elle est peut-être donnée à tous. Mais nous ne pouvons le savoir.

Néanmoins, nous pouvons prouver que certaines généralisations, émises à partir de nos cas, sont erronées. On a dit, par exemple, que seuls les gens frappés de mort violente se réincarnaient, à l'exclusion des autres. Cela est faux : nous avons étudié, vérifié et authentifié plusieurs cas où l'ancienne personnalité avait succombé à une mort naturelle.

Les souvenirs antérieurs sont-ils un atout ou un handicap ?

Cette question en appelle une autre : atout ou handicap pour qui ? et à quelles étapes de la vie ?

Beaucoup de nos sujets enfants sont très malheureux d'être séparés de ce qu'ils croient être leur vraie famille. S'ils s'en plaignent trop amèrement, ils peuvent s'attirer des représailles qui finiront par les isoler de leur entourage immédiat. Ceux-là se sentent vraiment seuls : physiquement séparés de leur « vraie » famille (l'ancienne) et socialement séparés de la « nouvelle ». Les parents ne sont guère mieux lotis. Ils ont voulu cet enfant qui les renie et qui les traite comme des remplaçants indignes. Si nous pensons au bouleversement du sujet dans ces circonstances (et ce, entre deux et cinq ans), nous ne pouvons certes pas dire que se rappeler une vie antérieure soit bénéfique. À part cela, les souvenirs eux-mêmes sont plus souvent déplaisants qu'agréables. Ce qui domine est le meurtre, ou les accidents, et non les scènes d'amour ou d'amitié (mais cela n'est pas une règle générale).

Plus tard dans la vie, les avantages peuvent prévaloir sur les désagréments. Certains sujets se servent de leurs souvenirs antérieurs pour se parfaire, comme on le fait après avoir raté un examen, pour le réussir la fois suivante. Et puis, ceux qui se rappellent avoir déjà vécu, bien ou mal, peuvent acquérir un certain détachement vis-à-vis des ennuis de tous les jours ou des autres problèmes, détachement que seule la perspective d'une destinée individuelle sans limitation peut apporter[16]. J'ai connu des enfants qui n'avaient aucune peur de la mort et qui rassuraient leurs aînés à cet égard. Lorsque, par exemple, une visiteuse éplorée avait dit à Martha Lorenz : « Hélas, les morts ne reviennent jamais », Martha avait répondu : « Ne parlez pas ainsi. Moi, je suis morte, et regardez-moi, je suis de nouveau vivante. » Un autre sujet, Ma Than Than Aye, remarquait devant son père mourant : « C'est une heureuse délivrance pour lui. Il n'y a pas de raisons d'être tristes. La mort n'est pas un événement bizarre : nous devons tous mourir. » Et elle ne pleurait pas.

Pourquoi y a-t-il plus de garçons que de filles qui se rappellent une vie antérieure ?

Les garçons, je l'ai souligné (cf. chap. VII), sont plus nombreux que les filles parmi nos sujets (environ trois pour deux), dans presque tous les milieux étudiés jusqu'ici. Je vois plusieurs raisons à cela.

Lorsque nous avons comparé les cas de mort violente avec les autres, nous avons trouvé beaucoup plus de garçons dans le premier groupe où la proportion de garçons était de deux pour une. Cela vient probablement de la tendance masculine à s'entre-tuer et, par contrecoup, à mourir de mort violente. Cependant, les cas de mort naturelle démontrent également une prépondérance masculine en Inde, chez les Tlingits d'Alaska, et en Turquie. Tandis que les deux sexes se trouvent en nombre à peu près égal en Thaïlande, au Sri Lanka et au Liban. Seule la Birmanie produit plus de sujets féminins dans les cas de mort naturelle.

Pourquoi les sujets ne se rappellent-ils qu'une seule vie ?

Je dois d'abord dire que quelques-uns de nos sujets affirment se rappeler plus d'une vie antérieure, mais il s'agit en général d'une vie intermédiaire sur laquelle l'enfant donne très peu de précisions, et nous ne pouvons rien en vérifier[17] (j'en ai mentionné quatre dans le chapitre VIII). Jusqu'ici, je n'ai étudié qu'un seul cas (celui de Pratomwan Inthanu) où le sujet se rappelait deux vies assez clairement pour que nous puissions les vérifier toutes deux. Probablement, le temps en passant efface tous les souvenirs, antérieurs ou récents[18]. Nous avons quatre exemples où les sujets se rappelaient un prédécesseur, lequel avait lui-même des souvenirs antérieurs, selon les témoins. Mais le sujet n'avait pas la moindre réminiscence de cette existence pré-antérieure[19].

Les souvenirs qui deviennent normalement inaccessibles ne sont pas forcément oblitérés. Ils reviennent parfois à la mémoire dans certaines circonstances insolites. Satwant Pasricha et moi avons étudié un cas de ce type en Inde. Dans le chapitre VIII (note 9) on a vu que les Jains croyaient à un intervalle fixe de neuf mois entre la mort et la re-naissance. Le sujet en question, Ram Prakash, disait être la réincarnation d'un certain Shev Behari, mort peu avant la naissance de Ram, et il donnait assez de détails pour nous permettre de le vérifier. Mais, à l'inverse de la plupart de nos sujets, Ram se rappelait également deux autres vies avant celle de Shev Behari. Il nous fut impossible de les vérifier ; Ram nous donnait trop peu de renseignements sur les défunts, dont le premier devait avoir vécu environ un siècle auparavant. Voici qui nous intéresse dans ce cas : nos informateurs (parmi les survivants de la famille de Shev) n'avaient jamais entendu ce dernier parler de deux autres vies antérieures. Je n'ai hélas aucun autre cas de ce genre qui nous permette de faire des rapprochements et de tirer des conclusions. Une explication possible est que Ram ait ajouté deux vies antérieures imaginaires à celle dont il se souvenait vraiment, mais pour quel motif ? Il n'aurait pu que se dévaloriser aux yeux des deux familles, en inventant des vies probablement invérifiables. Peut-être Shev se rappela-t-il ces deux vies antérieures quand il était enfant, et les oublia-t-il ensuite, comme la majorité des sujets ? Cela justifierait l'ignorance de sa veuve et de ses enfants à cet égard. Enfin, peut-être certaines circonstances dans la famille de Ram lui avaient-elles facilité l'accès à ces souvenirs lointains, provenant de trois existences passées, en dépit de la disparition totale des deux premières dans la mémoire de Shev.

Sujets qui se rappellent leur suicide

Vingt-trois de nos deux mille sujets se rappelaient une vie terminée par un suicide. Quatre d'entre eux s'étaient tués accidentellement avec des armes à feu (deux en prenant le fusil par le canon, et deux en nettoyant un fusil chargé). Deux autres s'étaient tués pour échapper à la police ou à des soldats sur le point de les capturer. Les dix-sept autres s'étaient supprimés pour des raisons sociales (faillites ou autres) ou des amours contrariées, situations qui leur semblaient pires que la mort[20].

Si nous considérons la réincarnation comme la meilleure explication de ces cas, ils démentent la croyance religieuse condamnant à l'enfer pour des siècles et même pour l'éternité la personne qui dispose de sa propre vie. En même temps, ils donnent matière à réflexion aux gens qui envisageraient de se suicider : ils ne trouveront pas là un terme à leurs difficultés, mais les subiront de nouveau sous une autre forme.

Plusieurs de ces suicidés réincarnés avaient la phobie de l'instrument dont ils s'étaient servis (arme à feu ou poison). Le souvenir du suicide ne supprimait pas nécessairement le désir de recommencer, témoins trois de ces sujets qui, s'estimant maltraités par leurs parents, avaient menacé de se tuer. Un quatrième le fit réellement vers le milieu de sa vie et le cinquième m'avoua qu'il le ferait si les conditions de sa vie lui devenaient trop pénibles. D'autre part, le sujet (féminin) d'un cas (invérifiable) me dit que le souvenir du suicide de sa personnalité antérieure l'avait empêchée de commettre le même acte.

Obstacles à la croyance

Après avoir consacré le chapitre II à la croyance en la réincarnation, je n'ai pas l'intention d'écrire un autre chapitre sur l'incroyance ; mais la question mérite tout de même quelques remarques. Qu'on ne me prête surtout pas la volonté de convertir le lecteur. J'attirerai simplement son attention sur un certain nombre d'obstacles qui empêchent un jugement impartial de nos cas : c'est-à-dire l'absence du concept de réincarnation chez les Occidentaux ; le préjugé selon lequel notre esprit et nos souvenirs sont dans notre cerveau et ne peuvent exister ailleurs ; la certitude que nous ne pouvons concevoir ce qui se passe après la mort, et le refus que beaucoup d'individus semblent opposer à l'idée qu'ils sont responsables de leur propre destinée, comme le suggère le concept de réincarnation.

Méconnaissance du concept de réincarnation

La peur des idées nouvelles est une caractéristique humaine dans le monde entier. Je cite : « L'une des plus grandes douleurs de la nature humaine est celle qu'apporte une idée nouvelle[21]. » « Nous avons tendance à éviter ce qui nous est peu familier et à le juger a priori défavorable avant d'en examiner tous les aspects. » « Pour croire complètement à un phénomène, il faut y être habitué[22]. »

Ici, je dois faire remarquer que l'idée de survivance de la personnalité humaine après la mort, quelle qu'en soit la forme – quand elle est exprimée en termes concrets – est étrangère à la plupart des personnes éduquées en Occident (j'ai déjà spécifié que la réincarnation n'est qu'une des formes de la survivance de l'âme : cf. chap. I). Il y a cinq siècles, l'incroyance à cet égard n'existait presque pas en Europe et était parfois même punie de mort. Aujourd'hui, cette croyance est une excentricité. Les succès de la science, concentrés sur des problèmes de physique, facilement traitables, ont érodé peu à peu les convictions religieuses sur l'au-delà. Les déclarations retentissantes faites par les scientifiques dans le domaine de la physique ont plus de poids sur les gens qui n'ont aucune expérience en la matière que celles qui concernent les phénomènes paranormaux. Rares sont ceux qui ont subi un tremblement de terre ; et pourtant personne ne doute qu'il y en ait. Alors que beaucoup de gens cultivés doutent de la réalité des apparitions, bien qu'il soit possible que les témoins d'une apparition soient plus nombreux que ceux d'un tremblement de terre. Ces derniers ont été authentifiés par le jugement collectif des hommes de science, les apparitions, pas encore. Ainsi le concept de la vie après la mort attend les résultats d'une recherche plus poussée, qui apporteraient les preuves nécessaires à l'approbation des scientifiques, le seul test de vérité atteinte avec leurs propres méthodes.

Parmi les différents types d'indices concernant la vie après la mort, ceux de la réincarnation souffrent de deux handicaps supplémentaires. Le premier est l'éloignement géographique des Occidentaux qui en lisent le compte rendu. Des collègues intéressés par ces questions m'ont répété à plusieurs reprises que des cas rapportés en Virginie, au Yorkshire ou dans la banlieue parisienne seraient autrement vraisemblables aux yeux des Occidentaux que ceux du Sri Lanka, de la Birmanie ou du Liban. À cela je répondrai que, premièrement j'ai étudié des cas en Virginie, au Yorkshire et dans la banlieue parisienne et je suis certain qu'il y en aurait encore, là comme partout en Occident, si seulement nous savions comment les identifier et comment persuader les intéressés de nous faire part de leurs informations en ce domaine. Deuxièmement, le scepticisme occidental sur l'authenticité des événements dans les pays sous-développés révèle une certaine arrogance (due à la suprématie politique du monde occidental au cours de ces derniers siècles). Nul n'a démontré qu'il faut se méfier davantage du témoignage d'un Asiatique que de celui d'un Européen ou d'un Américain. Enfin, il y a sans doute des circonstances qui facilitent la perception des souvenirs antérieurs dans les pays où les cas abondent (indépendamment de la conviction). Dans le chapitre VIII, j'ai exposé mon opinion sur le développement économique occidental qui, en façonnant notre processus mental, y a apporté des changements profonds dont on n'a pas encore mesuré les dommages.

Deuxième handicap : la façon dont le concept de réincarnation est arrivé à la connaissance des gens. Les Occidentaux qui s'y intéressent, ou ceux qui l'adoptent, se sont généralement documentés (directement ou indirectement) dans des ouvrages de vulgarisation édités par les bouddhistes ou les hindous, où sont incluses leurs différentes conceptions théosophiques. Dans les chapitres II et VIII, j'ai essayé de séparer la croyance initiale des dogmes secondaires issus d'autres milieux culturels.

Mais l'imperméabilité des Occidentaux à cette notion est sans aucun doute due à leur credo, à savoir que l'homme n'est rien d'autre qu'un corps physique. Une croyance fait écran à une autre croyance, en neutralisant jusqu'à ses perceptions et jusqu'à ses preuves. Voici une petite anecdote : un fermier américain analphabète s'était laissé entraîner par des amis à visiter un zoo. Là, il était tombé en arrêt devant un chameau. Après l'avoir longuement observé, la bouche ouverte, il lui tourna le dos en hochant la tête et en grognant : « Ça'xiste pas, un animal comme ça ! » Voilà comment l'entêtement peut annihiler l'enseignement tiré d'une expérience vécue.

J'ai été témoin d'un autre exemple de cette intransigeance aveugle. Un Tlingit de pure race portait juste au-dessous de la mâchoire une marque de naissance protubérante, laquelle avait convaincu sa mère (avec d'autres indices) qu'il était la réincarnation d'un oncle, mort d'un coup de feu reçu juste à cet endroit du cou. Il avait en outre dans sa famille deux petits-enfants qui se rappelaient des vies antérieures identifiables. Toutefois, il était pasteur protestant, ses maîtres lui avaient enseigné ce à quoi il devait croire : il me dit, avec une attitude de défi, que l'Évangile ne parlant pas de la réincarnation, il n'en acceptait pas la possibilité.

Il y a probablement beaucoup d'aspects de la réincarnation qui en écartent les Occidentaux, mais le principal est l'idée de se retrouver jeune. Il est déjà assez difficile, quand on est à la fleur de l'âge, de s'imaginer en vieillard, mais l'inverse paraît d'une bizarrerie incroyable[24]. Peut-être cela est-il dû à la perspective de rétrécissement physique impliquée dans le fait de re-naître. On sait bien qu'un gland peut devenir chêne, mais on conçoit mal qu'un gland puisse avoir emmagasiné tout le potentiel de ce géant. On se demande comment le corps d'un bébé peut contenir toute l'information accumulée au cours d'une vie... Raisonnement à courte vue. D'abord, nous n'avons pas de raisons de croire que, si on se réincarne, on doit transporter tout ce que l'on a appris d'une vie à l'autre (je m'expliquerai là-dessus dans le prochain chapitre). Pourtant, il semble encore plus invraisemblable que l'esprit (qui a cependant des capacités illimitées) puisse être contenu dans un espace aussi réduit que le cerveau.

Les enfants que nous avons observés n'avaient pas ces problèmes d'adultes : quelques-uns se revoyaient vieux, disaient qu'ils s'étaient sentis épuisés et malades. Disna Samarasinghe racontait qu'elle n'avait plus de dents et ne pouvait marcher sans canne. Pratima Saxena affirmait qu'elle avait le souvenir de sa mort (par tuberculose pulmonaire) et racontait comment elle toussait, brûlait de fièvre et qu'elle était incontinente. Certains sujets commentaient sans aucune amertume, le plus souvent, leurs dimensions rapetissées, mais parfois attendant impatiemment de redevenir grands[25].

Il faut avoir l'habitude d'une chose pour y croire, je l'ai déjà dit. Mais il ne suffit pas de connaître l'idée de réincarnation pour en juger impartialement les preuves. Ainsi, certains de mes collègues occidentaux, d'autres en Asie et en Afrique, me font comprendre, sinon explicitement, du moins par des allusions ou des sourires, que mes recherches sont un gaspillage d'argent. Cependant, les deux camps en donnent des raisons différentes : les confrères occidentaux pensent que la réincarnation est une fable. Ceux d'Afrique ou d'Asie disent que c'est un fait établi qui n'a aucun besoin d'être démontré[26]. Aucun d'eux n'avait eu connaissance de cas concrets dont les preuves auraient pu modifier leur opinion. Si le présent ouvrage a un but bien défini, c'est celui d'inciter le lecteur à ne se faire une opinion qu'après avoir étudié toutes les données concernant les enfants qui se souviennent. Et je répète que les données ne sont pas toutes dans le présent livre.

Cerveau et esprit

Les scientifiques, et plus particulièrement les neurologues, croient généralement que notre esprit (et donc notre mémoire) n'est que la manifestation du fonctionnement cervical. Cette hypothèse est confirmée – apparemment – par l'effet que produit sur le processus mental une blessure touchant le cerveau ou une intervention, même bénigne, agissant sur son fonctionnement. Inutile de décrire les symptômes d'une neuropathologie ou d'une opération chirurgicale au cerveau (cela est souvent impressionnant), une forte fièvre ou un bon verre de whisky suffisent pour convaincre quiconque serait dans le doute. Certains neurologues avouent humblement qu'ils commencent seulement à pouvoir démontrer que le fonctionnement du cerveau peut tout expliquer du processus mental. Mais ils espèrent – avec optimisme – qu'ils arriveront bientôt à en démontrer le mécanisme de façon satisfaisante pour tous. Ils sont de bonne foi quand ils supposent qu'il n'existe aucune autre solution : ils ne prennent donc pas la peine d'en envisager de nouvelles.

Cependant, aucun engagement ne nous lie au diktat de la neurologie. Hippocrate disait que « de la conscience, le cerveau est le messager[27] ». Plus récemment, Bergson a peut-être été le premier philosophe à exprimer la même idée[28]. Depuis une vingtaine d'années, quelques psychologues, quelques philosophes et même quelques neurologues commencent à se demander si vraiment l'esprit et la mémoire peuvent être définis comme tributaires d'un fonctionnement normal du cerveau[29]. Certains envisagent la possibilité que le cerveau soit pour l'esprit un instrument comme le piano pour un pianiste[30].

Je ne peux ici passer en revue l'avalanche de littérature écrite sur ce sujet. Pour simplifier, je donnerai uniquement deux points de vue : premièrement, ce que nous appelons esprit ou fonction mentale, nos expériences vécues comprises, n'est rien de plus qu'un aspect de l'activité du cerveau. C'est ce qu'on appelle le monisme, qui a différentes ramifications (on l'appelle parfois monisme physique ou physicalisme pour le distinguer du concept opposé, le monisme des idéalistes, comme les philosophes védiques en Inde). Le dualisme est le contraire du monisme : le cerveau et l'esprit ont une interaction pendant la vie, mais ils sont fondamentalement différents. Je ne m'étendrai pas sur le fait que nous avons tous besoin d'intelligence pour exprimer effectivement ce que notre esprit suggère (dans la plupart des circonstances de la vie). Mais je me demande si un cerveau vivant est essentiel à l'existence de l'esprit. Tous les arguments tendent à prouver que l'insuffisance cervicale est la cause des phénomènes mentaux, soutiennent le dualisme, de même que tous les indices de la survivance de l'âme après la mort du corps physique (ce à quoi se rapporte le présent ouvrage). Voyons quelles sont, à mon avis, les cinq objections au monisme (ou physicalisme), à part les indices de survie de l'âme.

D'abord, ce que nous savons sur le cerveau ne peut expliquer la conscience. Les scientifiques ou les philosophes qui se disent monistes croient que la conscience n'est qu'un épiphénomène du fonctionnement cervical, ce qui reste à valider. Il vaudrait mieux reconnaître la prééminence de la conscience elle-même. Nous en faisons tous l'expérience, et c'est là où nos connaissances se développent. « L'esprit est la première chose, et aussi la plus directe dans notre action : tout le reste n'est qu'interférence[31]. » Sans conscience, nous ne pourrions observer le fonctionnement du cerveau ni imaginer quoi que ce soit à cet égard, y compris l'idée (probablement fausse) que c'est ce fonctionnement et rien d'autre qui engendre la conscience. L'étude du cerveau peut faire comprendre pourquoi les ondes lumineuses d'une certaine longueur nous donnent l'impression de voir du bleu. Mais la notion du bleu est une forme irréductible de la conscience. Comprendre la conscience nous amènera peut-être en définitive à expliquer le cerveau et l'intelligence, mais ces derniers ne pourront jamais expliquer la conscience. Et je crois que rien ne pourra jamais l'expliquer[32]. Je n'entends pas nier ce que j'ai déjà dit – à savoir que ce que nous éprouvons à l'état conscient dépend de l'état de notre cerveau. Et je ne veux pas non plus prétendre que toute activité mentale est consciente. Loin de là. Je trouve la comparaison du conscient et de l'inconscient avec un iceberg non seulement banale, mais absurde. On dit que seul un dixième de l'iceberg est visible. À mon avis, c'est moins d'un millième de l'esprit qui est accessible au conscient.

Ensuite, nos connaissances actuelles sur l'intellect ne nous permettent pas d'expliquer la formation des images mentales. Dans le cerveau, il n'y a aucune organisation circulaire de neurones comme dans le fait de regarder un cercle. Le fait de regarder un cercle, un carré ou une autre forme ne correspond pas au rangement spatial des neurones. En termes techniques, les données de la perception et la disposition des neurones dans le cerveau ne sont pas isomorphiques (ce qui ne veut pas dire que le cerveau ne joue aucun rôle dans notre façon de reconnaître les formes à l'état conscient habituel)[33].

Troisième point : nous ne pouvons pas encore expliquer la mémoire (je ne parle pas ici de la mémoire antérieure, mais de la mémoire en général). Les neurophysiologistes supposent que les expériences vécues modifient le cerveau et y laissent des traces qui peuvent être stimulées par des événements ultérieurs, de manière à les faire renaître dans ce que nous appelons la mémoire. Cela paraît plausible en théorie, mais lorsque nous essayons de découvrir comment ces traces sont activées dans l'infinie variété des circonstances possibles, rien ne va plus[34].

Quatrième point : la vie spirituelle se déroule dans une atmosphère différente de celle de notre vie quotidienne normale ou de l'espace défini par les physiciens. L'ours que nous voyons en imagination (en l'absence de toute espèce d'ours) a une dimension spatiale : nous pouvons le situer près ou loin d'une rivière, en train de poursuivre un saumon également imaginaire. Mais il nous est impossible d'exprimer intelligiblement notre conception imaginaire de la distance entre l'ours et ce qui l'entoure d'une part, et d'autre part, de tout objet dont nous percevons l'emplacement imaginaire dans l'espace[35]. Le corps physique est dans l'espace physique, l'esprit est dans l'espace mental.

On ne peut réellement soutenir que l'esprit d'une personne et l'esprit d'une autre personne existent dans le même espace mental, tout comme leurs corps existent dans le même espace physique (quoique à des endroits différents). Mais si cela est vrai, comme je le crois, nous ne nous en rendons pas compte (habituellement) ; l'esprit est généralement protégé de l'intrusion de pensées étrangères dans notre part d'espace mental. Cependant, les barrières s'estompent parfois (mais assez rarement) et nous pouvons alors communiquer par télépathie ou par un autre processus paranormal. Que l'espace mental des gens ayant une relation télépathique soit, d'une certaine manière, en relation, ne signifie pas nécessairement que ces personnes évoluent dans le même espace mental, mais je suis porté à croire qu'il en est ainsi.

Le cinquième point, c'est que nos expériences sur le cerveau et l'intelligence n'expliquent pas la télépathie et les autres phénomènes paranormaux. Peut-être découvrira-t-on un jour qu'il existe un organe cervical destiné à faciliter la communication télépathique, mais cela ne nous mènera pas loin. Car il faudrait encore expliquer la coordination des images perçues en même temps par les deux personnes en communication télépathique. Mais, objectera-t-on, la télépathie ne peut pas davantage s'expliquer sans la collaboration du cerveau. Cela est vrai, mais ne justifie pas la méconnaissance de la télépathie.

Les gens se trompent s'ils croient – ou prétendent – que la télépathie et les autres phénomènes équivalents ne contredisent pas l'opinion courante des scientifiques sur la nature de la personnalité humaine. Si le matérialisme (philosophiquement parlant) était vrai, la télépathie ne pourrait s'accomplir. Or elle s'accomplit, donc le matérialisme est forcément une idée fausse[36].

On ne devrait pas attendre pour accepter cette conclusion que se développe une théorie adaptant la télépathie au reste des théories scientifiques, mais l'inverse serait justifié : l'hypothèse du matérialisme devrait être abandonnée au profit de la télépathie. Je suis certain qu'à la prochaine révolution scientifique, le dualisme reprendra sa place prédominante comme dans les siècles passés en Occident, et aujourd'hui encore dans presque tout le reste du monde. Un philosophe prescient a fait, il y a quelques années, la déclaration suivante : « Le phénomène télépathique [...] n'est pas une alternative à la survie après la mort, mais une garantie virtuelle de cette survie.[37] » C'est aussi mon avis. Les résultats de l'observation des phénomènes paranormaux (dont le présent ouvrage n'est qu'une infime partie) requièrent une révision radicale des concepts actuels sur la relation entre le corps et l'esprit. Beaucoup d'autres scientifiques sont conscients de cette perspective. C'est la raison pour laquelle certains d'entre eux se sont attaqués à la crédibilité des témoignages sur les phénomènes paranormaux, et ils sont en bonne position parce que l'observation des phénomènes tentée dans des conditions contrôlables n'a jusqu'à présent donné que des résultats marginaux. Il faudrait des statistiques pour les démontrer et les expériences de ce genre ne peuvent malheureusement pas être répétées à volonté[38]. En outre, les chercheurs comme moi, qui comptent sur l'abondance des cognitions paranormales dans les cas spontanés, doivent aussi demander à leurs lecteurs ou auditeurs de partager leur confiance en ce qui concerne les témoignages. Néanmoins, nous poursuivons nos efforts en espérant fermement que nous arriverons à recueillir des preuves assez concluantes pour amener les autres à changer d'avis. Et nous espérons également que certains changent d'avis avant cela, sur la base des données actuellement disponibles.

Je suis conscient de n'avoir pas défini l'esprit, en disant qu'il utilise le cerveau tout en n'étant pas le cerveau. Tout ce que je peux ajouter, c'est qu'il est peut-être formé d'une substance non physique. Appelons cette substance « matériel spirituel » jusqu'à ce que nous en sachions davantage. Je citerai une métaphore particulièrement réussie de Schrödinger : « [L'esprit] est un tout petit peu plus qu'un recueil de données (expériences vécues et souvenirs), à savoir le canevas sur lequel elles sont brodées[39]. »

Pouvons-nous concevoir une vie après la mort ?

Rappelons tout d'abord que, dans presque toutes les grandes religions – et dans les moins grandes également –, on enseigne une forme de vie après la mort. Cette notion a peu d'attraits pour l'Occidental cultivé en général. Il garde une vague idée du concept de « félicité éternelle » ou semble exprimer le désir de continuer sa propre vie dans l'au-delà, dans les meilleures conditions possibles, peut-être avec certaines améliorations à l'échelon supérieur. Le Tlingit voit un au-delà plein de saumons à pêcher et à manger, comme le Viking souhaitait festoyer dans le Walhalla.

Lorsqu'un Occidental cultivé dit que la vie après la mort lui paraît inconcevable, il exprime souvent son désappointement sur le genre de concept que je viens de mentionner et aussi sa conviction qu'il ne peut y avoir de vie sans notre habituelle enveloppe corporelle. Cependant, plusieurs philosophes et psychologues ont fait quelque description de ce que pourrait être la vie *post mortem* sans corps[40]. Ce sont des extrapolations sur les idées acquises, sans être des ouvrages de science-fiction. Nous avons des informations sur lesquelles fonder nos suppositions. D'abord, il y a les quelques sujets qui se rappelaient de vies antérieures vérifiables et qui se souvenaient aussi d'un univers d'êtres désincarnés dont ils faisaient partie à ce moment-là[41] (cf. chap. V). À leurs récits nous pouvons ajouter les descriptions de gens qui ont des rêves lucides[42] et de ceux qui sont revenus d'un coma profond[43], et encore les quelques connaissances dont nous disposons actuellement sur les circonstances et le processus de la télépathie[44]. Voici donc quelques idées sur ce à quoi pourrait ressembler la vie après la mort.

Sans les organes sensoriels du corps physique, nos perceptions après la mort doivent être tout à fait différentes de celles d'à présent, mais elles ne sont pas forcément absentes. Des gens que l'on croyait cliniquement morts et qui ont pu être guéris ensuite ont raconté avoir eu des perceptions dont certaines n'étaient pas très différentes des nôtres ; et pourtant, leur corps était totalement privé de vie. Leurs sensations leur venaient d'une atmosphère autre que celle de leur enveloppe physique et n'étaient pas conduites par le processus normal des organes sensoriels.

Penser après la mort consiste peut-être à percevoir des images d'autant plus fournies qu'elles ne sont pas encombrées par les mots. Cela ressemble probablement aux pensées des enfants ou à celles des rêves. L'au-delà serait fait, selon Price, d'images non pas imaginaires, mais aussi réelles que celles de notre univers onirique[45].

Dans l'au-delà, comme dans les rêves, les souvenirs des expériences vécues sont peut-être plus accessibles à la mémoire qu'ici-bas, mais ne reflètent pas nécessairement nos souhaits. On y est peut-être tenu de procéder à une révision de nos actions terrestres. J'ai mentionné plus haut (note 22 du chap. II) l'enseignement de Patanjali, selon lequel la peur presque universelle de la mort nous vient de la crainte subconsciente de cet « examen ». Socrate, d'après Platon, pensait au jugement et à la destinée après la mort quand il disait qu'un homme bon et juste ne devrait pas la craindre[46]. Pour le moment, cependant, nous n'avons pas beaucoup d'indices sur cet éventuel jugement. Les enfants qui se rappellent une autre vie en ont rarement parlé[47]. En Occident, un certain nombre de personnes ayant vu la mort de près, à la suite d'une maladie ou d'un accident grave, ont eu cette « mémoire panoramique ». Nous avons étudié avec l'un de nos collègues une série de cas de ce type, et nous en avons trouvé 27 p. cent qui en avaient fait l'expérience[48]. Plusieurs d'entre eux avaient quitté la vie – ou presque – avant de revenir à eux. On peut supposer (certainement pas affirmer) que l'on « repasse » les événements de sa vie au moment de la mort, et ensuite, comme Patanjali le suggère, on oublie tout.

L'au-delà tel que je l'envisage dépendrait donc des pensées *pre mortem*, reflétant aussi bien le milieu culturel où l'on a vécu que notre conduite personnelle. Le séjour y serait plaisant ou pénible, selon nos agissements terrestres.

Nous n'avons pas de raison de croire à l'isolement de nos âmes dans l'au-delà. Elles peuvent peut-être en rencontrer d'autres, communiquant entre elles télépathiquement comme cela se produit parfois entre personnes vivantes. Le biologiste et philosophe Hans Driesch, dont j'ai mentionné les travaux, dit succinctement : « Les façons de communiquer qui sont normales pour un défunt sont "paranormales" pour un être vivant. » S'il en est ainsi, les communications et associations s'établiraient principalement entre personnalités qui ont été en relations étroites dans la vie. Il s'ensuit, je pense, qu'après la mort, nous ne pouvons entrer en contact avec quelqu'un qui nous intéresse, par notre seule volonté. Il est plus vraisemblable que, selon nos attachements terrestres et notre conduite, nous puissions « fréquenter » des personnes dont l'existence a été semblable à la nôtre. Si nous avons aimé, nous nous trouverions parmi des gens qui ont aimé, particulièrement ceux que nous avons aimés. Si nous avons été odieux, nous nous trouverions parmi des gens odieux.

Les âmes désincarnées de l'univers que j'imagine auraient parfois la possibilité d'influencer les événements terrestres, et (mais beaucoup plus rarement) de communiquer avec des vivants. Dans le chapitre V, j'ai donné quelques exemples de sujets qui avaient eu connaissance de ce qui s'était passé dans leur famille antérieure après « leur » décès, et qu'ils n'auraient pu savoir de façon normale, que je sache. D'autres sujets nous ont dit que, pendant qu'ils étaient à l'état désincarné, ils avaient été capables d'apparaître aux yeux de vivants, parents ou amis, et cela a parfois été confirmé par ceux qui les avaient « vus ». Par exemple, Maung Yin Maung et Chaokhun Rajsuthajarn se rappelaient qu'ils étaient « apparus » après leur mort, et le Vénérable Sayadaw U Sobhana également. Cela correspondait aux rêves de deux vivants, qui confirmèrent le phénomène. De nombreux autres sujets avaient été « vus » en rêve avant leur réincarnation, mais très rares sont les cas comme celui du Vénérable Sayadaw U Sobhana, où le sujet se souvient d'être intervenu à l'état désincarné dans les rêves d'une personne vivante.

Il y a d'autres exemples de ce genre, où un esprit désincarné se met en communication avec sa famille ou avec des amis encore vivants, quelquefois plusieurs mois après sa mort, d'autres fois des années plus tard, mais généralement pendant une période de crise ou de détresse pour le récipiendaire. Cela signifierait donc que l'esprit désincarné est resté – d'une façon ou d'une autre – en contact avec les affaires de la famille. Ces apparitions *post mortem* se produisent beaucoup moins souvent que celles qui coïncident avec le moment de la mort, comme les exemples du chapitre I, mais nous en connaissons assez pour qu'une étude sérieuse soit entreprise à cet égard[50]. Les agonisants « voient » parfois une personne déjà décédée qui semble venir les aider à « passer ». Cette vision correspond peut-être au désir du mourant de retrouver un être cher. Pourtant, il y a eu beaucoup de cas où le récipiendaire mourant ne savait pas que l'apparition était déjà morte, pas plus que son entourage[51].

L'au-delà a peut-être ses lois, qui peuvent être très différentes de celles qui nous régissent ici-bas. On n'y a certainement pas la même notion du temps ou de l'espace physique. Il suffit peut-être de penser à quelqu'un pour qu'il apparaisse à l'instant, et ainsi les mots « maintenant » et « ici » seraient équivalents[52].

Si on me demande où se trouve cet univers désincarné, je répondrai : « dans l'espace mental que nous occupons maintenant, bien qu'étant pourvus d'un corps physique ».

En bref, je suppose (et je sais bien que je ne suis pas le premier) que l'univers possède au moins deux royaumes, l'un physique, l'autre mental ou psychique, qui réagissent réciproquement. Au cours de notre vie familiale, l'association avec le corps réduit l'activité spirituelle, bien qu'elle nous permette de faire des expériences qui seraient impossibles sans cela. Après la mort, débarrassés de cette enveloppe, nous existerions d'abord exclusivement dans le royaume spirituel. Ensuite, certains d'entre nous (ou chacun d'entre nous) auraient la possibilité de recouvrer une nouvelle condition physique, et donc de se réincarner.

Je veux encore une fois souligner le caractère hypothétique de ce discours : j'ai voulu démontrer qu'une vie après la mort est une chose concevable, et non pas imposer ma propre conception. Ces hypothèses ont toutefois un avantage sur l'univers matérialiste de la pensée moniste : elles tiennent compte de la réalité télépathique que le monisme veut ignorer.

Responsabilité individuelle vis-à-vis de la destinée

J'aborde cette question avec la crainte de paraître moralisateur ou même prédicateur, ce que je voudrais éviter. Cependant, les nombreux arguments tendant à établir ou à prouver la possibilité de réincarnation (aussi imparfaits soient-ils) m'ont poussé à me demander s'il existe des obstacles irrationnels (et rationnels) à cette croyance. Dans l'affirmative, l'une des objections irrationnelles serait le fardeau de responsabilité individuelle qu'elle implique. La réincarnation est une doctrine d'espoir, certainement. Elle comporte la perspective d'une vie meilleure pour celui qui s'est efforcé d'être juste. Et c'est peut-être cette notion d'effort personnel qui semble trop lourde à beaucoup de gens. La passivité est profondément ancrée chez les êtres humains que nous sommes présentement. Nous pouvons l'observer chaque jour autour de nous. Combien de malades se laissent bourrer de médicaments (jusqu'à en mourir) plutôt que de modifier leur façon de vivre : boire moins, ne pas fumer du tout, et manger raisonnablement ! Sur le plan social, combien voteront une législation destinée à corriger le voisin, à côté de quelques bien-pensants qui imploreront, comme, je crois, Beethoven le fit,

« Seigneur, ne te lasse pas de me pousser au perfectionnement » ; et combien rares sont ceux qui, comme Beethoven, tâchent chaque jour de se perfectionner ! Si on ne peut accepter la responsabilité d'une seule vie, on acceptera encore moins celle de deux ou trois autres existences. La vérité n'en demeure pas moins dans cette pensée de Baudelaire : « Il ne peut y avoir de progrès – j'entends de réel progrès moral – que dans l'individu et par l'individu lui-même[53]. »

L'Occidental moyen aspire à éviter toute responsabilité en ce qui concerne sa condition et sa conduite. Le christianisme a offert un choix de possibilités pour y échapper, depuis l'idée de prédestination jusqu'à l'expiation par le Christ de tous nos péchés. La science moderne offre le concept de hasard, mais cette idée a fait ses débuts avec les joueurs et les compagnies d'assurances, et non avec les scientifiques. Déjà, au XVIIIe siècle, Gibbon avait écrit (non sans quelque complaisance, me semble-t-il) : « Lorsque je contemple le commun des mortels, je dois reconnaître que j'ai tiré un numéro gagnant à la loterie de la vie [...] ; la double chance d'être né dans un pays libre et éclairé, dans une famille riche et honorable, ne se produit qu'une fois sur des milliers[54]. » Les métaphores utilisées pour exprimer le concept du hasard varient de temps à autre ; et nous avons vu au chapitre IX que, selon l'optique moderne, l'unicité de l'individu est censée dériver en grande partie de la rencontre aveugle des chromosomes avec les cellules contenant l'ovule (chez nos parents). Nous utilisons et avons utilisé beaucoup d'autres termes pour le même concept : accident, fatalité, chance, destinée – de manière à ôter la plus petite parcelle de responsabilité à l'individu dans les événements de son existence. Je pense que la plupart des Occidentaux sont séduits par l'idée de « hasard », et à ceux-là le concept de réincarnation doit paraître antipathique[55].

Certains trouvent peu attrayante la pensée d'être gouvernés par la fatalité, mais n'en essaient pas moins d'éviter les responsabilités personnelles dans leur conduite. Les deux dernières générations ont été bercées par les paroles rassurantes des psychiatres et des psychologues occidentaux faisant retomber sur leurs parents, sur leur entourage ou sur la société en général toute la responsabilité de leurs problèmes.

À ceux qui me feront remarquer que la réincarnation ne rebute pas tout le monde, puisque des millions de personnes y croient, je répondrai que la plupart des Asiatiques dont c'est la religion ne se rendent pas compte de ce que cela implique. Car ils se servent du concept de « karma » pour fuir leurs propres responsabilités au lieu de les accepter. On peut très bien se décharger de tout effort correctif en incriminant une lointaine personnalité pour ses difficultés actuelles. En outre, il y a peu de bouddhistes et d'hindous qui fassent confiance aux seuls préceptes de leur religion pour obtenir ce qu'ils désirent de la vie : les hindous ont un panthéon de divinités agissantes, les bouddhistes du Sri Lanka vont en masse au dieu Kataragama et le soudoient pour qu'il les sauve d'un danger imminent, ceux de Birmanie invoquent l'aide d'esprits qu'ils appellent « nats », et ceux de Thaïlande installent des maisons en miniature pour les génies protecteurs, près de leur habitation.

Un moine de la secte de Ramakrishna, Swami Muklyananda, me fit un jour cette remarque : « Nous, Indiens, nous savons que la réincarnation existe, mais cela ne change rien. Nous avons ici autant de scélérats et de fripons que vous en Occident. » Il avait probablement raison en ce qui concerne les masses, mais je pense qu'il avait tort en croyant que le concept de la réincarnation ne modifie pas le comportement de quelqu'un qui en accepte tout ce que cela implique[56]. Cependant, peut-être est-il plus facile à un chameau de passer par le trou d'une aiguille.

CHAPITRE XI

Hypothèses sur le processus de réincarnation

Si la réincarnation est un phénomène universel (comme je l'ai suggéré, mais non affirmé), nous ne le voyons qu'à travers une vitre embuée. J'espère avoir suffisamment souligné dans les précédents chapitres combien les échantillons étudiés sont peu conformes aux vies de la majorité des individus. Si la réincarnation se produit, nous ne pouvons donc attendre de nos cas que quelques éléments, ne concernant qu'une catégorie singulière de gens. Nous ne pouvons presque rien dire sur la façon dont la réincarnation peut influer sur la personne humaine. Mais mieux vaut un croquis grossier qu'une page blanche, à mon avis, et c'est pourquoi j'ose présenter les suppositions suivantes.

Voici les questions que j'essaierai de discuter : si la réincarnation se produit, qu'est-ce qui se réincarne ? Pourquoi naît-on dans une famille plutôt que dans une autre ? Comment une personnalité sur le point de se réincarner peut-elle influencer le corps de sa prochaine incarnation ? La conduite que l'on a dans une vie modifie-t-elle les circonstances d'une autre existence ?

Qu'est-ce qui peut se réincarner ?

Même si nous pouvions savoir ce qui constitue toute la personnalité d'un être vivant, nous ne pourrions pas, d'après les indices en notre possession, affirmer que l'entière personnalité se réincarne. Nous ne pouvons que signaler certains aspects du caractère qui pourraient, chez les sujets, provenir de sa vie antérieure. Pour cela, nous devons d'abord essayer d'expliquer ce que l'enfant fait et dit, selon nos connaissances actuelles sur la génétique et l'environnement. Ce qui ne peut s'expliquer ainsi serait probablement une séquelle d'une ou de plusieurs existences antérieures. Le résultat de l'enquête devrait révéler quels aspects de la personnalité peuvent se réincarner. Nous avons vu que, dans un cas *pleinement réalisé*, le sujet perçoit des souvenirs imagés d'événements antérieurs à sa vie actuelle, que son comportement correspond aux attitudes, habitudes, et autres traits de sa vie antérieure, et que parfois il a sur son corps des marques ou anomalies qui correspondent aux cicatrices ou anomalies de l'ancienne personnalité.

Ces divers indices ne sont toutefois pas déconnectés entre eux comme du linge mis à sécher sur une corde. Ils appartiennent à un être unifié comme notre corps, formé d'organes divers. Ils peuvent former une confédération à l'intérieur d'une unité, mais il y a néanmoins unité.

Il est facile de discerner les rapports qui existent entre les divers éléments dans les cas authentiques. Par exemple, un petit garçon qui déclare qu'il a une femme et des enfants et qui demande à aller les voir. Un autre petit garçon qui se rappelle avoir été médecin et qui joue à soigner ses camarades. Un autre encore, qui raconte comment il a été tué, montrant une marque de naissance correspondant à l'endroit de la blessure fatale, et jurant de se venger de « son » assassin. Bref, nous voyons non pas un ensemble de souvenirs isolés comme un assemblage de cassettes dans une bibliothèque, mais des preuves de continuité. J'ai dit dans le premier chapitre que pour arriver à croire qu'une personne a survécu à la mort, nous avons besoin d'évidences ; non pas uniquement de souvenirs, mais d'une certaine continuité des manifestations. C'est ce que nous trouvons en abondance dans ces cas.

Chez la personne dont on suppose qu'elle est la réincarnation d'une autre personne, les trois éléments dont j'ai parlé : souvenirs imagés, mémoire du comportement, et traces physiques sont indissolubles, et je ne peux imaginer qu'il n'en soit pas de même durant la période intermédiaire entre deux vies. Ce qui voudrait dire qu'ils existent (ou que leur représentation existe) sur un véhicule intermédiaire, en quelque sorte, peut-être avec d'autres éléments dont nous ne savons rien encore.

Je propose que nous appelions le véhicule qui porte les éléments spirituels entre deux incarnations un « psychophore[1] ». Comment les constituants du psychophore sont disposés, je ne le sais pas, mais je suppose qu'il change selon l'activité de la personne désincarnée, et que le processus de réincarnation doit également le modifier. Le corps ratatiné d'un vieillard diffère complètement de celui tout neuf mais tout petit d'un bébé qui, dès qu'il pourra parler, se rappellera la vie de ce vieillard. Ce dernier avait beaucoup de souvenirs imagés, le bébé les aura peut-être aussi, mais ils seront alors considérablement réduits au moment où il sera en mesure de les raconter[2].

La mémoire du comportement a elle aussi rétréci et ce qui était talent dans une vie peut devenir simple aptitude dans une autre. Quant aux blessures du vieillard (en supposant, par exemple, qu'il ait été mis en pièces par une épée), elles se sont cicatrisées. Les marques qui demeurent sur le corps réincarné ne saignent généralement pas, mais le bébé peut n'avoir qu'une seule main, si le vieillard avait perdu la sienne dans le combat qui a précédé sa mort. Les blessures du vieillard ne restent pas inchangées, mais elles agissent comme un patron et, en tant que psychophore, influencent la forme du nouveau corps qui lui sera associé dans la prochaine incarnation.

J'ai appelé les défunts « personnalités antérieures », mais j'ai évité de dire que la personnalité se réincarne entièrement, parce que nous n'en avons pas de preuves. Ce qui (peut-être) peut se réincarner est une « individualité » générée par la personnalité immédiatement antérieure et par les autres, antérieures à cette dernière[3]. La personnalité comprend tous les aspects psychologiques observables chez un individu dans tous ses agissements. L'individualité comprend en outre des séquelles d'expériences vécues aussi bien dans l'incarnation actuelle que dans celles des vies antérieures. Notre individualité renferme donc de nombreux côtés que notre personnalité ne révèle jamais et dont certains sont inaccessibles à l'élément conscient de notre cerveau, sauf en des circonstances exceptionnelles.

L'étude des langues étrangères fournit un bon exemple pour faire une distinction entre personnalité et individualité. Je parlais assez bien l'espagnol pour mener mes enquêtes sans interprète en 1962 (j'étudiais un cas en Argentine). Depuis lors, j'ai abandonné la pratique de cette langue et c'est tout juste si je suis capable, avec l'aide d'un dictionnaire, d'entretenir des relations épistolaires (sommaires) avec mes correspondants de langue espagnole. Ma connaissance de la langue espagnole n'existe plus dans ma personnalité, mais elle demeure dans mon individualité. Si je voulais me remettre à l'étudier sérieusement, cela me serait beaucoup plus facile qu'à mes premiers essais. En revanche, j'ai continué à entretenir mes compétences en français et en allemand : ces langues font encore partie de ma personnalité, de mon « moi » agissant. À ma mort, je m'attends à ce que ces connaissances reviennent à mon individualité. Si je me réincarne, j'aurai probablement oublié ces langues, mais j'aurai gardé des dispositions à les apprendre. Il en sera de même, je suppose, pour toute autre compétence, intellectuelle, musculaire, morale. Cet espoir m'encouragera à apprendre de nouvelles choses – à jouer de la clarinette, par exemple – dans mes vieux jours[4].

Dans le chapitre IX, j'ai dit que nous n'avons pas de preuves formelles que les enfants prodiges tiennent leurs dons de leur vie antérieure, et que d'ailleurs aucun enfant prodige occidental n'a jamais parlé de sa vie antérieure. Mais j'ai dit aussi (cf. chap. V) que la mémoire du comportement pouvait persister longtemps après l'oubli des souvenirs imagés relatifs aux circonstances responsables de ce comportement. Voilà ce qui peut arriver d'une incarnation à l'autre : une personne ayant excellé en musique, ou en mathématiques, ou en toute autre forme d'activité, en gardera quelque indice dans sa nouvelle vie, même en l'absence totale de souvenirs imagés sur la façon dont elle a acquis cette capacité.

Pourquoi naît-on dans une famille plutôt que dans une autre ?

En Birmanie, chez les Igbos, chez les Tlingits, entre autres, les deux personnalités d'un cas sont presque toujours membres d'une même famille. On peut supposer que si la réincarnation se produit, soit dans la même famille, soit dans une famille alliée, il doit y avoir une force psychique agissant comme un aimant pour attirer l'âme désincarnée vers la famille de sa prochaine incarnation.

Comment cela se fait-il ? Probablement parce que les expériences vécues ensemble ou partagées laissent des traces spirituelles en nous et provoquent des contacts psychiques entre individus concernés. Supposons, en outre, que plus l'association entre deux personnes dure, plus elle est intense, et plus leur relation se consolide[5]. Lorsque l'une a besoin du secours de l'autre – par exemple devant un danger sérieux – si les rapports psychiques sont assez forts, une communication télépathique peut s'établir entre elles, même si elles sont géographiquement éloignées l'une de l'autre. Cela n'est souvent qu'une impression, ou une intuition, qui avertit que l'autre est en difficulté, mais parfois la perception est si nette et détaillée que le récipiendaire a une « vision » comme dans les cas exposés dans le chapitre I. On peut dire que ces deux personnes sont « accordées » entre elles, mais de façon beaucoup plus complexe que les deux cordes voisines d'un instrument musical dont l'une vibre lorsque l'autre est touchée. Les impressions télépathiques et les perceptions d'apparitions incluent une capacité de localisation qui permet en quelque sorte à un défunt ou à un mourant de « détecter » la personne à alerter psychiquement et télépathiquement. Cette personne reçoit le message et personne d'autre, sauf dans de très rares cas d'apparitions collectives[6]. C'est cette capacité, je crois, qui dirige une personnalité désincarnée vers les parents de sa prochaine incarnation.

J'ai fait remarquer (cf. chap. I) que l'étude de la télépathie a démontré que les communications avaient lieu aussi bien entre mari et femme qu'entre parents et enfants. De même, dans les cas où le sujet fait partie de la famille du défunt, ils peuvent être liés par le mariage, ou par les liens du sang[7]. Les liens familiaux n'ont cependant pas de valeur intrinsèque : ils existent plus ou moins à cause des expériences vécues ensemble, des émotions éprouvées en commun, surtout les émotions fortes, qui, à mon avis, ont plus de pouvoir cohésif que les émotions modérées. On a parfois des attaches plus solides avec des amis qu'avec des membres de sa propre famille, nous en trouvons la preuve dans l'étude des apparitions ou de la télépathie, qui se produisent très souvent entre amis, non apparentés (mais rarement entre étrangers)[8]. Parfois, la personnalité antérieure d'un sujet avait une prédilection pour les parents de ce dernier, sans pour autant avoir de liens familiaux avec eux[9]. Dans certains cas, une personne choisit les parents de sa prochaine incarnation avant de mourir, comme cela se passe souvent chez les Tlingits et les Haidas. Peut-être que le fait d'énoncer ce désir à haute voix en intensifie le pouvoir effectif. Mais l'affection devait exister longtemps avant cela, et il y a sûrement bien des arrangements tacites aussi efficaces.

L'animosité semble également jouer le rôle d'une chaîne entre deux êtres. J'ai déjà fait état de cas où le sujet se rappelait avoir été insulté, ou tué par l'un de ses parents, à moins qu'il ait été question seulement d'une simple querelle, comme dans le cas de Zouheir Chaar (cf. chap. IX), dont la personnalité antérieure se disputait constamment avec sa mère[10].

La culpabilité, le sentiment d'avoir une dette envers quelqu'un agissent de même, nous en avons vu des cas (uniquement en Birmanie). Quelques sujets se rappelaient une dette envers l'un des membres de leur famille (dette qui me semblait dérisoire mais qui, pour un Birman religieux, pesait lourd : un bouddhiste doit payer pour tout, un jour ou l'autre, et cela doit établir un lien avec le créancier)[11].

Il est parfois difficile de distinguer si c'est l'amitié ou un autre sentiment qui a attiré le sujet. Par exemple, la mère de Maung Myint Tin (cf. chap. IX : envies de la grossesse) fournissait de l'alcool à l'ancienne personnalité de Myint Tin et elle en avait une abondante réserve. Myint Tin avait un goût marqué pour les boissons alcoolisées, même avant de savoir parler et les témoins du « cas » pensaient que l'enfant, avant de se réincarner, avait choisi sa mère pour cette raison.

Voyons à présent ce qui pourrait déterminer la naissance d'un enfant dans une famille plutôt que dans une autre. Je dois dire tout de suite que pour la majorité des cas « longue distance » je n'ai aucune indication utile à cet égard. Nos informateurs hindous et bouddhistes attribuent cela au karma, les chrétiens disent que c'est la volonté de Dieu, les musulmans également. Peu leur importe, d'ailleurs : un enfant est né dans leur famille, ils l'acceptent sans se demander les raisons de ce choix. Je vais malgré tout essayer de sélectionner quelques facteurs déterminants sur cette question.

Il y a d'abord les quelques exemples où les deux familles concernées affirmaient qu'elles ne se connaissaient pas avant les allusions du sujet, alors que nos recherches faisaient ressortir les possibilités de rencontres entre elles dans le passé. Parfois, les motifs de réunion étaient commerciaux (non dépourvus d'une certaine harmonie, toutefois !) : par exemple, un sujet indien, Ram Tirath, se rappelait avoir été maraîcher. Il vendait ses légumes dans la région où il s'était réincarné, en particulier à la femme qui devint sa mère. Il spécifia que ce maraîcher (donc, lui-même) avait, peu avant sa mort, oublié un panier de légumes chez elle.

Un autre sujet indien, Juggi Lal Agarwad, disait qu'il avait été fermier : il vendait du blé à celui qui devint son père, grossiste en céréales, habitant Sirsaganj, grande ville à 70 kilomètres de sa ferme. Le sujet racontait comment il avait souhaité se réincarner dans la famille de l'aimable grossiste parce que, disait-il, celui-ci avait toujours été honnête avec lui, contrairement à ses autres clients. Je pus vérifier ce que Juggi Lal avait dit sur le fermier en question, mais non ses rapports avec le père de Juggi qui, lui, ne se souvenait pas spécialement de ce marchand-là, car il y en avait beaucoup d'autres, avoua-t-il franchement. Quant aux membres de la famille du fermier, tout en sachant bien qu'il vendait son blé dans cette grande ville (Sirsaganj), ils ne connaissaient aucun de ses clients. Malgré tout, je pense avoir eu assez d'indications justes pour admettre la raison donnée par le sujet.

Deuxième explication possible des cas « longue distance » : la rencontre a eu lieu non dans la vie antérieure, mais dans une vie précédant cette dernière. Par exemple, Swarnlata Mishra, qui se rappelait deux vies (l'une vérifiée, l'autre invérifiable). Elle affirmait avoir été avec sa sœur dans « une autre » existence. Gupta Sukla également : elle avait déjà vécu avec sa famille actuelle, mais pas dans sa vie précédente. Manju avait choisi sa famille actuelle pour « rejoindre sa sœur Uma qui y était avant elle ». Uma et Manju avaient été réunies dans « une autre vie ». À noter que les familles concernées n'ont que très rarement confirmé ces parentés lointaines dans le temps[12]. Un troisième facteur que je qualifierai de « géographique » pourrait aussi guider le désincarné dans son choix : quand le sujet est né loin de l'endroit où il vivait dans sa vie précédente, mais près de l'endroit où il était mort. Par exemple, certains enfants birmans prétendaient avoir été des soldats japonais tués lors de la Seconde Guerre mondiale, en Birmanie. Deux jumelles birmanes, Ma Khin San Tin et San Yin, racontaient ainsi leur odyssée : elles étaient, dans leur vie antérieure, des frères jumeaux, soldats combattant dans la même unité de l'armée japonaise. Tous deux avaient été tués au cours de l'avancée anglaise près de Pyaw (avril 1945). Après avoir vainement essayé de se réincarner au Japon, ils étaient revenus dans un village très proche de l'endroit où ils étaient morts, et c'est là que les jumelles étaient nées. Ce qui est resté invérifié, comme tous les cas des sujets « issus » de soldats japonais tués en Birmanie.

Pourtant, des informateurs ont rapporté des faits du même genre dans des cas vérifiés. En voici un : une femme qui habitait Tatkon (Birmanie supérieure) fut prise d'une crise cardiaque dans un train qui allait vers Mandalay. Elle fut descendue pour être soignée près d'une ville (Thalun), où elle mourut. Le sujet qui se rappelait avoir été cette femme était un garçon, Maung Win Aye, né à Thalun. L'enquête nous apprit que sa mère avait été l'une des personnes qui avaient entouré le corps de cette femme, et elle avait même aidé à la préparation des funérailles. Peu après, elle fut enceinte de Maung Win Aye. On peut interpréter ce cas comme relevant d'une communication d'information tout à fait normale de la mère à l'enfant. Ou bien il s'agit de télépathie entre la mère et le fœtus (ou le nouveau-né). Il y a cependant une troisième possibilité : la personnalité désincarnée de la femme avait été attirée vers la mère du sujet au moment où celle-ci s'occupait de sa dépouille mortelle et s'était réincarnée peu après dans son fœtus[13]. Il y a plusieurs cas où le sujet est né près de l'endroit où le corps de son ancienne personnalité avait été transporté après le décès. Un sujet de Birmanie, Maung Aye Kyaw, se rappelait avoir été tué par balle et jeté dans une petite rivière. Après quoi, son esprit désincarné avait suivi le cadavre qui dérivait, jusqu'à ce que, à quelques kilomètres de là, il bute contre les piliers d'un bassin, tout près d'une maison habitée. Une femme découvrit le corps, appela des hommes qui se contentèrent de le dégager et de le repousser dans la rivière où il continua à dériver. Peu après, la femme se trouva enceinte de Maung Aye Kyaw, qui raconta toute l'histoire à peine sut-il parler.

Voici un autre cas du même type : cela se passait à Kamalpur, district de Sitapur (Uttar Pradesh), en Inde. Un petit garçon du nom d'Awdesh raconta dès l'âge de deux ans et demi qu'il s'était appelé Hanne Lal, et qu'après sa mort son corps avait été jeté dans une rivière. Son esprit s'était attaché à une femme qui se baignait non loin de là. Le sujet disait qu'il habitait Faizabad quand il était Hanne Lal. Or, Faizabad est à 140 kilomètres de Kamalpur. Cependant, la mère du sujet était bien allée se baigner dans une rivière à un endroit appelé Ayodhya et attenant à Faizabad. Son mari ne l'y accompagnait pas. C'est donc à son retour à Kamalpur qu'elle avait conçu son enfant, porteuse déjà de la personnalité désincarnée de Hanne Lal, qui, neuf mois après exactement, naissait sous le nom d'Awdesh. On vérifia les informations de ce dernier et il s'avéra qu'un homme nommé Hanne Lal était mort de la peste à Faizabad où il habitait. Sa famille l'ayant abandonné – sans doute par peur de la contagion –, des voisins avaient jeté son corps dans une rivière, non loin de sa maison.

Un autre cas semblable s'est présenté en Turquie. Le sujet, Yusuf Köse, né dans un village proche d'Antakya (province de Hatay) du nom d'Odabasi, disait qu'il avait habité dans sa vie antérieure un village situé à 20 kilomètres d'Antakya. Il se rappelait avoir été assassiné sur la route menant d'Iskenderun à son village, dans une localité située à environ 10 kilomètres d'Odabasi, dans la direction d'Iskenderun.

La question se posait de savoir pourquoi Yusuf était né à Odabasi plutôt que dans le village où il habitait « avant » ou dans celui où il avait été assassiné – ou n'importe où ailleurs. Voici ce que j'appris sur le parcours de l'assassiné : les tueurs avaient coupé la tête de leur victime et, malgré le climat de violence qui régnait en Turquie à ce moment-là, les braves gens qui avaient retrouvé cette dépouille mortelle mutilée avaient craint les complications et transporté le tout dans un autre village pour s'en débarrasser, mais là non plus on n'avait pas voulu de cette macabre découverte. Nouveau transport des deux morceaux de cadavre, jusqu'à ce qu'à la fin il aboutisse à Odabasi, où un homme les vit et, tout en déplorant l'égoïsme des responsables, s'arrangea pour les faire enterrer décemment. Quelque temps après, la femme de ce juste mit au monde le petit Yusuf.

Je citerai encore le cas de Lalitha Abeyawardena, née dans une petite ville à 20 kilomètres de Colombo, Sri Lanka. Dès qu'elle commença à parler de sa vie précédente, elle décrivit une région qui se trouvait à 50 kilomètres environ de Colombo. L'enquête nous permit d'établir que l'ancienne personnalité de Lalitha était morte dans un hôpital de Colombo, mais que son corps avait été enterré dans le village où elle avait habité. J'appris en outre que deux de ses frères habitaient le village où Lalitha était née, que l'un était particulièrement chéri par la défunte, et que sa maison était à 200 mètres des parents de Lalitha. Il n'y avait, me dit-on, aucune femme en âge de mettre au monde un enfant dans l'entourage des deux frères. Si on accepte le concept de réincarnation pour expliquer le cas, on peut dire que la défunte, n'ayant pu se réincarner chez ses frères, choisit une famille dans leur voisinage.

J'ai dit plus haut que, chez les Igbos du Nigeria, les sujets sont presque toujours de la même famille que leur personnalité antérieure. Mais ils savent identifier un certain type de cas appelé par eux « ennemi ». Il s'agit d'un enfant qui, avant de re-naître chez eux, appartenait à une tribu étrangère venue pour les piller. Après avoir été tué dans la bataille, il s'est réincarné sur place au lieu de retourner parmi les siens. Les Igbos attribuent à la maladresse ce « changement de domicile » ! Un facteur géographique apparaît aussi dans une autre sorte de cas, lorsque l'un des futurs parents du sujet (ou tous les deux) s'est rendu par hasard (ou en visite) à l'endroit où la personnalité antérieure est décédée. On se rappellera le cas de Bongkuch Promsin (cf. chap. IV) : il attendait – à l'état désincarné – une occasion de se réincarner quand il vit son futur père passer par là. Il le suivit, prit un bus avec lui et l'accompagna dans sa maison, où, peu après, sa future mère se trouva enceinte[14]. Le facteur géographique peut être décelé dans beaucoup d'autres cas. Presque tous les sujets dont les deux familles ne sont ni parentes ni amies situent leur vie antérieure à proximité de leur nouvelle demeure, dans un rayon n'excédant pas 25 kilomètres environ. Il y a de très rares exceptions : 500 kilomètres dans le cas de Jagdish Chandra, 175 kilomètres dans celui d'Indika Guneratne. Mais habituellement, les sujets naissent dans la région géographique où vivait leur ancienne famille.

En somme, presque tous les cas sur lesquels ont porté mes recherches présentent une ou plusieurs des caractéristiques suivantes : l'ancienne personnalité était apparentée à la famille du sujet, ou bien les deux familles entretenaient des relations amicales ; le sujet est né près de l'endroit où l'ancienne personnalité est décédée ; ou bien l'un des parents de cette dernière avait à faire dans la localité où le sujet est né ; le père ou la mère du sujet se sont rendus en visite dans un endroit proche de celui où le défunt avait trouvé la mort, peu avant la conception (ou peut-être tout de suite après), ou bien le sujet et l'ancienne personnalité habitaient à 25 kilomètres environ l'un de l'autre.

Par conséquent, si, pour une raison ou une autre, un désincarné doit re-naître dans un foyer plutôt que dans un autre, la distance géographique n'empêche rien. Par exemple, Ma Win Myint, née en Birmanie, avait pu être identifiée comme étant la réincarnation d'un Anglais qui avait vécu en Birmanie, mais était mort à Londres. Le sujet turc Adnan Kelleçi avait été un soldat turc combattant en Corée. Il y avait été tué, ce qui ne l'avait pas empêché de naître à Adana, en Turquie. Une petite fille de Delhi (Inde) se rappelait avoir été étranglée à Londres avant sa réincarnation. Son cas n'avait pu être authentifié, mais, dès l'enfance, Vinita (le sujet) parlait de Londres de façon pertinente et avait un comportement nettement « anglais ». Suzanne Ghanem était née à Choueifate, Liban : elle se rappelait avoir été une femme nommée Saada, qui s'était rendue à Richmond (Virginie) pour y subir une opération de chirurgie cardiaque à laquelle elle avait succombé.

Ce que je viens de dire à propos de la réincarnation dans une famille plutôt que dans une autre peut donner l'impression que la personne concernée participe au processus de façon passive. C'est souvent vrai, sans doute. Selon nos observations, l'attraction exercée sur la personnalité désincarnée par ses futurs parents semble presque automatique, comme si elle était stimulée par les liens d'amour (ou de haine) dont j'ai déjà parlé.

Toutefois, la volonté de l'individu régit certains cas. Par exemple, quelqu'un a choisi avant sa mort le foyer de sa prochaine incarnation et l'enfant né dans ce foyer se rappelle avoir été ce quelqu'un.

Les rêves annonciateurs, particulièrement ceux qui sollicitent, démontrent la même volonté personnelle dans la sélection, et parfois une réelle détermination. J'ai vu un cas où un défunt était apparu en rêve à une mère potentielle, grognant parce qu'elle le faisait attendre. La mère de Samuel Helander avait rêvé de son frère Pertti (personnalité antérieure de Samuel), qui la priait de ne pas se faire avorter (cf. chap. IV). Un cas analogue, en Inde : une petite fille, Rajani Sukla, est tuée dans un accident. Un peu plus tard, sa mère a un rêve où sa fille semble exprimer le désir de se réincarner « chez elle ». Mais la mère, ne voulant pas d'autre maternité, se fit avorter dès le début de sa grossesse. L'enfant apparut de nouveau, lui reprochant son refus. La mère se laissa alors attendrir et donna le jour à Rajani, qui se souvint ensuite de toute l'histoire.

Et voici également le cas de Maung Thein Htoon Oo, en Birmanie (d'après les recherches de U Win Maung). La mère d'un sujet avait eu deux rêves annonciateurs. Dans le premier, une de ses tantes lui mettait un sac plein d'argent sous son oreiller. Dans le deuxième rêve, la même tante montait (à califourchon) un cheval également monté par les parents du sujet. Ces rêves furent interprétés comme un faire-part de prochaine réincarnation dans son foyer. Presque en même temps, un cousin de la tante défunte rêva lui aussi de celle-ci : elle lui expliquait qu'elle ne pouvait vivre dans son foyer (à lui) parce que la famille y était trop bruyante.

On peut évidemment expliquer ces rêves comme reflétant les souhaits ou les croyances de celui qui les perçoit. Je pense cependant qu'ils suggèrent une initiative de la part de personnalités désincarnées – du moins dans certains cas – pour la sélection d'une famille. Certains rêves dévoilent aussi un désir de revenir sur terre – parfois même une irrésistible envie de s'y retrouver.

Influence possible de la personnalité désincarnée sur le corps de sa prochaine incarnation

Le philosophe McTaggart – qui a souscrit au concept de réincarnation avec quelle éloquence ! – s'est penché sur les rapports possibles entre l'âme et le corps dans lequel elle se réincarne. Il a pensé à une analogie entre chapeau et tête (ou vêtements et corps). Citons McTaggart : « Quand on marche dans les rues de Londres, il est extrêmement rare de rencontrer un homme dont le chapeau n'a pas subi une adaptation à la tête qu'il recouvre. Les chapeaux en général « vont » à leur porteur infiniment mieux que s'ils leur avaient été attribués par hasard. Et pourtant, il y a rarement un rapport de cause à effet entre la forme du chapeau et la forme de la tête. La tête d'un homme n'est jamais modelée en fonction du chapeau et le chapeau est très rarement fabriqué spécialement pour sa tête. L'adaptation se fait par la sélection de chacun parmi des chapeaux dont aucun n'a été conçu pour aller spécialement à l'un plutôt qu'à l'autre. Chacun choisit le chapeau qui sied le mieux à sa tête[15]. »

À présent, voyons ce qui pourrait se passer avec les embryons, et notons d'abord qu'il s'en fabrique en grande abondance. Est-ce qu'une personnalité désincarnée a la possibilité de sélectionner (ou même de produire) l'embryon qui lui « va » le mieux ? Peut-elle éviter de s'attacher à un autre ? Autre question importante : un désincarné peut-il aussi modifier l'embryon choisi comme on le ferait d'un chapeau, en le rembourrant, ou en l'élargissant par exemple ? Je crois prématuré de parler de la seconde hypothèse, dont les signes positifs feront l'objet d'une section de mon prochain ouvrage sur les défauts et marques de naissance.

Possibilité de sélection d'un embryon parmi d'autres

Les liens personnels ou géographiques existant entre les deux familles du sujet (l'ancienne et la nouvelle) dans de nombreux cas font penser à une attraction de l'âme guidant celle-ci vers une famille plutôt qu'une autre, peut-être à cause d'une amitié ou d'un amour dans l'incarnation précédente, peut-être à cause des facteurs géographiques mentionnés plus haut. Il semblerait donc que le désincarné soit contraint, le plus souvent, à « prendre » le corps fourni par les parents, de gré ou de force. À cet égard, la comparaison de McTaggart avec des chapeaux ne nous aide en rien : un couple n'a que peu de spécimens à offrir, tandis qu'un chapelier dispose de stocks énormes pour le choix des clients. Supposons qu'une âme soit fortement attirée par une famille où sévit une maladie héréditaire comme l'anémie falciforme, l'hémophilie, ou la chorée d'Huntington, il lui faudra courir le risque d'accepter un corps contenant ce gène. Par exemple, si la femme est porteuse d'hémophilie, il y a une chance sur deux pour que son fils soit hémophile, et que ses filles soient elles-mêmes porteuses du même gène.

Malgré cela, quelques exemples me font croire qu'un certain processus de sélection reste possible. Nous en trouvons des preuves parmi les cas de changement de sexe ou de jumeaux.

Les changements de sexe d'une incarnation à l'autre nous procurent un vaste champ de suppositions à cet égard. Supposons qu'une personne, avant de mourir, ait exprimé le désir de changer de sexe dans sa prochaine incarnation[16]. Le sexe d'un embryon est déterminé par le type de sperme capté par l'ovule maternel. Si le sperme en question porte le chromosome Y, ce sera un garçon, tandis que le chromosome X fera naître une fille. Comme le sperme contient autant de chromosomes Y que d'X, l'embryon aura autant de chances d'être garçon que d'être fille. Selon la supposition sus-mentionnée, le désincarné pourrait s'associer à l'embryon du sexe qu'il a choisi en influençant le processus sperme/ovulation, de façon à éliminer le chromosome indésirable, ou bien à se débarrasser de l'œuf déjà fertilisé en attendant de pouvoir en influencer un autre selon sa préférence.

Le coït qui se produit un ou plusieurs jours avant l'ovulation favorise la conception d'un garçon, alors que celui qui coïncide avec l'ovulation favoriserait celle d'une fille[17] (toutefois, l'inverse est vrai dans l'insémination artificielle)[18]. Les spermatozoïdes porteurs de chromosome Y sont plus actifs que les porteurs d'X [19], mais la viscosité et les autres caractéristiques des fluides dans lesquels ils baignent peuvent réduire ou annuler ces avantages. Les changements physiologiques chez la femme inséminée semblent pouvoir agir sur la pénétration des spermes X ou Y de différentes façons. En se servant de la télépathie, le désincarné arrive peut-être à influencer la mère potentielle, lui apportant des changements psychosomatiques susceptibles de modifier les probabilités de conception d'un garçon ou d'une fille. Il semble néanmoins que ce ne soit point là le meilleur moyen de s'assurer du sexe d'une prochaine incarnation.

Autre intervention plausible : les ovules fertilisés sont souvent expulsés pendant la menstruation suivante, ou un peu plus tard, et il s'agit alors d'un avortement non provoqué dont la mère peut très bien ne pas s'apercevoir. Elle croit avoir eu « un retard » et un flux plus abondant qu'à l'habitude[20]. Le désincarné a peut-être la possibilité d'induire cette expulsion jusqu'à ce qu'un embryon du sexe choisi pour sa prochaine incarnation soit fertilisé. Il permettrait alors le développement normal de la grossesse.

Puisqu'il existe autant de probabilités de naître fille que garçon, le désincarné doit également veiller à ne pas changer de sexe s'il ne le désire pas. Ce point est important car les cas de « changement de sexe » sont rares, même dans les pays où ils se produisent le plus (par exemple en Birmanie : 20 p. cent). Nous n'en avons rencontré aucun dans des pays comme la Turquie, le Liban et autres. Par conséquent, le désincarné a sans doute besoin de plus de vigilance encore lorsqu'il ne désire pas changer de sexe.

Au cas où ces deux interventions seraient impossibles, le désincarné aurait peut-être une troisième solution : simplement attendre la conception d'un embryon, mâle ou femelle, selon son gré et l'investir aussitôt, dans l'utérus maternel. Quelques exemples semblent l'indiquer, dans certains cas où les parents ont perdu un enfant et attendent son retour parmi eux. Si l'enfant attendu porte des marques distinctives semblables à celles du petit défunt (certains parents marquent eux-mêmes le corps de leurs nouveau-nés, en Asie et en Afrique, par exemple), ils reconnaîtront ainsi le retour de ce dernier[21]. Parfois, d'autres enfants sont nés entre-temps, souvent (mais pas toujours) d'un sexe opposé à celui du défunt et de sa réincarnation. Cela tendrait à prouver que l'ancienne personnalité tenait à ne pas changer de sexe et qu'elle a attendu l'occasion favorable pour réintégrer l'utérus de sa mère. Cependant, certains désincarnés semblent être moins intransigeants à cet égard et se sont réincarnés dans des corps de sexe opposé.

Des cas de sujets jumeaux ont parfois confirmé ces hypothèses, semble-t-il. Nous avons vu comment, chez les jumeaux « qui se rappellent », l'un d'eux ou tous les deux ont le souvenir d'une vie antérieure où ils étaient associés d'une façon ou d'une autre : ils étaient grands amis, ou appartenaient déjà à la même famille, ou travaillaient ensemble. Par conséquent, les deux personnalités désincarnées étaient poussées, d'une manière ou d'une autre, à se réincarner en même temps. Leur alliance aurait pu agir de façon positive et provoquer leur naissance simultanée. Nous n'avons jamais rencontré de cas où deux personnes auraient exprimé avant de mourir leur volonté de re-naître ensemble, avec preuves à l'appui par la suite. Néanmoins, Daw Hnin Aye en a observé un cas en Birmanie, dont le sujet s'appelait Maung Kyaw Myint Naing. Sa mère avait rêvé pendant sa grossesse qu'un parent défunt (Maung Than Aung) lui faisait part de sa prochaine naissance « chez elle » avec un ami (dont il ne donnait pas le nom). Et elle avait peu après effectivement donné naissance aux jumeaux, probablement monozygotes puisqu'il n'y avait qu'un seul placenta. Lorsque Maung Kyaw commença à « se rappeler », il raconta comment il avait, pendant son séjour à l'état désincarné, invité un certain U Saing à re-naître en même temps que lui. U Saing, dit-il, était resté jusque-là près de son ancienne habitation, également à l'état désincarné. Mais le frère jumeau de Maung Kyaw n'avait aucun souvenir de ce U Saing.

Les désincarnés qui veulent retourner à la vie terrestre avec un frère jumeau attendent peut-être que deux embryons soient disponibles en même temps. Cependant, il est également possible que deux « esprits » amis et alliés suscitent le développement de deux corps dans le même utérus maternel. Peut-être ont-ils alors le pouvoir de diviser l'ovule fertilisé (zygote) en deux parties génétiquement identiques mais indépendantes (monozygotes), ou bien de placer deux ovules en bonne position pour qu'ils soient fertilisés simultanément par deux spermatozoïdes différents (dizigotes)[22].

Les désincarnés ont-ils la possibilité d'influencer les maladies ou infirmités de leur futur corps ? Prenons l'exemple de l'anémie falciforme, maladie génétique que les indigènes d'Afrique occidentale associent à un certain type de réincarnation.

L'anémie falciforme est bien connue : si les deux époux sont porteurs du gène S (hétérozygotes) responsable de l'anomalie, on peut prévoir qu'en moyenne un quart de leurs enfants seront homozygotes et souffriront de cette maladie grave dont beaucoup d'enfants meurent en bas âge. Les familles nombreuses en Afrique occidentale ont un taux dc mortalité infantile élevé, en partie à cause de l'anémie falciforme. Les Igbos et beaucoup d'autres tribus de ce pays croient que les décès répétés parmi les bébés d'une même famille n'impliquent qu'une seule personnalité, qui passe ainsi par plusieurs brèves incarnations (ces dernières durent parfois un mois, parfois un an, rarement davantage). Les Africains appellent ces enfants *ogbanje* (en langage igbo), mais le concept est mieux exprimé en anglais : repeater children (*enfants revenants*)[23]. Les parents des tribus d'Afrique occidentale souffrent beaucoup de perdre ainsi leurs bébés (ou enfants). Leur souffrance est mélangée de colère, parce que cela représente aussi une perte économique pour eux : les enfants en âge de travailler les aident. Ils ont donc élaboré une croyance selon laquelle les *ogbanje* appartiennent à une ligue d'esprits conspirateurs, qui se sont donné pour mission de se réincarner et de mourir prématurément avec le seul but de persécuter les parents. Lorsque ces derniers voient qu'un bébé est malade, ou même simplement fragile, ils le soupçonnent d'être possédé par un esprit de cette ligue et ont parfois recours à un « docteur » spécialisé qui essaie d'exorciser l'enfant en le mutilant de différentes façons (coupures dans la paume des pieds ou des mains, ou autres rituels). Si le « docteur » ne réussit pas et que l'enfant meurt, les parents eux-mêmes mutilent parfois son corps, comme par exemple les Igbos d'Awgu (Nigeria) : il n'est pas rare qu'ils amputent le petit doigt gauche de la dépouille mortelle en invoquant son âme. Ils la prient de ne revenir chez eux que dans l'intention de grandir et de devenir un adulte utile à leur communauté. Après quoi, on attend la naissance du prochain enfant, espérant qu'il lui manquera la moitié de son petit doigt gauche. Ainsi aurait-on la preuve que c'est bien l'enfant marqué dont la nouvelle incarnation leur revient, après avoir rejeté (ou avoir été rejeté de) la ligue des esprits méchants, pour vivre en bonne santé jusqu'à un âge avancé[24].

Après cette digression (qui n'en est pas une, d'ailleurs), considérons le cas hypothétique d'une personnalité igbo, destinée, pour quelque obscure raison, à s'incarner d'abord dans un corps atteint d'anémie falciforme, à en mourir, et ensuite à se réincarner dans la même famille, mais dans un corps sain. Quelles sont les options de cette personnalité désincarnée ? La cellule falciforme n'est pas logée dans les chromosomes X ou Y. Par conséquent, la personnalité antérieure ne peut bloquer la fertilisation de l'ovule au moyen d'un spermatozoïde porteur du gène S (si cela est possible, nous n'en connaissons pas le mécanisme physique). Un esprit désincarné essayant de se réincarner, et obligé pour ce faire de s'associer à un corps atteint de cette maladie, aurait d'abord à identifier un embryon homozygote (en moyenne un sur quatre). Tandis que pour la réincarnation suivante, prévue dans un corps non atteint, il s'associerait à l'un des deux autres types d'embryons, ceux qui seraient simplement porteurs et ceux dont les gènes seraient normaux. La dernière option serait la plus facile des deux puisque trois sur quatre embryons (en moyenne) seraient indemnes d'anémie falciforme.

Pour être à même d'influencer la sélection d'un embryon, le désincarné doit, d'une façon ou d'une autre, se renseigner sur le type d'embryon qui va être conçu (ou est déjà conçu), c'est-à-dire avec ou sans le gène S (j'ai fait ce genre de supposition pour ceux qui veulent se réincarner en jumeaux et doivent manipuler deux ovules d'une femme pour leur fertilisation simultanée, ou bien diviser un zygote en deux parties égales en temps voulu).

En admettant la vraisemblance de ces hypothèses, rien ne nous empêche d'imaginer un désincarné capable de choisir ou d'éviter à son gré un embryon porteur d'anémie falciforme. Ces connaissances paranormales ne sont pas plus extraordinaires que celles de certains êtres vivants[25]. Cependant, mon intention n'est pas d'affirmer qu'un désincarné peut modifier l'information concernant un embryon, et prendre une décision rationnelle à partir de ce pouvoir. J'essaie simplement d'exposer le problème auquel il est confronté, sans prétendre en connaître la solution. Un mourant peut-il, en cas de circonstances imprévues et soudaines, s'imposer à sa femme pour l'avertir ? La plupart des apparitions se produisent automatiquement, semble-t-il[26]. C'est de la même façon, je crois, que le désincarné est attiré vers les parents de sa prochaine incarnation, puis vers l'embryon spécial qu'ils lui fournissent. Ces processus sont gouvernés par une activité mentale autrement intense que le mécanisme de la digestion, de la respiration et de la cicatrisation de nos blessures superficielles.

Pour ce qui est de l'influence du désincarné sur la mère potentielle, nous sommes sûrs d'une chose au moins : les processus mentaux peuvent modifier profondément la physiologie de l'appareil reproductif féminin. Y a-t-il une femme au monde qui n'ait pas au moins une fois dans sa vie subi un changement dans ses menstruations, en période de stress ? C'est peu probable. Néanmoins, les perturbations psychologiques peuvent apporter bien plus de bouleversements encore dans les organes reproductifs. Par exemple, les cas de « pseudocyesis » ou fausse grossesse. La femme qui se croit enceinte alors qu'elle ne l'est pas voit souvent ses règles disparaître et peut même souffrir de troubles hormonaux[27]. Tous ces désagréments se volatilisent dès qu'elle se rend compte de son erreur. Mais cela peut prendre des mois.

Nous savons également que des facteurs psychologiques peuvent empêcher une femme fertile de concevoir. Dans un couple qui se croit stérile, l'épouse se trouve parfois enceinte après l'adoption d'un enfant : cela signifie vraisemblablement qu'elle, ou son mari, ou tous les deux ont surmonté leur crainte d'avoir un enfant. Les tribus des îles Trobriand permettent les relations sexuelles avant le mariage, mais voient d'un très mauvais œil les grossesses prématurées. Ils n'utilisent aucun contraceptif et l'avortement y est presque absent. Pourtant, les grossesses prémaritales sont très rares, indice de l'inhibition latente des jeunes filles à cet égard[28]. Autre signe de l'influence psychologique sur la reproduction : les défauts de naissance peuvent être provoqués par un stress émotif (d'après les études effectuées sur les ovules, le stress agirait sur ces derniers en les « vieillissant » inconsidérément avant leur fertilisation)[29]. Devons-nous croire qu'un désincarné peut exercer une action, ou bien sur la future mère, ou bien directement sur les spermatozoïdes et zygotes, pour déclencher les changements décrits plus haut ? Les « envies » et aversions durant la grossesse indiquent peut-être l'influence de la personnalité en train de se réincarner sur les conditions physiques de la femme enceinte. Les archives de la recherche psychologique contiennent également quelques exemples de médiums manifestant les symptômes physiques de l'agonie soufferte par l' « agent » désincarné avec lequel ils sont en communication (télépathique). Si un médium peut être influencé à ce point, on est tenté d'imaginer que l'embryon ou zygote puisse être rejeté ou retenu par le même genre de mécanisme psychologique.

Comment une personnalité désincarnée peut-elle influencer le développement d'un embryon ?

Le fait que certains sujets portent des marques ou défauts de naissance correspondant aux marques ou blessures de la personnalité antérieure indique la vraisemblance d'une sélection, puis d'une modification exercée sur le développement de l'embryon pendant la période de gestation.

Mais, comme je l'ai déjà expliqué, je ne reprendrai cet argument que dans mon prochain ouvrage, ou dans une autre édition de celui-ci.

La conduite d'une vie influence-t-elle la vie suivante ?

Certains peuples, on l'a vu, croient à la réincarnation sans la rattacher à des valeurs morales. On pourrait presque dire que le concept de punition ou de récompense d'une vie à l'autre n'appartient qu'aux hindouistes et aux bouddhistes, mais comme il est plus familier aux Occidentaux que les doctrines des autres adeptes (Druzes, Alevis, Tlingits, Igbos, etc.), on l'associe généralement, en Occident, à l'idée de réincarnation.

Parmi nos cas, je n'ai pas trouvé de preuves de ce concept où l'on devrait normalement les trouver, selon la pensée bouddhiste, c'est-à-dire dans la promotion des « bons » et la démolition des

« méchants ». Les sujets nés dans des familles pauvres qui se rappelaient avoir vécu dans des conditions de prospérité économique rêvaient parfois à leur ancienne vie en admettant avoir mérité par leurs péchés (antérieurs) leur situation actuelle. Rani Saxena (cf. chap. IX) était l'un de ces sujets, ainsi que Bishen Chand Kapoor, autre sujet indien auquel j'ai fait allusion sans m'attarder sur son cas.

Il était né de parents économiquement faibles et se rappelait avoir été un jeune homme riche, nommé Laxmi Narain, qui avait tiré sur un homme parce qu'il l'avait vu sortir de l'appartement de sa maîtresse. L'homme était mort sur le coup et Laxmi, après s'être caché pendant quelque temps, avait soudoyé les juges pour que l'affaire soit étouffée. Il mourut de mort naturelle quelques années plus tard. Quand Bishen Chand était petit, il aimait à se vanter de ce meurtre et de la façon dont il avait échappé au châtiment quand il était Laxmi. Son comportement était alors celui de l'enfant gâté qu'avait été sa personnalité antérieure. Il reprochait sans cesse à ses parents d'être pauvres, de ne pas lui donner de meilleurs vêtements et une meilleure nourriture. Puis, à mesure qu'il grandissait, son attitude commença à changer. Il se disait que sa pauvreté actuelle était sans doute une punition pour le meurtre qu'il avait commis (le souvenir de cet acte demeura longtemps dans sa mémoire et bien après que les autres images de sa vie antérieure eurent disparu). Il arriva à se corriger et quand je le rencontrai, à l'âge adulte, il n'y avait plus aucune trace en lui de la violence de Laxmi Narain.

Il y a quelques autres exemples qui ont poussé les observateurs à se demander si les actions commises dans une vie peuvent avoir une répercussion dans une autre. Nous avons vu dans le chapitre IX le cas de Zouheir Chaar, sujet libanais : il se rappelait avoir été Jamil Adnan Zahr, le voisin de sa mère, avec laquelle il avait de constantes querelles concernant leur part respective d'eau d'irrigation. Ces gens étaient druzes, et par conséquent le concept de karma punitif ou réparateur n'entrait pas dans leurs convictions. Néanmoins, les témoins du cas de Zouheir y voyaient une certaine ironie, et aussi un avertissement. Aucun Druze n'aurait affirmé que cette réincarnation avait pour cause le comportement malveillant de la mère ou du voisin, mais le père de Zouheir pensait que leur animosité avait été un facteur de rapprochement, d'une manière ou d'une autre.

Ce cas constitue (avec quelques autres) le seul indice – non accompagné de preuves – du processus karmique cher aux bouddhistes. Les explications des sujets et des témoins à l'égard des différences de conditions dans deux incarnations apparemment liées l'une à l'autre se bornent le plus souvent à rationaliser ces différences. Ceux qui tiennent à l'idée de karma trouveront quand même quelque argument en sa faveur : ils diront, par exemple, qu'un criminel notoire a été promu à une meilleure existence grâce à des vertus cachées comme le dévouement à sa famille. De même, une personne en apparence vertueuse jusqu'à la sainteté devait recéler une fourberie malfaisante ou des vices secrets puisque son incarnation suivante est déchue de tout privilège. Et, le cas échéant, ils couvriront toutes les insuffisances en remarquant qu'il faut parfois plusieurs vies pour arriver à la juste récompense ou à la punition méritée. Ces explications sont irréfutables, mais inaccessibles à toute étude empirique.

Tout cela ne veut pas dire que la conduite d'une vie ne puisse avoir d'effets sur la suivante. Mais ces effets ne se produiraient pas *à l'extérieur*, dans les conditions matérielles, mais *intérieurement*, par la joie ou les chagrins vécus. C'est uniquement dans cette optique, je pense, qu'il peut y avoir une amélioration de nos personnalités. Les sujets ont souvent des intérêts, des aptitudes et des comportements correspondant à leur ancienne incarnation, non seulement dans le domaine professionnel mais également dans leurs rapports avec autrui, c'est-à-dire au niveau moral. L'un thésaurise chaque centime qui lui tombe sous la main, comme l'homme d'affaires qu'il a été, l'autre distribue généreusement tout ce qu'elle peut aux plus pauvres qu'elle, comme le faisait la femme pieuse dont elle se souvient. Un petit sujet vise l'agent de police comme pour le tuer, avec le même geste que lorsqu'il était un bandit en cavale. Un autre, qui se rappelle avoir été médecin, offre ses soins compatissants à ses camarades de jeux.

Ces enfants n'ont toutefois pas gardé longtemps leurs habitudes antérieures. J'ai eu le plaisir d'apprendre et à l'occasion de constater leur « normalisation », peut-être sous l'effet de leur nouvel environnement. Mais on peut aussi y voir un certain auto-amendement, qui ne peut s'accomplir que par la volonté de s'améliorer. L'un des compagnons de saint François d'Assises, frère Giles, a fait cette remarque pleine de vérité profonde : « Tout ce qu'un homme peut faire, en bien ou en mal, il le fait à lui-même. » Il n'y a donc (si nous en jugeons par l'étude de nos cas) aucun juge suprême à l'extérieur de nous-mêmes qui décide de nos vies successives selon nos agissements. Si, comme l'a dit Keats, « le monde est une vallée de faiseurs d'âmes », nous sommes les faiseurs de la nôtre.

Les saints, qui sont les génies de la moralité, nous disent et nous démontrent *que* la sérénité est le fruit de l'altruisme – c'est-à-dire d'une conduite totalement désintéressée vis-à-vis des autres, et dont on ne peut tirer que la sérénité. On prête à Pythagore cette remarque, probablement apocryphe, écrite à un ami : « Tu te plains d'être traité injustement. Console-toi donc. Le vrai malheur consiste à *agir* injustement. »

Si on désire vraiment s'améliorer, on peut avoir besoin d'autres modèles que ceux qui nous entourent. On peut souhaiter naître enfants de saints plutôt que de criminels ou de médiocres, et cela serait la plus belle des promotions d'une vie à l'autre. Existe-t-il des preuves de cette possibilité ? Je ne peux en dire grand-chose. Cependant, les liens familiaux ou ethniques qui associent tant de personnes concernées dans nos cas ne sont pas inéluctables. Bien que la majorité de nos sujets fasse partie de la famille, de la communauté ou encore de la région à laquelle appartenait leur ancienne personnalité, nous avons quelques exemples où l'amitié seule a joué un rôle. Nous avons donc la faculté, semble-t-il, de rompre les attaches familiales précédentes pour en établir de nouvelles dans notre prochaine vie, tout comme nous le pouvons dans notre vie actuelle.

Voilà tout ce que je peux dire sur la relation de cause à effet d'une vie sur la suivante, et peut-être est-ce encore trop. Il me paraît juste de clore cet ouvrage en reconnaissant notre ignorance avec beaucoup d'humilité. Malgré ma conviction que certains de nos enfants pourraient bien être des réincarnés, nos travaux de recherche m'ont également persuadé que nous ne savons presque rien sur la réincarnation.

Notes

Préface

1. Le sens du mot « karma ». En sanskrit, le mot « karma » signifie « action ». Par extension, il signifie aussi les effets du comportement, et plus particulièrement ceux de la conduite morale, plus spécialement trouvant leur cause dans une vie antérieure. Chez les hindous et les bouddhistes, la doctrine du karma comprend plusieurs sortes de causes et d'effets, mais l'usage populaire se concentre sur la rétribution appropriée des comportements en cause. Par exemple, on peut supposer que celui qui naît aveugle est ainsi puni pour avoir arraché les yeux de son voisin dans une vie antérieure.
2. Pronoms masculins ou féminins. Dans les cas qui nous concernent, j'ai plutôt eu recours aux pronoms masculins, car la majorité des enfants qui disaient se souvenir de vies antérieures étaient des petits garçons, fait que j'expliquerai au chapitre X.

Chapitre I. Introduction

1. Vérification des propos des sujets. À part ceux qui ont pu être vérifiés, il y en a d'inexacts ; d'autres encore, appartenant au même groupe, fournissent des informations invérifiables ou pas du tout. Nous étudierons ces différences dans d'autres chapitres.
2. Nombre total de nos enquêtes. Plus de deux mille de « nos » cas sont archivés à l'université de Virginie. Ce nombre est en train d'augmenter car mes collaborateurs et moi-même continuons nos recherches. Mais certains cas déjà recensés devront être rejetés après examen si nous doutons de leur authenticité.
3. Possibilités de survie après la mort. Ducasse en 1951 et Thouless en 1979 ont décrit quelques-unes des différentes formes de vie possibles après la mort.
4. Rejet des scientifiques concernant la vie après la mort. Un sondage (Gallup, 1982) a montré que seuls 16 p. cent des scientifiques croient à une vie après la mort, contre 67 p. cent du grand public.
5. Différentes sortes d'indices de survie après la mort. Les indices de survie proviennent d'enquêtes sur les apparitions, les visions précédant la mort, les expériences vécues peu avant la mort, les voyages dans l'au-delà et quelques communications médiumniques. J'en ai publié un petit abrégé (Stevenson, 1977c). Gauld (1982) a recueilli ces témoignages dans un ouvrage complet ainsi que Thouless (1984).
6. Critères sur l'identité personnelle. Depuis l'époque de John Locke (1947, 1960), les philosophes ont toujours cherché à définir les critères d'identité personnelle. Depuis ces trois dernières décennies, livres et chapitres à ce sujet n'ont cessé de se multiplier. Pour ne citer que quelques exemples : Ayer (1963), Lewis (1973, 1978), Madell (1981), Penelhum (1970), Perry (1975), Rorty (1976), Shoemaker et Swinburne (1984), et Vesey (1974). Il y est question de l'isolement de ce genre d'étude ou peut-être de celui des philosophes modernes. J'ai lu

une dizaine d'ouvrages de ces derniers sur l'identité personnelle (ceux que je viens de citer et d'autres encore), et je n'y ai pas trouvé de références aux phénomènes paranormaux. (Je définirai cette phrase un peu plus loin.) Pourtant, un certain nombre de philosophes actuels ont établi la définition de l'identité personnelle en tenant compte des recherches. Ducasse (1951, 1961) fut assez convaincant à ce sujet, ainsi que Broad (1958, 1962). Tous deux ont retenu la possibilité de la réincarnation. Des articles pertinents ont été publiés, comme par exemple celui de Wheatley (1965) et quelques autres, rassemblés dans deux anthologies sur les relations entre la philosophie et les phénomènes paranormaux (Thakur, 1976 ; Wheatley et Edge, 1976). (Ces anthologies comprennent d'autres articles qui ne sont pas directement liés aux questions d'identité personnelle et de survie.) Dans une de ses communications portant sur les preuves de survie et la personnalité après la mort, Murphy (1945) souligna que les témoignages concernant les souvenirs persistants n'étaient pas (selon ses critères) suffisants pour croire à la survie après la mort. Il voulait en outre trouver une motivation à cette survie.

7. Personnalité inchangée immédiatement après la mort. Cette phrase semble tourner autour de la question : survivons-nous à la mort de notre corps ? Les quelques preuves qui vont dans ce sens proviennent d'apparitions et de communications médiumniques (auxquelles je fais référence plus loin dans ce chapitre) et ces manifestations indiquent souvent que, malgré les changements énormes des conditions et des circonstances *post mortem*, le caractère ou la personnalité ne change pas.

8. Apparitions et la manière de les interpréter. Les lecteurs désireux de consulter les récits de ces apparitions peuvent se référer à Gurney Myers et Podmore (1986), MacKenzie (1971) et Tyrrell (1953). Gauld (1982) et MacKenzie (1982) ont passé en revue les différentes interprétations des apparitions (voir également Stevenson, 1982).

9. Vitalisme. De nos jours, on associe volontiers le concept de vitalisme aux idées et aux écrits de Hans Driesch (1908, 1914). Devenu philosophe en fin de carrière, il avait débuté comme embryologiste et ses expériences prouvèrent que le développement d'un organisme à partir d'un ovule fertilisé ne pouvait être expliqué de façon satisfaisante par les connaissances actuelles ou à venir de la chimie et de la physique. Il s'opposa à une explication mécanique des problèmes de morphologie et affirma la nécessité d'un élément unifiant et directeur dans tout organisme vivant, qu'il appela « entelechie » (d'après le mot d'Aristote). Driesch s'intéressa vivement aux recherches psychiques et fut élu président de la Société pour la recherche psychique en 1926-1927. Il publia un petit ouvrage, *La Recherche psychique* (Driesch, 1932, 1933), qui mérite encore d'être étudié. Gruber (1978) publia un livre sur les idées de Driesche concernant la biologie et la recherche psychique. À part lui, d'autres scientifiques ont avancé des idées semblables sans leur donner pour autant le nom de vitalisme (Hardy, 1965, 1966).

10. Frères siamois passant par une porte. La remarque est de Jackson (1966).

11. Recherche psychique menée par Descartes et Bacon. Descartes publia quelques observations sur ce que nous appelons maintenant la télépathie dans *Les Principes de la philosophie* (Descartes, 1973/1644, p. 501). Suggestions de Bacon dans *Sylva Sylvarum* (Bacon, 1639, p. 210), publié après sa mort.

12. Termes utilisés dans les phénomènes paranormaux. Il existe des glossaires des termes utilisés dans la recherche psychique : Grattan-Guiness (1982) ; Thalbourne (1982) ; White et Dale (1973) et Wolman (1977).

13.Télépathie et clairvoyance. Je ne ferai plus désormais de différence entre télépathie et clairvoyance. Certains chercheurs ont souligné la difficulté de démontrer la télépathie, parce que la connaissance paranormale des pensées de l'autre ne peut exister qu'à travers la connaissance clairvoyante du premier sur le processus mental du second. Néanmoins, je considère le terme de « télépathie » important, ne serait-ce que parce que l'objet de l'information paranormale peut jouer un rôle aussi important que celui qui l'obtient. Certaines expériences scientifiques (Schneider, 1961a, 1961b) ainsi que des phénomènes spontanés (Stevenson, 1970b) en ont donné de nombreuses preuves.

14. Ouvrages d'introduction aux phénomènes paranormaux. Voici quelques introductions à ce sujet, assez brèves mais détaillées : Grattan-Guiness (1982), Heywood (1971, 1974), Murphy

(1961) ainsi que Wolman (1977). Malgré son titre, l'ouvrage de Wolman ne peut être transporté facilement. Il est bien plus long que les livres mentionnés ci-dessus, destinés à des lecteurs techniquement plus avancés. Il fourmille cependant d'informations fiables.
15. Quatre récits autobiographiques sur la télépathie. Les récipiendaires de ces quatre cas ont décrit leurs sensations. Ouvrages cités (sous leurs noms) dans nos Références.
16.Témoins dignes de confiance sur la cognition paranormale. Nombreux sont ceux qui ont vécu des expériences comparables à celles que j'ai citées. Les récits de leurs aventures figurent souvent dans des biographies et autobiographies comme celles de Stanley et Brougham. Prince (1928) rassembla lui aussi des récits d'expériences similaires dans une précieuse anthologie. Un grand nombre d'éminents spécialistes, compétents en d'autres domaines de la recherche humaine et qui ont reconnu avoir fait l'expérience de phénomènes paranormaux, représentent un des deux problèmes majeurs lorsqu'il s'agit d'interpréter leurs affirmations. D'une part, s'ils sont reconnus comme supérieurement compétents dans leur propre domaine et pourtant incompétents dans leurs rapports sur leurs phénomènes paranormaux, alors pourquoi sont-ils tombés si bas au-dessous de leur propre valeur à cette occasion ? D'autre part, s'ils étaient aussi compétents au sujet de ces phénomènes que dans leur domaine professionnel, pourquoi d'autres hommes de science ont-ils rejeté leurs opinions sur les aventures paranormales, tout en continuant à respecter leurs vues sur les questions de leur compétence reconnue ? Qui plus est, pour les scientifiques qui croient à la cognition paranormale, l'expérience personnelle semble être le meilleur moyen d'accepter cette croyance. Un sondage effectué par McClenon (1982) sur les opinions des scientifiques en matière de perception extrasensorielle a démontré que peu d'entre eux avaient été convaincus par des ouvrages de parapsychologie, tandis que beaucoup d'autres qui avaient vécu des expériences marquantes, y croyaient.
17. Apparitions fortuites ou coïncidant avec la mort. Les détails de cette analyse figurent dans les ouvrages de H. Sidgwick et Committee (1984) et de Broad (1962).
18. Le cas Agnès Paquet. Sidgwick (1891-1892) en a publié le récit complet.
19. Coïncidences des détails entre visions et événements lointains. Bergson (1913) en a fait une communication dans son discours présidentiel à la Société pour la recherche psychique. Il cita le cas d'une femme qui, au moment de la mort de son mari, le « vit » mourir dans une bataille avec tous les détails qui entouraient l'événement. Un siècle et demi plus tôt, le docteur Johnson avait fait la même remarque à Boswell au sujet des fantômes, avec tout le bon sens dont il était capable :
« Monsieur, je fais une distinction entre ce qu'un homme peut éprouver par la seule force de son imagination et ce que son imagination ne peut produire. Ainsi, supposez que je voie une silhouette et que j'entende une voix me dire : "Johnson tu es un individu très méprisable et si tu ne te repens pas, tu seras très certainement puni." Mon sens de l'humilité est si ancré en moi que j'aurais tendance à imaginer en avoir vu ou entendu quelque chose et par conséquent, je ne devrais pas croire à cette communication extérieure. Mais si une silhouette apparaissait et une voix me disait que tel homme est mort à tel endroit et à telle heure, ce dont je ne pouvais avoir connaissance et qui pourrait se révéler exact par la suite, je serais alors convaincu d'avoir une intelligence surnaturelle. » (Boswell, 1931/1791, p. 246.)
20 . Cas rares et récits invraisemblables. Cette citation provient de l'ouvrage de Bacon, *The Advancement of Learning* (1915/1605, p. 29).
21. Le cas de l'orchidée bleue de Table Mountain. J'ai publié les détails de cette histoire (Stevenson, 1964). MacKenzie (1966) a fait de plus amples recherches et en fit un récit détaillé. (La fleur bleue en question n'était en fait pas une orchidée, mais je ne le savais pas à cette époque.)
22. Sondages portant sur des expériences psychiques vécues. Palmer en a fait un compte rendu détaillé (1979) ainsi que H. Sidgwick et Committee (1894) et West (1948).
23. Erreurs de témoignages dans les cas spontanés. Deux sortes de cas spontanés ont été publiés : ceux qui ont fait l'objet d'une enquête et les autres. L'enquête d'un cas comprend l'interrogatoire des informateurs (par courrier ou oralement) sur les détails de leur expérience vécue. Cela sera ensuite vérifié à d'autres sources par un enquêteur indépendant, et non pas accepté sur les seules déclarations du récipiendaire. Les cas « non vérifiés » qui ont malgré tout été publiés ont été

acceptés sur simple lecture. Ce sont en général des lettres simplement envoyées à un centre de recherche. Les cas sur lesquels on a enquêté offrent deux avantages sur les autres. Tout d'abord, les entretiens (ou l'échange de correspondance) permettent la détection et l'élimination des cas non authentiques qui ont une explication normale. De tels cas acceptés, parmi d'autres qui n'ont pas été examinés, peuvent nuire aux conclusions générales et à leur crédibilité à un point qu'il est difficile d'estimer. Deuxièmement, les cas non examinés donnent rarement une idée complète de l'affaire. L'informateur est presque toujours le récipiendaire et il ou elle peut ignorer ou minimiser l'importance de l'agent. Ce déséquilibre peut être à l'origine de conclusions inexactes, par exemple celle de Rhine (1981), selon laquelle les « agents » n'ont que peu d'importance dans la perception extrasensorielle. J'ajouterai en faveur des cas non examinés que certains d'entre eux ont des traits communs avec les cas soumis à des enquêtes ; ce qui veut dire que l'inclusion de quelques cas non authentiques et défectueux (parce que tous les aspects n'en ont pas été étudiés) ne corrompt pas toujours l'ensemble. Pour étudier ces enquêtes, le lecteur doit généralement se référer à des revues spécialisées dans la recherche psychique où elles sont publiées séparément ou par petits groupes. Il en est malgré tout qui ont été publiées séparément et non dans les publications officielles de la Société. Par exemple, les volumes de Gauld et Cornell (1979 ; esprits frappeurs), Gurney Myers et Podmore (1886 ; en particulier : apparitions) ; MacKenzie (1971/1982 ; apparitions et fantômes) ; Stevenson (1970b : impressions télépathiques) et Tyrell (1953 : apparitions). Mes rapports sur des enfants qui ont des souvenirs ne concernent que des cas soumis à nos enquêtes. Parmi les cas non soumis à l'enquête, certains méritent l'attention : Green (1960, 1968b) ; Prasad et Stevenson (1968) ; Rhine (1961, 1981) et Sannwald (1959a, 1959b).

24. Hallucinations et veuvage. Rees (1971) a publié un sondage à ce sujet.

25. Explications rationnelles d'expériences vécues apparemment psychiques. J'ai déjà abordé ce sujet et donné quelques références dans un de mes ouvrages (Stevenson, 1983c).

26. Les thèmes de l'amour et de la mort dans les expériences psychiques. Gurney Myers et Podmore (1886) ont relevé ces faits dans leurs ouvrages sur les apparitions. Par la suite, d'autres cas ont confirmé qu'il existait souvent une relation d'amour entre le récipiendaire et l'agent, et d'autre part, de mort (ou maladie ou accident) dans le cadre des communications paranormales (C. Green, 1960 ; Prasad et Stevenson, 1968 ; Saltmarsh, 1934 et Stevenson, 1970b).

27. Suggestions posthypnotiques. Berheim (1947/1889) publia dans la seconde moitié du XIXe siècle des cas fort intéressants de suggestions posthypnotiques, et son œuvre mérite encore notre attention. Il s'aperçut que : lorsqu'il pressait ou pour ainsi dire rudoyait ses sujets, certains se souvenaient que les instructions reçues pendant l'hypnose leur imposaient leur étrange comportement posthypnotique.

28. Le concept de souvenirs comportementaux. Bergson (1959/1896) et Butler (1961/1877) ont souligné l'importance des souvenirs comportementaux. Penfield (1975) pense que la fonction principale du cerveau est d'apprendre une série d'automatismes que l'esprit amorce, utilisant le cerveau comme instrument quand il le souhaite.

Chapitre II. Croyance en la réincarnation

1. Voltaire. Phrase tirée de Voltaire (1960, p. 366).

2. Répartition géographique des adeptes de la réincarnation. Les informations sur les différentes croyances en la réincarnation proviennent des sources suivantes : sectes islamiques d'Asie occidentale : Makarem (1974) et Stevenson (1974b/1966 et 1980). Tribus africaines, en particulier d'Afrique occidentale : Besterman (1968), Deschamps (1970), Noon (1942), Parrinder (1956, 1970), Stevenson (1980), L.V. Thomas (1968), Uchendu (1965) et Zahan (1965). Brésil : Stevenson (1974b/1966). Habitants des îles Trobriand : Malinowski (1916). Australie centrale : Spencer et Gillen (1968/1899). Ainu : Munro (1963). Nord-ouest de l'Amérique du Nord : de Laguna (1972), Slobodin (1970), et Stevenson (1966, 1974b/1966, et 1975b). Des témoignages fragmentaires nous ont fait supposer qu'il existait d'autres Indiens d'Amérique, à part ceux du nord-ouest de l'Amérique du Nord, qui à une époque avaient cru à la réincarnation et que

certains y croyaient toujours. (Par exemple, Radin (1926) publia le témoignage d'un Indien Winnebago, qui disait se souvenir de deux vies antérieures.) Néanmoins, ces peuples n'ont pas gardé leurs convictions comme ceux du Nord-Ouest, chez qui les missionnaires chrétiens n'ont pas gardé leur influence comme dans l'Est et le Sud.

3. Schopenhauer. Cette citation que j'ai traduite est tirée de *Parerga und Paralipomena* (1891, p. 395).

4. Sondage sur les croyances en la réincarnation en Amérique du Nord. Les détails de ce sondage se trouvent dans Gallup Opinion Index (1969) et Gallup (1982).

5. Croyance en la réincarnation dans les anciens écrits de l'Inde. Pour plus ample information, se référer à R.D. Hume (1931), Radhakrishnan (1923), Smart (1964) et Zaehner (1962).

6. La rencontre d'Apollonius et de Iarchus. Philostrate (1970) fait le récit de cette rencontre dans *La Vie d'Apollonius*.

7. Origine commune de la croyance en Grèce et en Inde. Keith (1925) a dit que rien ne laissait supposer que les Grecs anciens avaient emprunté leur concept aux Indiens ou vice versa. Les concepts parallèles ne prouvent pas qu'il y ait eu emprunt ou même origine commune. Cependant, cette dernière éventualité peut être envisagée. Ruben (1939) a suggéré que la source commune pouvait en être une forme primitive du chamanisme d'Asie centrale.

8. Propagation de l'information entre Asiatiques et tribus d'Amérique du Nord. J'ai rassemblé des preuves (peu nombreuses et peu marquantes) de contacts entre Asiatiques et tribus d'Amérique du Nord à une époque protohistorique (Stevenson, 1974b/1966, pp. 217-219). Les habitants de l'Alaska ont pu être influencés par les idées bouddhistes avant la venue des Européens au XVIIIe siècle. Il semble peu probable toutefois qu'il aient eu une influence importante sur le concept de réincarnation parmi les tribus d'Amérique du Nord.

9. Les Alevis de Turquie centrale du sud. Si j'ai dit : « Il ne semble pas y avoir de textes », c'est parce que je ne suis pas arrivé à en découvrir. Mes informateurs en Turquie ont quelquefois montré un mélange désespérant d'ignorance et d'indifférence quand je cherchais à connaître l'origine de leur croyance. Peut-être étais-je pour eux un mécréant, indigne de partager leur connaissance des livres saints. Si tel est le cas, ils dissimulaient leurs textes, mais non pas leur croyance. Les Druzes du Liban et de Syrie ont le même genre d'attitude. Ils parlent volontiers de leur croyance, mais ne montrent pas leurs livres saints à un étranger. Je sais pourtant que les Druzes en ont, quant aux Alevis, je l'ignore. Le Coran offre peu de soutien à un tel concept. Comme la Bible, il renferme quelques passages ambigus qui pourraient bien soutenir l'idée de réincarnation. J'ai déjà cité des versets du Coran dans d'autres ouvrages (Stevenson 1974b/1966 et 1980). J'ai aussi fait une description de cette croyance chez les Alevis de Turquie centrale du sud (Stevenson 1970a, 1980).

10. Croyance en la réincarnation chez les Igbos. Pour plus ample description, se référer à Stevenson (1985).

11. Les convictions de Schopenhauer au sujet de la réincarnation. Il n'est pas évident que Schopenhauer (1908) ait été convaincu uniquement par le raisonnement philosophique. Il avait pour son temps une bonne connaissance de l'hindouisme et du bouddhisme, dont les écritures étaient traduites et étudiées en Europe.

12. Les philosophes qui ont soutenu l'idée de réincarnation. David Hume est fréquemment cité dans les anthologies car il croyait aussi à la réincarnation ou tout au moins il y trouvait un sens. Voici ce qu'il écrivait à ce propos dans son essai *Sur l'immortalité de l'âme* : « La métempsychose est par conséquent le seul système de ce genre auquel la philosophie puisse prêter attention. » (Hume, 1854, p. 553.) Dans les passages précédents, Hume disait que si l'on considérait les ressemblances existant entre hommes et animaux, on devait admettre que les animaux possédaient des âmes, tout comme les hommes. Suivait sa déclaration sur la métempsychose. Il donne ici au mot « métempsychose » son sens actuel, c'est-à-dire la re-naissance après la mort de toute âme animale (humaine ou autre). Pourtant, à la lecture de son essai, on se rend compte qu'il ne croyait pas à l'existence d'une âme humaine (ou animale) et encore moins à sa survie. D'après Boswell (1970), Hume mourut en toute sérénité, sûr de sa mortalité.

13. Référence de Platon à la réincarnation. À part ses arguments dans le *Ménon* Platon développa l'idée de la réincarnation dans d'autres ouvrages, notamment *Phédon*, *Timée*, *Phèdre* et *La République*. Pour la citation tirée du *Ménon*, voir pp. 91-92 de l'édition Platon 1936 (cf. nos références).
14. McTaggart et Ducasse à propos de la réincarnation. De tous les philosophes qui se sont penchés sur la question, McTaggart (1906) et Ducasse (1951, 1961) me semblent être les plus lucides et les plus convaincants. McTaggart ne fit aucune référence à des souvenirs de vies antérieures et semblait croire que nous ne pouvions pas en avoir. Pourtant, il pensait que l'on pouvait tirer parti des expériences cognitives vécues dans la vie précédente (par des souvenirs imagés, dans ma terminologie), bien qu'il n'en ait donné aucune information. Ducasse, une génération plus tard, encouragea les recherches en ce domaine et en suivit la publication avec le plus grand intérêt.
15. Croyance en la réincarnation chez les Esquimaux. Se référer à Birket Smith (1959/1936), Guemple, Hughes (1962) et Swanton (1908). Si on sait parler le langage esquimau du Groënland, comprendre celui de l'Alaska ne sera pas difficile. Cela laisse à supposer que la langue a peu évolué après la dispersion des ancêtres de l'Esquimau actuel dans les régions nord de la toundra. Peut-être la croyance en la réincarnation (chez les Esquimaux du Groënland, d'Alaska et des régions intermédiaires) est-elle issue d'une même provenance. Et, ainsi que je l'ai signalé plus haut, cette croyance peut être venue d'Asie avec les ancêtres des Esquimaux actuels.
16. Croyance en la réincarnation provenant de souvenirs de vies antérieures. Dans un essai sur Pythagore, Peris (1963) dit que la croyance en la réincarnation et les souvenirs antérieurs de certaines personnes sont également très anciens. Pythagore est un exemple évident de cette relation : il enseignait la réincarnation et prétendait aussi se souvenir de vies antérieures. De la même façon, la *Bhagavad-Gita* (du *Mahabharata*), composée entre l'an 200 av. J.-C. et l'an 200 de notre ère, parle de la croyance en la réincarnation (Prabhavananda et Isherwood, 1944) et cite Krishna s'adressant à Arjuna : « Toi et moi Arjuna / Avons vécu plusieurs vies / Je n'en ai oublié aucune : / Tu les as toutes oubliées. » Voici un autre exemple chez les bouddhistes : les *Contes de Jataka*. Il s'agit des vies antérieures de Bouddha telles qu'il se les rappelait. Comme Peris (1963) l'a souligné, tous ces exemples ne concernent que les allégations de dieux ou de sages. Nous voici bien loin de l'idée selon laquelle des hommes ordinaires peuvent « se souvenir ». Néanmoins, ces exemples suggèrent que les souvenirs de vies antérieures, la discipline spirituelle, et la connaissance vont de pair. Il serait logique de se demander comment des souvenirs peuvent être assimilés par quelqu'un n'ayant aucun concept de réincarnation. À ceci je répondrai dans un chapitre ultérieur que cette personne peut les rejeter, à moins d'avoir un support conceptuel provenant d'une vie antérieure auquel elle peut les rattacher. Deux facteurs semblent donc nécessaires à la constitution d'une croyance en la réincarnation : d'une part, des souvenirs imagés de vies antérieures rapportés par le sujet ou toute autre personne digne de foi, et d'autre part une conviction ou une intuition que la réincarnation peut se réaliser.
17. Anciens cas de réincarnation en Inde. Au XVIe siècle, Tulsi Das, le traducteur du *Ramayana*, affirma se souvenir d'une vie antérieure, mais nous en possédons si peu d'information que je ne peux pas m'en servir dans cet ouvrage. Au XVIIIe siècle, l'empereur mogol Aurangzeb, bien qu'il fût un musulman fanatique qui ne croyait pas en la réincarnation, voulut bien examiner des faits contraires à ses convictions. Il appela les témoins d'un cas et les interrogea comme on le ferait de nos jours (Stevenson 1974b/1966, pp. 15-16). Les autres cas d'Indiens dont j'ai connaissance eurent lieu au début de ce siècle. Sunderlal en a publié un recueil (1924).
18. Les cathares. Pour plus ample information sur leurs croyances, se référer aux ouvrages de Le Roy-Ladurie (1975), Madaule (1961), Nelli (1972), Niel (1955) et Runciman (1947). Le Roy-Ladurie mentionne en particulier un cathare qui disait se souvenir d'une vie antérieure (ou plus précisément de trois vies, dont deux en tant qu'animal).
19. Celui qui croit que la naissance de l'homme est le début de sa vie. Schopenhauer (1908, vol. 2, p. 558).

20. Signes de réincarnation. J'utilise délibérément le mot « signe » en pensant à l'ode de Wordsworth, *Intimations of Immortality from Recollections of Early Childhood* qui illustre ce que j'essaie de décrire.
21. Scènes de sa propre vie après la mort. Certaines personnes qui ont échappé à la mort après l'avoir frôlée ont revu des scènes de leur vie traversant leur mémoire en un éclair. Certains auteurs appellent ce phénomène « mémoire panoramique », parce que dans certains cas les souvenirs apparaissent tous au même moment. Voir Greyson et Stevenson (1980), Heim (1972/1892), Noyes et Kletti (1977) et Stevenson et Greyson (1979). On peut faire deux remarques à ce propos. D'une part, les sujets qui ont vécu cette expérience ne la qualifient pas de déplaisante. D'autre part, les quelques enfants qui se souviennent ont fait l'expérience de souvenirs panoramiques liés à leur vie antérieure. Les cas de Shanti Devi, Nasir Tcksöz et Ishar Godbole sont des exceptions. Ils parlaient de souvenirs panoramiques qu'ils avaient eus au moment de leur mort « précédente ». En cas de réincarnation, de nombreux souvenirs subliminaux de vies antérieures peuvent apparaître sans comporter d'images qui les expliquent. Selon moi, certains sont des souvenirs comportementaux, mais, comme je l'ai dit plus haut, les souvenirs subliminaux cognitifs peuvent provenir de vies antérieures. Dans son *Ménon*, Platon s'efforça d'en faire la démonstration. On peut considérer le petit géomètre du *Ménon* comme un sujet qui, sans avoir de souvenirs imagés, était doué d'une connaissance subliminale qu'il pouvait utiliser, confronté à un problème de géométrie. De toute évidence, c'est ce que le Socrate de Platon pensait de lui.
22. Raisons de craindre la mort. Ceux qui croient que la mort entraîne l'oubli ont tendance à la redouter et cherchent à l'éviter, même si leur vie devient un fardeau et « ne vaut pas la peine » qu'on s'y accroche, selon l'avis de certains. L'explication de Patanjali (1953) sur cette crainte peut s'appliquer à ce genre de cas, mais une autre explication est possible. Au cours de notre vie, nous sommes fortement attachés à notre conscient que nous définissons par « moi ». La perte définitive de ce moi nous est insupportable et nous cherchons à l'éviter par tous les moyens. Mais si on pense que le « moi » survivra après la mort, on sera prêt à renoncer à l'enveloppe charnelle si elle n'est plus d'aucune utilité. La crainte de la mort ne trahit pas toujours l'égoïsme. Les mourants ont souvent autant de peine pour ceux qui leur survivent que l'inverse (Aldrich, 1963). Et les enfants qui se souviennent d'affaires « en suspens » (cas dont je parle au chapitre X) nous permettent de concevoir que certains aient le désir de prolonger leur vie pour continuer à aider les autres.
23. Concept tibétain sur la réincarnation. Bell (1931), Snellgrove et Richardson (1968) ont décrit le développement du système des tulkus, qui sont censés être les incarnations successives des lamas supérieurs.
24. Conversion des hindous à l'islam en Inde. Spear (1965) décrivit les différentes raisons qui poussèrent les hindous (et les bouddhistes) à se convertir à l'islam. Certains y furent contraints. D'autres recherchaient des récompenses politiques auprès des Mogols. D'autres encore, exposés aux prêches et à l'exemple des soufis, virent en l'islam une religion supérieure. Un grand nombre d'intouchables hindous et bouddhistes trouvèrent refuge dans l'islam, face à l'oppression des brahmanes.
25. Perte de la croyance en la réincarnation chez les ismaélites. L'origine de cette affirmation figure dans un de nos ouvrages (Stevenson, 1980). Ces fluctuations de tendances chez les ismaélites méritent des études plus poussées. Les ismaélites actuels d'Afrique de l'Est croient, m'a-t-on dit, en la réincarnation. Si tel est le cas, leurs ancêtres qui vivaient (pour la plupart) en Inde occidentale avaient peut-être été influencés par les hindous, gardant ainsi une croyance que leurs coreligionnaires d'Asie occidentale avaient abandonnée.
26. Croyance en la réincarnation chez les Celtes. Evans-Wentz (1911) découvrit que les Celtes croyaient toujours en la réincarnation au début de notre siècle, en particulier ceux d'Écosse, du Pays de Galles et d'Irlande. Jules César avait remarqué que cette croyance existait chez les Gaulois qu'il étudiait. Il écrivit au sujet des druides : « La principale doctrine qu'ils cherchaient à enseigner concernait l'immortalité de l'âme. Selon eux, elle passait d'un corps

dans un autre après la mort et cette croyance, qui écartait ainsi la peur de la mort, devait pouvoir les inciter à d'autant plus de bravoure. » (César, 1917, p. 339.)

27. Croyance chez les Vikings. Mes sources proviennent d'ouvrages de Davidson (1964) et Ker (1904).

28. Le concile de Constantinople en 553 et la désapprobation de l'enseignement de la réincarnation. Prat (1907-1911) a exposé certains aspects de l'enseignement d'Origène sur la réincarnation et la condamnation qui s'ensuivit (voir aussi Daniélou, 1955).

29. Déclin de la croyance chez les Esquimaux. Voir le court récit d'un sondage sur la croyance et les cas de réincarnation (Stevenson, 1969).

30. C'était selon d'anciennes croyances. Cette citation est tirée de Ellis (1943, p. 139).

31. Divers concepts dans la croyance. Dans mes rapports (Stevenson, 1974b/ 1966, 1975a, 1977a, 1980, 1983a), certains chapitres décrivent les différents concepts de croyance dans les différents pays où j'ai étudié le phénomène de réincarnation. Pour plus ample information, se référer à Stevenson (1966, 1975b et 1985) et Parrinder (1956).

32. Croyance chez les musulmans shiites. Les Druzes du Liban et de Syrie et les Alevis de Turquie sont des adeptes de la croyance décrite dans ce chapitre (Stevenson, 1980). Obeyesekere (1968, 1980) distingue deux sortes de croyances, la croyance « primitive » et la croyance « moralisée ». Selon lui, les adeptes de la première n'établissent aucun lien entre leurs valeurs morales et le phénomène de réincarnation, à l'inverse des seconds. Obeyesekere cita en exemple les habitants de l'île de Trobriand et les Igbos comme des peuples attachés à la croyance primitive. Par contre, l'hindouisme et le bouddhisme fournissent la preuve évidente que la croyance morale existe dans ces religions. Pourtant, je ne suis pas d'accord avec Obeyesekere quand il dit que le résultat de la moralisation de cette croyance doit être une doctrine comme le concept de karma, que l'on retrouve chez les hindous et les bouddhistes. Les Druzes ont associé leurs valeurs morales à leurs idées sur la réincarnation, sans pour autant aboutir à un tel concept.

33. Croyance chez les Africains de l'Ouest. Voir Parrinder (1956), Stevenson (1985) et Uchendu (1965). Mon article sur la croyance des Igbos du Nigeria contient des références à des discussions plus anciennes sur la même question.

34. Croyance chez les Tlingits. Pour les détails sur le concept de réincarnation chez les Tlingits, voir d'autres ouvrages (Stevenson, 1966, 1974b, 1966).

35. Choix de la prochaine réincarnation. Certains sujets Tlingits ont, avant leur mort, apparemment réussi à choisir parmi leur entourage leurs futurs parents. Par exemple Corliss Chotkin Jr et William George Jr.

36. Concept de réincarnation dans *La République* de Platon. Le passage en question se trouve dans le récit de l'expérience de Er dans le dixième livre (Platon, 1935). Par ailleurs, dans *Phèdre* et *Timée*, Platon donne une version quelque peu différente du processus : il suggère que le comportement d'un individu dans une vie peut trouver sa récompense dans la suivante.

Chapitre III. Justification de la croyance

1. Lectures de vies antérieures. J'ai demandé à huit personnes de lire dans mes soi-disant vies antérieures. Aucune d'entre elles n'est tombée d'accord. De peur que le lecteur ne croie, à juste titre, qu'elles aient décrit des vies différentes mais non incompatibles, j'ajouterai que plusieurs me voyaient dans des pays différents, mais au même moment. Ces personnes appartenaient à des milieux variés. Par exemple, il y avait un Indien Swami, un médium américain, ou encore une Autrichienne. Leur seul point commun semblait être l'honnêteté et la conviction inébranlable des pouvoirs qu'ils prétendaient détenir. Quelques voyants ont pu obtenir des informations sur des vies antérieures par des moyens paranormaux. Au chapitre II, j'ai cité le cas de Iarchus : il avait donné quelques détails de la vie passée d'Apollonius de Tyane qui concordaient avec les propres souvenirs de ce dernier. Je ne nie pas l'existence de quelques lecteurs authentiques de vies antérieures, mais j'insiste sur le fait que la plupart de ceux qui prétendent détenir de tels pouvoirs sont dans l'erreur et trompent ainsi les autres.

2. Amélioration de la perception des souvenirs pendant la régression par l'hypnose. True (1949) démontra que les souvenirs d'enfance se faisaient plus précis pendant l'hypnose qu'à l'état normal ou « d'éveil ». Reiff et Scheerer (1959) ne purent reproduire les résultats de True dans leur totalité, mais ils remarquèrent une meilleure perception des souvenirs pendant l'hypnose en réaction à des questions différentes de celles de True. Quant à O'Connell, Shor et Orne (1970), ils ne purent complètement reproduire les résultats de Reiff et Scheerer. Barber (1961) fit la critique et le résumé de ces expériences pour tester l'amélioration de la perception des souvenirs pendant la régression par hypnose.
3. Souvenirs inexacts pendant l'hypnose. Orne (1951) démontra que certains sujets, ostensiblement régressés, affabulaient souvent quand ils ne pouvaient se souvenir de ce qu'on leur demandait sur leur enfance. Ils mélangeaient souvenirs exacts et inexacts sans même avoir conscience de leurs erreurs. Ils empruntaient quelquefois ces souvenirs à leur adolescence ou même à d'autres périodes de leur vie et les replaçaient dans leur enfance. Putman (1979) et par la suite Zelig et Beidleman (1981) démontrèrent que les sujets sous hypnose (mais non en état de régression) commettaient plus d'erreurs dans leurs réponses qu'à l'état d'éveil. Stalnaker et Riddle (1932) ont remarqué que les sujets avaient plus de souvenirs sous hypnose qu'à l'état normal, mais avec plus d'erreurs. Dywan et Bowers (1983) ont fait les mêmes observations.
4. Influence des suggestions dans les vies antérieures imaginaires. Baker (1982) démontra que les suggestions positives ou négatives de l'hypnotiseur peuvent influencer de façon décisive les récits de vies antérieures.
5. Versailles aux temps des croisades. Cas publié par Bloxham (1958).
6. Archives des naissances, morts et mariages. L'Église archive les événements comme les morts et les mariages, les droits de tenure ou l'enregistrement des taxes depuis des siècles dans certains pays d'Europe. Mais il arrive que les archives disparaissent. Le feu, l'humidité, la négligence ont conduit à la perte de nombreux documents anciens. Quant aux actes de naissances, morts et mariages, ils n'apparurent que vers 1830 en Grande-Bretagne et au Pays de Galles et vers 1870 en Allemagne. Aux États-Unis, il n'y eut pas d'archives sérieuses jusqu'à la moitié du XIXe siècle et même plus tard dans certains États. Je ne dirai pas qu'un individu n'existait pas avant 1850 parce qu'on n'avait pu trouver d'archives sur lui ; toutefois, aucune existence ne pouvait être prouvée sans ces archives.
7. Sources normales d'information à l'état d'hypnose. Dickinson (1911) a publié l'un des cas les plus étudiés. Il s'agissait d'une information acquise normalement par le sujet plusieurs années auparavant et oubliée ensuite. Ce cas (celui de Blanche Poynings) est un exemple de communication par écriture automatique, mais il illustre bien la capacité remarquable du subconscient à transformer une information acquise par voie normale en une personnalité cohérente. Le sujet avait très certainement lu dans son enfance un roman donnant tous les détails que l'on retrouvait dans la création de « Blanche Poynings ». Au cours d'une séance qui suivit les communications de Blanche Poynings, Dickinson interrogea le sujet sur les sources de l'histoire. Elle se souvint alors avoir vu (et probablement lu) un roman historique, *La Comtesse Maud*, dans lequel elle avait puisé ses informations sur Blanche Poynings. Plusieurs psychologues ont retrouvé les éléments des personnalités antérieures induites par hypnose dans les anciens souvenirs livresques des sujets, qui n'en avaient gardé aucun souvenir conscient. Les ouvrages de Björkhem (1961) et de Kampman (1973, 1975), Kampman et Hirvenoja (1978) et Zolik (1958, 1962) contiennent des exemples analogues. Quand une personne obtient une information, oublie qu'elle l'a obtenue et se la rappelle plus tard (en en oubliant la source), elle montre des symptômes de cryptomnésie ou amnésie des sources. J'ai publié un rapport à ce sujet dans l'un de mes ouvrages (Stevenson, 1983b). Voir aussi chapitre IX.
8. Le cas de *The Search for Bridey Murphy*. « Un mensonge peut faire le tour du monde avant que la vérité ait le temps de chausser ses bottes. » C'est pour cette raison que nombreuses sont les personnes mal informées qui pensent à tort que la cryptomnésie constitue l'explication correcte du cas de Bridey Murphy. Mais ceci n'a pas été démontré. Certains critiques soutiennent que le sujet du cas avait pu obtenir ses informations sur la vie en Irlande au XIXe siècle par une voisine

irlandaise qu'elle admettait avoir connue enfant. Ducasse (1960) examina cette affirmation avec le plus grand soin, ainsi que la preuve de son invalidité. Le sujet se rappelait avoir joué avec les enfants de sa voisine, mais non d'avoir parlé à leur mère. Cette dernière ne pouvait en aucun cas avoir fourni les détails obscurs sur l'Irlande du début du XIXe siècle dont Bridey Murphy avait fait état. Quelques critiques de parapsychologie échangeant leurs informations sans en examiner l'origine ont présenté ce cas en ignorant les circonstances qui l'entouraient. Ils devraient consulter Ducasse ainsi que les dernières éditions de la publication de Bernstein (1956/1965). Cependant, bien que le cas de Bridey Murphy ne soit pas un exemple prouvé de cryptomnésie, il ne donne pas de preuve convaincante de la réincarnation, car on n'a retrouvé aucune personne pouvant correspondre aux descriptions de Bridey Murphy.

9. Réactions de xénoglossie pendant l'hypnose. Les deux cas de réactions (à mon avis authentiques) de xénoglossie pendant l'hypnose figurent dans les articles et les livres suivants : Stevenson (1974c, 1976, 1984).

10. Romans historiques évoqués pendant la régression hypnotique. De la même façon, je me suis aperçu que certaines erreurs de personnes atteintes de maladies mentales pouvaient provenir de souvenirs confus de vies antérieures. Est-il possible, pour une femme qui se prend à tort pour l'impératrice Joséphine, d'avoir vécu une vie antérieure en France au début du XIXe siècle, époque où elle aurait pu l'admirer ou s'identifier à elle ? Nous avons eu le cas d'un patient, à l'hôpital de l'université de Virginie, qui se prenait pour Scarlett O'Hara, l'héroïne d'*Autant en emporte le vent*. Peut-être avait-elle eu quelque souvenir subliminal sur cette période et dans cette région. Un autre patient, qui avait eu des hallucinations d'ordre religieux, croyait être la réincarnation de sainte Thérèse d'Ávila. Il est possible que, pendant son évolution psychotique, cette personne se soit confusément souvenue d'être rentrée dans les ordres dans une vie antérieure, d'où son identification à Thérèse d'Ávila.

11. Amnésie dans les dernières années de l'adolescence. L'impossibilité (à quelques exceptions près) de capter les souvenirs antérieurs pendant l'hypnose a probablement la même cause que l'amnésie des sujets sortant de l'enfance. Je reparlerai de ce point au chapitre V.

12. Cas de « déjà-vu ». J'ai obtenu le chiffre suivant (76 p. cent) en combinant des données publiées par Palmer (1979) et basées sur un sondage de résidents et d'étudiants d'une ville américaine type (Charlottesville, Virginie). Un autre échantillonnage pourrait donner un autre chiffre. Certaines différences dans les sondages proviennent du genre d'enquête et des différentes façons d'interpréter les questions posées. Certains psychologues et autres qualifient de « déjà-vu » le fait de croire qu'un événement (comme une conversation) a déjà été vécu, d'autres encore croient qu'il s'agit d'une impression familière dans un endroit inconnu. Le questionnaire de Palmer incluait des questions sur les lieux et sur les événements. Le phénomène de déjà-vu ne devrait pas être considéré comme un signe d'anomalie mentale. Nombreux sont ceux qui en ont fait l'expérience. Par exemple, le romancier Charles Dickens (1877, p. 37) et le poète A.E. Housman (Graves, 1979, p. 166). Neppe (1983) a publié une étude exhaustive de ces expériences de déjà-vu.

13. Affirmations des sujets concernant les changements dans les habitations. Par exemple : Parmod Sharma, Prakash Varshnay, Rabih Elawar et Swarnlata Mishra. (Pour de plus amples détails, voir l'appendice où les sujets sont classés par ordre alphabétique.)

14. Souvenirs de déjà-vu et de vies antérieures. Si le phénomène de déjà-vu provenait de souvenirs antérieurs réels, je m'attendrais à ce que les gens connaissant ce phénomène en aient plus souvent des souvenirs imagés. Cela arrive quelquefois aux sujets de nos cas vérifiés. Quand ceux-ci arrivent au village ou à la ville de leur « vie antérieure », de nouveaux souvenirs peuvent leur apparaître, évidemment stimulés par des scènes qui leur semblent familières. Certains adultes ayant eu l'impression de déjà-vu, disent qu'à ce moment là, ou peu après, ils ont eu conscience de l'endroit où le phénomène s'était produit. Par exemple, ils affirmeront pouvoir situer la boutique d'un forgeron au coin de la rue alors qu'ils ne peuvent la voir de là où ils sont. Et leur information peut se révéler exacte. Des informateurs m'ont rapporté quelques exemples de ce genre, mais je n'ai pu déterminer si le sujet avait réellement mentionné l'emplacement de cette boutique, par

exemple, avant d'y être arrivé. Dans certains cas, le sujet ne s'est pas exprimé librement, évidemment par manque d'assurance. Dans d'autres, les témoins sont morts ou disparus. Mais je pense que si les phénomènes de déjà-vu provenaient de cognitions paranormales ou de souvenirs de vies antérieures, on m'aurait rapporté des exemples de ce genre. Peut-être cette remarque encouragera-t-elle un meilleur recensement de ces expériences.

15. Explications neurologiques d'expériences de déjà-vu. Efron a proposé une explication à ce sujet (1963).

16. Cauchemars répétitifs et mémoire génétique. Certaines personnes peuvent interpréter ce cas comme un exemple de mémoire génétique, car il est presque sûr que Mary Magruder eut des ancêtres impliqués dans des émeutes indiennes semblables à celles de son cauchemar. Au sujet de la mémoire génétique, voir chapitre VII.

17. Sujets ayant à la fois des souvenirs à l'état d'éveil et des rêves s'y rapportant. Prakash Varshnay et Salem Andary et Suleyman Andary figurent parmi les sujets qui se souvenaient de leur vie antérieure à l'état d'éveil aussi bien que dans leurs rêves.

18. Vividité et composante paranormale des rêves. Parmi les 125 rêves précognitifs que j'ai analysés (Stevenson, 1970c), 56 d'entre eux (45 p. cent) étaient vivides. Prince (1921, 1922) a analysé 449 rêves vivides, dans lesquels le sujet avait rêvé de quelqu'un pour qui il ne ressentait nulle inquiétude. Il découvrit que 35 de ces rêves (8 p. cent) coïncidaient avec la mort de la personne vue en rêve. La plupart des rêveurs déclarent que les rêves vivides sont un phénomène rare par comparaison avec les autres rêves. Bien que la majorité des rêves vivides ne soit pas le signe d'une information acquise de façon paranormale, ils sont plus souvent paranormaux que les autres rêves. Je ne souhaite pas insister sur l'importance de la vividité dans les rêves comme indicateurs de processus paranormal. Celui qui se souvient d'un rêve particulier pour une raison autre que la vividité (peut-être parce qu'il semblait avoir un caractère paranormal) peut néanmoins le qualifier de vivide par la suite. Trois possibilités peuvent donc se présenter. Certains rêves vivides reviennent en mémoire facilement. D'autres, lorsqu'ils sont vivides, peuvent contenir plus de paranormalité que les autres rêves et ceux-ci peuvent apparaître rétrospectivement comme des rêves vivides. La relation entre les aspects perceptuels des rêves et ce dont on rêve nécessite de plus amples recherches.

19. Hallucinogènes et souvenirs de vies antérieures. Grof (1976) suggéra que certaines personnes pouvaient avoir des souvenirs antérieurs sous l'effet de drogues hallucinogènes. Quelques expériences d'intoxication par L.S.D. ont été décrites par Sandison Spencer et Whitelaw (1954) et paraissent suggérer des souvenirs antérieurs. Cependant, l'interprétation qu'ils en ont faite est différente : le L.S.D. aurait, d'après eux, permis aux souvenirs réprimés de se libérer. Mais ils n'ont pas tenu compte de l'origine de ces souvenirs.

20. Souvenirs antérieurs pendant la maladie. Voir le cas de Ma Mu Mu et de Vinita Jha.

21. « Flashes » spontanés provenant peut-être de souvenirs antérieurs. Lenz (1979) publia une anthologie de ces phénomènes, mais il les accepta comme tels sans essayer d'établir une relation avec d'autres sortes d'impressions psychopathologiques ou paranormales. De nombreux auteurs de romans historiques ont affirmé qu'il y avait, à l'origine de leurs ouvrages, d'authentiques souvenirs de vies antérieures. Reconnaissons la bonne foi de certains d'entre eux (Grant, 1937 ; Hawkes, 1981), sans pour autant chercher dans leurs livres des preuves de réincarnation.

Chapitre IV. Douze cas typiques d'enfants « qui se rappellent »

1. Rapport détaillé sur les « cas » . Comme je l'ai déjà dit, toutes les informations sur les publications de ces rapports se trouvent dans les appendices (classés par ordre alphabétique des prénoms). Je rappelle au lecteur que les résumés de ces cas présentés ici sont des versions très condensées des rapports définitifs. Or, concision et approfondissement ne sont généralement pas compatibles.

2. Rêves annonciateurs liés à des naissances imminentes. Voici un exemple de rêve qui a souvent lieu dans les cas de réincarnation. Une personne décédée apparaît en rêve et exprime son désir ou

intention de renaître dans une famille particulière. Le rêveur est généralement la future mère du sujet : il se souviendra d'avoir été le défunt apparu en rêve. Il arrive que le rêve se manifeste chez un parent (cf. Corliss) ou un ami. Je leur ai donné le nom de « rêves annonciateurs ». J'en reparlerai dans d'autres chapitres. J'ai cité quatre autres exemples de cas dans ce chapitre.

3. Noms honorifiques en Birmanie. Le nom honorifique que l'on donne aux jeunes Birmanes est « Ma ». À l'âge adulte, lorsqu'elles ont acquis une place dans la société (qu'elles soient ou non mariées), on les appelle « Daw ». « Maung » et « U » sont les titres correspondants donnés aux hommes, jeunes ou vieux. Les noms honorifiques ont une telle importance en Birmanie qu'ils sont inséparables du nom individuel. J'en ferai donc usage pour désigner les sujets birmans mentionnés dans ce livre.

4. Désirs des sujets de retourner dans leur milieu familial antérieur. On peut considérer cela comme une caractéristique habituelle si on se réfère au grand nombre de sujets éprouvant ce désir. Cependant, tous les sujets n'ont pas le même comportement. Dans certains cas, tous les détails ont été vérifiés. Je me suis aperçu que le désir ou la répugnance de l'enfant à voir sa famille antérieure correspondait en général à ce que nous pouvons apprendre au sujet de cette personnalité antérieure et de ses relations aves les membres de sa famille. Le cas de Suleyman Andary (dans ce chapitre) fournit l'exemple d'un enfant qui ne voulait pas revoir sa famille antérieure, avec laquelle il avait été malheureux. Les relations de l'enfant avec sa propre famille influencent aussi ces attitudes. J'ai malgré tout rencontré des exemples où l'enfant souhaitait retrouver sa famille antérieure, même si, en apparence, il était plus choyé dans sa famille actuelle. Dans ces cas-là, plusieurs autres facteurs ont pu l'influencer. Premièrement, il peut se languir de son ancienne façon de vivre plus que de son ancienne famille : une belle maison avec domestiques lui paraîtra plus attirante, même si l'épouse est déplaisante (par exemple, chez le sujet Indika Guneratne). Deuxièmement, l'enfant peut avoir le sentiment de ce que j'appelle « affaire en suspens ». C'est le cas des mères laissant un bébé. (Voir les cas de Sukla Gupta et Lalitha Abeyawardena.) Troisièmement, il peut paraître plus facile de conserver d'anciennes habitudes plutôt que de s'adapter à de nouvelles personnes et de nouveaux styles de vie. Ceci peut rendre le sujet nostalgique, même si, pour les témoins, ces conditions anciennes semblent inférieures aux nouvelles. Le mot espagnol *querencia* exprime mieux que tout autre ce désir de revoir un lieu familier. (Prakash Varshnay n'en donna aucune autre raison.)

5. L'hostilité de Ma Ting Aung Myo envers les Anglais et les Américains. Je n'ai eu connaissance de ce détail que par des questions directes dans la dernière phase d'étude de ce cas. La mère de Ma Ting Aung Myo ne m'en avait pas parlé spontanément lors de nos entrevues. Ce détail ne figure donc pas dans mon premier rapport de ce cas.

6. Mères antérieures et mère actuelles : objets de comparaison. Les enfants comparent assez souvent leurs parents actuels aux parents de leur vie antérieure, et pas toujours en faveur des premiers. Pour d'autres exemples de ce genre de comportement, voir les cas de Roberta Morgan (dans ce chapitre), Veer Singh et Rabih Elawar.

7. La religion druze. J'ai publié dans d'autres ouvrages des informations sur la religion druze, en particulier sur leur croyance en la réincarnation (Stevenson, 1974b/1966, 1980). Pour de plus amples informations sur la religion druze, voir Makarem (1974).

8. Échec des sujets à reconnaître personnes et lieux qui avaient changé. Vingt-cinq ans s'étaient écoulés entre la mort d'Abdallah Abu Hamden et les visites de Suleyman à Gharife. Les gens et les lieux qu'il était censé reconnaître avaient changé considérablement pendant ces années. Reconnaître une personne ou un lieu apporte peu de preuves dans ces cas-là, je l'expliquerai plus loin, mais n'oublions pas les difficultés imposées à un sujet à qui l'on demande de justifier ses souvenirs antérieurs. (Le problème du changement d'apparence ne s'applique cependant pas aux photographies).

9. Vies intermédiaires dans les cas druzes. Stevenson (1980) en donne des exemples, outre une discussion sur les preuves de vies intermédiaires.

10. Facteurs géographiques liant personnalité antérieure et famille du sujet. Dans certains cas où les familles n'avaient eu aucun lien, un membre de la famille du sujet s'était rendu (peu avant la

conception du sujet) dans la région où l'ancienne personnalité avait vécu ou était morte. Dans d'autres cas, un membre de la famille de la personnalité antérieure s'était rendu ou avait déménagé dans la région où vivait la famille du sujet peu avant la conception de celui-ci. Dans une section du chapitre XI, on trouvera d'autres informations sur les facteurs géographiques avec d'autres exemples à l'appui.

11. Désir de revenir. Voir note 4 de ce chapitre.

12. Comparaisons des mères. Voir note 6 de ce chapitre.

13.Connaissance des événements survenus après la mort. L'affirmation de Michael selon laquelle son corps avait été transporté sur le pont prouverait qu'il se souvenait d'événements postérieurs à la mort de Walter. Les souvenirs de ce genre sont extrêmement rares, excepté en Birmanie et en Thaïlande (par exemple, Bongkuch Promsin).

14. Cas de relation triangulaire entre parents et sujets. Deux de nos cas (ceux de Asha Rani en Inde et Ma Tin Tin Myint en Birmanie) sont des exemples de sujets se rappelant avoir été la première épouse de leur père. Taru Jarvi, sujet finlandais, disait que, selon ses souvenirs antérieurs, elle avait été le premier mari de sa mère. (Cas « changement de sexe ».)

Chapitre V. Caractéristiques des cas types évoquant la réincarnation

1. Définition d'un cas. Pour ceux qui voudraient des précisions sur le mot « cas » : je parle d'un cas lorsqu'une personne (le sujet) est identifiée comme étant la réincarnation d'une personne décédée. Dans la plupart des cas, le sujet s'identifie lui-même à un défunt : il raconte ce qu'il considère comme étant des souvenirs de la vie de ce défunt. Les sujets ont généralement d'autres aspects en commun, on le verra plus loin. Parmi les cas étudiés figurent quelques sujets n'ayant pas de souvenirs imagés d'une vie antérieure, mais que leur famille a reconnus comme la réincarnation de l'un de leurs défunts (soit parce que ce dernier avait prédit qu'il reviendrait au foyer, soit à cause d'un rêve annonciateur, décrit plus bas, ou d'une marque ou d'un défaut de naissance, soit à cause d'un comportement insolite). En l'absence de souvenirs imagés, il est nécessaire que le sujet présente deux ou plusieurs de ces caractéristiques pour que nous l'étudiions.

2. Mesures prises pour dissuader les sujets. En Asie, les parents ont recours à certaines mesures pour effacer les souvenirs antérieurs des enfants. La plus courante consiste à attacher l'enfant à une roue et à le faire tourner jusqu'au vertige pour « chasser » les souvenirs de son esprit. Autres mesures utilisées : laver la bouche du sujet avec de l'eau sale, lui faire avaler une nourriture en partie mâchée, lui faire porter un balai sur la tête deux fois par semaine, lui administrer de petites tapes sur la tête à l'aide d'une semelle de soulier, lui faire porter des amulettes. En Birmanie, certains parents trouvent bon de faire manger au sujet des œufs de canard. Peu d'entre eux ont recours aux corrections physiques, à part quelques exceptions comme pour la petite Indienne Jasbir Singh, pour Prakash Varshnay ou Ravi Shankar Gupta. En Occident, nous avons eu un cas similaire, celui de Roberta Morgan.

3. Fréquence des cas. Dans mon premier ouvrage (Stevenson, 1974b/1966), j'avais fait une estimation approximative du nombre de cas étudiés dans les régions où ce phénomène est fréquent.

4. Résultats de mes recherches. La Thaïlande et la Birmanie sont deux pays limitrophes qui ont de nombreux point en commun. Presque tous les habitants sont des bouddhistes theravadin qui croient en la réincarnation. Nous pourrions par conséquent nous attendre à ce que le nombre des cas y soit identique, mais il n'en est rien. En Thaïlande, je n'en ai recensé que 45. En revanche, en Birmanie, j'ai recueilli des informations sur 500 cas, dix fois plus qu'en Thaïlande, depuis 1970. Cela peut être dû aux différentes conditions économiques de ces deux pays. La Thaïlande, bien qu'elle soit toujours considérée comme un pays sous-développé, se distingue de la Birmanie par son avance économique, ce qui a pu entraîner des changements considérables dans leurs notions sur les phénomènes paranormaux (cf. chap. VII). J'attribue cette différence à la capacité de travail des individus. Par exemple, U Win, mon collègue en Birmanie, trouva non seulement le temps mais aussi l'énergie incroyable d'effectuer ses recherches soit par correspondance, soit en visitant

inlassablement les villages birmans. En Thaïlande, plusieurs Thaïs intéressés et capables m'ont aidé dans mon travail lors de mon voyage chez eux. Mais aucun n'eut le temps ou l'enthousiasme d'étudier leurs cas avec autant de persistance que U Win Maung. Le travail de U Win Maung est unique par son étendue, mais pas par son genre. D'autres collègues et agents ont démontré qu'il n'était pas difficile de trouver des cas en Asie, à condition de les chercher. Je pourrais aussi citer Ram Singh, maintenant décédé. Employé retraité du maharajah de Jhalawar au Rajasthan, en Inde, il s'intéressa à mes recherches et m'aida dans mes enquêtes dans la région où il vivait. Il procéda à plusieurs identifications de cas entre la fin des années soixante et sa mort, en 1981. Grâce à la lecture de journaux ou à son réseau personnel d'informateurs, il recueillit autant d'informations dans la petite région où il vivait que dans toutes les autre régions du Rajasthan réunies. Son « territoire » comprenait un vingtième du Rajasthan, pourtant il me rapporta dix-sept cas, alors que (jusqu'en 1984) je n'en avais que seize provenant des autres informateurs du Rajasthan.

5. Étude approfondie ne veut pas dire perfection. L'étude approfondie d'un cas ne nous dit rien sur son authenticité. Un cas riche en phénomènes peut être pauvre en preuves. (Cf. chap. VIet VII pour ce que j'appelle une preuve fiable.)

6. Prédictions de réincarnation chez les Tlingits. Le cas de Corliss Chotkin Jr. (résumé au chap. IV) illustre à la fois le choix de parents pour la future incarnation et la prédiction de marques de naissance sur le corps du futur réincarné. Il en est de même pour le cas de William George Jr.

7. Prédictions de réincarnation chez les Tibétains. Norbu et Turnbull (1969) donnent quelques renseignements sur les prédictions de réincarnation chez les lamas tibétains. Les cas tibétains dont j'ai eu connaissance concernent presque tous des sujets lamas qui, dans leur enfance, avaient parlé de vies antérieures d'autres lamas. J'ai mentionné ces tulkus au chapitre II. Ils représentent un petit groupe parmi tous les Tibétains. On les dit capables de contrôler, en vertu de leur spiritualité avancée, les lieux et circonstances de leur future incarnation (au moins dans une certaine mesure). Les prédictions faites par des lamas âgés avant leur mort reflètent leur foi en cette capacité. (On trouve de ces cas chez les tibétains laïques, mais personnellement je n'en connais qu'un.) Mes efforts de recherches parmi les réfugiés tibétains en Inde ont été entravés par la dispersion des informateurs potentiels (certains étant même restés au Tibet) ; en conséquence, les cas tibétains soumis à mes enquêtes comportent moins d'indices que ceux d'autres pays où les informateurs étaient disponibles.

8. Rêves annonciateurs. Par exemple, dans les cas suivants : William George Jr., Ismail Altinkiliç, Cevriye Bayri, Nasir Toksöz, Corliss Chotkin Jr., Susan Eastland, Ma Tin Aung Myo, le Vénérable Sayadaw U Sobhana, Maung Yin Maung, Erkan Kiliç, Ma Tin Tin Myint, Michael Wright, Samuel Helander et Ornuma Sua Ying Yong. Voir aussi mon article sur les rêves annonciateurs chez les Tlingits (1966).

9. Traces et défauts de naissance. Je n'ai publié jusqu'ici qu'un petit nombre de rapports de ces cas. Parmi les plus importants figurent ceux de Derek Pitnov, Charles Porter, Henry Elkin, William George Jr., Corliss Chotkin Jr., Ravi Shankar Gupta et Witjeratne. (Cf. chap. IV pour Corliss Chotkin Jr et Jennifer Pollock.) Pour plus amples informations, voir un article dans Stevenson, 1977b.

10. Premières allusions à une vie antérieure. Sur 693 cas de six cultures différentes, l'âge moyen des premiers souvenirs est de trente-sept mois. Des données incomplètes sur l'âge des sujets figurent dans les ouvrages de Cook et Al (1983b) et Stevenson (1983d).

11. Commentaires des sujets sur le changement de leur taille. Parmi les enfants qui ont commenté le changement de leur taille, on trouve Martha Lorenz, Michael Wright, Sukla Gupta, Parmod Sharma, Vias Rajpal, Ramoo et Rajoo Sharma, Lalitha Abeyawardena, Ruby Kusuma Silva, Bongkuch Promsin, Rabih Elawar et Chaokrun Rajsuthajarn.

12. Moqueries sur les propos des sujets. Sukla Gupta et Imad Elawar furent victimes de taquineries à cet égard. Quant à Disna Samarasinghe, on la faisait pleurer en l'appelant « Babanona » (qui était le nom de la vieille dame dont Disna se souvenait). J'ai été moi-même témoin d'une de ces réactions.

13. Souvenirs de vies antérieures pendant les rêves et les cauchemars. Wijanama Kithsiri, Prakash Varshnay, Suleyman Andary et Salem Andary en avaient.
14. Oubli des souvenirs. Facteurs d'oubli de vie antérieure selon mon jugement, et non selon les paroles du sujet (Stevenson, 1974b/1966). Les filles, en particulier, semblent plus aptes à dissimuler les quelques souvenirs qui leur restent dans l'adolescence. Une petite fille de trois ans qui parle de son mari en désirant le revoir est une chose, une fille de quinze ans qui en fait autant en est une autre. La petite Indienne Sukla Gupta était terriblement gênée, après sa puberté, s'il lui fallait faire allusion à « son » mari, alors qu'elle en avait parlé en toute liberté dans son enfance. Certains sujets font une distinction entre leurs propres souvenirs (qu'ils ont pu oublier en grande partie) et ceux que les autres rapportent comme étant évoqués par le sujet dans son enfance.
15. Relaxation du sujet après sa rencontre avec la famille antérieure. La relaxation presque soudaine de l'enfant après sa rencontre avec la famille antérieure ressemble au soulagement du patient atteint d'une grave névrose (comme les phobies), quand il se souvient de l'événement traumatique qui l'a causée. Lorsque l'événement oublié remonte à la conscience du patient, celui-ci peut l'associer à d'autres expériences plus récentes, processus qui neutralise son influence nocive. Il peut éprouver une très forte émotion pendant la dissociation (la séparation de différents souvenirs), mais cette émotion s'accompagne de la remémoration du souvenir oublié – ce qui n'est pas en soi un facteur dans le processus de guérison. (Davis, 1958 ; McDougall, 1926 ; Marks, 1978). Voir Smith, Hain et Stevenson (1970) pour références et discussion de cette importante question. La rencontre d'un enfant avec la famille de la personnalité antérieure peut contribuer à l'intégration des souvenirs antérieurs à la personnalité de l'enfant. Si la rencontre stimule d'autres souvenirs, comme il est fréquent, cela peut en accélérer le processus.
16. Facteurs concernant l'amnésie des enfants. On trouvera des informations sur les différents âges d'amnésie des enfants (cas vérifiés et invérifiables) dans l'ouvrage de Cook (1983b). Le passage du temps n'est pas la seule cause de disparition des souvenirs. Ils deviennent inaccessibles par l'interférence d'expériences plus récentes. Pour plus amples renseignements à ce sujet, voir Stevenson (1975a, pp. 25-29).
17. Disparition des souvenirs imagés et développement du langage. D'anciens auteurs ont défini deux types de souvenirs cognitifs. Koestler (1969) faisait référence au type de souvenir : *vivid fragment* ou *picture strip* par opposition au type *abstractive*. Ce dernier nécessite l'aide du langage. Tulving (1972) les appela successivement « épisodiques » et « sémantiques ». (Bergson – 1959/1896 – avait fait la même distinction auparavant.) J'ai classé ces deux types de souvenirs sous la rubrique « souvenirs imagés » pour les distinguer des « souvenirs comportementaux » que je décris au chapitre I. Richardson (1969), dans son étude des images, écrit : « En grandissant dans une société moderne et industrialisée, on peut s'attendre à ce que les modes d'expression verbale codifiant l'expérience vécue prennent le pas sur l'imagerie de la petite enfance » (p.137). On retrouve le même processus dans les sociétés non industrialisées, mais peut-être au ralenti.
18. Regroupement des souvenirs autour de la mort et des événements qui la précèdent. Il arrive qu'un sujet se souvienne d'un événement ayant eu lieu plusieurs années avant la mort de la personnalité antérieure. À l'examen, on se rend compte que les souvenirs de ce genre proviennent généralement d'événements associés à des émotions fortes, comme un cadeau de mariage ou une blessure physique. J'en ai donné des exemples dans l'analyse des cas de Kumkum Verma et Lalitha Abeyawardena.
19. Noms et prénoms au Sri Lanka. Voir l'introduction de mon livre sur les cas du Sri Lanka (Stevenson, 1977a).
20. Rencontre des sages dans l'au-delà. J'ai donné de plus amples informations sur les sages que les sujets disent avoir rencontrés dans le royaume désincarné, dans mon livre sur la Thaïlande et la Birmanie (Stevenson, 1983a).
21. Re-connaissances spontanées. Par exemple, les cas de Ratana Wongsombat, Cevriye Bayri, Nasir Toksöz, Jasbir Singh, Imad Elawar, Mounzer Haïdar et Rabih Elawar.

22. Différentes réactions des sujets concernant leur famille antérieure. Autres exemples : Lalitha Abeyawardena, Disna Samarasinghe, Pushpa et Gamini Jayasena.
23. Accueil des sujets par les familles antérieures. Dans les cas de Swarnlata Mishra, Rabih Elawar et Ram Prakash, les familles antérieures ont accepté et aidé le sujet.
24. Sujets rejetés par les familles antérieures.Voir les cas de Dolon Champa Mitra et Sunil Dutt Saxena. Dans ces deux cas, les familles antérieures étaient riches et craignaient probablement que la famille du sujet ne demande une subvention par son entremise.
25. Phobies exprimées avant le développement de la parole. Voir le cas de Sujith Lakmal Jayarathne (Sri Lanka). Lui aussi avait une phobie de la police et des camions avant de savoir parler. Dans sa vie antérieure, il avait distillé illégalement de l'alcool et avait eu plusieurs rencontres déplaisantes avec la police. Il avait été tué par un camion en excès de vitesse.
26. Différences socio-économiques chez les familles concernées. J'ai décrit d'autres sujets qui se rappelaient avoir vécu dans une famille de classe socio-économique plus élevée et qui affectaient des attitudes supérieures. Voir les cas de Jasbir Singh, Veer Singh, Indika Guneratne et Jagdish Chandra. Disna Samarasinghe en est un autre exemple. Elle se rappelait une vie antérieure dans une famille de classe inférieure à la sienne.
27. Attitude d'adulte chez les sujets. Chez les sujets Suleyman Andary, Kumkum Verma, Hair Kam Kanya et Bongkuch Promsin.
28. Cas de changement de sexe. Exemples d'enfants ayant subi des changements de sexe d'une vie à l'autre : Gnanatilleka Baddewithana, Paulo Lorenz, Ruby Kusuma Silva et Ampan Petcharat.
29. Intervalle entre la mort de la personnalité antérieure et la naissance du sujet. Voir Stevenson (1983a).
30. Mesures prises pour étouffer des cas en Inde. Ces chiffres proviennent de la thèse doctorale du Dr Satwant Pasricha (Institut national de la santé mentale et des neurosciences, Bangalore, Inde, 1978).
31. Persistance du comportement du sexe opposé. Certains petits Américains qui n'ont pas de souvenirs antérieurs, mais qui affectent des attitudes contraires à leur sexe dans leur enfance, peuvent se développer de différentes façons par la suite. R. Green (1979) a suivi un groupe de ces enfants : certains étaient devenus homosexuels à l'âge adulte alors que d'autres s'étaient normalisés.
32. Xénoglossie. Les quelques cas de xénoglossie que je considère comme authentiques et importants sont ceux de Swarnlata Mishra, Jensen (Stevenson,1984), Gretchen (Stevenson, 1976, 1974) et Uttara Huddar.
33. Oubli de la langue maternelle antérieure. Au premier abord, il semble surprenant qu'un enfant en Inde puisse se rappeler, sans savoir parler anglais, avoir été un Anglais du nom d'Arthur, mort lors de la Première Guerre mondiale. (Exemple tiré du cas de Brij Bahadur Saxena, encore inédit). Cela peut s'expliquer si on considère les différentes images correspondant aux « mots parlés » et aux événements comme la mort violente. Si j'ai présente à l'esprit l'image d'une chaise, le mot « chaise » ne traverse pas forcément ma pensée. Si je renais après ma mort et vois une chaise, elle peut me sembler familière, et, dans ce sens, je la reconnaîtrai, mais le mot « chaise » ne me viendrait pas forcément à l'esprit. Si je renais en Allemagne et reconnais une chaise, mes parents allemands m'apprendront le nom de « Stuhl » et cela pourrait mettre un terme à toute tendance que j'aurais pu conserver (de ma vie actuelle) à utiliser le mot « chaise ». Néanmoins, presque tous les sujets se rappellent quelques mots provenant de leur vie antérieure. Pour qu'un cas puisse être vérifié, il faut presque toujours que l'enfant se souvienne de noms de personnes et de lieux, ce qui arrive plus ou moins.
34. Glossophobie. Dans mon livre sur les cas birmans et thaïlandais (Stevenson, 1983a), j'évoque la résistance de certains enfants birmans à apprendre leur langue : ils se souviennent d'avoir été des soldats japonais dans leur vie antérieure, morts en Birmanie pendant la Seconde Guerre mondiale. Un autre exemple de glossophobie est celui de Nawal Daw au Liban.
35. Anomalies dans les dates. J'ai publié des rapports sur deux cas de ce type, celui de Jasbir

Singh et celui de Chaokhun Rajsuthajarn. J'espère inclure d'autres exemples semblables dans un volume ultérieur.

Chapitre VI. Méthodes de recherche

1. Pythagore. Ma source : Iamblichus (1965).
2. Apollonius. Ma source : Philostrate (1970).
3. Cas examiné par Aurangzeb. Je dispose d'une photocopie du texte urdu rapportant ce cas (dans un ouvrage du XVIIIe siècle) et d'une traduction anglaise de ce passage ; mais je n'ai pas étudié le reste du livre. Il s'agit de *Khulasat-ut-Tawarikh*, écrit par Munshi Subhan Rai.
4. Le cas de Katsugoro. Hearn (1897) a publié des traductions de la version originale des documents japonais qui dataient de 1820. J'en ai moi-même publié un court résumé (Stevenson, 1960).
5. Cas birmans de la fin du XIXe siècle. Ils furent publiés par Fieling-Hall (1898).
6. Rapports de cas publiés entre 1900 et 1960. Les plus remarquables sont ceux de Sunderlal (1924) et Sahay (1927). Sunderlal a publié quatre cas et Sahay, sept. De plus, chacun d'eux reconnut l'importance d'un enregistrement précis des témoignages. Sunderlal rapporta un cas (celui de Prabhu) et Sahay deux cas (ceux de Jagdish Chandra et Bishen Chand Kapoor), dans lesquels il est fait état des affirmations du sujet sur sa vie antérieure avant qu'aucune tentative de vérification ne soit entreprise. Gupta, Sharma et Mathur (1936) publièrent un rapport digne d'intérêt sur le cas de Shanti Devi. Ils n'enregistrèrent pas ses déclarations avant de l'emmener à Mathura, la ville de son autre vie, mais ils formèrent un comité (indépendant des familles concernées) pour mener leur enquête et ils en publièrent peu après un rapport assez développé. Aucune étude sur la réincarnation ne peut ignorer les travaux remarquables de Delanne (1924), modestement appelés : *Documents pour servir à l'étude de la réincarnation*. Il s'agit en grande partie d'une anthologie de rapports de différentes sources, et par conséquent de valeur inégale. Certaines coupures de magazines et de journaux n'ont presque aucune valeur, mais on y trouve aussi des récits longs et détaillés de certains cas, tels ceux d'Alexandre Samona et de Laure Raynaud. De plus, il ne se contente pas de recueillir des exemples, il les commente. Il n'a pas été traduit en anglais, et n'a donc pu influencer d'autres enquêteurs anglophones que moi ; mais je lui dois beaucoup.
7. Quarante-quatre cas analysés en 1960. Résumés et analysés dans Stevenson (1960).
8. Fréquence des cas en Inde. L'enquête menée par Parker et Pasricha (1979) fournit quelques indications sur la fréquence des cas, en particulier dans une région du nord de l'Inde : deux cas sur mille habitants.
9. Authenticité des cas. Je rappelle aux lecteurs l'importante distinction entre authenticité et paranormalité (cf. chap. I). Un cas est déclaré authentique quand les récits des informateurs (ou toute autre preuve) ont donné une description exacte des événements. Néanmoins, un cas peut être authentique même si les preuves de paranormalité font défaut, une situation que l'on rencontre dans de nombreux cas où sujet et personnalité antérieure appartiennent à la même famille. Les informateurs peuvent être tout à fait fiables et le sujet peut avoir donné des détails sur le défunt sans en avoir eu connaissance par voie normale, mais il pourrait aussi tirer son information de propos tenus par la famille.
10. Méthodes de recherche. Pour un rapport détaillé, voir Stevenson (1975a).
11. Définition d'un informateur de première main. C'est un témoin oculaire qui décrit ce qu'il a lui-même entendu ou vu. S'il parle, peu après, de ce qu'on lui a dit, il est témoin de deuxième main, rapporteur de « on-dit ». Et il est bien pire encore s'il invente ses histoires.
12. Utilisation des interprètes. Bien qu'à mon avis les interprètes ne déforment pas vraiment les témoignages, le fait d'avoir besoin d'eux implique une perte importante d'informations, me semble-t-il, non seulement dans la communication verbale, mais aussi parce que même le plus expérimenté des enquêteurs est incapable de comprendre parfaitement une culture autre que la sienne (même s'il en parle la langue).

13. Modification du test par le dessin. J'utilise la modification de ce test publié par Whitaker (1961).
14. Utilisation d'un questionnaire sur la réincarnation (BRQ). L.V. Thomas (1963) a mis au point le prototype de ce questionnaire et l'a utilisé au Sénégal. Après quelques révisions et une tentative d'utilisation en Turquie (par Resar Bayer et moi-même), le Dr Sawant Pasricha améliora ce questionnaire et l'utilisa en Inde. On s'en servit également en Thaïlande.

Chapitre VII. Analyse et Interprétation des cas

1. Précision de documents écrits. Dans le chapitre VI, j'ai donné quelques exemples des documents dont nous avons besoin. Ils sont souvent plus précis que les témoignages oraux, parce qu'ils sont établis tout de suite après l'événement qu'ils rapportent. Cependant, un document écrit dépend de la précision de l'informateur et de celui qui enregistre l'information. Il faut toujours se méfier des archives : il convient de les contrôler en les comparant à d'autres indices. J'ai trouvé un jour une erreur de date sur une tombe, concernant le jour du décès de l'ancienne personnalité d'un « cas ».
2. Observation directe. Le sujet nous parle parfois directement de ses souvenirs. Et il nous est arrivé à l'occasion d'observer par nous-mêmes leur comportement insolite. Beaucoup plus rarement avons-nous assisté à une re-connaissance par l'enfant d'un lieu ou d'une personne, dans des conditions satisfaisantes. (Cf., chap. V, comment j'ai assisté à un incident semblable avec le sujet Gnanatilleka et Ma Choe Hnin Htet. J'ai été également témoin de plusieurs « re-connaissances » d'Imad Elawar, mais dans des conditions moins que parfaites.)
3. Témoins oculaires. Les premiers psychologues de la fin du XIXe siècle se rendirent compte des limitations des témoignages oculaires et de leurs points faibles quelques années avant les nouveaux psychologues et les avocats modernes. J'ai étudié la plupart des expériences faites sur les témoins oculaires jusqu'en 1968 (Stevenson, 1971). Un avocat, Marshall, fit une étude sérieuse sur les témoignages de première main et en publia les résultats (Marshall, 1969). Loftus (1979) en a fait autant. Rollo (1967) a analysé la fiabilité des témoignages en général en relevant les erreurs de détails qui peuvent fausser le jugement. Les expériences de ce genre sont faites sur des étudiants avec projection d'images mobiles ou immobiles à se rappeler. Dans ces conditions, les étudiants sont assez peu stimulés pour se rappeler quoi que ce soit. Yuille et Cutshall (1986) ont publié un rapport sur les témoins oculaires d'un fait divers (vol à main armée) de la rue, démontrant que la mémoire peut le restituer facilement, même après plusieurs mois.
4. Cas invérifiables. Mes collègues et moi avons publié des rapports sur sept cas invérifiables, comprenant le récit de nos vains efforts pour retrouver un défunt correspondant aux descriptions du sujet (Cook *et al.*, 1983a,1983b). Les cas de Ranjith Makalanda (Sri Lanka), Wijanama Kithsiri (Sri Lanka), Ornuma Sua Ying Yong (Thaïlande) et Ma Tin Aung Myo (Birmanie) sont également invérifiables. J'ai publié des rapports détaillés de ces cas. Dans un sous-groupe particulièrement étonnant de cas invérifiables, le sujet donne des noms, souvent avec assurance, mais nous ne trouvons personne qui corresponde à leurs descriptions. Par exemple, Husam Halibi et Maung Soe Ya.
5. Information paranormale dans les cas invérifiables. Parfois, les sujets d'un cas invérifiable racontent des choses qui d'après eux se passaient dans l'endroit où ils vivaient « avant » et qu'ils ne pouvaient pas avoir apprises normalement. Par exemple, Thusari Wijayasinghe (sujet du Sri Lanka) : elle disait qu'un dieu avait été brûlé à Panadura (où elle affirmait avoir vécu). Or, un temple hindou avait été brûlé avec son idole lors des désordres de 1958. Thusari était née en 1969 à Colombo, à 25 kilomètres au nord de Panadura, et il est très invraisemblable que cette information lui soit parvenue par voie normale.
6. Cas frauduleux. Deux de mes collègues et moi-même avons étudié trois cas qui semblent être frauduleux. Nous les publierons avec d'autres cas dont l'explication la plus évidente est l'auto-persuasion. Norbu et Turnbull (1969, pp. 235-236) ont rapporté un cas frauduleux qui se passait au Tibet.

7. Cryptomnésie. Certains observateurs (critiques) soutiennent que tous ces « cas » sont le résultat de la cryptomnésie, alors qu'ils n'ont pas réellement approfondi cette question. En réalité, c'est l'incrédulité qui les guide. Il y a fort peu d'exemples de cryptomnésie dûment étudiés. J'en ai publié presque tous les exemples connus (Stevenson, 1983). Il y en a certainement que nous ne connaissons pas, mais ceux qui insistent sur la cryptomnésie n'en donnent pas assez d'exemples concluants. Il y a un cas où, j'en suis tout à fait certain, la cryptomnésie peut être exclue : celui de Suleyman Zeytun. C'était un sourd-muet congénital qui n'aurait pu, disait-on, entendre un canon tirant à côté de lui. Qui prétendra qu'il avait entendu parler du défunt dont, depuis sa plus tendre enfance, il connaissait la vie ?

8. Sujets au courant d'affaires familiales d'ordre privé. D'autres exemples de ce genre de connaissance paranormale : Ismail Altinkiliç, Maung Yin Maung, Imad Elawar, Ratana Wongsombat. (Certains n'étaient pas des cas « longue distance », mais des cas dont l'ancienne personnalité habitait dans la même région que le sujet.)

9. Documents écrits avant que les deux familles ne se rencontrent. En 1975, j'ai publié une liste des quelques cas où cela s'est produit (Stevenson, 1975a). Depuis, cette liste s'est allongée et comporte à présent vingt cas.

10. Intervalle entre les aspects importants des cas et les premiers rapports écrits sur ces événements. Le terme « aspects importants » se rapporte ici à l'époque où les deux familles se sont rencontrées pour la première fois. Le premier rapport écrit était généralement fait par mes collaborateurs et moi-même, rarement par les parents du sujet ou autres. J'ai publié une table de ces intervalles – dans quatorze cas en Inde et à Sri Lanka (Stevenson, 1975a, p. 27). L'intervalle moyen est de trois mois et demi. Je crois que, ces dernières années, nous avons pu raccourcir cet intervalle, du moins pour les cas du Sri Lanka et de l'Inde, mais ce n'est qu'une impression, je n'ai aucun chiffre à l'appui.

11. Attitude négative de la famille du sujet vis-à-vis du « cas » . Exemples : Prash Varshnay, Bajrang B. Saxena, Ravi Shankar Gupta, Puti Patra, Jasbir Singh. Parfois, un membre de la famille n'est pas de l'avis des autres : l'un souhaite publier le cas, l'autre voudrait faire taire l'enfant. Par exemple, le père de Gopal Gupta finit par s'enthousiasmer sur le cas de son fils, tandis que la mère désapprouvait les perturbations y afférentes.

12. Attitude négative de l'« autre » famille envers le sujet. Par exemple, dans les cas de Sunil Dutt Saxena, Rabih Elawar, Dolon Champa Mitra, Puti Patra, Lalitha Abeyawardena, Ismail Altinkiliç, Cevriye Bayri, Süleyman Zeytun (mais seulement au début) et Erkan Kiliç.

13. Paramnésie. Barker (Pasricha et Barker, 1981) expliqua le cas de Rakesh Gaur par la paramnésie, mais Pasricha n'était pas du même avis : ce n'est pas un bon exemple. Pour se faire une idée personnelle de ce cas, le lecteur devrait lire ce rapport et un autre publié par Pasricha en 1983.

14. Intervalle entre la mort de l'ancienne personnalité et la naissance du sujet. J'ai publié (Stevenson, 1983) une autre étude sur ces intervalles dans une série de cas de différents milieux : leur durée variait entre six et quarante-huit mois.

15. Mémoire génétique concernant la mort d'une autre personne. L'un de mes collaborateurs pense que l'enfant né avant la mort d'un parent pourrait transmettre génétiquement à ses descendants les détails connus de lui concernant cette mort. Nous ne pouvons exclure cette possibilité puisque nous admettons que tout souvenir imagé peut être ainsi transmis. Mais c'est ne pas tenir compte, dans ce cas, de l'émotion très forte dont fait preuve le sujet lorsqu'il parle du décès de son ancienne personnalité. Je doute que l'on puisse ressentir le même bouleversement pour la mort d'une autre personne que la sienne propre, et c'est ce que le sujet semble vouloir communiquer.

16. Perception extrasensorielle chez les sujets. Parmi les sujets qui semblaient avoir quelques perceptions extrasensorielles figuraient Gnanatilleka Baddewithana, Shamlini Prema et Ratana Wongsombat.

17. Syndrome du comportement chez le sujet. J'ai développé cet argument plus longuement dans un autre ouvrage (Stevenson, 1980). Hogson (1897-1898) utilisait les mêmes arguments

pour expliquer pourquoi il croyait que l'agent communicateur G.P. (par médium interposé) n'aurait pas pu être créé télépathiquement entre Mme Piper et ses sœurs.

18. L'hypothèse de la possession. Cette façon d'expliquer les souvenirs antérieurs date au moins de Swedenborg (1906/1758) et a eu jusqu'à présent de nombreux adeptes.

19. Imperfection des cas. Le cas que je considère comme le plus convaincant de nos archives n'a pas échappé aux critiques. Nicol (1976), qui pourtant était un sympathisant, a attaqué le cas de Jagdish Chandra, dont le père, un avocat du nom de K.K.N. Sahay, avait enregistré (par écrit) les déclarations du sujet avant les vérifications d'usage de témoins indépendants. La famille du sujet habitait Bareilly, celle de l'ancienne personnalité à Bénarès (à présent Varanasi), c'est-à-dire à 500 kilomètres de Bareilly. Il y avait en outre une différence de caste entre les deux familles, ce qui était encore extrêmement important à cette époque (1920). K.K.N. Sahay avait spécifié dans son rapport qu'il n'avait ni amis ni parents à Bénarès. Mais, dans le même rapport, il dit que, pendant son séjour à Bénarès (pour les vérifications), il avait habité chez une cousine. Nicol considéra donc qu'il s'agissait d'un faux cas. Je crois ce jugement injuste : la cousine de Bénarès était morte avant la visite de K.K.N. Sahay et de son fils. Son mari n'était peut-être pour Sahay qu'un étranger et non un parent. Je déplore que Sahay n'ai pas donné plus d'informations concernant ses contacts à Bénarès, mais je ne vois pas là matière à déconsidérer le cas. Connaissant cette famille comme je la connais (bien que K.K.N. Sahay soit mort avant ma visite en Inde), je crois hautement improbable une mise en scène de sa part dans le seul but de l'inclure parmi les six cas qu'il avait étudiés (d'après ses affirmations). Je sais que les critiques s'encombrent peu d'« impressions » quand il s'agit de juger de la fiabilité des informateurs. Mais une réputation d'honnêteté mérite qu'on en tienne compte dans l'estimation d'un cas.

20. Détection de cas supplémentaires avant la rencontre des deux familles. Si nous avions une équipe plus nombreuse, nous serions en mesure de détecter bien d'autres cas à leur début, avant la rencontre des deux familles. Il y a eu plusieurs exemples de cas « longue distance », aussi bien au Sri Lanka qu'en Inde où journalistes et autres sont arrivés sur place dès le début, mais n'ont pas pris la peine de faire leur rapport par écrit à ce moment-là : il se sont dépêchés d'emmener l'enfant à l'autre famille. Ainsi, leur histoire était bonne pour leur journal, mais sans grande valeur pour nos recherches. Nous avons essayé de nous assurer la coopération de journalistes au Sri Lanka pour inviter les parents à enregistrer les propos de l'enfant et tous autres détails significatifs, mais leurs priorités ne sont pas les nôtres : lorsqu'ils ne désirent pas étouffer le cas, ils cèdent à leur curiosité et aux demandes du sujet et cherchent tout de suite à retrouver l'« autre » famille. Une fois, dans une petite ville de l'Inde où j'étudiais un cas, j'appris l'existence d'un sujet dont les parents n'avaient pas encore pris contact avec les « autres ». Je ne réussis qu'à prendre quelques notes et à prier le père de ne rien faire avant mon retour, car je devais partir sans délai. Le père accepta, mais je ne pus malheureusement revenir dans cette ville (d'ailleurs assez inaccessible) qu'après deux années. Le père du sujet, croyant que je ne reviendrais pas, avait entretemps emmené son fils dans son ancienne famille.

21. Cas dont la réincarnation semble être la meilleure explication. Dans la liste de ces exemples, j'ai inclus : Imad Elawar, Swarnlata Mishra, Jagdish Chandra, Bishen Chand Kapoor, Sukla Gupta, Prakash Varshnay, Dolon Champa Mitra, Shamlini Prema, Gnanatilleka Baddewithana, Gamini Jayasena, Ruby Kusuma Silva, Kumkum Verma, Suleyman Andary, Rajul Shah, Parmod Sharma, Sunil Dutt Saxena, Bongkuch Promsin et Ratana Wongsombat. Ce sont tous des cas « longue distance » et, dans chacun d'eux, quelqu'un avait enregistré par écrit les paroles de l'enfant avant les vérifications ou dans les quelques mois suivant ces dernières. Les témoignages des informateurs étaient presque tous justifiés. (Toutefois, voir, note 19 ci-dessus, la critique de Nicol sur le cas de Jagdish Chandra.)

22. « Davantage de détails ». Citation de Stendhal (1926, 4/169).

23. Concordance des témoignages. Citations de Whateley (1858 pp. 88 et 96-97).

24. Métaphore du fagot. Je ne suis pas le seul à appliquer le principe de Whateley dans la recherche psychique. Gurney, Myers et Podmore (1886) l'ont fait dès le début des études scientifiques en ce domaine. Hart *et al.* (1956) en ont démontré la valeur dans leurs travaux sur les apparitions.

25. Le concept de syndrome. Bien des progrès de la médecine sont dus à l'identification des syndromes – ensemble des divers signes et symptômes se présentant à la fois chez les patients, et ayant une cause pathologique commune (Hoehne, 1980).
26. Proportion de filles et de garçons chez les sujets et personnalités antérieures. Information provenant d'une analyse non publiée, mais j'en ai publié d'autres, portant sur un plus petit nombre de cas. Dans Stevenson (1980), j'ai publié des données sur le sexe des personnalités antérieures. L'exception mentionnée se trouve au Sri Lanka où le nombre de cas filles/garçons est à peu près le même.
27. Fréquence des cas après mort violente. Informations publiées par Cook *et al.* (1983b) sur des séries de cas en Inde, et aussi par Stevenson (1980).
28. Morts violentes : truc journalistique ou phénomène naturel ? Informations sur une grande série de cas en Inde par Cook *et al.* (1983b). D'autres, sur un sondage plus restreint, ont été publiées par Barker et Pasricha (1979). Les informations sur la fréquence des morts violentes dans la population générale de l'Inde proviennent des deux seuls Etats suivants : Maharashtra et Rajasthan. Ces chiffres sont probablement à peu près les mêmes dans la totalité du pays. Les enquêteurs demandaient aux gens de se rappeler tous les cas dont ils avaient entendu parler dans leur vie. Peut-être se rappelaient-ils mieux les cas ayant une histoire tragique de violence (ce qui pouvait déformer leurs récits). Cependant, deux facteurs réduisaient cette possibilité : 1° Ceux à qui on avait demandé d'explorer leur mémoire pour y retrouver *tous* les cas rencontrés dans leur vie apportaient une information plus complète que les gens choisis au hasard pour les sondages à grande échelle. 2° La région étudiée était géographiquement restreinte. On ne s'intéressait qu'à des sujets identifiés qui habitaient l'un des villages de cette région à l'époque où leur cas avait été rapporté. Cela excluait les « cas sensationnels », mort violente ou autre, exploités un peu partout par les journaux. Mes collègues et moi avons analysé les cas d'« apparitions » rapportés par Gurney, Myers et Podmore (1886) dans *Phantasm of the Living*. En comparant les cas avec ou sans mort violente, nous avons trouvé que les cas de mort violente publiés *après* un délai de cinq années étaient plus nombreux que les cas de mort naturelle publiés après le même délai. Ceux qui avaient été publiés *avant* étaient à égalité : mort naturelle ou mort violente. Cela démontre que les cas d'« apparitions » comportant des éléments sensationnels, comme une mort violente, se fixent mieux dans la mémoire, et pendant plus longtemps (en passant peut-être d'une bouche à l'autre). Cependant, cette généralité ne prévaut qu'après cinq ans passés et ne donne aucune idée du nombre ou de la fréquence des morts violentes. Je ne sais pas jusqu'à quel point nous pouvons étendre l'étude sus-mentionnée à celle des cas de réincarnation : il nous faudra enquêter plus avant sur les raisons de la fréquence des morts violentes dans ces deux types de cas. Les indices que j'apporte, ici comme dans le texte concerné, sont indirects et peu concluants. Mais ils démontrent que la mort violente est à l'origine de beaucoup de cas, et non une idée résultant de la façon dont on nous informe actuellement. Cet aspect des cas est donc important, et il est juste que j'en parle imparfaitement plutôt que pas du tout, en attendant mieux.
29. Informations sur les cas non vérifiables. Cette section provient de Cook *et al.* (1983a, 1983b).
30. Absence de modèle pouvant servir de guide aux informants et concernant un cas type. Une exception en est la conviction générale selon laquelle la mort violente est omniprésente dans les « cas ». Dans de nombreux pays, il y a des informateurs qui en sont persuadés, mais je ne comprends pas comment ce point de vue a été si universellement adopté. Cependant, comme les morts violentes se trouvent dans presque deux tiers des cas, les gens portés à généraliser les informations peuvent, s'il entendent parler de deux ou trois exemples de ce genre, en conclure que la violence joue un rôle primordial dans tous les cas, ou dans la majorité d'entre eux.

Chapitre VIII. Différences des caractéristiques selon les pays

1. La schizophrénie dans les pays sous-développés. À l'appui de cet argument, les articles de Waxler (1979).
2. Causes des maladies. I.M. Lewis en parle dans son livre (1971) sur l'extase religieuse.

3. Le concept de réincarnation, dans l'explication des souvenirs antérieurs. Dans le chapitre II, j'ai proposé l'idée selon laquelle la croyance en la réincarnation est née à différents endroits et à différentes époques, parce que des gens avaient parlé de leurs souvenirs antérieurs et interprété cela comme dû à la réincarnation. Ici, je suppose que l'idée de réincarnation est nécessaire à celui qui a des souvenirs antérieurs pour qu'il puisse en tirer une explication. Ces deux suppositions ne sont pas incompatibles, je pense. Il me semble qu'une telle croyance, sous forme d'intuition provenant d'une autre vie, peut aider à provoquer davantage de souvenirs imagés de cette autre vie. Il est toutefois possible qu'une personne interprète les souvenirs imagés comme une preuve de réincarnation sans y avoir cru jusque-là. Quelques sujets occidentaux ont eu des souvenirs antérieurs qu'ils ne pouvaient comprendre, au début, et les convictions religieuses des familles ne facilitaient pas les choses. Et pourtant, encore avant d'avoir lu des articles sur la réincarnation, l'enfant avait déjà la certitude d'avoir vécu une autre vie (cf. le cas d'Alice Robertson, chap. III). Je ne dis pas que ces sujets avaient forcément raison, et je pense même que certains d'entre eux se trompaient probablement. Je voulais simplement montrer comment des souvenirs paraissant provenir d'une vie antérieure peuvent agir sur les concepts d'un individu.
4. Cas « même famille » côté maternel chez les Tlingits. D'autres informations sur les Tlingits ont été publiées dans certains de mes articles (Stevenson, 1966). Toutefois, le nombre de cas étudiés a considérablement augmenté depuis.
5. Cas « même famille » côté paternel chez les Igbos. De plus amples informations se trouvent dans Stevenson (1985, 1986).
6. Oubli des rêves annonciateurs au Sri Lanka. La rareté des rêves annonciateurs au Sri Lanka ne peut s'expliquer simplement par le fait que le « rêveur » ne reconnaît pas toujours l'apparition. Ce genre de rêve est, dans tous les pays, décrit comme vivide et fortement impressionnant, même lorsque l'apparition est inconnue du rêveur. Nous devrions donc en trouver davantage au Sri Lanka s'il y en avait vraiment plus que je ne crois, même si l'apparition du rêve est tout à fait étrangère au récipiendaire.
7. Rêves annonciateurs chez les Druzes. J'en ai décrit quelques-uns dans mon ouvrage (Stevenson 1980). Deux d'entre eux étaient précognitifs : un homme encore vivant et apparemment en bonne santé y était « apparu » comme devant se réincarner chez une femme, alors enceinte. L'homme mourut de façon inattendue au moment précis où la femme accouchait. Cela donnerait donc raison aux croyances druzes selon lesquelles la mort est immédiatement suivie de réincarnation.
8. Intervalle entre mort et re-naissance. Cf. chap. V, p. 117 et chap. VII, note 14.
9. Intervalle de neuf mois entre mort et re-naissance chez les Jains. Un exemple qui donnerait raison aux Jains est celui de Rajul Shah. En outre, le défunt avait pu être identifié parce que la famille appliquait avec confiance la formule jain. Rajul donnait son ancien nom : Gita, et la ville où Gita habitait : Junagadh. On envoya un parent examiner les registres des décès à Junagadh, pour la période d'environ neuf mois avant la naissance de Rajul. Le nom de Gita y figurait, et on put retrouver sa famille pour les vérifications d'usage. Dans le cas de Ram Prakash, la famille du défunt était jain, alors que Ram était hindou, de la caste des thakur. Dans ce cas également, l'intervalle entre mort et re-naissance avait été de neuf mois, exactement. Mais je suis moins sûr de la date de naissance de Ram que de celle de Rajul.
10. Souvenir de l'enterrement de la personnalité antérieure. Par exemple, dans les cas de Disna Samarasinghe, Erkan Kiliç et Chaokhun Rajsuthajarn.
11. Souvenirs préconceptionnels du sujet. Par exemple, chez Bongkuch Promsin.
12. Souvenirs d'un domaine de désincarnés. Disna Samarasinghe avait eu de ces souvenirs, ce qui est exceptionnel au Sri Lanka. D'autres exemples : Sayadaw U Sobhana, Chaokhun Rajsuthajarn et Nasir Toksöz.
13. Réincarnation d'êtres humains dans un corps d'animal. Les Tlingits croient que les humains peuvent être parfois *transformés* en animaux et peut-être, ensuite, retrouver une forme humaine, comme dans la légende du prince devenu grenouille. Mais cette croyance ne doit pas être confondue avec celle de la réincarnation dans un corps animal. Les quelques cas de ce genre dont

nous avons eu connaissance étaient – évidemment – invérifiables, par exemple celui de Ma Than Than Aye en Birmanie. Elle se rappelait parfaitement avoir été une prêtresse bouddhiste (morte peu avant sa naissance) et racontait un grand nombre de détails (vérifiés) sur cette existence ; en outre, elle avait été particulièrement pieuse dans son enfance. Elle disait qu'après sa vie de prêtresse, elle avait vécu quelque temps dans le corps d'une vache qui avait été tuée par un bombardement japonais pendant la Seconde Guerre mondiale (ce qui était complètement invérifiable).

14. Cas « changement de sexe » chez les Tlingits. Les Tlingits qui croient impossible le changement de sexe d'une incarnation à l'autre (et qui n'en ont jamais chez eux) sont ceux de la région sud-est de l'Alaska. Ceux du nord (Yakutat) le croient possible et, d'après De Laguna (1972), on en a vu des cas chez eux. Les Athabaskans et les Esquimaux, encore plus au nord, y croient et en ont des cas. La ligne de démarcation se trouve environ à 60 degrés au nord de l'équateur, et elle est aussi nette, en ce qui concerne cette croyance (changement de sexe d'une incarnation à l'autre), que la ligne Wallace entre Bali et Lombok, qui sépare la faune d'Asie australe de celle de l'Asie occidentale. De Laguna, en toute logique, dit que les Yakutats qui vivent sur les côtes tiennent cette croyance des peuples de l'intérieur du territoire, les Athabaskans.

15. Proportion de cas du type « changement de sexe » homme/femme comparés aux cas femme/homme. Le peuple faisant exception est celui des Igbos du Nigeria. Actuellement, nous avons en Birmanie, et nulle part ailleurs, un nombre suffisant de cas « changement de sexe » pour espérer trouver bientôt une explication à ces proportions. Dans Stevenson (1983) j'ai analysé soixante-quinze cas de « changement de sexe » en Birmanie, avec chiffres à l'appui. Peut-être que les petits Birmans répugnent à raconter une vie antérieure où ils étaient au féminin, alors que les sujets filles n'ont pas cette réticence lorsqu'elles se rappellent avoir été un homme ; cela déséquilibrerait le calcul des proportions. Mais on peut aussi interpréter cela comme un signe de la suprématie masculine dans ce pays (comme dans beaucoup d'autres). Le fait d'avoir été un homme et de re-naître en femme y est considéré comme un sérieux recul, susceptible de provoquer un choc au petit sujet, choc qui à son tour réveillerait d'autres souvenirs antérieurs. En outre, la vie des hommes est sans doute plus intéressante et mouvementée que celle des femmes, ce qui la rendrait plus mémorable. L'une de mes collègues, à qui j'en ai parlé, a rejeté cette hypothèse en soutenant que les femmes ont des vies parfois même plus intéressantes que celles des hommes, ne serait-ce que par le fait de donner la vie à des enfants. Il n'en demeure pas moins que les anciennes personnalités hommes sont deux fois (environ) plus nombreuses que les femmes dans *tous* les types de cas. J'en reparle au chapitre X.

16. Les croyances *pre mortem* deviennent des vérités *post mortem*. L'idée n'est pas de moi, mais elle est exposée très explicitement dans *Le Livre tibétain de la mort*. (Evans-Wentz, 1969).

Chapitre IX. Valeur explicative de l'idée de réincarnation

1. Phobies des enfants depuis la naissance. Voici une liste d'autres exemples de sujets à phobies dans des cas dûment vérifiés : Sleimann Bouhamzy, Imad Elawar, Sujith Lakmal Jayaratne (pour les engins motorisés) ; Shamlinie Prema, Ruby Kusuma Silva (pour l'eau) ; Som Pit (armes blanches) ; Erkan Kiliç (avions) ; et Parmod Sharma (lait caillé et yogourt). Chez tous ces enfants, l'objet de leur phobie était lié à la mort de l'ancienne personnalité (sauf chez Imad Elawar).

2. Le cas du petit Hans. Wolpe et Rachman (1960) mirent en évidence le traumatisme subi par cet enfant avec les chevaux et en critiquèrent sévèrement l'interprétation de Freud (1950/1909). Ce cas n'a rien à voir avec la réincarnation, et je ne l'ai mentionné ici que pour démontrer combien la recherche du symbolique peut induire en erreur et détourner l'attention des explications évidentes (comme les traumatismes dans la vie actuelle ou antérieure).

3. Autres explications possibles des phobies de l'enfant. On devrait toujours rechercher la possibilité d'une frayeur subie par la mère pendant sa grossesse. Le roi Jacques VI d'Écosse

(Jacques Ier d'Angleterre) avait la phobie des épées et des poignards (Calderwood, 1844 ; Roughead, 1926) : sa mère, Mary, reine d'Écosse, avait assisté à l'assassinat de son secrétaire Rizzio pendant qu'elle attendait le futur héritier. Je n'ai pas encore eu l'occasion d'étudier un cas évoquant la réincarnation, où une frayeur de la mère enceinte pourrait expliquer la phobie de l'enfant.

4. Vocations apparaissant déjà chez les enfants. En voici les sources : G.F. Handel : Flower (1923), Deutsch (1955) ; Elisabeth Fry : Lewis (1910) ; Florence Nightingale : Woodham-Smith (1950) ; Heinrich Schliemann : Schliemann (1881) ; Jean-François Champollion : Hartleben (1906) ; Michael Ventris : Chadwick (1967) ; sainte Catherine de Sienne : Raymond de Capoue (1980), Gardner (1907), Drane (1880).

5. Prédispositions insolites chez l'enfant . Autres sujets qui dans l'enfance avaient des aptitudes insolites dans leur famille : Gnanatilleka Badewitha, Hair Kam Kanya (pour la religion), Daniel Jirdi, Ramesh Sulka (pour les véhicules motorisés) et Kumkum Verma (pour les serpents).

6. Vocations des personnalités antérieures dans les jeux des enfants sujets. Autres exemples : Alamudin et Sukla Gupta, qui s'occupaient de bébés, pour jouer : tous deux avaient été des mères ayant laissé à leur mort des orphelins en bas âge. Erkan Kiliç jouait à tenir une boîte de nuit comme son ancienne personnalité : il servait du raki aux clients imaginaires et faisait chanter sa camarade de jeu avec un bâton en guise de microphone. Ma Than Than Aye avait été une nonne et faisait la quête pour les pauvres, comme le font les nonnes.

7. Noms des anciennes personnalités dans les jeux des petits sujets. Par exemple, Sukla Gupta et Sleimann Bouhamzy.

8. Connaissances spontanées. Voici d'autres exemples : Paulo Lorenz, qui savait coudre à la machine sans avoir appris ; Bischen Chand Kapoor qui jouait de la tabla (tambour indien) ; Disna Samarasinghe, qui cuisinait et filait du chaume pour les toits ; et Swarnlata Mishra, qui chantait et dansait le folklore du Bengale sans l'avoir appris.

9. Penchants pour les toxiques. Comme Bishen Chand Kapoor, Maung Myint Tin, Ramesh Sukla, Ronald Mapatunage, Sujith Lakmal Jayaratne (alcool); Sanjiv Sharma, Sunil Dutt Saxena (tabac) ; Jagdish Chandra, Om Prakash Mathur (dérivés du cannabis).

10. Caractère. Porter et Collins (1982) ont publié leurs recherches à cet égard. Voir aussi Thomas and Chess (1977) et Thomas (1981).

11. Sexualité précoce. D'autres exemples : Imad Elawar et Necip Unlüraskiran. Un autre encore, Bishen Chand Kapoor, voulait dès son adolescence reprendre la maîtresse de son ancienne personnalité, Padma. La « période latente » de sexualité dont parle Freud (1928) coïncide avec l'âge où les sujets oublient leurs souvenirs (du moins dans les cas étudiés par notre équipe). Freud avait peut-être là un aperçu d'une vérité plus complète.

12. Confusion d'identité sexuelle. Parmi les sujets qui souffraient de cette anomalie, Paulo Lorenz, Gnanatilleka Baddewithana, Ampan Petcherat, Dolon Champa Mitra, Ruby Kusuma Silva, Ma Tin Aung Myo, Erin Jackson, Rani Saxena et Ma Khin Ma Gyi.

13. Explication biologique de ce comportement. Baker et Stoller (1968) ont démontré que les facteurs biologiques (comme le syndrome de Klinefelter) n'y jouent un rôle que dans certains cas.

14. Responsabilité parentale dans les cas de confusion d'identité sexuelle. Zuger (1970) conclut à la non-responsabilité parentale dans de nombreux cas.

15. Témoignage des enfants atteints d'inversion sexuelle pour déculpabiliser leurs parents. On en trouve des exemples dans les autobiographies d'auteurs comme Martino (1977) et Morris (1974). Une mère anonyme a publié son témoignage sur la question dans un périodique (1973).

16. Jumeaux monozygotes. Généralement, j'ai dû me contenter d'étudier les dissemblances physiques des jumeaux pour déterminer s'ils sont monozygotes ou dizygotes. Parfois, les informateurs pouvaient me renseigner sur le nombre de placentas lors de l'accouchement ou sur le diagnostic de l'accoucheur. Mais j'ai fait faire des analyses de sang à six paires de jumeaux, pour plus de précisions. Le terme de « vrais jumeaux », qui désigne les monozygotes, ne doit pas faire oublier qu'il s'agit de deux personnes bien distinctes venues au monde dans un seul placenta, et non d'une seule personne disposant de deux corps charnels.

17. Monozygotes élevés séparément. Beaucoup d'études ont été faites sur cette question : Faber (1981) a publié une revue de ces travaux.
18. Critiques des études sus-mentionnées. Rose, Kamin, Lewontin (1984), Cassou, Schiff, Stewart (1980) ont critiqué sévèrement ces opinions. J'en parlerai plus en détail à la fin de ce chapitre.
19. Les becs-de-lièvre chez les monozygotes et les dizygotes. Frazer (1970) a publié le résultat de ses recherches en ce domaine.
20. Comportement dissemblable chez les monozygotes. R. Green (1974) a rapporté le cas de monozygotes garçons dont l'un, à l'âge de huit ans, commença à montrer des signes d'inversion sexuelle avec comportement à tendances féminines, préférant jouer à des jeux de filles avec des filles, et évitant les jeux de garçons. Parce qu'il s'agissait de monozygotes, Green chercha dans leur entourage les raisons de leurs différences, et crut les trouver. Il apprit que le frère « masculin » avait le même prénom que son père. Cela pouvait (selon l'interprétation de la mère) porter les jumeaux à croire qu'on avait donné ce prénom au fils préféré du père. D'autre part, le jumeau « féminin » était tombé sérieusement malade à l'âge de trois ans, et pendant deux ans et demi. Il avait donc été beaucoup plus en contact avec sa mère (par exemple, pendant son traitement à l'hôpital), tandis que le père s'occupait davantage de l'autre jumeau. En outre, la mère avait, pendant sa grossesse, souhaité avoir une fille. Ces facteurs pouvaient avoir influencé le comportement des enfants. Cependant, l'étude de Green fait état de divergences d'attitudes déjà présentes dès leurs premières années, donc avant d'avoir été soumis de façon conséquente à l'influence ambiante. Par exemple, le jumeau qui, plus tard, s'était « féminisé » se laissait cajoler et dorloter plus volontiers que son frère, et on le prenait plus souvent pour une fille à cause de son apparence physique. Et je doute que le fait d'avoir été plus proche de sa mère entre trois et cinq ans suffise à expliquer des tendances féminines aussi marquées (comme jouer à la poupée et s'habiller en fille). Il y a beaucoup de garçons qui sont élevés par la mère seule et n'ont pas pour autant un comportement féminin. Je regrette que le cas étudié par Green n'ait pas été considéré sous l'angle du concept de réincarnation, en tant que l'un des facteurs possibles de l'anomalie en question. Lorsque ce genre d'enquête ne porte que sur deux facteurs – dans le cas présent, l'influence de la génétique et de l'environnement postnatal –, on peut accorder trop d'importance au second. Dans la psychiatrie occidentale actuelle, l'observation exercée sur les enfants à problèmes et leurs familles peut conduire à une exagération de l'importance de l'influence parentale, même lorsque les indices en sont peu substantiels, parce que l'on ne pense pas à d'autres explications possibles. Dans les pays comme l'Inde et la Birmanie, un cas comme celui des jumeaux de Green serait étudié différemment, comme l'a été le cas des jumelles Ma Khin Ma Gyi et Ma Khin Ma Nge (cependant, ces jumelles étaient dizygotes, ce qui justifierait que leurs tendances sexuelles divergentes soient expliquées par un facteur génétique ou ambiantal/postnatal, autant que par la possibilité de réincarnation).
21. Frères siamois. Chang et Eng n'étaient pas de nationalité siamoise, mais habitaient le Siam (l'actuelle Thaïlande) lorsqu'ils furent « découverts ». Ils n'étaient pas non plus les premiers jumeaux « attachés » à être sérieusement étudiés. Ils sont néanmoins les plus connus, et peut-être en savons-nous plus sur leur personnalité que sur celle de tous les autres frères siamois. Daniels (1962), Luckhardt (1941) et Newman (1940) ont publié des ouvrages sur les différences de leurs caractères respectifs.
22. Relations entre parents et enfants. D'autres exemples de sujets qui rejetaient leur famille et réclamaient leurs « vrais » parents : Prakash Varshnay, Ravi Shankar Gupta, Veer Singh, Camini Jayasena, Warnasiri Adikari, Wijana Kithsiri et Rabih Rlawar.
23. Sujets affirmant leur égalité ou leur supériorité de classe vis-à-vis des parents. Par exemple, dans les cas de Hair Kam Kanya, Chaokhun Rajsuthajarn, Thiang San Kla et Maung Yin Maung.
24. Sujet se souvenant d'avoir été le premier époux ou la première épouse d'un de ses parents. Les deux autres cas typiques de ce genre sont ceux de Ma Tin Tin Myint et Asha Rani.
25. Rancœurs contre les parents, dues aux souvenirs antérieurs à propos de ces derniers. J'ai eu des informations de deuxième main sur deux cas au Liban : dans l'un d'eux, l'enfant se rappelait une vie antérieure où il avait été tué par son père. L'enfant avait – une fois – plongé son père

dans l'embarras en lui reprochant ce crime. L'autre sujet avait adopté une stratégie différente : il ne dit rien jusqu'à l'âge adulte ; puis il se procura un revolver, un passeport et un visa ; ainsi équipé, il se ménagea une entrevue avec son père, lui parla de son crime passé, le tua et s'enfuit du Liban. Il n'est pas étonnant que l'enquête sur ces deux cas nous ait été interdite.
26. Agression apparemment irrationnelle. D'autres sujets avaient ce sentiment de vengeance contre le meurtrier de leur personnalité antérieure : parmi eux, Ravi Shankar Gupta et Semih Tutusmus. Les sujets qui ont reporté leur rancœur contre tout ce qui pouvait leur rappeler l'assassin comprennent entre autres Nirankar Bhatnagar (contre les musulmans), Ravi Shankar Gupta (contre les barbiers), Salem Andary (contre les bédouins) et Cemil Fahrici (contre les policiers).
27. Caractéristiques des Japonais chez des sujets birmans. J'ai décrit ces caractéristiques dans Stevenson (1983a). Ma Tin Aung Myo en était un bon exemple (cf. chap. IV).
28. Goûts alimentaires anormaux pendant la grossesse. Autres exemples : Gamini Jayasena, Sujit Lakmal Jayaratne et Ornuma Sua Ying Yong.
29. Adaptation de Lord Nelson à la perte de son bras droit. Dans mon enfance, j'avais lu *La Vie de Nelson* de Southey, dans laquelle il y avait des spécimens de l'écriture de l'Amiral avant et après qu'il eut perdu son bras droit ; il mourut huit ans après son amputation, en 1805 (Southey, 1962/1813).
30. L'unicité de l'individu. J'ai pris délibérément le titre de cette sous-section dans l'ouvrage de Medawar (1957), parce que je voudrais contester l'idée selon laquelle notre unicité dépend uniquement des instructions génétiques pour le développement de notre corps physique.
31. Syndrome de comportement insolite provenant des vies antérieures. Dans le chapitre V, j'ai mentionné plusieurs autres exemples de ces syndromes ou combinaisons de comportements insolites étudiés dans les cas de Ma Tin Aung Myo, Sujith Lakmal Jayaratne, Shamlinie Prema et Erkan Kiliç.
32. Critiques des travaux sur les facteurs génétiques dans la schizophrénie. Schulsinger (1985) a fait un rapport concis des résultats d'études faites en ce domaine sur toutes sortes de désordres, y compris l'obésité et la schizophrénie, ainsi qu'une bibliographie de rapports plus complets. Il ne parle toutefois pas de toutes les critiques faites sur la méthode, comme l'ont fait (sommairement) Rose, Kamin et Lewontin (1984). Les lecteurs qui souhaiteraient en savoir davantage à cet égard devraient consulter les ouvrages de Cassou, Schiff et Stewart (1980), Lidz, Blatt et Cook (1981) et Lidz et Blatt (1983). Tous ces auteurs donnent des références sur les recherches contestées.
33. Le mythe de l'importance cruciale des traumatismes de la petite enfance pour le développement ultérieur de la personnalité. Stone (1954) a publié l'une des premières critiques des études faites sur l'isolement des bébés, études qui étaient censées démontrer l'importance cruciale de ce genre de traumatisme pour le développement ultérieur de la personnalité. La même année, Clarke et Clarke (1954) publièrent un ouvrage soulevant la question de l'irréversibilité de dommages dans le comportement des enfants. En 1957, je publiai un article exprimant mon scepticisme à cet égard (Stevenson, 1957). Dans cet article, je ne fis rien de plus que démontrer que cette hypothèse reposait sur des observations insuffisantes. J'abandonnai ce sujet et me tournai peu après vers les recherches dont je parle dans le présent ouvrage. D'autres rapports sur la question ont été publiés par Cass et Thomas (1979), Clarke (1968), Clarke et Clarke (1976) – une anthologie des publications pertinentes – et Thomas (1981). Il ne s'agit pas, je tiens à le souligner, de nier les effets nocifs d'un stress ambiant sévère, mais bien de l'idée que ces effets nocifs font plus de dommages dans les premières années que plus tard.
34. Différences individuelles chez les nouveau-nés. Korner (1969-1971) a publié des observations sur ces différences.

Chapitre X. Questions complémentaires aux enfants « qui se rappellent »

1. L'idée du dédoublement de l'âme dans la réincarnation. R.F. Spencer (1959, pp. 287-288) parle de ce concept chez les Esquimaux. Norbu et Turnbull (1969) l'a étudié chez les Tibétains et De Laguna (1972) chez les Tlingits de Yakurat. J'en ai moi-même parlé dans un exposé sur les

Haidas (Stevenson, 1975b). Dans Stevenson (1985), on trouvera d'autres observations sur ce concept chez les Igbos (dédoublement et réincarnations multiples d'une seule âme). Parfois, les informateurs, surtout chez les Igbos, parlent de certains cas qui confirment cette conviction. Par exemple, on m'y a montré plusieurs enfants qui, disaient-ils, étaient la réincarnation d'un seul et même défunt. Les Igbos croient que, pour qu'une âme se « ramifie » chez plusieurs individus, il faut qu'elle ait appartenu à un personnage important dont les descendants et la famille souhaitent la réincarnation. Cela les pousse à chercher (et à trouver) des traces de sa présence chez plusieurs de leurs rejetons. D'après mes observations, l'un des petits sujets ainsi désignés semble avoir plus de souvenirs sur le défunt que les autres « candidats ». Les Igbos se contentent d'indices beaucoup plus faibles que les autres ethnies de mêmes croyances pour reconnaître un réincarné. Certains de leurs cas résultent probablement d'une autosupercherie comme chez l'enfant turc qui disait être la réincarnation de John F. Kennedy (cf. chap. VII). Le fait qu'il y ait plusieurs candidats à être la réincarnation d'un certain défunt ne nous donne pas de réponse à la question : Est-ce que l'âme peut réellement se partager ou se dédoubler ? (Ces deux notions ne partent pas du même concept.)
2. Combien d'individus ont-ils déjà vécu sur terre ? Dans un autre ouvrage (Stevenson, 1974b), j'ai relevé plusieurs estimations différentes, accompagnées de leurs références, du nombre d'êtres humains nés sur notre planète. Toutefois, ces estimations (entre 600 000 et 1 600 000) placent l'origine des premiers hominiens à une période plus rapprochée que celle qui est admise aujourd'hui. Les plus récentes estimations parlent de 4 ou 5 millions d'années et même davantage.
3. Vies antérieures dans un corps animal. Voici quelques autres sujets qui affirmaient avoir eu une vie intermédiaire dans un corps animal : Warnasiri Adikari (lièvre) et Pratomwan Inthanu (qui avait la vague impression d'avoir été un singe).
4. Mort violente : fixe-t-elle les souvenirs ? De nombreuses expériences faites par des psychologues ont démontré qu'il existe une relation entre la puissance d'un stimulus et l'ampleur de la réaction qu'il provoque. Kupalov et Gantt (1927) en ont exposé des preuves en abondance d'après les expériences sur les réflexes conditionnés. Les expériences avec stimuli douloureux ont confirmé le dicton : « chat échaudé craint l'eau froide ». E.L. Thorndike a particulièrement bien exprimé cette relation de cause à effet : « Tout acte ou état mental peut résulter de toute situation selon la fréquence, l'intensité, la période où elle se produit, et la satisfaction due à cette situation (en totalité ou en partie), en l'état d'esprit dans lequel la situation est ressentie. » (1905, p. 207.) La phrase de Thorndike sur « l'intensité et la satisfaction qui en résulte » peut aussi bien s'appliquer à une situation désagréable causant inconfort physique et douleur. Les psychologues ont également noté qu'une expérience vécue intensément, par exemple se trouver sur les lieux d'un accident ou survivre à un tremblement de terre, peut stimuler la mémoire de façon insolite (hypermnésie) non seulement sur l'événement en soi, mais aussi sur ce qui l'a précédé, même si cela n'a aucun intérêt particulier (Colegrove, 1899 ; Stratton, 1919 ; Brown et Kulik, 1977). Il est possible que la mémoire enregistre les détails d'un événement non pas au moment où celui-ci se produit, mais plus tard, lorsqu'on reconsidère ce qui s'est passé et qu'on y découvre quelque chose de significatif que l'on n'avait pas aperçu à ce moment-là. Si l'événement en question est notre propre mort, sa signification peut apparaître plus intensément par la suite, ainsi que toutes les circonstances qui l'ont entourée. D'innombrables récits nous apprennent qu'une mort violente marque la mémoire beaucoup plus profondément que la mort naturelle. Je pense ici à la remarque du Dr Johnson sur l'exécution du Dr Dodd : « Quand un homme sait qu'il va être pendu dans quinze jours, son esprit acquiert un merveilleux pouvoir de concentration. » (Boswell, 1931/1791, p. 725.) Un autre témoignage nous vient d'un criminel qui murmurait, au moment où on l'emmenait pour l'exécuter : « Cela va être une grande leçon pour moi. » Dostoïevski a fait un récit émouvant de ce que l'on ressent juste avant d'être fusillé (Molchulsky, 1967). C'est ce qu'il a lui-même vécu, et qu'il raconte dans *L'Idiot* (Dostoïevski, 1914, p. 61), décrivant en particulier l'activité mentale sublimée de l'homme qui va mourir : « Il est étrange de constater qu'un homme perd rarement connaissance en cet instant suprême. Au contraire, une vie et un travail intense

s'animent dans son cerveau, qui développe alors toute la force d'une machine en pleine marche. Je me figure la multitude de pensées qui l'assaillent, toutes inachevées, peut-être baroques, et intempestives, dans le genre de celles-ci : "Voilà, là-bas, parmi les spectateurs, un individu qui a une verrue sur le front ; tiens ! il y a un bouton rouillé dans le bas de la redingote du bourreau." Et cependant, l'intelligence et la mémoire sont indemnes. » (Citation d'un passage de *L'Idiot* – trad. Albert Mousset, Gallimard, 1953.) Les enfants qui se rappellent semblent avoir confirmé la réflexion de Dostoïevski sur l'intensité des perceptions juste avant la mort, surtout si elle est soudaine ou violente. Souvent, les sujets ont le souvenir des derniers moments de leur vie antérieure. Udho Ram (indien) se rappelait un serpent qui sortait du mur en train de s'écrouler sur son ancienne personnalité. Ma Myint Thein, une petite Birmane, revoyait une bague, un bracelet d'or et un bracelet-montre que portait son ancienne personnalité (homme) au moment où on l'assassinait ; il essayait de se protéger de ses mains levées contre l'épée qui lui avait sectionné les doigts avant de lui porter le coup fatal. Les bijoux étaient donc dans son champ de vision au moment où il expirait. Un petit Libanais, Zouheir Chaar, gardait en mémoire le souvenir du mouchoir dont « sa » tante éplorée s'essuyait les yeux alors qu'il agonisait.

5. Soudaineté de la mort violente. La médecine occidentale moderne dispose de moyens perfectionnés pour prolonger la vie de gens qui jadis seraient morts instantanément de leurs blessures. On peut donc, dans nos pays, mourir de mort violente, mais non soudaine. Mais en Asie, où nous trouvons la plupart de nos « cas », les progrès de la médecine n'ont encore atteint ni les villages ni même les villes en général. Les morts violentes y sont donc encore immédiates.

6. La mort soudaine, facteur important dans d'autres types de cas à processus paranormal. Mes collaborateurs et moi avons analysé une série de cas d'apparitions déjà étudiés au XIXe siècle : dans 35 p. cent des cas où la mort de l'« apparition » avait été naturelle, elle avait été soudaine, selon la définition sus-mentionnée (Stevenson, 1982). Dans tous les pays du monde, l'homme semble avoir peur de mourir tout à coup, et préférer s'en aller peu à peu. Les Turcs ont cette phrase : « Que Dieu m'emporte en trois jours », espérant ainsi éviter de « tomber raide mort » ou de traîner dans des souffrances prolongées. Les chrétiens ont souvent craint de mourir sans préparation spirituelle. La tombe d'un habitant de la Nouvelle-Angleterre (milieu du XIXe siècle), écrasé dans les enchevêtrements d'une machine, porte l'inscription « Sa mort a été soudaine et horrible ». Il y a même une anthologie de cette sorte d'inscriptions funèbres qui a pour titre *Soudaine et horrible* (Mann et Green, 1968). Ce genre de mort empêche aussi la victime de laisser un dernier message à ceux qu'il aime et qui vont vivre après lui (Aldrich, 1963, a décrit le chagrin du moribond). Je pense que le désir intense de communiquer avec ceux qu'on aime intervient pour une large part dans le phénomène des apparitions (lorsque le défunt a eu une mort naturelle soudaine).

7. Personnalités antérieures décédées de mort naturelle dans leur jeunesse. Par exemple, dans les cas de Gnanatilleka Baddewithana, Jagdish Chandra, Rajul Shah, Gamini Jaysena, Veer Singh, Prakash Varshnay et Pratomwan Inthanu.

8. Anciennes personnalités ayant laissé en mourant (mort naturelle) des « affaires en suspens ». Ce genre de cas pourrait être placé sous le signe de l'effet de Zeigarnik (1927), le psychologue qui le premier a découvert notre tendance à nous rappeler une tâche inachevée et à oublier un travail accompli. Un garçon de restaurant allemand a été le point de départ de ces observations : il se rappelait exactement ce que les clients avaient mangé jusqu'à ce qu'ils paient l'addition, et ensuite oubliait promptement le tout.

9. Personnalités antérieures ayant laissé en mourant (de mort naturelle) des enfants en bas âge. Exemples : Sukla Gupta, Lalitha Abeyawardena, Shanti Devi, et Swarnlata Mishra. Les enfants de Biya, l'ancienne personnalité de Swarnlata, étaient un peu plus âgés que les enfants laissés par les autres anciennes personnalités.

10. Personnalités antérieures dont la mort naturelle avait interrompu les gains d'argent. Exemples : Parmod Sharma, Suleyman Andary, Sunil Dutt Saxena, Erkan Kiliç et Indika Cuneratne. Les anciennes personnalités de tous ces sujets, sauf Suleyman Andary, étaient riches,

ou assez riches pour avoir tout ce dont ils avaient besoin. Mais ils avaient le désir de continuer à gagner de l'argent et à l'accumuler.

11. Désir de se réincarner sans délai. Bouddha disait que le retour rapide sur terre dans une nouvelle incarnation correspondait au souhait ardent du défunt. Je n'ai pas connaissance d'une tradition bouddhiste orale ou écrite selon laquelle on se réincarnerait plus vite lorsqu'on en a vraiment très envie. Mais cette conviction pourrait être le corollaire de celle, plus fondamentale, selon laquelle on re-naît parce qu'on en a le désir.

12. Anciennes personnalités appartenant à deux ou plusieurs sous-groupes. Exemples : les cas de Putti Patra, Cevriye Bayri (mort violente avec abandon d'enfants en bas âge), Gopal Gupta, Erka Kiliç (mort violente brisant une carrière active d'homme d'affaires), Ampan Petcherat, Shamlinie Prema, Susan Eastland, Gillian et Jennifer Pollock, Ruby Kusuma Silva (mort violente dans l'enfance), Faruk Faris Andary, Rabih Elawar, Michael Wright, Salem Andary (mort violente en fin d'adolescence).

13. Absence de souvenirs antérieurs chez les mnémonistes. Informations sur les mnémonistes dans les ouvrages de Luria (1969), Neisser (1982) et Susukita (1933-1934).

14. Anciennes personnalités très pieuses et philanthropes décédées de mort naturelle. Autres exemples : les cas de Ma Than Than Aye, Kumkum Verma, Shanti Devi, Hair Kam Kanya, Chaokhun Rajsuthajarn, et le Vénérable Sayadaw U Sobhana.

15. Proportion inégale des cas de promotion et de rétrogradation en Inde. Gopal Gupta, Bishen Chand Kapoor, et Sunil Dutt Saxena ont « rétrogradé » dans leurs conditions socio-économiques et, à l'inverse, Swaran Lata, Kumkum Verma, Judith Krishna et Rajul Shah représentent la « promotion » socio-économique. Tous sont des sujets indiens. Nous avons étudié ce genre de cas principalement en Inde, surtout parce que les différences socio-économiques y sont plus grandes (encore amplifiées par le système des castes) que dans les autres pays, où les cas sont également nombreux, mais aussi parce que nous avons un large éventail de cas indiens. Cependant, ce type de cas (« rétrogradation et promotion ») se trouve aussi dans d'autres pays. Au Sri Lanka, par exemple, Disna Samarasinghe et Anusha Senewardena sont les sujets « promus », et Indika Cuneratne, Wijanama Kithsiri et Warnasiri Adikari sont descendus dans l'échelle socio-économique.

16. Leçons à tirer des souvenirs antérieurs. Bishen Chand Kapoor nous a dit que le fait de penser à son ancienne personnalité (un riche débauché qui avait tué un homme) l'avait aidé à devenir meilleur. Parmod Sharma a également remarqué que, ses souvenirs antérieurs ayant élargi ses perspectives, il affrontait ses ennuis avec plus de courage : il se rendait mieux compte du caractère éphémère de la malchance et de la chance.

17. Sujets qui se rappelaient des vies intermédiaires. Exemples : les cas de Pushpa, Swarnlata Mishra, Warnasiri Adikari, Gopal Gupta, Manju Tripatti et Imad Elawar.

18. Affaiblissement de la mémoire à l'état désincarné. G.P., un informateur médiumnique, connu pour être un esprit désincarné authentique, se plaignait que ses souvenirs s'estompaient avec le temps (Hogson, 1897-1898, p. 324). Le cas exceptionnel de Pratomwan Inthanu ne devrait pas démontrer le contraire : elle se rappelait deux vies très courtes terminées en bas âge, et ce quelques années avant sa propre naissance.

19. Personnalités antérieures qui se rappelaient des vies antérieures. Exemples représentatifs, les cas de Bishen Chand Kapoor, Ma Win Shwe, Maung Aung Myint et Mounzer Haïdar.

20. Enfants qui se rappelaient une vie antérieure terminée par un suicide. Par exemple : Marta Lorenz, Ramez Shams, Maung Win Aung, Paulo Lorenz et Faruq Faris Andary.

21. Souffrance liée aux idées nouvelles. La citation est de Bagehot (1873, p. 163).

22. L'habitude, élément indispensable de la croyance. « Pour croire complètement à un phénomène, il faut y être habitué » (Richet, 1926, p. 441) ; traduit en anglais dans le texte par Stevenson.

23. Difficulté inhérente à la jeunesse de s'imaginer en vieillard. Après avoir (en 1667) été démis de ses fonctions de Lord-Chancelier par le roi Charles II, Lord Clarendon sortait du palais royal lorsqu'il entendit les commentaires joyeux de ses ennemis, entre autres ceux de l'encore jeune

favorite du roi, Lady Castlemaine. Il se tourna vers elle et dit : « Ô Madame, rappelez-vous que si vous restez en vie, vous aussi serez vieille un jour » (Crewe, 1893). Il avait raison. Elle mourut en 1709 à l'âge de soixante-huit ans. De tous les grands romanciers dont j'ai aimé lire les œuvres, deux seulement ont essayé de raconter une vie entière, depuis l'enfance jusqu'à la vieillesse et la mort : Bennett, dans *Old Wifes Tales*, et Maupassant, dans *Une vie*. Les biographes ont souvent tenté de retracer des vies de la naissance à la mort, mais les psychologues l'ont fait encore moins souvent que les romanciers. En général, les psychologues et les psychiatres se contentent d'étudier leurs cas pendant une dizaine d'années, parfois une vingtaine, mais rarement plus, sauf exception.

24. Imaginer le processus du retour à l'enfance. Chez les Trobriandais, on croit que l'âme (*baloma*) est soumise à un processus de rajeunissement avant de se réincarner (Malinowski, 1916). Malinowski décrit ce processus comme étant semblable à la mue du serpent mais je ne sais pas si cette analogie peu appropriée est de lui ou du peuple en question.

25. Commentaires des sujets sur leur changement de taille. Dans la note 11 du chapitre. V, j'ai donné le nom de douze sujets qui avaient fait des réflexions (directement ou indirectement) sur leur changement de dimensions : ils se rappelaient tous avoir été « grands ». Pratomwan Inthanu avait la sensation inverse : c'était une jeune femme qui se rappelait avoir été un bébé, et elle se sentait encore petite comme un bébé.

26. Opinions des Asiatiques et des Africains cultivés sur les « cas ». Elles diffèrent souvent de celles de ces peuples en général. En voici un exemple : en Thaïlande, un haut fonctionnaire (qui avait fait quelques études en Occident) travailla plusieurs années sans répit pour m'aider à observer certains cas, mais un autre (ancien) haut fonctionnaire (qui avait également fait quelques stages en Occident), bien que croyant fermement au bouddhisme, au point de frôler le prosélytisme, considérait « nos » cas comme ridicules, ne prenant jamais la peine d'en étudier un seul en première main. En Birmanie, un haut fonctionnaire retraité, qui, lui, avait fait *beaucoup* d'études en Occident, m'assista pendant des années dans mes recherches. C'est aussi en Birmanie que je rencontrai un professeur en psychologie qui avait eu un doctorat de l'une des grandes universités occidentales, et qui, lorsqu'il apprit ce que je faisais, ne put qu'à grand-peine demeurer poli avec moi. Pourtant, il habitait une région où les cas abondaient, à quelques kilomètres de son bureau. Il n'avait aucune idée que ces cas fussent *là* et aucune envie d'aller les étudier.

27. Le cerveau, messager de la conscience. La phrase citée est dans l'essai d'Hippocrate, *La Maladie sacrée* (Hippocrate, 1952, p. 179). Plus loin, sur la même page, il dit : « Le cerveau est l'interprète de la conscience. »

28. Pensée de Bergson sur le cerveau et la mémoire. Bergson (1913) remarqua que les défaillances de mémoire dans un cerveau malade ne peuvent démontrer qu'une chose : c'est que l'on doit disposer d'un cerveau intact pour situer et communiquer des souvenirs ; il n'y a pas de preuves que la mémoire n'existe que dans le cerveau.

29. Incertitude des neurologistes sur l'identité du cerveau et de l'esprit. Penfield (1975) et Eccles (Popper et Eccles, 1977), tous deux neurologistes, ont exprimé des doutes sur la tendance à réduire l'esprit au rôle de fonction du cerveau. Un troisième, vers la fin de sa vie, écrivit : « Que notre être consiste en deux éléments fondamentaux n'offre, je suppose, pas plus d'improbabilité inhérente que s'il ne devait reposer que sur un seul élément » (Sherrington, 1947/1906, p. 24).

30. Le cerveau instrument de l'esprit. Dans l'un des plus importants journaux sur la théorie des phénomènes paranormaux, Thouless et Wiesner (1946-1949) suggérèrent que l'action normale de l'esprit sur le cerveau d'une personne et son action paranormale et occasionnelle sur l'esprit de quelqu'un d'autre (comme dans la télépathie) peuvent dépendre toutes deux du même principe.

31. L'esprit, élément le plus direct dans nos expériences vécues. La citation est d'Eddington (1930, p. 37) et se réfère certainement à la conscience.

32. L'irréductibilité de la conscience. Ici, il peut sembler que je passe trop rapidement sur ce que nous entendons par « conscience », une question qui a fait réfléchir les philosophes pendant des siècles. William James (1904) doutait de la valeur du terme. Cependant, il déclara qu'il voulait « simplement nier que le mot représente une entité, mais en insistant avec force sur le fait qu'il représente une fonction [...]. Il y a une fonction dans l'expérience vécue qui est élaborée par la

pensée, et pour l'élaboration de laquelle cette qualité d'être (conscience) est évoquée. Cette fonction est la connaissance » (p. 478). Pour le lecteur disposant de peu de temps, je recommande l'article de Nagel (1979) sur l'irréductibilité de l'action consciente. Un unique article avançant la position moniste pourrait être celui de Place (1956). Il soutient que la conscience est un processus cérébral. Josephson et Ramachandran (1980) ont édité une introduction utile à l'étude de la conscience. Il me semble que la conscience ne peut jamais changer, seules ses représentations changent, par les images et les sensations. On a beaucoup parlé ces dernières années des « états d'âme », particulièrement de ceux qui sont « modifiés », et peut-être à tort. Il y a eu une nette tendance à associer les épreuves mentales insolites à des agents inducteurs exotiques comme les hallucinogènes, l'hypnose et la méditation. Même les gens usant de drogues hallucinogènes peuvent n'être soumis pas tant à des changements d'état d'âme qu'à de différentes représentations d'images et de sensations, dans le même état de conscience. C'est certainement ainsi que je considère à présent mes propres expériences avec la mescaline et le LSD-25 : mon état conscient ne changeait pas, mais j'y trouvais des images et des sensations complètement différentes de celles qui se présentent à l'ordinaire. La distinction que j'essaie de faire ressortir peut apparaître comme une chicane de mots, mais je ne le pense pas. Je voudrais faire remarquer que la plupart des épreuves psychiques, y compris les manifestations habituelles de télépathie, apparitions et souvenirs antérieurs des enfants, se présentent au commun des mortels quand ils sont dans leur état normal. Au moment de ces manifestations, leur conscient a un nouveau contenu, mais leur « état de conscience » n'est pas nécessairement différent de ce qu'il est en général. Les gens qui perçoivent ce genre de manifestations peuvent être différents de ceux qui ne les perçoivent pas, mais nous ne savons presque rien sur la qualité de ces différences.

33. Absence d'isomorphisme entre les expériences sensorielles et les neurones. Smythies (1956,1960) et Malcolm (1977) ont développé cette question de façon plus approfondie.

34. Insuffisances actuelles de l'explication neurophysiologique de la mémoire. Beloff (1980a, 1980b), Gauld (1982) et Malcolm (1970, 1977) ont écrit à ce sujet. L.R. Baker (1981), Dreyfus (1979) et Heil (1980) ont critiqué la comparaison du cerveau, et donc de l'esprit, avec un ordinateur.

35. Espace mental et espace physique. À part Ducasse (1951) et Price (1953), Smythies (1951, 1960, 1974), Whiteman (1973) et Poynton (1983) ont écrit sur le concept de l'espace mental. J'ai exposé mes propres idées à cet égard de façon plus complète dans Stevenson (1981). Je crois que Descartes (1912/1641, p. 139) a fait une erreur importante quand il a dit que l'esprit, à l'inverse du corps, n'a pas faculté d'extension. Malgré le démenti de Hume (1911, 1739, 1 p. 228) et autres critiques de la part d'autres philosophes, l'erreur de Descartes a empêché que la notion d'extensibilité de l'esprit soit généralement reconnue.

36. Incompatibilité de la télépathie et du matérialisme. Presque tous les scientifiques qui ont étudié la question partagent ce point de vue. Cependant, Godbey (1975) a soutenu que la télépathie et les autres phénomènes paranormaux ne sont pas incompatibles avec le matérialisme. Quelques scientifiques, y compris quelques physiciens, croient que les progrès de la physique fourniront un jour l'explication des phénomènes paranormaux. Je ne fais pas partie de ce groupe : à mon avis, pour comprendre ces phénomènes, il faut envisager un aspect de la réalité qui se trouve au-delà de la physique.

37. Télépathie, garantie de survivance de l'âme. Citation empruntée à Carington (1945, p. 143).

38. Expériences sur la cognition paranormale. Je n'entends pas minimiser par cette remarque la contribution que ces expériences ont apportée aux preuves de la télépathie et de la clairvoyance. Le fait que ces expérimentations ne puissent être répétées à volonté les place à égalité avec beaucoup de celles que conduisent les psychologues, qui sont loin d'être exemptes d'instabilité capricieuse. D'autres scientifiques entreprennent des études sur les phénomènes comme les météorites, les volcans et les tremblements de terre, qui ne se produisent pas non plus sur demande. Ceux qui étudient les phénomènes paranormaux font une sérieuse erreur s'ils espèrent qu'ils seront conformes aux schémas de répétibilité habituels dans les expérimentations de physique et chimie. Presque tous les phénomènes paranormaux se produisent dans une ou deux

circonstances, comme j'ai déjà tenté de le démontrer : soit dans une situation de danger de mort, soit, parfois, grâce aux dons spéciaux que seules possèdent quelques personnes (Whiteman, 1972). Tous n'ont pas de perception extrasensorielle, de même que tous n'ont pas un pouvoir absolu. Les expérimentateurs qui ont la chance de travailler avec l'un des rares sensitifs doués ont publié des preuves de la télépathie et de la clairvoyance, bien supérieures à ce que les expérimentations en groupe peuvent donner. Je pense ici à des gens comme Stephan Ossowiecki (Besterman, 1933) ; Borzymowski, 1965 ; Efron, 1944 ; Geley, 1927, Olga Kahl (Osty, 1929, 1932 : Toukholka, 1922) et Craig Sinclair (Sinclair, 1962/1930).

39. Substance de l'esprit, toile rassemblant les souvenirs. La citation est de Schrödinger (1955, pp. 91-92).

40. Conceptions d'un monde de désincarnés. Ducasse (1951) et Price (1953, 1972) ont commenté ce sujet. Carington (1945) a également donné son idée sur la vie après la mort. Les écritures exégétiques des hindous et des bouddhistes contiennent des descriptions de mondes où évoluent des esprits désincarnés. Evans-Wentz (1969/1927) nous en a fourni un compte rendu parmi ceux qui sont les plus accessibles au lecteur.

41. Souvenirs d'une existence à l'état désincarné. Par exemple, chez Disna Samarasinghe, Pratima Sexena, Chaokhun Rajsuthajarn, le Vénérable Sayadaw U Sobhana, et Som Pit. Il y a aussi Nasir Toksöz, mais il se rappelait moins de détails que les autres.

42. Rêves lucides. C. Green (1968a), Van Eeden (1912-1913) et Whiteman (1961) ont écrit à ce sujet.

43. Expériences vécues par des personnes qui ont frôlé la mort. On en trouvera des exemples et des analyses dans Greyson et Stevenson (1980), Noyes et Kletti (1976, 1977), Ring (1980), Sabom (1982) et Stevenson et Greyson (1979).

44. Informations justifiant les hypothèses sur la vie après la mort. Je n'ai pas mentionné dans le texte l'information copieuse fournie par de nombreux communicateurs médiumniques sur le monde où ils prétendent évoluer. C'est en grande partie sans valeur parce que les médiums intermédiaires n'avaient pas donné de preuves suffisantes de leurs pouvoirs paranormaux, par exemple, en donnant sur un défunt des informations détaillées, qu'ils n'auraient pu obtenir normalement. En outre, ces communications de l'au-delà contiennent des traces évidentes de la personnalité du médium (sans qu'il en ait nécessairement conscience). D'autre part, je n'écarte pas les descriptions de l'au-delà faites par des communicateurs qui ont mérité notre attention en participant aux démonstrations des pouvoirs paranormaux de certains médiums. Emmanuel Swedenborg, par exemple, a donné des preuves de pouvoir paranormaux assez forts pour satisfaire Kant (1976/1766) et a aussi raconté l'existence après la mort (Swedenborg, 1906). On trouvera d'autres détails sur les autres membres de ce petit groupe dans Balfour (1935), Hodgson (1897-1898) et C.D. Thomas (1945).

45. Prédominance des images dans l'univers des désincarnés. Price (1953) croit que l'au-delà est un monde en images. Lorsque je suggère que les désincarnés perçoivent plus d'images que la plupart des adultes vivants, je ne veux pas dire qu'ils sont dépourvus de paroles. Les sujets « qui se rappellent » se souviennent souvent de noms propres et parfois de mots appartenant à la langue de l'ancienne personnalité, et incomprise par la famille du sujet. Si ces mots viennent de son ancienne vie, ils sont probablement restés dans sa mémoire durant le « séjour » entre deux vies.

46. Les hommes bons ne doivent pas craindre la mort. Platon a attribué cette phrase à Socrate dans le *Phédon* (1936).

47. « Revue » de la vie, mentionnée par les enfants qui se rappellent. Nasir Toksöz est l'un des rares sujets à en parler.

48. Mémoire panoramique chez des personnes qui sont revenues d'un coma. On pourra étudier cette question dans Greyson et Stevenson (1980) et Ring (1980). Noyes et Kletti (1977) ont également publié leurs observations à cet égard.

49. Télépathie, moyen normal de communication entre désincarnés. La citation est de Driesch (cf. ma traduction, 1930, p. 26).

50. Apparition *post mortem*. Exemples de ces phénomènes dans Myers (1889, pp. 29-30), Perovsky Petrovo Solovovo (1930) et Curney (1889, pp. 422-426).
51. Visions au moment de la mort. Exemples à trouver dans Bozzano (1906), Barrett (1926) et Osis et Haraldsson (1977).
52. Maintenant égale ici. Plusieurs personnes ont rapporté qu'au moment de mourir ou après être mortes, elles avaient pensé à quelqu'un, ou à un endroit, après quoi elles s'étaient trouvées instantanément près de ce quelqu'un ou de cet endroit. Chaokhun Rajsuthajarn était l'un des sujets à avoir un souvenir de ce type. Geddes (1937) et Radin (1926) en ont rapporté d'autres exemples.
53. Baudelaire et le progrès individuel. Le passage que j'ai cité (et que j'ai traduit en anglais) se trouve à la page 1362 de Baudelaire (1967).
54. Gibbon et le hasard de la naissance. Le passage que je cite se trouve dans Gibbon (1907, p. 217).
55. Le concept de hasard chez les Occidentaux. Pourtant, beaucoup d'Occidentaux, surtout américains, semblent être ambivalents à cet égard. Les gains sans cesse accrus des compagnies d'assurance et le camouflage qui entoure les erreurs et les incuries concernant les soins médicaux révèlent une volonté tenace d'avoir une vie dépourvue de risques, et donc de hasard. Les poursuites judiciaires contre les médecins accoucheurs quand le bébé n'est pas parfait sont particulièrement liées à l'un des thèmes de ce livre : qui ou qu'est-ce qui est responsable des défauts de naissance ? Nous avons tendance à croire que le hasard est la seule cause de la malchance des autres, mais qu'il ne devrait pas jouer contre nous-mêmes.
56. Peur de la punition *post mortem*, prévention contre les péchés. Cette peur, au moment où elle était le plus ancrée dans les esprits des croyants européens, au Moyen Âge, n'a jamais empêché les crimes et la méchanceté. Cependant, la croyance en une vie après la mort (et en les conséquences possibles de nos agissements) a influencé la conduite de certaines personnes, irréprochables ou pécheresses. Depuis le Moyen Âge, la doctrine de la religion chrétienne a tout à coup reculé devant les progrès de la science. Parmi les gens cultivés en Occident, les prêtres qui dédient leur existence au service et à l'amour d'autrui, essayant d'alléger les souffrances, ont un très grand mérite ; mais peu de gens cultivés se soucient de ce que disent ces mystiques sur la vie après la mort et sur ce qui peut arriver dans l'au-delà. Pour la plupart des Occidentaux, la vie après la mort est impensable. C'est un sujet aussi tabou que la mort elle-même. Le concept de réincarnation – gagnant à présent du terrain grâce à certaines évidences – pose de nouveau la question à laquelle la plupart des penseurs occidentaux aimeraient mieux ne pas penser : « Que m'arrivera-t-il après la mort ? »

Chapitre XI. Hypothèses sur le processus de la réincarnation

1. Psychophores. J'ai construit ce mot qui provient d'une expression grecque qui signifie « porteur d'âme » (je remercie le professeur David Kovacs, humaniste de l'université de Virginie, qui a approuvé le mot « psychophore » et suggéré des cognats appropriés). Le psychophore correspond à l'ouvrage de Schrödinger (1955, pp. 91-92) où sont rassemblées des expériences vécues. J'ai une grande habitude des textes bouddhiques et hindous sur les corps non physiques qui sont censés véhiculer les âmes entre deux vies. Toutefois, ces textes proviennent de traditions religieuses ; de plus, si elles sont basées sur des observations, celles-ci ne sont probablement dues qu'à des vues subjectives intérieures perçues par des prophètes et transmises à leurs disciples. Je ne minimise pas ces vues, mais elles diffèrent des données vérifiables concernant les « cas » de nos enquêtes. Ces cas non plus, je le reconnais, ne nous apportent aucune preuve directe sur ce qui pourrait ressembler au psychophore (ou autre), mais comme nous avons des informations vérifiables et apparemment paranormales fournies par les sujets, je crois que nous pouvons construire des hypothèses avec plus de confiance que lorsqu'il s'agit de textes sacrés, dont nous respectons par ailleurs les experts comme ils le méritent. Quelques notions concernant les véhicules en question ont été reprises, souvent à travers la théosophie et ses dérivés, dans des

publications populaires occidentales sur les expériences de « voyages hors du corps » ; mais je pense que des expressions comme « le corps astral » ont des connotations que nous devrions éviter. Voilà pourquoi il est bon que nous ayons un nouveau mot, ne dérivant ni de la religion ni de l'occultisme. Comme la vie non corporelle est difficile à concevoir, certains philosophes et psychologues se sont penchés sur la question d'une existence *post mortem* concrétisée, ce qui les a amenés à envisager un véhicule *post mortem* ou, si réincarnation il y a, un véhicule à utiliser entre deux incarnations (Broad, 1958 ; Wheatley, 1979).

2. Souvenirs imagés de vie antérieure chez les nourrissons. Chaokhun Rajsuthajarn affirmait que, pendant ses premiers mois, il revoyait tous les détails de sa vie antérieure. D'autres sujets m'ont dit que, dès leurs permiers mois, ils étaient pleinement conscients de ce qui les entourait, mais qu'ils manquaient de mots pour communiquer leurs impressions aux adultes. Certains se rappelaient les sottes remarques des adultes penchés sur leurs berceaux et leurs propres gargouillis pour essayer d'y répondre. Aucune de ces affirmations n'a pu être vérifiée. Néanmoins, certains ont parlé de choses qui s'étaient passées peu après leur naissance ou même avant, quand ils n'étaient encore que des fœtus. Dans les meilleurs de ces exemples, il existe des preuves de paranormalité liée à la perception de l'information. J'ai donné une liste des exemples publiés dans Stevenson (1983a, p. 140). Des recherches psychologiques ont démontré que les nouveau-nés passent un tiers de la journée et la moitié de leurs heures de sommeil dans un état correspondant à ce que les enfants plus âgés ou les adultes appellent « rêves » (Roffwarg, Muzio et Dément, 1966). Les auteurs de ces recherches remarquèrent aussi « que, par les mouvements rapides des yeux (indiquant que l'on est en train de rêver), les nouveau-nés ont des mimiques exprimant des émotions comme la perplexité, le dédain, le scepticisme et l'amusement. Nous n'avons pas noté ces nuances d'expression quand les mêmes nourrissons sont réveillés » (p. 609). Et plus loin : « Il y a peu de doute que les périodes de sommeil chez les nouveau-nés, au moment où se manifestent les mouvements rapides des yeux, [...] soient semblables à celles des adultes. Par conséquent, cet état dérive probablement de processus neurophysiologiques, et non d'expériences vécues » (p. 611). Et pourquoi cela ? Simplement parce qu'ils supposent que le bébé n'a pu vivre aucun événement avant la conception de son corps. Cependant, si on applique à ces remarques le principe de la réincarnation, on peut dire que le bébé endormi, et réagissant dans son sommeil comme le ferait un adulte, revoit peut-être des scènes de son ancienne vie qui repassent dans son conscient. S'il en est ainsi, voilà expliquées les différentes expressions des nouveau-nés au moment de leurs rêves, reflets des émotions que leurs souvenirs réveillent.

3. Personnalité et individualité. Ducasse (1951) a employé ces termes en envisageant la survie de l'homme après la mort et la possibilité de réincarnation. Ce qui « re-naît » est-il pareil ou différent de ce qui est mort ? Ou peut-être à la fois pareil *et* différent ? Cette question a engendré bien des discussions chez les exégètes bouddhistes, discussions considérées par les bouddhistes eux-mêmes comme oiseuses. D'après ce que l'on observe chez les sujets « qui se rappellent », il existe une continuité entre l'ancienne et la nouvelle personnalité. Mais cela ne veut pas dire qu'elles soient les mêmes : tout, et l'esprit humain particulièrement, est en constant changement.

4. Apprendre une discipline dans la vieillesse. Caton le Censeur a entrepris d'étudier le grec dans ses vieux jours, dit-on, sans beaucoup de références solides (Cicéron, 1923). Le grand mathématicien Carl Friedrich Gauss fit de même pour le russe (Dunnington, 1955). Si la réincarnation se produit, ces hommes n'auront pas perdu le temps qui leur restait dans cette vie.

5. Intensité émotionnelle des expériences vécues ensemble et liens psychiques. Toute association conduit à la formation de liens psychiques qui se renforcent pendant toute sa durée. Les expériences vécues et partagées les solidifient encore bien davantage. Les passagers d'un bateau en croisière, prenant leurs repas à la même table, deviennent généralement bons amis, et le restent parfois pendant quelque temps au retour du voyage. Cependant, l'amitié dure plus longtemps si le bateau fait naufrage et si les passagers restent une semaine sur une barque, attendant les sauveteurs. De même, les souffrances endurées à la guerre sont à l'origine des associations d'anciens combattants qui y ont survécu. L'intensité des émotions solidifie également les souvenirs, comme l'ont souligné Butler (1961/1877) et après lui Thorndike (1905), que j'ai déjà cité. Butler donne

un autre exemple tiré des voyages en mer : « Lorsqu'une chose très insolite, comme un iceberg, est vu par quelqu'un naviguant vers l'Amérique pour la première fois, cela lui fera ressentir une impression profonde (bien qu'ayant peu d'influence sur ses intérêts) ; mais si notre bateau fait naufrage en s'échouant sur un iceberg, l'impression sera autrement forte, le souvenir de l'iceberg restera bien plus présent dans la mémoire et on y pensera beaucoup plus que s'il n'avait été qu'un simple spectacle visuel. »

6. Communications entre deux personnes qui s'aiment par impressions télépathiques et apparitions. Gurney, Myers et Podmore (1886) ont parlé des apparitions. Stevenson (1970b) traite des impressions télépathiques et donne des références sur cet argument dans d'autres séries de cas. À part les apparitions collectives, les cas « spectateurs » sont une autre exception à la règle générale qui veut que récipiendaire et agent soient liés par une amitié ou une parenté. Dans de rares cas, une personne qui se trouve près du récipiendaire voit l'apparition, alors que le récipiendaire ne la voit pas. C'est donc un spectateur qui joue le rôle du récipiendaire, pour ainsi dire, mais ce spectateur possède bien plus de sensitivité que le récipiendaire présumé. J'ai publié des références concernant ce type de cas (Stevenson, 1982).

7. Liens psychiques plus forts entre membres d'une même famille. Ces liens particulièrement forts pourraient n'être pas uniquement créés par les émotions partagées dans une seule vie. En effet, les sujets dont l'ancienne personnalité était de la même famille disent souvent qu'ils ont partagé les événements de leur vie antérieure avec l'un ou l'autre de leurs parents actuels. Ces sujets ont donc déjà des liens très forts avec ces personnes dès leur naissance, et ces liens s'affermissent si la famille reste unie. J'ai déjà dit plus haut que les incarnations successives dans un même groupe pouvaient expliquer, outre les liens familiaux très forts, les choix de clans et les préférences nationales. Une fois lancés sur la mer des hypothèses, on pourrait en arriver aux concepts comme celui de l'âme commune, ou « âme universelle », qui nous unirait tous, de même que tous les continents et toutes les îles sont réunis sous les océans (Price, 1940, 1972). Je ne repousse pas l'idée que nous sommes tous liés les uns aux autres, mais les liens sont plus forts pour les uns que pour les autres. Des recherches plus poussées nous apporteront peut-être un jour la confirmation de ce que les mystiques ont dit pendant des siècles. « Toutes les religions sont obligées d'admettre une pluralité inhérente à l'"Unique" » (Zaehner, 1957, p. 167).

8. Rareté des phénomènes télépathiques et des apparitions entre étrangers. Comme il est plus facile de vérifier les phénomènes apparemment paranormaux qui se produisent entre amis et parents, il se pourrait que la rareté de ces phénomènes entre étrangers soit due à l'insuffisance de recherches ou de rapports les concernant. Cependant, Schouten (1979), dans une analyse de cas rapportés par Gurney, Myers et Podmore (1886, *Les Fantasmes des vivants*), a démontré que cette supposition ne tient pas. Pour lui, les phénomènes paranormaux entre étrangers sont exceptionnels.

9. L'amitié crée des liens psychiques dans les cas de réincarnation. Exemples : les cas de Maung Yin Maung, Marta Lorenz, Maung Aung Than, et Sivanthie et Sheromie Hettiaratchi. Dans les cas de deux sujets qui disaient avoir été des soldats japonais avant de se réincarner en Birmanie, les parents se rappelaient avoir eu des relations amicales avec un soldat japonais (ce qui était peu fréquent à l'époque de l'occupation japonaise en Birmanie). Ma Tin Aung Myo est l'un de ces sujets.

10. L'animosité agissant comme lien psychique dans certains cas de réincarnation. Un autre exemple possible est celui de Sampath Pryiasantha.

11. Sentiment de culpabilité pour endettement agissant comme lien psychique. Le sentiment de culpabilité pour dettes ou escroqueries semble motiver certains cas d'apparitions (Myers, 1903, 2, p. 348 ; Owen, 1874, pp. 226-229).

12. Sujet affirmant avoir connu un membre de sa famille dans sa vie antérieure. Autres exemples : Ratana Wongsombat et Bajrang B. Saxena. Je n'ai pas inclus l'affirmation de Sukla Gupta (qui disait la même chose) dans mon rapport détaillé sur son cas. Dans les cas de jumeaux, il est souvent arrivé que soit l'un d'eux, soit tous les deux se rappellent une relation étroite entre eux dans une autre vie. Exemples : Sivanthie et Sheromie Hettiaratchi, Ma Khin Ma Gyi et Ma

Khin Ma Nge, Gillian et Jennifer Pollock, et Ramoo et Rajoo Sharma. Dans tous ces cas, les jumeaux se rappelaient *tous deux* leur vie antérieure.

13. Croyance concernant l'influence de certains endroits sur les possibilités de grossesse. Des informateurs nous ont rapporté des exemples de ce genre : peu avant la conception du sujet, la mère ou parfois le père avait vu le corps du défunt dont l'enfant devait plus tard se rappeler la vie. Entre autres, le cas de Ma Hmwe Lone, également sujet birman. Rose (1956) a parlé de la croyance qui existe chez les Arandas d'Australie. Pour eux, les esprits désincarnés se rassemblent autour d'un certain rocher. Les femmes qui veulent devenir mères s'y rendent avec leur mari. Celles qui ne veulent pas d'enfants essaient de passer inaperçues si elles ont à faire dans le quartier. Spencer et Gillen (1968/1899), dans un ouvrage sur les autochtones de l'Australie centrale, ont décrit des endroits semblables : les esprits s'y réunissent, et les femmes qui s'en approchent risquent une grossesse.

14. Futurs parents d'un sujet visitant un endroit où l'ancienne personnalité a trouvé la mort. Puti Patra en est un autre exemple.

15. Analogies entre vêtements et corps physique dans la réincarnation. La citation est de McTaggart (1906, p. 125). McTaggart n'était pas le premier à penser à cette analogie. Le mot arabe *taqamos* (« réincarnation ») que les Druzes utilisent beaucoup, veut dire littéralement « changer sa chemise ». Qamos est, de toute évidence, apparenté aux mots « camisole » ou « chemise ».

16. Désir de changer de sexe dans l'incarnation suivante. Les cas de Gnanatilleka Baddewithana et Paulo Lorenz en sont des exemples. Celui de Paulo Lorenz est un cas « même famille », mais les deux familles de Gnanatilleka, au contraire, étaient étrangères l'une à l'autre. Néanmoins, je dois ajouter que l'ancienne personnalité de Gnanatilleka, Tillekeratne, n'exprima son désir de changer de sexe qu'indirectement (mais aussi clairement que possible).

17. Le coït avant l'ovulation favorise la conception de garçons. Informations détaillées à ce sujet dans Guerrero (1974) et Harlap (1979).

18. Proportion des sexes selon la date du coït dans l'insémination naturelle ou artificielle. Détails dans Guerrero (1974).

19. Mobilité supérieure des chromosomes Y dans le sperme. Informations détaillées à trouver dans Rohde, Portmann et Dörner (1973), Ericsson, Langevin et Nishino (1973) et Roberts (1978).

20. Grossesses passant inaperçues chez les femmes en bonne santé. Whittaker, Taylor et Lind (1983) estiment qu'environ 8 p. cent des grossesses de femmes « se perdent à un stade si précoce du développement de l'embryon que les patientes ignorent qu'elles avaient conçu » (p. 116).

21. Marques faites sur le corps d'un défunt pour identifier sa nouvelle incarnation. On trouvera des informations supplémentaires à cet égard dans Fielding Hall (1898), Mi Mi Khaing (1962), Noon (1942), Parry (1932), Uchendu (1965) et Stevenson (1985). J'ai publié un cas de ce genre, celui de Ampan Petcherat. Il est dommage que la personne qui avait marqué le corps de l'enfant (dont Ampan se rappelait la vie) ait oublié de quel côté elle l'avait fait. Mais elle se rappelait que c'était au-dessus de la poitrine, comme la tache de naissance d'Ampan. Je parlerai plus longuement de ce sujet dans mon prochain ouvrage sur les marques et défauts de naissance.

22. Manipulation de l'ovulation de la mère par deux personnalités désincarnées. Lorsque la mère de jumeaux connaissait les deux anciennes personnalités de ces derniers, et particulièrement s'ils s'étaient annoncés en rêve, elle s'attendait probablement à une double naissance. Le changement psychophysiologique provoqué par cette perspective peut avoir influencé son ovulation. Mais pourquoi a-t-elle décidé (même inconsciemment) d'avoir des jumeaux à une grossesse plutôt qu'à une autre ? De plus, il y a des cas où la mère ne connaissait pas du tout les anciennes personnalités concernées, ni par leur vie ni par ses rêves. Dans le cas de Gillian et Jennifer Pollock, elles se rappelaient toutes deux avoir été leurs propres sœurs aînées. Toutefois, leur mère ne croyait pas à la prédiction de son mari, lequel était certain

qu'elle aurait des jumelles. Elle n'a donc pas pu provoquer cette double naissance consciemment (mais peut-être l'a-t-elle fait inconsciemment). On ne peut comparer la division d'un zygote en deux parties par deux personnalités désincarnées au partage d'un camembert avec un couteau de cuisine. Une analogie plus sérieuse serait celle de deux champs magnétiques débordants (dans lesquels les limailles de fer se sont alignées), qui se séparent ensuite pour former deux nouveaux champs magnétiques, chacun avec sa portion de limaille.

23. Anémie à cellules falciformes et « enfants à répétition ». Edelstein et moi avons étudié (de façon préliminaire) la relation entre cette maladie et la mortalité infantile dans une communauté Igbo de Awgu, Nigeria. Nous n'avons rien trouvé de concluant à cet égard : la grande mortalité infantile de ce pays n'est pas due à l'anémie falciforme (Stevenson et Edelstein, 1982). Malgré cela, je crois utile d'envisager un rapport possible de cette anémie avec la réincarnation, ne serait-ce que comme base d'étude concernant les facteurs génétiques et paranormaux, et leur interaction.

24. Le concept de l'« ogbanje » (« enfants à répétition ») chez les Igbos. J'ai puisé mes informations à plusieurs sources : rapports publiés, informateurs que j'ai interrogés au Nigeria, et mes propres enquêtes sur ces enfants. Je n'ai pas encore suivi l'un de ces enfants dans sa trajectoire complète, pour ainsi dire, depuis sa naissance jusqu'à sa mort et sa re-naissance. J'ai cependant observé différentes partie du cycle, y compris les enfants nés avec des difformités congénitales dues, d'après leurs parents, aux mutilations infligées au cadavre d'un ogbanje. Nous ne disposons d'aucune documentation basée sur l'étude de ces rituels. Un enfant né avec un défaut ou une malformation censée provenir de la mutilation d'un ogbanje décédé devrait, selon cette croyance, s'être amendé et vivre normalement. Pourtant, j'ai entendu parler de deux enfants ainsi marqués qui sont malgré tout morts en bas âge. Pour plus de détails, voir Edelstein (1986) et Stevenson (1935, 1986).

25. Démonstration de clairvoyance exceptionnelle. Une des meilleures et des mieux observées des médiums de tous les temps, Gladys Osborne Leonard, avait la capacité de lire des passages de livres fermés, se trouvant dans une maison où elle n'était jamais entrée, d'en indiquer la page (et parfois même l'emplacement sur la page), ainsi que le rayon sur lequel le livre était rangé dans la bibliothèque. E.M. Sidwick a publié une analyse très sérieuse de ces performances (Sidwick, 1921). Smith (1964) et Gauld (1982) en ont fait des ouvrages plus sommaires. Les exploits clairvoyants et peut-être télépathiques d'Olga Kahl sont également remarquables (Osty, 1929, 1932 ; Toukholka, 1922), ainsi que ceux de Stefan Ossowiecki (Besterman, 1933 ; Borzymowski, 1965 ; Efron, 1944 ; Geley, 1927). Avec ses expériences sur les bactéries, Nash (1984) démontra qu'il y avait un effet psychokinétique sur le taux de mutation d'un gène, c'est-à-dire que l'on atteint et que l'on peut influencer un « objectif » minute.

26. Apparitions volontaires. Les travaux de la recherche psychique comprennent un certain nombre de cas où une personne s'est imposée, par la force de sa volonté, d'apparaître à une autre personne vivant dans un endroit éloigné, laquelle l'a effectivement « vue » dans une apparition. Borzymowski (1965) et Gurney, Myers et Podmore (1886, 1, pp. 103-110 et 2, pp. 675-676) en ont publié des exemples.

27. Changements biochimiques accompagnant la « pseudo-cyesis ». Détails dans l'article écrit par Schopbach, Fried er Rakoff (1952).

28. Inhibition psychophysique de la grossesse chez les tribus trobriandaises. J'ai pris cette information chez Malinowski (1927), et j'en ai parlé au présent, mais leurs conditions de vie ont probablement changé depuis la période où Malinowski les a observées.

29. « Vieillissement » de l'ovule. D'après les travaux de Jongbloet et Zwets (1976).

30. Médiums manifestant les symptômes de l'agonie. Exemples à trouver dans Balfour (1935) et Osty (1923).

31. Nous faisons à nous-même ce que nous faisons à autrui. Citation du frère Giles trouvée dans Okey (1910, p. 160).

32. La vallée des faiseurs d'âmes. Keates écrit cette phrase dans une lettre à son frère et à sa belle-sœur (Forman, 1931, p. 362).

Bibliographie

ALDRICH C.K., 1963. The dying patient's grief. *Journal of the American Medical Association* 184 : 329-31.
ALTUS W.D., 1966. Birth order and its sequelae. *Science* 151 : 44-49.
ANONYME, 1973. My daugther changed sex. *Good Housekeeping* May, p. 87.
AYER A. J., 1963. *The concept of a person and other essays*. Londres, Macmilllan.
BACON F., 1639. *Sylva Sylvarum or. A naturall historie*. 5e édition Londres, William Rawley.
— 1915. *The advancement of learning*. Londres, J. M. Dent and Sons. (Publié pour la première fois en 1605).
BAGEHOT W., 1873. *Physics and politics*. New York, D. Appleton.
BAKER H.J. et STOLLER R. J., 1968. Can a biological force contribute to gender identity ? *American Journal of Psychiatry* 124 : 1653-58.
BAKER L.R., 1981. Why computers can't act. *American Philosophical Quaterly* 18 : 157-63.
BAKER R.A., 1982. The effect of suggestion on past-lives regression. *American Journal of Clinical Hypnosis* 25 : 71-76.
BALFOUR G.W., 1935. A study of the psychological aspects of Mrs. Willett's mediumship. *Proceedings of the Society for Psychical Research* 43 : 43-318.
BARBER T.X., 1961. Experimental evidence for a theory of hypnotic behavior : II. Experimental controls in hypnotic age-regression. *International Journal of Clinical and Experimental Hypnosis* 9 : 181-93.
BARKER D.R. et PASRICHA S., 1979. Reincarnation cases in Fatehabad : A systematic survey in North India. *Journal of Asian and African Studies* 14 : 231-40.
BARRETT W.F., 1926. *Death-bed visions*. Londres, Methuen.
BAUDELAIRE C., 1967. *Œuvres complètes*. Lausanne, La Guilde du Livre.
BELL C., 1931. *The religion of Tibet*. Londres, Oxford University Press.
BELOFF J., 1980a. Could there be a physical explanation for psi ? *Journal of the Society for Psychical Research* 50 : 263-72.
— 1980b Is normal memory a « paranormal » phenomenon ? *Theoria to Theory* 14 : 145-62.
BERGER H., 1940. *Psyche*. Jena : édité par Gustav Fischer. (Gloor P., 1969. Hans Berger on the electroencephalogram of man. *Electroencephalography and Clinical Neurophysiology* supplément n° 28.)
BERGSON H., 1913. Presidential address. *Proceedings of the Society for Psychical Research* 26 : 462-79.
— 1957 *L'évolution créatrice*. Paris, Presses Universitaires de France.
— 1959 *Matière et mémoire : Essai sur la relation du corps à l'esprit*. Paris, Presses Universitaires de France.
BERNHEIM H., 1947. *Suggestive therapeutics : A treatise on the nature and uses of hypnotism.*

Traduit à partir de la deuxième édition et revu par Christian A. Herter. New York, London Book.
BERNSTEIN M., 1965. *The search for Bridey Murphy*. New York, Lancer Books.
BESTERMAN T., 1933. An experiment in « clairvoyance » with M. Stefan Ossowiecki. *Proceedings of the Society for Psychical Research* 41 : 345-51.
— 1968. *Collected papers on the paranormal*. New York, Garrett Publications.
BIRKET-SMITH K., 1959. *The Eskimos*. Rev. éd. Traduit par W.E. Calvert. Londres, Methuen.
BJÖRKHEM J., 1961. Hypnosis and personality change in *Knut Lundmark and man's march into space : A memorial volume* édité par M. Johnson Gothenburg : Värld och Vetande.
BLOXHAM A.D., 1958. *Who was Ann Ockenden ?* Londres, Neville Spearman.
BOAS F., 1964. *The central Eskimo*. Lincoln : University of Nebraska Press. (The Bureau of American Ethnology annual Report 6 1888 pour la première édition).
BORZYMOWSKI A., 1965. Experiments with Ossowiecki. *International Journal of Parapsychology* 7 : 259-84.
BOSWELL J., 1931. *The life of Samuel Johnson*. New York, Modern Library.
— 1970. An account of my last interview with David Hume, Esq. In *Boswell in extremes* : 1776-1778 édité par C.M. Weis et F.A. Pottle. New York McGraw-Hill.
BOZZANO E., 1906. Des apparitions des défunts au lit de mort. *Annales des sciences psychiques* 16 : 144-82.
BROAD C.D., 1958. *Personal identity and survival*. Londres, Society for Psychical Research.
— 1962. *Lectures on psychical research*. Londres, Routledge & Kegan Paul.
Brougham H., 1871. *The life and times of Henry, Lord Brougham, written by himself*. New York, Harper and Bros.
BROWN R. et KULIK J., 1977. Flashbulb memories. *Cognition* 5 : 73-99.
BROWN W.N., 1928. *The Indian and Christian miracles of walking on the water*. Chicago, Open court Publishing.
BUTLER S., 1961. *Life and habit*. Londres, A. C. Fifield. (Première édition en 1877.)
CALDERWOOD D., 1844. *The history of the kirk of Scotland*. Édité par T. Thomson Édimbourg The Wodrow Society.
CARINGTON W., 1945. *Telepathy : An outlines of its facts, theory and implications*. Londres, Methuen.
CASS L.K. et THOMAS C.B., 1979. *Childhood pathology and later adjustment : The question of prediction*. New York, John Wiley.
CASSOU B., SCHIFF M. et STEWART J., 1980. Génétique et schizophrénie : Réévaluation d'un consensus. *Psychiatrie de l'enfant* 23 : 87-201.
CÉSAR JULES. *Commentaires de la guerre des Gaules*.
CHADWICK J., 1967. *The decipherment of linear B*. Cambridge, Cambridge University Press.
CICÉRON. *De senectute*.
CLARKE A.D.B., 1968. Learning and human development. *British Journal of Psychiatry* 114 : 1061-77.
CLARKE A.D.B. et CLARKE A.M., 1954. Cognitive changes in the feeble-minded. *British Journal of Psychology* 45 : 173-79.
CLARKE A.M. et CLARKE A.D.B., 1976. *Early experience : Myth and evidence*. Shepton Mallet : Open Books Publishing.
COLEGROVE F.W., 1899. Individual memories. *American Journal of Psychology* 10 : 228-55.
COOK E. PASRICHA S. SAMARARATNE G. MAUNG W. et STEVENSON I., 1983a. A review and analysis of « unsolved » cases of the reincarnation type : Part I Introduction and illustrative case reports. *Journal of the American Society for Psychical Research* 77 : 45-62.
— 1983b. A review and analysis of « unsolved » cases of the reincarnation type : Part II Comparison of features of solved and unsolved cases. *Journal of the American Society for Psychical Research* 77 : 115-35.

CREWE N., 1893. *Memoirs of Nathaniel Lord Crewe.* Londres, Camden Society.
DANIÉLOU J., 1955. *Origène.*
DANIELS W.B., 1962. The Siamese twins : some observations on their life, last illness, and autopsy. *Transactions of the American Clinical and Climatological Association* 73 : 57-65.
DAVIDSON H.R.E., 1964. *Gods and myths of Northern Europe.* Harmondsworth, Middlesex Penguin.
DAVIS D.R., 1958. Clinical problems and experimental researches. *British Journal of Medical Psychology* 31 : 74-82.
DE LAGUNA F., 1972. *Under Mount St Elias.* Smithsonian Contributions to Anthropology (monograph) 7 : 779.
DELANNE G., 1924. *Documents pour servir à l'étude de la réincarnation.* Paris, Éditions de la B.P.S.
DESCARTES R. *Méditations métaphysiques.*
— 1973 *Les principes de philosophie*, dans *Œuvres philosophiques* vol. 3. Paris, Éditions Garnier Frères.
DESCHAMPS H., 1970. *Les religions de l'Afrique noire.* Paris, Presses Universitaires de France.
DEUTSCH O.E., 1955. *Handel : A documentary biography.* Londres, Adam and Charles Black.
DICKENS C., 1877. *Pictures from Italy.* New York, Harper and Bros.
DICKINSON G.L., 1911. A case of emergence of a latent memory under hypnosis. *Proceedings of the Society for Psychical Research* 25 : 455-67.
DOSTOIEVSKI F. *L'idiot.*
DRANE A.T., 1880. *The history of St. Catherine of Siena and her companions.* Londres, Burns and Oates.
DREYFUS H., 1979. *What computers can't do.* Éd. revue. New York, Harper and Row.
DRIESCH H., 1908. *The science and philosophy of the organism.* Londres, A. and C. Black.
— 1914. *History and theory of vitalism.* Londres, Macmillan.
— 1930 Personne et suprapersonne, in *Transactions of the Fourth International Congress for Psychical Research* , édité par T. Besterman. Londres, The Society for Psychical Research.
— 1933. *Psychical research : The science of the super-normal.* Traduit par T. Besterman. Londres, Bell and Sons.
DUCASSE C.J., 1951. *Nature, mind and death.* LaSalle III Open Court Publishing.
— 1960. How the case of *The search for Bridey Murphy* stands today. *Journal of the American Society for Psychical Research* 54 : 3-22.
— 1961. *A critical examination of the belief in a life after death.* Springfield III Charles C. Thomas.
DUNNINGTON G.W., 1955. *Carl Friedrich Gauss : Tital of science.* New York, Exposition Press.
DYWAN J. et BOWERS K., 1983. The use of hypnosis to enhance recall. *Science* 222 : 184-85.
EDDINGTON A.S., 1930. *Science and the unseen world.* New York, Macmillan.
EDELSTEIN S., 1986. *The sickeld cell.* Cambridge Mass., Harvard University Press.
EFRON D., 1944. Telepathic skin-writing (the Kahl case). *Journal of Parapsychology* 8 : 272-86.
EFRON R., 1963. Temporal perception aphasia and déjà vu. *Brain* 86 : 403-24.
ELLIS H.R., 1943. *The Road to Hel.* Cambridge, Cambridge University Press.
ERICSSON R.J. LANGEVIN C.N. et NISHINO M., 1973. Isolation of fractions rich in human Y sperm. *Nature* 246 : 421-24.
EVANS-WENTZ W.Y., 1911. *The fairy-faith in Celtic countries.* New York, Oxford University Press.
— Éd. 1969. *The Tibetan book of the dead.* Londres, Oxford University Press.
FARBER S.L., 1981. *Identical twins reared apart : A reanalysis.* New York, Basic Books.
FIELDING HALL H., 1898. *The soul of people.* Londres, Macmillan.
FLOWER N., 1923. *George Frideric Handel : His personality and his times.* Londres, Cassell.

FORMAN M.B., éd. 1931. *The letters of John Keats*, Vol. 2. Oxford, Oxford University Press.
FRASER F.C., 1970. The genetics of cleft lip and cleft palate. *American Journal of Human Genetics* 22 : 336-52.
FREUD S., 1938. *Three contributions to the theory of sex*, in *The basic writing of Sigmund Freud*. Édité et traduit par A.A. Brill. New York, Random House.
— 1950. Analysis of a phobia in a five years old boy, in *Collected papers* vol. 3. Londres, Hogarth Press.
HARDY A., 1965. *The living stream : A restatement of evolution theory and its relation to the spirit of man*. Londres, Collins.
— 1966. *The divine flame : An essay twards a natural history of religion*. Londres, Collins.
HARLAP S., 1979. Gender of infants conceived on different days of the menstrual cycle. *The New England Journal of Medicine 300* : 1445-48.
HART H. et collaborateurs, 1956. Six theories about apparitions. *Proceedings of the Society for Psychical Research* 50 : 153-239.
HARTLEBEN H., 1906. *Champollion sein Leben und sein Werk*, 2 vol. Berlin, Weidmannsche Buchhandlung.
HAWKES J., 1981. *A quest of love*. New York, George Braziller.
HEARN L., 1897. *Gleanings in Buddha-fields*. Boston, Houghton Mifflin.
HEIL J., 1980. Cognition and representation. *Australasian Journal of Philosophy* 58 : 158-68.
HEIM A., 1892. Notizen über den Tod durch Absturz [« Remarks on fatal falls. »]. *Jahrbuch des schweizer Alpenbuch* 27 : 327-37.
HEYWOOD R., 1971. *The sixth sense : An inquiry into extra-sensory perception*. Londres, Pan Books.
HIPPOCRATE. Vol. 2 d'*Hippocrate*.
HODGSON R., 1897-98. A further record of observations of certain phenomena of trance. *Proceedings of the Society for Psychical Research* 13 : 284-582.
HOEHNE K.A., 1980. Classification vs. typology : A difference of practical importance. *Journal of the American Medical Association* 244 : 1099-1100.
HUGHES C.C. et HUGHES J.M., 1962. *An Eskimo village in the modern world*. Ithaca New York, Cornell University Press.
HUME D., 1854. On the immortality of the soul in *Philosophical works*, vol. 4. Boston, Little Brown.
— 1911. *A treatise of human nature*, 2 vol. Londres, J.M. Dent and Sons.
HUME R.E., trad. 1931. *The thirteen principal Upanishads*. Deuxième éd. rev. Londres Oxford University Press.
JAMBLIQUE, *Vie de Pythagore*.
JACKSON D.D., 1966. More on Siamese twins (Letter to the editor). *American Journal of Psychiatry* 123 : 495.
JAMES W., 1904. Does « consciousness » exit ? *The Journal of Philosophy Psychology and Scientific Methods* 1 : 477-91.
JONGBLOET P.H. et ZWETS J.H.J., 1976. Preovulatory overripenes of the egg in the human subject. *International Journal of Gynaecology and Obstetrics* 14 : 111-16.
JOSEPHSON B. et RAMACHANDRAN V.S. éd. 1980. *Consciousness and the physical world*. New York, Pergamon Press.
KAMPMAN R., 1973. Hypnotically induced multiple personality : An experimental study. *Acta Universitatis Ouluensis* series D Medica n° 6 Psychiatrica n° 3 pp. 7-116.
— 1975. The dynamic relation of the secondary personality induced by hypnosis to the present personality. *Psychiatria Fennica* (1975) : 169-72.
KAMPMAN R. et HIRVENOJA R., 1978. Dynamic relation of the secondary personality induced by hypnosis to the present personality, in *Hypnosis at its bicentennial*. Édité par F.H. Frankel et H.S. Zamansky. New York, Plenum Press.

KANT I., 1976. *Traüme eines Geistersehers, erlaütert durch Traüme der Metaphysik.* Stuttgart Philipp Reclam Jun.
KEITH A.B., 1925. The religion and philosophy of the Veda and Upanishads, 2 vol. Harvard Oriental Series vol. 31-32. Cambridge Mass., Harvard University Press.
KER W.P., 1904. *The dark ages.* New York, Charles Scribner's Sons.
KLEINHAUZ M. HOROWITZ I. et TOBIN Y., 1977. The use of hypnosis in police investigation : A preliminary communication. *Journal of the Forensic Science Society* 17 : 77-80.
KOESTLER A., 1969. Abstract and picture-strip, in *The pathology of memory.* Édité par G.A. Talland et N.C. Waugh. New York, Academic Press.
KORNER A.F., 1969. Neonatal startles, smiles, erections and reflex sucks as related to state, sex and individuality. *Child Development* 40 : 1039-53.
— 1971. Individual differences at birth : Implications for early experience and later development. *American Journal of Orthopsychiatry* 41 : 608-19.
KUPALOV P.S. et GANTT W.H., 1927. The relationship between the strength of the conditioned stimulus and the size of the resulting conditioned reflex. *Brain* 50 : 44-52.
LENZ F., 1979. *Lifetimes : True accounts of reincarnation.* Indianapolis Bobbs-Merrill.
LEROY-LADURIE E., 1975. *Montaillou, village occitan de 1294 à 1324.* Paris, Éditions Gallimard.
LEWIS G.K., 1910. *Elizabeth Fry.* Londres, Headley Bros.
LEWIS H.D., 1973. *The self and immortality.* Londres, Macmillan.
— 1978. *Persons and life after death.* New York, Barnes and Noble.
LEWIS I.M., 1971. *Ecstatic religion : An anthropological study of spirit possession and shamanism.* Harmondsworth, Middlesex Penguin.
LIDZ T. et BLATT S., 1983. Critique of the Danish-American studies of the biological and adoptive relatives of adoptees who became schizophrenic. *American Journal of Psychiatry* 140 : 426-35.
LIDZ T. BLATT S. et COOK B., 1981. Critique of the Danish-American studies of the adopted-away offspring of schizophrenic parents. *American Journal of Psychiatry* 138 : 1063-68.
LOCKE J., 1947. *An essay concerning human understanding.* Londres, J.M. Dent and Sons.
LOFTUS E.F., 1979. *Eyewitness testimony.* Cambridge, Mass. et Londres, Harvard University Press.
LUCKHARDT A.B., 1941. Report of the autopsy of the Siamese twins together with other interesting information concerning their life. *Surgery, Gynecology and Obstetrics* 72 : 116-25.
LURIA A.R., 1969. *The mind of mnemonist.* Traduit par Lynn Solotaroff. Londres, Jonathan Cape.
MCCLENON J., 1982. A survey of elite scientists : Their attitudes toward ESP and parapsychology. *Journal of Parapsychology* 46 : 127-52.
MCDOUGALL W., 1926. *An outline of abnormal psychology.* Londres, Methuen.
MACKENZIE A., 1966. *The unexplained : Some strange cases in psychical research.* Londres, Arthur Barker.
— 1971. *Apparitions and ghosts : A modern study.* Londres, Arthur Barker.
— 1982. *Hauntings and apparitions.* Londres, William Heinemann.
MCTAGGART J.M.E., 1906. *Some dogmas of religion.* Londres, Edward Arnold.
MADAULE J., 1961. *Le drame albigeois et le destin français.* Paris, Bernard Grasset.
MADELL G., 1981. *The identity of the self.* Édimbourg, Edinburgh University Press.
MAKAREM S., 1974. *The Druze faith.* Delmar, New York, Caravan Books.
MALCOLM N., 1970. Memory and representation. *Noûs* 4 : 59-71.
— 1977. *Memory and mind.* Ithaca, New York, Cornell University Press.
MALINOWSKI B., 1916. Baloma : The spirits of the dead in the Tobriand Islands. *Journal of the Royal Anthropological Institute of Great Britain and Ireland* 46 : 353-430.

— 1927. *The father in primitive psychology.* New York, W.W. Norton.
MANN T.C. et GREENE J., 1968. *Sudden and awful : American epitaphs and the finger of God.* Brattleboro VT Stephen Green Press.
MARKS I., 1978. Rehearsal relief of a nightmare. *British Journal of Psychiatry* 133 : 461-65.
MARSHALL J., 1969. *Law and psychology in conflict.* Garden City New York, Doubleday.
MARTINO M., 1977. *Emergence : A transsexual autobiography.* New York, Crown Publisher.
MEDAWAR P., 1957. *The uniqueness of the individual.* New York, Basic Books.
MI MI KHAING, 1962. *Burmese family.* Bloomington, Ind., Indiana University Press.
MOCHULSKY K., 1967. *Dostoevsky : His life and work.* Traduit par Michael A. Minihan. Princeton, Princeton University Press.
MONOD J., 1964. *Le hasard et la nécessité.* Paris, Éditions du Seuil.
MORRIS J., 1974. *Conundrun*, Londres, Faber and Faber.
MUNRO N.G., 1963. *Ainu : Creed and cult.* New York, Columbia University Press.
MURPHY G., 1945. Field theory and survival. *Journal of the American Society for Psychical Research* 39 : 181-209.
MURPHY G. ET DALE L.A., 1961. *Challenge of psychical research : A primer of parapsychology.* New York, Harper and Bros.
MYERS F.W.H., 1889. On recognized apparitions occurring more than a year after death. *Proceedings of the Society for Psychical Research* 6 : 13-65.
— 1903. *Human personality and its survival of bodily death*, 2 vol. Londres, Longmans Green.
NAGEL T., 1979. What is it like to be a bat ?, in Nagel T. *Mortal Questions.* Cambridge, Cambridge University press.
NASH C.B., 1984. Test of psychokinetic control of bacterial mutation. *Journal of the American Society for Psychical Research* 78 : 145-52.
NEIDHART G., 1956. *Werden wir wieder geboren ?* Munich, Gemeinschaft für Religiöse und Geistige Erneuerunge. V.
NEISSER U., éd. 1982. *Memory observated : Remembering in natural contexts.* San Francisco, W.H. Freeman.
NELLI R., 1972. *Les cathares.* Paris, Grasset.
NEPPE V.M., 1983. *The psychology of déjà vu : Have I been here before ?* Johannesburg, Witwatersrand University Press.
NEWMAN H.G., 1940. *Multiple human births.* New York, Doubleday Doran.
NICOL J.F., 1976. Review of *Cases of the reincarnation type :* Vol. I, *Ten cases in India. Parapsychology Review* 7(5) : 12-15.
NIEL F., 1955. *Albigeois et Cathares.* Paris, Presses Universitaires de France.
NOON J.A., 1942. A preliminary examination of death concepts of the Ibo. *American Anthropologist* 44 : 638-54.
NORBU T. et TURNBULL T., 1969. *Tibet.* Londres, Chatto and Windus.
NOYES R. Jr. et KLETTI R., 1976. Depersonalization in the face of life-threatening danger : A description. *Psychiatry* 39 : 19-27.
— 1977. Panoramic memory : A response to the threat of death. *Omega* 8 : 181-94.
OBEYESEKERE G., 1968. Theodicy, sin and salvation in a sociology of Buddhism, in *Dialectic in practical religion.* Édité par E.R. Leach. Cambridge, Cambridge University Press.
— 1980. The rebirth eschatology and its transformations : A contribution to the sociology of early Buddhism, in *Karma and rebirth in classical Indian traditions.* Édité par W.D. O'Flaherty. Berkeley, University of California Press.
O'CONNELL D.N. SHOR R.E. et ORNE M.T., 1970. Hypnotic age regression. *Journal of Abnormal Psychology Monograph* 76 : 1-32.
OKEY T., éd. et trad. 1910. *The little flowers of St. Francis.* Londres, J.M. Dent and Sons.
ORNE M.T., 1951. The mechanisms of hypnotic age regression : An experimental study. *Journal of Abnormal and Social Psychology* 46 : 213-25.

OSIS K. et HARALDSSON E., 1977. *At the hour of death.* New York, Avon Books.
OSTY E., 1923. *Supernormal faculties in man : An experimental study.* Traduit par Stanley de Brath. Londres, Methuen.
— 1929. Ce que la médecine doit attendre de l'étude expérimentale des propriétés psychiques paranormales de l'homme. *Revue métapsychique* n° 2 pp. 79-148.
— 1932. Télépathie spontanée et transmission de pensée expérimentale. *Revue métapsychique* n° 4 pp. 233-56.
OWEN R.D., 1874. *The debatable land between this world and the next.* Londres, Trübner.
PALMER J., 1979. A community mail survey of psychic experiences. *Journal of the American Society for Psychical Research* 73 : 221-51.
PARRINDER G., 1956. Varieties of belief in reincarnation. *Hibbert Journal* 55 : 260-67.
— 1970. *African traditional religion.* Westport, Conn., Greenwood Press.
PARRY W.E., 1932. *The Lakhers.* Londres, Macmillan.
PASRICHA S.K., 1983. New information favoring a paranormal interpretation in the case of Rakesh Gaur. *European Journal of Parapsychology* 5 : 77-85.
PASRICHA S.K. et BARKER D.R., 1981. A case of the reincarnation type in India : The case of Rakesh Gaur. *European Journal of Parapsychology* 3 : 381-408.
PASRICHA S. et STEVENSON I., 1977. Three cases of the reincarnation type in India. *Indian Journal of Psychiatry* 19 : 36-42.
PATANJALI, 1953. *How to know God : The Yoga aphorisms.* Traduit par Swami Prabhavananda et Isherwood C. New York, Harper and Bros.
PENELHUM T., 1970. *Survival and disembodied existence.* Londres, Routledge and Kegan Paul.
PENFIELD P., 1975. *The mystery of mind.* Princeton, Princeton University Press.
PERIS M., 1963. Pythagoras, birth-rememberer. *University of Ceylon Review* 21 : 186-212.
PEROVSKY-PETROVO-SOLOVOVO M., 1930. A phantasm of dead conveying information unknown to the percipient. *Journal of the Society for Psychical Research* 26 : 95-98.
PERRY J., éd. 1975. *Personal identity.* Berkeley, University of California Press.
PHILOSTRATE LE SOPHISTE. *La vie d'Apollonius de Tyane.*
PLACE U.T., 1956. Is consciousness a brain process ? *British Journal of Psychology* 47 : 44-50
PLATON. *La République* ; *Cinq dialogues.*
POPPER K.R. et ECCLES J.C., 1977. *The self and its brain.* New york, Springer International.
PORTER K. et COLLINS G.M., éd. 1982. *Temperamental differences in infants and young children.* Ciba Foundation Symposium 89 Londres Pitman.
POYNTON J.C., 1983. Correspondence section. *Journal of Parapsychology* 47 : 82-86.
PRABHAVANANDA et ISHERWOOD C., trad. 1944. *The song of God : Bhagavad-Gita* Hollywood, Marcel Rodd.
PRASAD J. et STEVENSON I., 1968. A survey of spontaneous psychical experiences in school children of Uttar Pradesh India. *International Journal of Parapsychology* 10 : 241-61.
PRAT F., 1907. *Origène le théologien et l'exégète.* Paris, Blond.
— 1911. Origène et l'origénisme.
PRICE H.H., 1940. Some philosophical questions about telepathy and clairvoyance. *Philosophy* 15 : 363-85.
— 1953. Survival and the idea of « another world ». *Proceedings of the Society for Psychical Research* 50 : 1-25.
— 1972. *Essays in the philosophy of religion.* Oxford, Oxford University Press.
PRINCE W.F., 1921. Analysis of the results of an old questionnaire. *Journal of the American Society for Psychical Research* 15 : 169-84.
— 1922. Dreams seeming, or interpreted, to indicate death. *Journal of the American Society for Psychical Research* 16 : 164-89.
— 1928 *Noted witnesses for psychic occurrences.* Boston, Boston Society for Psychic Research.
PUTNAM W.H., 1979. Hypnosis and distortions in eyewitness memory. *International Journal of Clinical and Experimental Hypnosis* 27 : 437-48.

RADHAKRISHNAN S., 1923. *Indian philosophy* 2 vol. Londres, George Allen and Undwin.
RADIN P., éd. 1926. *Crashing thunder : The autobiography of an American Indian.* New York, D. Appleton.
RAYMOND OF CAPUA, 1980. *The life of St. Catherine of Siena.* Traduit par Conleth Kearns, Wilmington, Del. Michael Glazier.
REES W.D., 1971. The hallucinations of widowhood. *British Medical Journal* 4 : 37-41.
REIFF R. et SCHEERER M., 1959. *Memory and hypnotic age regression.* New York, International University Press.
RHINE L.E., 1961. *Hidden channels of the mind.* New York, Sloane.
— 1981. *The invisible picture : A study of psychic experiences.* Jefferson, N.C., McFarland.
RICHARDSON A., 1969. *Mental imagery.* New York, Springer Publishing.
RICHET C., 1926. Des conditions de la certitude. *Proceedings of the Society for Psychical Research* 35 : 422-44.
RING K., 1980. *Life at death : A scientific investigation of the near-death experience.* New York, Coward McCann and Geoghegan.
ROBERTS A.M., 1978. The origins of fluctuations in the human secondary sex ratio. *Journal of Biosocial Science* 10 : 169-82.
ROFFWARG H.P., MUZIOJ.N. et DEMENT W.C., 1966. Ontogenetic development of human sleep-dream cycle. *Science* 152 : 604-19.
ROHDE W., PORTSMANN T. et DÖRNER G., 1973. Migration of Y-bearing human spermatozoa in cervical mucus. *Journal of Reproduction and Fertility* 33 : 167-69.
ROLLO C., 1967. Thomas Bayes and the bundle of sticks. *Proceedings of the Society for Psychical Research* 55 : 23-64.
RORTY A.O., éd. 1976. *The identities of persons.* Berkeley, University of California Press.
ROSE R., 1956. *Living magic.* New York, Rand McNally.
ROSE S., KAMIN L.J. et LEWONTIN R.C., 1984. *Not in our genes.* Harmondsworth, Middlesex, Penguin.
ROUGHEAD W., 1926. *The rebel earl and other studies.* New York, E.P. Dutton.
RUBEN W., 1939. Schamanismus in alten Indien. *Acta orientalia* 17 : 164-205.
RUNCIMAN S., 1947. *The medieval Manichee.* Cambridge, Cambridge University Press.
RYALL E.W., 1974. *Second time round.* Jersey, Neville Spearman.
SABOM M., 1982. *Recollections of death.* New York, Harper and Row.
SAHAY K.K.N., c. 1927. *Reincarnation : Verified cases of re-birth after death.* Bareilly, N.L. Gupta.
SALTMARSH H.F., 1934. Report on cases of apparent precognition. *Proceedings of the Society for Psychical Research* 42 : 49-103.
SANDISON R.A., SPENCER A.M. et WHITELAW J.D.A., 1954. The therapeutic value of lysergic acid diethylamide in mental illness. *Journal of Mental Science* 100 : 491-507.
SANNWALD G., 1959a. Statistische Untersuchungen an Spontanphänomenen. *Zeitschrift für Parapsychologie und Grenzgebiete der Psychologie* 3 : 59-71.
— 1959b. Zur Psychologie paranormaler Spontanphänomene : Motivation, Thematik und Bezugspersonen « okkulter » Erlebnisse *Zeitschrift für Parapsychologie und Grenzgebiete der Psychologie* 3 : 149-83.
SCHLIEMANN H., 1881. *Illios the city and country of the Trojans including an autobiography of the author.* New York, Harper and Bros.
SCHMEIDLER G., 1961a. Evidence for two kinds of telepathy. *International Journal of Parapsychology* 3 (n° 3) : 5-48.
— 1961b. Are there two kinds of telepathy ? *Journal of the American Society for Psychical Research* 55 : 87-97.
SCHOPBACH R.R., FRIED P.H. et RAKOFF A.E., 1952. Pseudocyesis : A psychosomatic disorder. *Psychosomatic Medicine* 14 : 129-34.
SCHOPENHAUER A., 1891. Parerga und Paralipomena in *Arthur Schopenhauer's sämmtliche Werke*, Vol. 2. Leipzig, F.U. Brockhaus.

— 1908. *Die Welt als Wille und Vorstellung*, 2 vol. Leipzig, F.U. Brockhaus.
SCHOUTEN S.A., 1979. Analysis of spontaneous cases as reported in « Phantasms of the living » *European Journal of Parapsychology* 2 : 408-55.
SCHRÖDINGER E., 1955. *What is life ? The physical aspect of the living cell.* Cambridge, Cambridge University Press.
SCHULSINGER F., 1985. The experience from the adoption method in genetic research, in *Medical Genetics : Past Present Future.* Édité par K. Berg. New York, Alan R. Liss.
SHERRINGTON C., 1947. *The integrative action of the nervous system.* New Haven, Yale University Press.
SHOEMAKER S. et SWINBURNE R., 1984. *Personal identity*, Oxford, Blackwell.
SIDGWICK, [E.M.] Mrs H., 1891-92. On the evidence for clairvoyance. *Proceedings of the Society for Psychical Research* 7 : 30-99.
— 1921 An examination of book-tests obtained in sittings with Mrs Leonard. *Proceedings of the Society for Psychical Research* 31 : 241-400.
SIDGWICK H. et comité, 1894. Report on the census of hallucinations. *Proceedings of the Society for Psychical Research* 10 : 25-422.
SINCLAIR U., 1962. *Mental radio.* Springfield III., Charles C. Thomas.
SLOBODIN R., 1970. Kutchin concepts of reincarnation. *Western Canadian Journal of Anthropology* 2 : 67-79.
SMART N., 1964. *Doctrine and argument in Indian philosophy.* Londres, George Allen and Unwin.
SMITH B.M., HAIN J.D. et STEVENSON I., 1970. Controlled interviews with drugs. *Archives of General Psychiatry* 22 : 2-10.
SMITH S., 1964. *The mediumship of Mrs. Leonard.* New Hyde Park, New York, University Books.
SMYTHIES J.R., 1951. The extension of mind : A new theoretical basis for psi phenomena. *Journal of Society for Psychical Research* 36 : 477-502.
— 1956. *Analysis of perception.* Londres, Routledge and Kegan Paul.
— 1960. Three classical theories of mind. *Journal of the Society for Psychical Research* 40 : 385-97.
— 1974. The mind-brain problem today : A viewpoint from the neurosciences. In *Parapsychology and the sciences* édité par A. Angoff et B. Shapin. New York, Parapsychology Foundation.
SNELLGROVE D. et RICHARDSON H., 1968. *A cultural history of Tibet.* New York, Frederick A. Praeger.
SOUTHEY R., 1962. *Life of Nelson.* Londres J.M. Dent and Sons.(Première édition en 1813).
SPEAR P., 1965. *History of India.* Vol. 2. Harmondsworth, Middlesex, Penguin.
SPENCER B. et GILLEN F.J., 1968. *The native tribes of central Australia.* New York, Dover Publications.
SPENCER R.F., 1959. *The north Alaskan Eskimo : A study in ecology an society.* Smithsonian Institution, Bureau of American Ethnology Bulletin 171. Washington, D.C., United States Government Printing Office.
STALNAKER J.M. et RIDDLE E.E., 1932. The effect of hypnosis on long-delayed recall. *Journal of General Psychology* 6 : 429-40.
STANLEY H.M., 1909. *Autobiography.* Boston, Houghton Mifflin.
STENDHAL., 1926. *Lucien Leuwen.* Paris Librairie Ancienne Honoré Champion. (Édition originale 1855)
STEVENSON I., 1957. Is the human personality more plastic in infancy and childhood ? *American Journal of Psychiatry* 114: 152-61.
— 1960. The evidence for survival from claimed memories of former incarnations. *Journal of the American Society for Psychical Research* 54 : 51-71 95-117.

— 1964. The blue orchid of Table Mountain. *Journal of the Society for Psychical Research* 42 : 401-9.
— 1966. Cultural patterns in cases suggestive of reincarnation among the Tlingit Indians of southeastern Alaska. *Journal of the American Society for Psychical Research* 60 : 229-43.
— 1969. The belief in reincarnation and related cases among the Eskimos of Alaska. *Proceedings of the Parapsychological Association* 6 : 53-55.
— 1970a. Characteristics of cases of the reincarnation type in Turkey and their comparison with cases in two other cultures. *International Journal of Comparative Sociology* 11 : 1-17.
— 1970b. Telepathic impressions. *Proceedings of the American Society for Psychical Research* 29 : 1-198 (également Charlottesville, University Press of Virginia).
— 1970c. Precognition of disasters. *Journal of the American Society for Psychical Research* 64 : 187-210.
— 1971. The substantiality of spontaneous cases. *Proceedings of the Parapsychological Association* 5 : 91-128.
— 1974a. Some questions related to cases of the reincarnation type. *Journal of the American Society for Psychical Research* 68 : 395-416.
— 1974b. *Twenty cases suggestive of reincarnation.* 2e éd. rev. Charlottesville, University Press of Virginia. (Publié pour la première fois en 1966 dans *Proceedings of the American Society for Psychical Research* vol. 26.)
— 1974c. *Xenoglossy : A review and report of a case.* Charlottesville, University Press of Virginia.
— 1975a. *Cases of reincarnation type*, vol. 1, *Ten cases in India.* Charlottesville, University Press of Virginia.
— 1975b. The belief and cases related to reincarnation among the Haida. *Journal of Anthropological Research* 31 : 364-75. (Revu et réédité en 1977 *Journal of the American Society for Psychical Research* 71 : 177-89.)
— 1976. A preliminary report of a new case of responsive xenoglossy : the case of Gretchen. *Journal of the American Society for Psychical Research* 70 : 65-77.
— 1977a. *Cases of the reincarnation type*, vol 2, *Ten cases in Sri Lanka.* Charlottesville, University Press of Virginia.
— 1977b. The explanatory value of the idea of reincarnation. *Journal of Nervous and Mental Disease* 164 : 305-26.
— 1977c. Research into the evidence of man's survival after death : A historical and critical survey with a summary of recent developments. *Journal of Nervous and Mental Disease* 165 : 152-70.
— 1977d. The Southeast Asian interpretation of gender dysphoria : An illustrative case report. *Journal of Nervous and Mental Disease* 165 : 201-8.
— 1980. *Cases of the reincarnation type*, vol. 3, *Twelve cases in Lebanon and Turkey.* Charlottesville, University Press of Virginia.
— 1981. Can we describe the mind ? In *Research in parapsychology*, 1980, édité par W.G. Roll et J. Beloff. Metuchen, N.J. Scarecrow Press.
— 1982. The contribution of apparitions to the evidence for survival. *Journal of the American Society for Psychical Research* 76 : 341-58.
— 1983a. *Cases of reincarnation type*, vol. 4, *Twelve cases in Thailand and Burma.* Charlottesville, University Press of Virginia.
— 1983b. Cryptomnesia and parapsychology. *Journal of the Society for Psychical Research* 52 : 1-30.
— 1983c. Do we need a new word to supplement « hallucination » ? *American Journal of Psychiatry* 140 : 1609-11.
— 1983d. American children who claim to remember previous lives. *Journal of Nervous and Mental Disease* 171 : 742-48.

— 1984. *Unlearned language : New studies in xenoglossy*. Charlottesville, University Press of Virginia.
— 1985. The belief in reincarnation among the Igbo of Nigeria. *Journal of Asian and African Studies* 20 : 13-30.
— 1986. Characteristics of cases of the reincarnation type among the Igbo of Nigeria. *Journal of Asian and African Studies* 21 : 204-16.
STEVENSON I. et EDELSTEIN S.J., 1982. The belif in reincarnation among the Igbo of southeastern Nigeria with particular reference to connections between the *ogbanje* (« repeater babies ») and sickle cell anemia, in *Research in Parapsychology*, 1981, édité par W.G. Roll R.L. Morris et R.A. White. Metuchen, N.J. Scarecrow Press.
STEVENSON I. et GREYSON B., 1979. Near-death experiences : Relevance to the question of survival after death. *Journal of the American Medical Association* 242 : 265-67.
STEVENSON I. et PASRICHA S., 1979. A case of secondary personality with xenoglossy. *American Journal of Psychiatry* 136 : 1591-92.
— 1980. A preliminary report on an unusual case of the reincarnation type with xenoglossy. *Journal of the American Society for Psychical Research* 74 : 331-48.
STONE L.J., 1954. A critique of studies on infant isolation. *Child Development* 25 : 9-20.
STRATTON G.M., 1919. Retroactive hypermnesia and other emotional effects on memory. *Psychological Review* 26 : 474-86.
SUNDERLAL R.B.S., 1924. Cas apparents de réminiscences de vies antérieures. *Revue métapsychique* n° 4 pp. 302-7.
SUSUKITA T., 1933-34. Untersuchung eines ausserordentlichen Gedächtnisses in Japan, chap. I II *Tohoku Psychologica Folia* 1 : 111-134 ; 2 : 15-42.
SWANTON J.R., 1908. Social condition, beliefs and linguistic relationship of the Tlingit Indians. *Twenty-sixth Annual Report of the Bureau of American Ethnology* (1904-1905) pp. 391-485 Washington, D.C., United States Government Printing Office.
SWEDENBORG E., 1906. *Heaven and its wonders and Hell*. Boston, New-Church Union.
THAKUR S.C., 1976. *Philosophy and psychical research*. Londres, George Allen and Unwin.
THALBOURNE MA., 1982. *A glossary of terms used in parapsychology*. Londres, William Heinemann.
THOMAS A., 1981. Current trends in developmental theory. *American Journal of Orthopsychiatry* 51 : 580-609.
THOMAS A. et CHESS S., 1977. *Temperament and development*. New York, Brunner/Mazel.
THOMAS C.D., 1945. A discourse given through Mrs. Leonard and attributed to Sir Oliver Lodge. *Journal of the Society for Psychical Research* 33 : 134-56.
THOMAS L.-V., 1968. *Cinq essais sur la mort africaine*. Dakar, Université de Dakar.
THORNDIKE E.L., 1905. The elements of psychology. 2ᵉ éd. New York, A.G. Seiler.
THOULESS R.H., 1979. Theories about survival. *Journal of the Society for Psychical Research* 50 : 1-8.
— 1984. Do we survive bodily death ? *Proceedings of the Society for Psychical Research* 57 : 1-52.
THOULESS R.H. et WIESNER B.P., 1946-1949. The psi processes in normal and « paranormal » psychology. *Proceedings of the Society for Psychical Research* 48 : 177-96.
TOUKHOLKA S., 1922. Expériences de clairvoyance avec Mme Olga Kahl. *Revue métaphysique* n° 6 pp. 429-33.
TRUE R.M., 1949. Experimental Control in hypnotic age regression states. *Science* 110 : 583-84.
TULVING E., 1972. Episodic and semantic memory, in *Organization of memory*, édité par E. Tulving et W. Donaldson. New York, Academic Press.
TYRRELL G.N.M., 1953. *Apparitions*. Londres, Duckworth.
UCHENDU V.C., 1965. *The Igbo of southeast Nigeria*. New York, Holt Rinehart et Winston.
VAN EEDEN F., 1912-1913. A study of dreams. *Proceedings of the Society for Psychical Research* 26 : 431-61.

VASILIEV L.L., 1966. *Studies in mental telepathy*. Washington, D.C., U.S. Department of Commerce Clearinghouse for Federal Scientific and Technical Information. (Publié à l'origine en 1962 *Vnusheniye na rasstoyanii* [Zametki fiziolofa] Moscou Gospolitizdat Publishing House).

VESEY G., 1974. *Personal identity*. Londres, Macmillan.

VOLTAIRE, 1960. La princesse de Babylone. *Romans et Contes*. Paris, Éditions Garnier Frères.

WAXLER N., 1979. Is outcome for schizophrenia better in nonindustrial societies ? The case of Sri Lanka *Journal of Nervous and Mental Disease* 167 : 144-58.

WEST D.J. 1948 A mass-observation questionnaire on hallucinations. *Journal of the Society for Psychical Research* 34 : 187-96.

WHATELY R., 1858. *Elements of rhetoric : Comprising an analysis of the laws of moral evidence and of persuasion*. Rev. éd. Boston, James Munroe.

WHEATLEY J.M.O., 1965. The question of survival : Some logical reflections. *Journal of the American Society for Psychical Research* 59 : 202-10.

— 1979. Reincarnation, « astral bodies » and « psi-components ». *Journal of the American Society for Psychical Research* 73 : 109-22.

WHEATLEY J.M.O. et EDGE H., 1976. *Philosophical dimensions of parapsychology*. Springfield, Ill, Charles C. Thomas.

WHITAKER L. Jr., 1961. The use of an extended draw-a-person test to identify homosexual and effeminate men. *Journal of Consulting Psychology* 25 : 482-85.

WHITE R.A. et DALE L.A., 1973. *Parapsychology : Sources of information*. Metuchen, N.J., Scarecrow Press.

WHITEMAN J.H.M., 1961. *The mystical life*. Londres, Faber and Faber.

— 1972. On the concept of repeatability in scientific experimentation. *Journal of the American Society for Psychical Research* 66 : 227-29.

— 1973. Quantum theory and parapsychology. *Journal of the American Society for Psychical Research* 67 : 341-60.

WHITTAKER P.G., TAYLOR A. et LIND T., 1983. Unsuspected pregnancy loss in healthy women. *The Lancet* i : 1126-27.

WOLMAN B.B., éd. 1977. *Handbook of parapsychology*. New York, Van Nostrand Reinhold.

WOLPE J. et RACHMAN S., 1960. Psychoanalytic « evidence » : A critique based on Freud's case of Little Hans. *Journal of Nervous and Mental Disease* 130 : 135-48.

WOODHAM-SMITH C. ,1950. *Florence Nightingale 1820-1910*. Londres, Constable.

YUILLE J.C. et CUTSHALL J.L., 1986. A case study of eyewitness memory of a crime. *Journal of Applied Psychology* 71 : 291-301.

ZAEHNER R.C., 1957. *Mysticism : Sacred and profane*. Oxford, The Clarendon Press.

— 1962. *Hinduism*. Londres, Oxford University Press.

ZAHAN D., éd. 1965. *Réincarnation et vie mystique en Afrique noire*. Paris, Presses Universitaires de France.

ZEIGARNIK B., 1927. Das Behalten erledigter und unerledigter Handlungen. *Psychologische Forschung* 9 : 1-85.

ZELIG M. et BEIDLEMAN W.B., 1981. The investigative use of hypnosis : A world of caution. *International Journal of Clinical and Experimental Hypnosis* 29 : 401-12.

ZOLIK E.S., 1958. An experimental investigation of the psychodynamic implications of the hypnotic « previous existence » fantasy. *Journal of Clinical Psychology* 14 : 178-83.

— 1962. « Reincarnation » phenomena in hypnotic states. *International Journal of Parapsychology* 4(3) : 66-78.

ZUGER B., 1970. The role of familial factors in persistent effeminate behavior in boys. *American Journal of Psychiatry* 126 : 1167-70.

Table des matières

Cet ouvrage a été réalisé par la
SOCIÉTÉ NOUVELLE FIRMIN-DIDOT
Mesnil-sur-l'Estrée
pour le compte des Éditions Sand
6, rue du Mail, Paris 2e.
en janvier 1995

Imprimé en France
Dépôt légal : janvier 1995
N° d'impression : 29447